Manual dos

RECURSOS CÍVEIS

CB131917

Conselho Editorial
André Luís Callegari
Carlos Alberto Molinaro
Daniel Francisco Mitidiero
Darci Guimarães Ribeiro
Draiton Gonzaga de Souza
Elaine Harzheim Macedo
Eugênio Facchini Neto
Giovani Agostini Saavedra
Ingo Wolfgang Sarlet
Jose Luis Bolzan de Morais
José Maria Rosa Tesheiner
Leandro Paulsen
Lenio Luiz Streck
Paulo Antônio Caliendo Velloso da Silveira

Dados Internacionais de Catalogação na Publicação (CIP)

P853m Porto, Sérgio Gilberto
Manual dos recursos cíveis / Sérgio Gilberto Porto, Daniel Ustárroz. – 5. ed. rev. e atual. Porto Alegre: Livraria do Advogado Editora, 2016.
331 p.; 25 cm.
ISBN 978-85-69538-31-8

1. Recurso: Processo civil. I. Ustárroz, Daniel. II. Título.

CDU – 347.955

Índice para catálogo sistemático:
Recurso: Processo civil

(Bibliotecária responsável: Marta Roberto, CRB-10/652)

Sérgio Gilberto Porto

Daniel Ustárroz

Manual dos RECURSOS CÍVEIS

Inclui ANEXOS com as principais "SÚMULAS" dos Tribunais Superiores e os artigos do NOVO CPC referentes aos RECURSOS NO PROCESSO CIVIL atualizados com a LEI 13.256/2016

5ª EDIÇÃO
revista e atualizada

livraria DO ADVOGADO editora

Porto Alegre, 2016

©
Sérgio Gilberto Porto
Daniel Ustárroz
2016

Capa, projeto gráfico e diagramação
Livraria do Advogado Editora

Revisão
Rosane Marques Borba

Direitos desta edição reservados por
Livraria do Advogado Editora Ltda.
Rua Riachuelo, 1300
90010-273 Porto Alegre RS
Fone: 0800-51-7522
editora@livrariadoadvogado.com.br
www.doadvogado.com.br

Impresso no Brasil / Printed in Brazil

Obras dos autores

SÉRGIO GILBERTO PORTO

- *Coisa Julgada Civil.* 4ª ed. São Paulo: RT, 2011.
- *Ação rescisória Atípica.* São Paulo: RT, 2009.
- *Doutrina e Prática dos Alimentos.* 4ª ed. São Paulo: RT, 2011.
- *Comentários ao CPC.* São Paulo: RT, 2000.
- *Cidadania Processual.* Porto Alegre: Livraria do Advogado, 2016.
- *Sobre o Ministério Público no Processo não-criminal.* 2ª ed. Rio de Janeiro: Aide, 1998.
- *Lições sobre Teorias do Processo – civil e constitucional* (em coautoria com Guilherme Athayde Porto). Porto Alegre: Livraria do Advogado, 2013.
- *Lições sobre Direitos Fundamentais no CPC* (em coautoria com Daniel Ustárroz). Porto Alegre: Livraria do Advogado, 2009.
- *Garantias do Cidadão no Processo Civil* (org.) Porto Alegre: Livraria do Advogado, 2003.
- *Tendências Constitucionais do Direito de Família* (org. em coautoria com Daneil Ustárroz). Porto Alegre: Livraria do Advogado, 2003.
- *Instrumentos de Coerção e outros Temas de Direito Processual Civil* (org. em coautoria com José Maria Rosa Tesheiner e Mariângela Guerreiro Milhoranza). Rio de Janeiro: Forense, 2007.
- *Constituição, Jurisdição e Processo.* (org. em coautoria com Carlos Alberto Molinaro e Mariângela Guerreiro Milhoranza). Porto Alegre: Notadez, 2007.

DANIEL USTÁRROZ

- *Contratos em Espécie.* São Paulo: Atlas, 2015.
- *Responsabilidade Civil por Ato Lícito.* São Paulo: Atlas, 2014.
- *Direito dos Contratos:* Temas Atuais. 2ª ed. Porto Alegre: Livraria do Advogado, 2012.
- *Responsabilidade Contratual.* 2ª ed. São Paulo: Revista dos Tribunais, 2007.
- *Intervenção de Terceiros no Processo Civil.* Porto Alegre: Livraria do Advogado, 2004.
- *Tendências Constitucionais no Direito de Família*: Estudos em Homenagem ao Professor José Carlos Teixeira Giorgis (org.). Porto Alegre: Livraria do Advogado, 2003.

Abreviaturas

ABDPC	Academia Brasileira de Direito Processual Civil
AC	Apelação Cível
AgRg	Agravo Regimental
AI	Agravo de Instrumento
Ajuris	Revista da Associação de Juízes do RS
AR	Ação Rescisória
CC	Código Civil
CE	Corte Especial
CF	Constituição Federal
CPC/73	Código de Processo Civil de 1973
ED	Embargos Declaratórios
EDcl	Embargos de Declaração
EI	Embargos Infringentes
Gênesis	Revista de Direito Processual Civil (Curitiba)
IARGS	Instituto dos Advogados do RS
IBDP	Instituto Brasileiro de Direito Processual
Magister	Revista Magister de Direito Civil e Processo Civil
MC	Medida Cautelar
NCPC	Novo Código de Processo Civil (2015)
RDCPC	Revista Síntese de Direito Civil e Processo Civil
RE	Recurso Extraordinário
RePro	Revista de Processo
RENM	Revista da Escola Nacional da Magistratura
REsp	Recurso Especial
RF	Revista Forense
RJ	Revista Jurídica
RN	Reexame Necessário
RMDCPC	Revista Magister de Direito Civil e Processo Civil
RMPRS	Revista do Ministério Público do Rio Grande do Sul
RO	Recurso Ordinário
RPC	Rivista di Diritto Processuale
RT	Revista dos Tribunais
RTDCPC	Rivista Trimestrale di Diritto Civile e Procedura Civile
STF	Supremo Tribunal Federal
STJ	Superior Tribunal de Justiça
TJ	Tribunal de Justiça
ZPO	*Zivilprozessordnung* (CPC alemão)

Sumário

Nota prévia

Uma nova edição carrega sempre consigo o fruto das experiências anteriores conjugadas com a reflexão. A sua elaboração permite confrontar aquilo que foi preconizado com a prática observada. A finalidade da obra permanece intacta: servir de apoio para os profissionais, bem como para os acadêmicos. Um livro que propicia rápida consulta, com a lembrança das principais posições doutrinárias e dos precedentes. Situar o leitor no complexo sistema recursal é o objetivo do Manual.

Contudo, ao lado desse primeiro escopo, existe certamente a vontade de alertar a comunidade forense para algumas interpretações equivocadas, visualizadas na prática. O senso crítico, próprio de qualquer obra que se julgue doutrinária, deve estar presente. Já advertia René David que a doutrina, nos países de *civil law,* não estima que sua missão seja simplesmente apresentar e colocar em ordem os elementos oferecidos pela prática.[1] Ela vai além e considera seu papel mais importante. Ela busca encontrar, a partir da complexa experiência prática, as regras de direito que devem inspirar os juízes e os operadores no futuro. As normas jurídicas, produtos da interpretação das fontes, são criadas não apenas pela observação prática, mas necessariamente pela consideração de outros fatores, de justiça, de moral, política e de harmonia do sistema.

Este Manual, nesse aspecto, obviamente pretende ir além da mera descrição daquilo que se observa na prática. Ele postula interferir no cotidiano, para realizar a cidadania e facilitar a aplicação da justiça. Ainda que de forma modesta, ele intenta colaborar para a realização dos direitos fundamentais, a partir do processo civil. Para tanto, medita sobre o estado das coisas e propõe interpretações favoráveis à efetivação dos direitos e das liberdades.

---

[1] O mestre René David pontuava que "la doctrine cependant n'estime pas que sa tache soit seulement de présenter et de mettre en ordre, autant que faire se peut, les éléments qui lui sont offerts par la pratique. Elle considere son rôle comme étant de formuler, au-dessus de cette masse qui s'est formée au jour le jour, au hasard des événements et sous la pression de l'urgence, sans principes directeurs bien nets, les règles de droit qui à l'avenir inspireront juges et praticiens. En principe la règle de droit n'est pas dégagée par les juges: des considérations d'équité propres à l'espèce risquent d'affecter leur jugement, leur role n'est pas de se prononcer' par voie générale et réglementaire'. Sans méconnaître l'oeuvre jurisprudentielle de plus en plus importante aujourd'hui, il n'appartient pas au juge de créer, de sa propre autorité, la règle de droit. Celle-ci est le produit d'une réflexion fondée en partie sur l'observation de la pratique, mais en partie aussi sur des considérations de justice, de morale, de politique, d'harmonie du système". *Les Grandes Système de Droit Comparé,* 11. ed. Paris: Dalloz, 2002, p. 74.

Desde a primeira edição, algumas críticas sensibilizaram os Tribunais a rever a sua jurisprudência histórica. É o caso do cancelamento da Súmula n. 599, do Supremo Tribunal Federal, a qual impedia o cabimento de embargos de divergência contra os acórdãos proferidos em agravos, preconizada na primeira edição. Na segunda, aplaudimos a interpretação extensiva do vetusto art. 530, CPC, para o fim de se admitir os embargos infringentes para qualquer hipótese de aplicação do art. 515, § 3º, CPC, no julgamento da apelação, consoante defendido a partir da segunda edição. A partir da terceira, postulamos o cancelamento do enunciado n. 418 da Súmula do Superior Tribunal de Justiça, o qual, embora ainda aplicado, tem o seu alcance a cada dia mais restrito, para a sorte do jurisdicionado. Na quarta, assinalamos excessivos (e inexplicáveis) formalismos, como o regramento do preparo e a documentação obrigatória do agravo (interpretação do antigo art. 525).

Nesta quinta edição, as atenções voltam-se para as potencialidades do Novo CPC. Já advertia Karl Larenz: "hoje sabemos que a maior parte das leis sofrem a sua configuração definitiva, e deste modo a sua susceptibilidade de aplicação aos casos singulares, apenas mediante a concretização no processo contínuo da actividade jurisprudencial, e que muitas proposições jurídicas encontraram acolhimento do Direito vigente através da actividade jurisprudencial".[2]

A partir de agora, a responsabilidade é do intérprete. Nessa medida, esperam os autores colaborar, ainda que de forma modesta, para uma aplicação mais humana do direito processual, que conduza a realização do direito. Aguardam-se as críticas.

Porto Alegre, verão de 2016.

---

[2] *Metodologia da Ciência do Direito*. 4. ed. Trad. José Lamego. Lisboa: Fundação Calouste Gulbenkian, 2005.

Primeira Parte

Teoria Geral dos Recursos Cíveis

1. Atos do Juiz

1.1. Os pronunciamentos do juiz e o art. 203, do NCPC

Em nosso sistema, coerente com a razoável interpretação do princípio dispositivo, o direito garante ao cidadão a prerrogativa de instaurar a relação processual. Ninguém é obrigado a controverter as suas relações sociais judicialmente, tendo em vista que o processo judicial na área cível somente começa por iniciativa da parte. Por decorrência, através da demanda, qualquer jurisdicionado pode requerer a atuação estatal em dada situação alegadamente litigiosa.

Esta conclusão, contudo, de modo algum, prejudica a atividade exercida pelo magistrado no curso do processo. Isso porque, a partir de sua instauração, passa o magistrado a conduzi-lo e instruí-lo, para, "em tempo razoável", garantir às partes a fruição dos direitos aparentes ou reconhecidos. Sinal inequívoco do compromisso estatal com a qualidade da tutela jurídica aparece na previsão de que também o juiz poderá ordenar a produção de provas tendentes a formar seu convencimento, valorizando sempre a participação das partes.[3] Este fenômeno está consagrado neste momento histórico e de modo algum colide com a garantia de imparcialidade do magistrado. Decorre, sim, da constitucionalização do processo civil e do prestígio dos direitos fundamentais. Atualmente, inclusive, cumpre destacar que o NCPC, expressamente em seu artigo primeiro, determina que o processo civil será ordenado, disciplinado e interpretado conforme os valores e normas fundamenatais estabelecidos na Constituição Federal.[4]

---

[3] Os poderes instrutórios podem ser considerados como um mecanismo já incorporado à ideologia dos países latino-americanos de *civil law*, pois, no direito do *common law* e no prezado sistema do *adversarial system*, ainda se observam restrições à tal postura judicial. Sobre o tema, dentre farta bibliografia, J. A. Jolowicz. *Modelos adversarial e inquisitorial de processo civil*. Forense, v. 372, p. 135-147. Na literatura brasileira, p. ex., Antonio Dall'Agnol Junior, Os Poderes do Juiz. In *Processo Civil Contemporâneo*. Juruá: Curitiba, 1994. Hoje os poderes instrutórios do juízo foram incrementados na busca de maior efetividade. Tanto é assim que o artigo 139, IV, do novo CPC estabelece que: "O juiz dirigirá o processo conforme as disposições deste Código, incumbindo-lhe: (...) IV. determinar todas as medidas indutivas, coercitivas, mandamentais ou sub-rogatórias necessárias para assegurar o cumprimento de ordem judicial, inclusive nas ações que tenham por objeto prestação pecuniária:".

[4] Conforme o art. 1º: "O processo civil será ordenado, disciplinado e interpretado conforme os valores e as normas fundamentais estabelecidos na Constituição da República Federativa do Brasil, observando-se as disposições deste Código".

Cumprindo com as promessas constitucionais de amplas garantias aos jurisdicionados, o magistrado conduz o processo até a prolação da sentença, momento no qual regulará definitivamente o conflito entre as partes.[5] Nesse interregno, editará inúmeros pronunciamentos, que são divididos, segundo o ordenamento vigente (art. 203, NCPC), em quatro classes: sentenças, decisões interlocutórias, despachos e "atos meramente ordinatórios", os quais passam a ser praticados de ofício pelo servidor e apenas são revistos pelo juiz "quando necessário". Três são os critérios mais importantes para a identificação da natureza do ato: a sua carga decisória, a sua pretensão de definitividade (e a consequente irrevogabilidade), bem como a posição do ato na perspectiva da relação processual.

O Código de 2015, tal qual o de 1973, trabalha com a ideia de três tipos distintos de pronunciamentos típicos do juiz. Anuncia o art. 203 que os seus atos consistirão em sentenças, decisões interlocutórias e despachos.[6] Na redação original do sistema de 1973, sentença era o ato pelo qual o juiz punha termo ao processo, decidindo ou não o mérito da causa.[7] Interlocutórias eram os atos que resolviam "questões incidentes", ao passo que os despachos teriam um papel subsidiário, pois seriam "todos os demais atos do juiz praticados no processo".[8] Na medida em que o processo civil se distancia do ideal de concentração, consequência natural é a profusão de interlocutórias, bem como de despachos, ao longo da relação processual.

---

[5] É oportuno lembrar a conveniência do juiz em compreender a dimensão pedagógica do princípio do contraditório, para facilitar o trabalho judicial, através do intenso debate entre as partes. Daí a tendência, na linha do direito francês, de se vedar o aproveitamento de temas não debatidos entre os jurisdicionados, afinal são esses os destinatários normais da tutela prestada. Admite-se, entretanto, a chamada prova emprestada, se as partes integraram o debate no qual esta se produziu.

[6] Assim reza o art. 203: "Os pronunciamentos do juiz consistirão em sentenças, decisões interlocutórias e despachos. § 1º Ressalvadas as disposições expressas dos procedimentos especiais, sentença é o pronunciamento por meio do qual o juiz, com fundamento nos arts. 485 e 487, põe fim à fase cognitiva do procedimento comum, bem como extingue a execução. § 2º Decisão interlocutória é todo pronunciamento judicial de natureza decisória que não se enquadre no § 1º. § 3º São despachos todos os demais pronunciamentos do juiz praticados no processo, de ofício ou a requerimento da parte. § 4º Os atos meramente ordinatórios, como a juntada e a vista obrigatória, independem de despacho, devendo ser praticados de ofício pelo servidor e revistos pelo juiz quando necessário".

[7] Enrico Tullio Liebman, p. ex., entendia que com a sentença "si culmina e si conclude il processo di cognizione: è latto di pronuncia del giudizio e contiene lenunciazione formale e solenne della regola giuridica concreta destinata a disciplinare il caso sottoposto al giudice dalle parti. Essa è pertanto latto giurisdizionale per eccellenza, latto a cui tende e com cui si compie il procedimento, latto alla cui pronuncia tutti gli altri del processo sono preordinati. Con la pronuncia della sentenza, lo Stato adempie nella sua forma più importante e più delicata (il processo di cognizione) la funzione giurisdizionale, rendendo giustizia tra i consociati e attuando nei confronti la tutela giuridica". *Manuale di Diritto Processuale Civile, principi*, 6. ed. Milano: Giuffrè, 2002, p. 245.

[8] Analisando os atos processuais em perspectiva histórica, Ovídio Baptista da Silva encontra uma característica constantemente presente: "mesmo na perspectiva do direito medieval, em que se busca aproximar conceitualmente as interlocutórias das sentenças, permanece suficiente demarcada a linha de competência de cada uma dessas duas classes de ato jurisdicional: a sentença tem por objeto a definição da questão principal, ou seja, a resolução da questão de mérito; as interlocutórias não decidem sobre o principal, mas apenas sobre questões incidentes". *Decisões interlocutórias e sentenças liminares*, p. 6. *Da sentença Liminar à Nulidade da Sentença*. Rio de Janeiro: Forense, 2001.

A comunidade científica desde logo destacou que "o legislador não conseguiu forjar uma nomenclatura isenta de imprecisões e ambiguidades".[9] Tantos exemplos poderiam ser identificados para demonstrar que a definição proposta pelo Código era traída pela realidade do foro, pois o processo se estendia bem além da sentença, cuja grande maioria era impugnada pelo litigante sucumbente. A ideia de se estabelecer um critério "topológico", na linha das Ordenações Filipinas, trazia o inconveniente de se afastar a análise do mérito das interlocutórias, ao argumento de que seriam decisões provisórias e, como tais, em determinado momento seriam substituídas pela sentença definitiva, prolatada após ampla produção de provas no intuito de oferecer maior segurança ao julgador.[10]

Muito embora essas incorreções, é possível afirmar que o grande objetivo do Código de 1973, bem espelhado na exposição de motivos de lavra do então Ministro da Justiça Alfredo Buzaid, foi parcialmente alcançado. Os conceitos lançados pelo Código mostraram-se, com o passar dos anos, práticos. Localizada uma sentença (e finalizado o procedimento no primeiro grau), caberia apelação. Contra a decisão interlocutória, teria lugar o agravo. Desta forma, bastaria a correta classificação do ato do juiz, para o litigante sucumbente ter acesso ao recurso competente.

Conquanto alheio à substância do ato, o critério proposto pelo Código de então serviu para resolver muitas questões surgidas no foro relativas à eleição do recurso cabível em situações mais delicadas, tais como: resolução do processo frente a um dos litisconsortes, indeferimento da reconvenção ou da denunciação da lide, etc.[11] Como em tais situações o processo não era finalizado, o ato judicial era enquadrado como interlocutório e, passo contínuo, admissível tornava-se o agravo. Em face da aptidão procedimental do agravo, via instrumento dirigido ao Tribunal, esta orientação se consolidou e vem sendo mantida, pela sua praticidade.[12]

---

[9] Expressão de José Carlos Barbosa Moreira nos Comentários e no artigo a Nova Definição de Sentença (Lei nº 11.232). *Revista Dialética de Direito Processual*, v. 39, junho 2006, p. 78-85.

[10] Recorda Ovídio Baptista da Silva que as próprias Ordenações Filipinas admitiam o critério topológico, pois "sentença interlocutória é chamada em direito qualquer sentença ou mandado que o juiz dá, ou manda, em algum feito, antes que dê sentença definitiva" (Livro III, Título LXV). Op. cit., p. 4.

[11] Observa, com a prudência que lhe é peculiar, Antonio Janyr Dall'Agnol Junior: "a inspiração em 'critério topológico' para usar de expressão cunhada pelo Barbosa Moreira, não obstante a censura que se pudesse pespegar ao critério, no mínimo permite ao operador – sobretudo ao operador – eleger o caminho adequado quanto ao recurso a interpor, objetivo inequívoco, afinal, da solução legislativa". Sobre o conceito de sentença no Código de Processo Civil de 1973, p. 757. *In Processo e Constituição: Estudos em homenagem ao José Carlos Barbosa Moreira*. São Paulo: RT, 2006.

[12] Observe-se a lição do Min. Celso Limongi sobre caso corrente, em que o magistrado "extingue o processo" frenta a apenas um dos litisconsortes: "para determinar a apelação como recurso adequado, impõe-se o critério híbrido acerca da classificação da manifestação judicial, qual seja: a) ato relativo ao disposto nos arts. 267 ou 269, ambos do CPC; e b) ultimar-se o processo. *In casu*, a despeito da adequação a uma das hipóteses arts. 267 ou 269, ambos do CPC, o pronunciamento do juízo singular controvertido não tem caráter jurídico de sentença, porque não interrompeu a tramitação da ação no Primeiro Grau; consequentemente, em razão da necessária interpretação sistêmica e da efetividade

Para os casos nos quais pairava dúvida quanto ao recurso cabível, aplicava-se (ou se deveria aplicar) o princípio da fungibilidade, muito embora não tivesse sido recepcionado expressamente pelo Código, repristinando, assim, a força normativa do art. 810 do Código de 1939. Com tal medida, as partes conseguiam resguardar-se.[13]

Todavia, sobreveio a Lei 11.232/05, buscando oferecer maior efetividade ao processo judicial, eliminando a autonomia do procedimento executivo de título judicial com quantia certa fixada. A partir de então, da sentença condenatória transitada em julgado, seguiria uma nova "fase", para "cumprimento da sentença". Muito embora a natureza das atividades não fosse alterada (a primeira, precipuamente cognitiva; a segunda, tendencialmente executiva), ficou claro que a sentença já não mais poderia "pôr termo ao processo", pois uma nova fase seria inaugurada.[14] E surgiu, na visão do legislador, a necessidade de se alterar a redação do art. 162, CPC de 1973. Sobre este tema, informa José Carlos Barbosa Moreira que, no projeto original, não fora vislumbrada necessidade de alteração do texto do art. 162.[15] Contudo, "por inescrutáveis razões", o Senado emendou o dispositivo e deu-lhe o seguinte teor: "sentença é o ato do juiz que implica alguma das situações previstas nos arts. 267 e 269 desta Lei".[16]

À luz da reforma de então, mantida na essência pelo NCPC, embora a pequena diversidade de redação existente nos diplomas, tornou-se oportuno indagar se houve efetivamente alguma alteração no conteúdo e finalidade da sentença. *Data venia*, como antes referido, a lei ressaltou a ideia de que, para a conceituação do ato, deve ser perquirida sua substância e sua "aspiração à definitividade", além de sua posição no *iter* procedimental. É justamente

---

da tutela jurisdicional, revela natureza interlocutória, a ensejar a interposição de agravo (art. 522, do CPC)". REsp 1117144/RS, 6. T., Rel. Min. Celso Limongi. DJe: 14/06/2010.

[13] Digno de nota, ainda que desimporte o nome dado ao ato pelo prolator, o que vale é a correta classificação deste segundo os critérios processuais.

[14] Sobre o tema, o coautor Sérgio Gilberto Porto externou opinião no sentido do texto em ensaio intitulado *A nova definição legal de sentença: propósito e consequências*. In *Instrumentos de Coerção e outros temas de Direito Processual Civil* (coordenação de José Maria Rosa Tesheiner, Mariângela Guerreiro Milhoranza e Sérgio Gilberto Porto). Rio de Janeiro: Forense, 2007, p. 657 e ss.

[15] Concluirá que "a nova definição de sentença nem é tecnicamente correta, nem clara, nem – menos que tudo – elegante". Mas a seguir tranquilizará os operadores, reconhecendo que aquelas reformas não produziriam alterações substanciais na maneira pela qual se identificavam os pronunciamentos judiciais e se caracterizavam os respectivos regimes. *A nova Definição de Sentença*, p. 84-85.

[16] Ainda hoje, portanto, admitem-se sentenças meramente terminativas (sem a análise do mérito) e definitivas (com ênfase no mérito da causa), o que sempre motivou crítica de parcela da doutrina. Egas Moniz de Aragão, exemplificativamente, salienta que "a definição de sentença, porém, não está acorde com a melhor doutrina. De fato, somente o mérito da causa, acolhendo ou repelindo o pedido do autor, define-a (...)". A seguir, contudo, o mesmo reconhecia os benefícios práticos que a opção do Código oferece: "essa tomada de posição somente se justifica a fim de as partes e tribunais não mais se verem torturados, como ocorria com o Código de 1939, pelo dilema de caber ou não o recurso; de ter havido ou não erro grosseiro; de estar ou não decidido o mérito da causa. Sob esse ângulo, e do ponto de vista prático, o passo dado foi proveitoso: qualquer que seja o resultado final, haja sido ou não resolvida a lide, chamar-se-á sentença ao pronunciamento do juiz e caberá recurso de apelação". *Comentários ao CPC*, v. 2, p. 37-38. 10. ed. Rio de Janeiro: Forense, 2004.

a sentença que, em dado momento, adquirirá a estabilidade decorrente do trânsito em julgado. Nada impede, entretanto, que, no curso do processo, tantos outros provimentos, inclusive juízos definitivos, sejam tomados em prol da parte que apresenta o provável direito, inclusive mediante a necessária incursão no mérito do feito. E tais incursões, quando realizadas com o intuito de emprestar definitividade ao pronunciamento estatal, devem ser tratadas como sentenças, ainda que parciais.[17]

Nessa toada, as variações possíveis no conteúdo decisório da sentença impôs a revisão de alguns pontos do direito recursal. Nessa linha, o NCPC optou pelo recurso de agravo como o adequado contra sentença parcial, segundo se vê expressamente do artigo 356, NCPC.[18]

A temática da sentença parcial é bem conhecida na doutrina, como se vê em clássica lição de Giuseppe Chiovenda: "sentença definitiva é, por sua natureza, a que decide sobre a demanda, acolhendo-a ou rejeitando-a. Se (no caso de vários processos reunidos ou no caso de várias demandas acumuladas numa só citação) apenas um processo, ou uma demanda, ou apenas parte de uma demanda, ou apenas a ação relativa a reconvenção, ou vice-versa, está em condições de se decidir, a sentença que a acolhe ou a rejeita é, entretanto, definitiva, embora parcial (...) reconhece-se ainda que, se a prestação principal do juiz pode satisfazer-se em vários momentos, como na hipótese de cumulação de ações, toda sentença que se pronuncia sobre uma das demandas, ou sobre parte da demanda, é definitiva, conquanto parcial (...) palpita-me, pois, inegável a existência de sentenças em parte definitivas e em parte interlocutórias, e as sentenças tais, no que de definitivas encerram, não se podem deixar de aplicar as normas concernentes às sentenças definitivas".[19]

Enfim, a apelação ainda está restrita às hipóteses nas quais a sentença proferida encerre o procedimento de primeiro grau, pois somente após este momento é que se poderá suspender o trabalho do juízo prolator, para aguardar o posicionamento da instância superior no julgamento da impugnação. Constatada a inaptidão procedimental do apelo para enfrentar determinado

---

[17] Nesse sentido, com razão Daniel Mitidiero quando propõe o "critério da definitividade da apreciação jurisdicional" para separar interlocutórias e sentenças, admitindo, porém, excepcionalmente o cabimento de agravo de instrumento contra sentenças. Eis a lição do ilustre professor: "sentença é o ato do juiz que define uma controvérsia, nos temos dos arts. 267 e 269, CPC, superando-se, preclusivamente, determinada fase processual". *A Nova Execução*, p. 7. Rio de Janeiro: Forense, 2006.

[18] Reza a Seção III: "Do Julgamento Antecipado Parcial do Mérito. Art. 356. O juiz decidirá parcialmente o mérito quando um ou mais dos pedidos formulados ou parcela deles: I – mostrar-se incontroverso; II – estiver em condições de imediato julgamento, nos termos do art. 355. § 1º A decisão que julgar parcialmente o mérito poderá reconhecer a existência de obrigação líquida ou ilíquida. § 2º A parte poderá liquidar ou executar, desde logo, a obrigação reconhecida na decisão que julgar parcialmente o mérito, independentemente de caução, ainda que haja recurso contra essa interposto. § 3º Na hipótese do § 2º, se houver trânsito em julgado da decisão, a execução será definitiva. § 4º A liquidação e o cumprimento da decisão que julgar parcialmente o mérito poderão ser processados em autos suplementares, a requerimento da parte ou a critério do juiz. § 5º A decisão proferida com base neste artigo é impugnável por agravo de instrumento".

[19] *Instituições de Direito Processual Civil*, v. III, p. 280. 2. ed. Campinas: Bookseller, 2000.

ato judicial, deve ser admitido o agravo, ainda que as matérias arroladas nos arts. 485 e 487, NCPC, tenham sido enfrentadas.

Observe-se a hipótese da decisão proferida em sede de "exceção de pré-executividade". Na linha da jurisprudência consolidada, se tal julgamento importar na extinção do processo, terá lugar a apelação. Contudo, se a exceção for desacolhida e, portanto, prosseguir a atividade executiva, a parte deve interpor agravo. Em nosso sentir, é um caso típico de eleição do recurso a partir da adequação procedimental.[20]

De toda sorte, sobrevivem, embora com critérios distintos, os três atos judiciais, bem como a regra geral para efeito recursal: apelação contra sentenças; agravo contra interlocutórias e despachos irrecorríveis pela ausência de gravame à parte. Muito embora o § 1º do art. 203 do NCPC mantenha sua marcha de ambiguidade, algum esforço hermenêutico pode livrar o jurisdicionado de equivocadas (e literais) interpretações.

No direito italiano atual, é bastante semelhante o tratamento científico dos atos judiciais. Também são trabalhados três conceitos: *sentenza*, *ordinanza* e *decreto*. O papel por eles desempenhado aproxima-se da sentença, interlocutória e despacho, respectivamente. Isto não quer dizer, contudo, que o tratamento recursal seja idêntico. Há, neste tópico, sensíveis divergências.

Observe-se a lição de Francesco Paolo Luiso: "nel nostro ordinamento non tutti i provvedimenti giurisdizionali hanno la stessa natura. Nel processo civile i provvedimenti che il giudice pronuncia sono: sentenze, ordinanze e decreti. Le sentenze sono i provvedimenti che concludono il processo in un certo grado del suo sviluppo e che, comunque, anche se non concludono il processo, hanno uno dei contenuti previsti dal secondo comma dell'art. 279, C.P.C. La sentenza una volta pronunziata, esaurisce il potere giurisdizionale del giudice che l'ha emessa. Essa è da lui irrevocabile ed il suo contenuto è vincolante per il giudice che l'ha emessa. La sentenza può essere rimossa soltanto attraverso i mezzi di impugnazione che l'ordinamento prevede. Non esistono sentenze non motivate; tutte le sentenze devono essere motivate (art. 132, C.P.C.). Il processo civile conosce anche altri provvedimenti (l 'ordinanza e il decreto) i quali costituiscono provvedimenti minori, in quanto son destinati a risolvere questioni interne al singolo processo, in vista della sua definizione. L'ordinanza, dice l'art. 134, C.P.C., deve essere succintamente motivata e non può essere impugnata in via autonoma rispetto alla sentenza (...) i decreti sono qualcosa di inferiore rispetto alle ordinanze e, normalmente, non sono motivati (art. 135 C.P.C)".[21]

O direito brasileiro, tentando contornar eventuais dificuldades decorrentes da identificação dos atos judiciais, aproveita o princípio da fungibilidade, para a admissão de recursos que possam ser tidos como equivocados pelo julgador. Seu aproveitamento, contudo, depende da confirmação de séria dúvida, perquirida pela análise das fontes jurígenas.

---

[20] Vide REsp 749.184/MG, 1ª Turma, Rel. Min. Luiz Fux. DJ: 02.04.2007, p. 236.

[21] *Diritto Processuale Civile*, v. I, p. 38. 3. ed. Milano: Giuffrè, 2000.

1.2. Requisitos essenciais da sentença

Sendo a sentença um ato de especial importância do processo, é natural que o Código imponha alguns requisitos especiais quanto à sua estrutura. São eles o relatório, a motivação e o dispositivo. Três partes de um todo, com finalidades relativamente diversas. A primeira predominantemente descritiva, seguida de análise para viabilizar a conclusão.

Como dito, o relatório é por excelência descritivo. Tem por fim demonstrar às partes que a lide foi bem apreendida pelo julgador. Para tanto, registra o art. 489, NCPC, que o relatório conterá os nomes das partes, a identificação do caso, com a suma do pedido e da contestação, e o registro das principais ocorrências havidas no andamento do processo.

Segue-se uma etapa de argumentação, pela qual o magistrado expõe os fundamentos fáticos e jurídicos, que lhe permitiram formar seu convencimento. É justamente da análise da motivação que se poderá concluir pelo acerto na apreensão das matérias fática e jurídica envolvidas no processo, certificando-se da melhor justiça alcançada. A adequada fundamentação é o justo preço da relativa liberdade de convencimento desfrutada pelo magistrado. Decorre tal garantia constitucional (93, IX, CF) de três razões práticas, a saber: (a) a necessidade de se prestigiar a jurisprudência enquanto fonte do direito; (b) a instrumentalização do direito de recorrer das partes e (c) controle do exercício do poder estatal. Em síntese, valendo-se da lição de Francesco Paolo Luiso, "la garanzia della motivazione dei provvedimenti giurisdizionali serve, dal punto di vista extraprocessuale, politico, come mezzo di verifica della collettività circa l'esercizio del potere: la trasparenza. Dal punto di vista endoprocessuale, invece, è uno strumento di tecnica del processo che consente e realizza pienamente l'attuazione della garanzia di difesa, dando alla parte il potere di verificar e la giustizia e correttezza della decisione, anche in vista della spendita, contro la sentenza sfavorevole, degli ulteriori poteri previsti, che sono i potere di impugnazione".[22]

A valorização desses elementos,[23] defindos pelo art. 489 do NCPC, como essenciais se dá a partir das influências de cada sistema jurídico. Daí também diversificarem as consequências dos vícios de motivação, a partir dos distintos ângulos de análise possíveis (interesse público e interesse privado).[24]

---

[22] Op. cit. p. 40.

[23] O CPC de 1973 falava em requisitos, ao invés de elementos, como refere o NCPC.

[24] A jurisprudência brasileira, talvez sob influência da doutrina criminal, sustenta majoritariamente que a fundamentação inexistente ou deficiente enseja nulidade absoluta. Sobre o tema, anota Antonio Magalhaes Gomes Filho: "a estrutura dialética do processo não pode deixar de refletir no julgamento, na medida em que as atividades dos participantes do contraditório só tem significado se forem efetivamente consideradas na decisão. Daí a correspondente exigência de que a motivação possua um caráter dialógico, capaz de dar conta da real consideração de todos os dados trazidos à discussão da causa pelas partes. O não-atendimento desse imperativo constitui vicio de particular gravidade, pois o silencio do discurso justificativo quanto às provas e alegações das partes revela não só a falta de uma adequada cognição, mas, sobretudo a violação de um principio natural do processo. A jurisprudência nacional, nesse ponto, tem sido incisiva: a falta de consideração, na motivação da sentença, das alega-

No direito brasileiro, a ausência de motivação nulifica o julgado. Na visão tradicional da jurisprudência, trata-se de uma nulidade absoluta, ou seja, independente de requerimento da parte para ser conhecida. E mais, poderia ser declarada em qualquer grau de jurisdição, em face do interesse público subjacente. Em nosso sentir, contudo, sua decretação deve-se restringir às hipóteses em que o próprio interessado alegar e comprovar algum prejuízo, por menor que seja, sob pena de efetivo prejuízo à celeridade.[25]

Por fim, vai redigida a "parte dispositiva", que traduz a regra concreta acertada. É no dispositivo que o juiz irá resolver as questões submetidas, emitindo o comando que irá definir o processo, estabelecendo, modificando ou extinguindo algum vínculo entre as partes. Reza o Código que a sentença que julgar a lide "tem força de lei nos limites da questão principal expressamente decidida" (503, NCPC).[26] Esta última parte é que, ao final, estará imunizada pela coisa julgada, pois representa o resultado útil do processo.

1.3. Sentenças definitivas e meramente terminativas

À luz do critério adotado pelo Código, é indiferente que as sentenças tenham ou não definido o mérito do processo, razão pela qual podem ser agrupadas em duas categorias.

As sentenças terminativas apenas reconhecem a "inadmissibilidade da tutela jurisdicional". Por conseguinte, permitem, em alguns casos, a repropositura da demanda, desde que sanados os vícios que induziram sua prolação. Vão elencadas a partir das situações previstas no art. 485 do NCPC, cuja redação é ampla e engloba uma série de situações distintas: indeferimento da petição inicial, negligência das partes, abandono do processo, litispendência, coisa julgada, perempção, convenção de arbitragem, ausência de condições da ação ou pressupostos de constituição e desenvolvimento do feito, intransmissibilidade da ação, desistência, confusão, etc.[27]

ções apresentadas especialmente pela defesa caracteriza nulidade absoluta do ato decisório pela violação da efetividade do contraditório". *A motivação das decisões penais*, São Paulo: RT, 2001, p. 188.

[25] Miguel Reale, em parecer publicado, conclui que a "motivação ou fundamentação da sentença é a análise crítica das questões de fato e de direito objeto da ação. Impossibilidade de ser reduzida a mera exposição do alegado pelas partes, com opção imotivada pela pretensão de uma delas. A decisão como momento culminante de um processo valorativo de dados factuais e doutrinários em confronto. Sem motivação não há devido processo legal". *A Motivação, requisito essencial da sentença. Questões de Direito Público*, São Paulo: Saraiva, 1997, p. 153.

[26] Reza o art. 503: "A decisão que julgar total ou parcialmente o mérito tem força de lei nos limites da questão principal expressamente decidida. § 1º O disposto no caput aplica-se à resolução de questão prejudicial, decidida expressa e incidentemente no processo, se: I – dessa resolução depender o julgamento do mérito; II – a seu respeito tiver havido contraditório prévio e efetivo, não se aplicando no caso de revelia; III – o juízo tiver competência em razão da matéria e da pessoa para resolvê-la como questão principal".

[27] Dispõe o art. 485, NCPC: "O juiz não resolverá o mérito quando: I – indeferir a petição inicial; II – o processo ficar parado durante mais de 1 (um) ano por negligência das partes; III – por não promo-

De outro turno, existem as sentenças definitivas, que, ao transitar em julgado, permitem a formação de coisa julgada material. A sentença definitiva aspira compor o litígio, declarando o direito aplicável aos fatos acertados. Avalia o mérito e, com o trânsito em julgado, estará livre de ataques futuros (salvo pelos meios excepcionalíssimos admitidos em cada ordenamento: ação rescisória, *querela nulitatis*, etc.).

O Código afirma que haverá resolução de mérito (art. 487[28]): I – quando o juiz acolher ou rejeitar o pedido formulado na ação ou na reconvenção; II – decidir, de ofício ou a requerimento, sobre a ocorrência de decadência ou prescrição; III – homologar: a) o reconhecimento da procedência do pedido formulado na ação ou na reconvenção; b) a transação e c) a renúncia à pretensão formulada na ação ou na reconvenção. A rigor, apenas na primeira hipótese haveria autêntica análise do mérito. Nas demais, alcança-se o resultado útil – a definição da lide – por meios justos, à luz do direito, os quais derivam da especial tutela da autonomia privada.

1.4. Classificação das sentenças

É da tradição brasileira a classificação das sentenças a partir do conteúdo material afirmado na inicial da demanda. Parte-se do pressuposto de que a "ação" será acolhida para se concluir sobre a carga de eficácia preponderante da sentença de procedência. Com tal debate, são oferecidas ao magistrado melhores condições para cumprir seu papel, balizando sua atuação dentro do processo.

ver os atos e as diligências que lhe incumbir, o autor abandonar a causa por mais de 30 (trinta) dias; IV – verificar a ausência de pressupostos de constituição e de desenvolvimento válido e regular do processo; V – reconhecer a existência de perempção, de litispendência ou de coisa julgada; VI – verificar ausência de legitimidade ou de interesse processual; VII – acolher a alegação de existência de convenção de arbitragem ou quando o juízo arbitral reconhecer sua competência; VIII – homologar a desistência da ação; IX – em caso de morte da parte, a ação for considerada intransmissível por disposição legal; e X – nos demais casos prescritos neste Código. § 1º Nas hipóteses descritas nos incisos II e III, a parte será intimada pessoalmente para suprir a falta no prazo de 5 (cinco) dias. § 2º No caso do § 1º, quanto ao inciso II, as partes pagarão proporcionalmente as custas, e, quanto ao inciso III, o autor será condenado ao pagamento das despesas e dos honorários de advogado. § 3º O juiz conhecerá de ofício da matéria constante dos incisos IV, V, VI e IX, em qualquer tempo e grau de jurisdição, enquanto não ocorrer o trânsito em julgado. § 4º Oferecida a contestação, o autor não poderá, sem o consentimento do réu, desistir da ação. § 5º A desistência da ação pode ser apresentada até a sentença. § 6º Oferecida a contestação, a extinção do processo por abandono da causa pelo autor depende de requerimento do réu. § 7º Interposta a apelação em qualquer dos casos de que tratam os incisos deste artigo, o juiz terá 5 (cinco) dias para retratar-se".

[28] Registra o art. 487: "Haverá resolução de mérito quando o juiz: I – acolher ou rejeitar o pedido formulado na ação ou na reconvenção; II – decidir, de ofício ou a requerimento, sobre a ocorrência de decadência ou prescrição; III – homologar: a) o reconhecimento da procedência do pedido formulado na ação ou na reconvenção; b) a transação; c) a renúncia à pretensão formulada na ação ou na reconvenção. Parágrafo único. Ressalvada a hipótese do § 1º do art. 332, a prescrição e a decadência não serão reconhecidas sem que antes seja dada às partes oportunidade de manifestar-se".

Tradicionalmente, admitiam-se três eficácias: declaratória, constitutiva e condenatória, quiçá em sinal de homenagem à construção germânica do século XIX (em especial, Adolf Wach).

Na demanda de natureza declaratória, busca-se a declaração da existência ou inexistência de determinada relação jurídica ou, ainda, a declaração em torno da autenticidade ou falsidade de certo documento (art. 19 do NCPC);[29] cria-se a certeza onde havia incerteza.

Na ação de natureza constitutiva, busca o autor a criação, extinção ou modificação de uma relação jurídica. Esta sentença pode ter cunho positivo ou negativo. Positivo quando se cria uma nova relação jurídica com a sentença; negativo quando se extingue relação jurídica já existente. Esta última é também chamada por parte da doutrina de desconstitutiva. É exemplo típico a ação de divórcio, pois nesta se extinguirá a relação jurídica matrimonial que nascera com o casamento.

Na ação de natureza condenatória, pretende o autor impor uma sanção, criar uma obrigação ao demandado. São exemplos clássicos as ações de indenização em geral, em que, a partir da sentença, está o réu obrigado a reparar eventual prejuízo causado e na obrigação de reparar identifica-se a sanção imposta.

A presente orientação gozou de trânsito fácil na doutrina brasileira, até que Pontes de Miranda, em seu memorável *Tratado das Ações*, lançou as bases da teoria quinária em torno da classificação das ações quanto às suas cargas de eficácias.

A teoria quinária sustenta, em síntese, que, além das eficácias tradicionalmente reconhecidas, outras duas devem ser acrescidas à classificação, quais sejam: ações mandamentais e ações executivas *lato sensu*.

A ação mandamental foi caracterizada pela necessidade de o autor obter uma ordem do juízo para que se faça ou se tolere algo. O comportamento do demandado é fundamental para a satisfação do autor, porém, dada sua renitência, tornam-se indispensáveis a via judicial e o emprego de medidas de coerção. Veja-se o exemplo de uma inscrição indevida em órgão de restrição ao crédito, que deve ser retirada pelo próprio réu, ou a retirada de campanha publicitária enganosa. O provimento usualmente é garantido com a imposição de pesadas multas para o caso de descumprimento (*astreintes*), além de eventual responsabilidade criminal pela desobediência.

A ação executiva *lato sensu*, de sua parte, representa a possibilidade de que ações integrantes do processo de conhecimento[30] traga embutida em si capacidade executória. Quer isso dizer que existe um determinado tipo de demanda em que o juízo, ao reconhecer a procedência da postulação, deter-

---

[29] Conforme o art. 19: "O interesse do autor pode limitar-se à declaração: I – da existência, da inexistência ou do modo de ser de uma relação jurídica; II – da autenticidade ou da falsidade de documento".

[30] Ovídio Araújo Baptista da Silva aponta, entretanto, que estas seriam do Processo de Execução. In *Curso de Processo Civil*, v. 2, p. 21. 4ª ed. São Paulo: RT, 2000.

mina, desde logo, e independentemente de qualquer outra providência por parte do autor, a entrega do bem da vida objeto da lide. Note-se que, por regra, nas ações em geral, embora condenado o réu, o bem da vida somente será outorgado ao autor se este tomar novas iniciativas. Assim, p. ex., na ação de indenização, muito embora condenado o réu a indenizar, nada acontecerá no mundo fático se o autor não adotar medida de natureza executória. Somente após as iniciativas adequadas (liquidação e cumprimento) é que receberá o autor o bem da vida querido (indenização), vale dizer: o recebimento do bem da vida por parte do autor está condicionado a novas medidas suas, embora a decisão anterior já lhe tenha reconhecido o direito alegado. Entretanto, existem ações em que o juízo, como já dito, ao reconhecer a procedência da alegação feita pelo autor, lhe deferirá o bem da vida pretendido de imediato, provocando alterações na esfera jurídica do demandado, independentemente de outras iniciativas. É exemplo de demanda desta natureza a ação de despejo, pois no momento em que é alegada, p. ex., determinada infração contratual, e o juízo reconhece esta como existente, a um só tempo, resolve o contrato e determina a desocupação do imóvel, provocando, portanto, uma alteração no mundo dos fatos por decorrência da sentença, sem que tenha o autor se socorrido de nova providência. E isso só é possível, exatamente, em razão da capacidade executória que está embutida na sentença de procedência, em face da natureza do direito material posto em causa.

A teoria que estabelece a classificação quinária das ações e, por consequência, das sentenças de procedência, também esclarece que inexiste sentença pura, pois toda sentença, no que tange a seu conteúdo eficacial, seria híbrida, ou seja, possuiria, necessariamente, mais de uma carga de eficácia. Assim, em face da multiplicidade de eficácias que habitam o conteúdo da sentença, haverá sempre preponderância de uma sobre as demais. Por exemplo, na ação constitutiva ocorre apenas uma acentuação da eficácia constitutiva sobre as outras. Com isto se está a dizer que se a ação é constitutiva, tal circunstância não exclui a presença da eficácia declaratória, condenatória e outras que tais. Contudo, estas cargas estão presentes com intensidade mais rarefeita do que aquela que outorga classificação à sentença e que representa aquilo que o autor mais pretende; daí ser denominada, na verdade, preponderantemente constitutiva e assim também ocorrerá com as outras sentenças, as quais classificar-se-ão, no que diz respeito ao conteúdo eficacial, sempre pelo critério da preponderância. A este respeito, Pontes de Miranda, quiçá com algum exagero, chegou a afirmar que toda a sentença portará as cinco cargas de eficácia, batizando a figura de "constante 15". Atualmente, observa-se o recrudescimento da tutela mandamental e da executiva.[31]

Todos os esforços envidados pela doutrina para explorar ao máximo suas potencialidades, em última análise, decorrem da ideia de se oferecer maior efetividade ao processo, tornando possível libertar a comunidade do

---

[31] É vasta a literatura nacional sobre o tema, valendo referir pela originalidade Luiz Guilherme Marinoni com sua *Tutela Inibitória e Tutela Antecipatória*, *Julgamento Antecipado* e *Execução Imediata da Sentença*, ambas publicadas pela Editora RT, São Paulo.

preconceito de que atividades cognitivas e executivas não possam andar de mãos dadas no mesmo procedimento. Almeja-se, em face da maior efetividade, um *processo sincrético*.

1.5. Vícios da sentença

A demanda é limitada pelo próprio cidadão, e o Estado não prestará tutela jurisdicional senão quando este, em exclusivo juízo de conveniência, a requerer. O processo, portanto, começa por iniciativa da parte, embora se desenvolva por impulso oficial.

Para consagrar a autonomia do cidadão, o direito impede que o pronunciamento judicial ultrapasse a autorização formulada na demanda. A regra geral é que o juiz decide a causa nos limites em que ela foi proposta. A petição inicial é que irá pautar e delimitar o debate judicial entre as partes. Todo o contraditório que se forma decorre do panorama traçado pela inicial, sendo complementado com as informações prestadas pelo réu.

O art. 141, NCPC, veda ao juiz decidir a lide fora dos limites em que foi proposta.[32] Preserva, ainda, as partes do conhecimento indevido de questões, não suscitadas, a cujo respeito a lei exige sua iniciativa. A complementação do dispositivo se dá no art. 492, NCPC, quando afirma ser "vedado ao juiz proferir decisão de natureza diversa da pedida, bem como condenar a parte em quantidade superior ou em objeto diverso do que lhe foi demandado".

Nessa linha, tradicionalmente, no que toca à necessária correlação entre o pedido e a decisão, três vícios podem contaminar a sentença.

Há casos de legítima denegação de jurisdição, quando a sentença deixa de enfrentar os requerimentos das partes. Nessas hipóteses, configura-se a citrapetição, pois o Estado estará indevidamente se eximindo de prestar a jurisdição (não avaliando pedido de denunciação da lide, deixando de analisar algum pedido cumulado, etc.).

Igualmente grave é a situação se o órgão estatal conceder algo a mais daquilo que lhe foi pedido, indo além dos limites do debate judicial, quando incorrerá na ultrapetição. Se o cidadão, vítima de acidente de carro, postula exclusivamente o ressarcimento pelas despesas médicas, não é dado ao juiz conceder também quantia referente ao conserto do automóvel, pois tal ponto situa-se fora do contraditório judicial.

Por fim, concedendo algo diverso do postulado, incidirá na extrapetição, vício altamente condenável em face da garantia constitucional do contraditório. Caso a pessoa requeira apenas ordem para que o réu publique um direito de resposta, é inviável a condenação substitutiva a título de danos

---

[32] Consoante o art. 141: "O juiz decidirá o mérito nos limites propostos pelas partes, sendo-lhe vedado conhecer de questões não suscitadas a cujo respeito a lei exige iniciativa da parte".

morais, ainda que o magistrado se convença da melhor adequação de outra medida não postulada.

Em comum, todas as situações revelam a preocupação com o contraditório. Este, enquanto mecanismo de legítima construção do provimento judicial, encontra limites nas postulações das próprias partes, em face da incidência do princípio dispositivo. O cidadão, portanto, tem direito à adequada prestação jurisdicional, a qual inclui uma sentença proferida de acordo com os temas debatidos no processo. Nem a menos, nem a mais ou diverso, mas na justa medida do contraditório proposto pelas partes em suas manifestações, sob pena de nulidade passível de conhecimento e correção oficial.

2. Coisa Julgada

2.1. Fundamentos do instituto

Já no seu preâmbulo, a Constituição demonstra seu comprometimento com o valor segurança. Dentro do Estado de Direito, "destinado a assegurar o exercício dos direitos sociais e individuais, a liberdade, a segurança, o bem-estar, o desenvolvimento, a igualdade e a justiça, como valores supremos de uma sociedade fraterna, pluralista e sem preconceitos", deve sempre existir uma natural preocupação com uma atmosfera de harmonia, indispensável à vida social e à "solução pacífica das controvérsias".

O Direito valoriza a segurança através de diversos institutos. Dentre esses, destacam-se, no rol de garantias prometidas pelo art. 5º, XXVI, da Constituição Federal, o ato jurídico perfeito, o direito adquirido e a coisa julgada. Esta última possui índole nitidamente processual, uma vez que se destina a perenizar as situações normadas através do devido processo de Direito, imunizando-as frente às irresignações das partes.

Uma definição inicial da coisa julgada é encontrada na Lei de Introdução das Normas do Direito Brasileiro quando, em seu art. 6º, § 3º, conceitua o instituto como a "decisão judicial de que já não caiba recurso". Essa definição, conquanto simplificada e equivocada do ponto de vista científico, transmite sua principal função: evitar que a decisão seja eficazmente atacada.[33] Ela é, na linha destacada por Liebman,[34] uma qualidade que se agrega à sentença.

[33] Em outra sede, o coautor Sérgio Gilberto Porto assim se pronunciou: "No teor do § 3º do artigo 6ª da Lei de Introdução as Normas do Direito Brasileiro, anteriormente denominada Lei de Introdução ao Código Civil, bem como – agora – no art. 502 do CPC de 2015, situam-se as *definições legais* do instituto da coisa julgada. Todavia, a toda evidência, não se esgota nestes dispositivos compreensão do tema. Evidentemente, a *res iudicata* reveste um conceito jurídico cujo conteúdo difere do simples enunciado de suas palavras e extrapola os parâmetros fixados pelo legislador. Na acepção literal dos vocábulos, pareceria, aos menos avisados, que coisa significa objeto. Todavia, não é essa a noção jurídica que traduz e, sim, a de uma medida de valor que pode ser objeto do direito ou até mesmo a noção de bem ou de relação jurídica, ou, como refere a própria Lei de Introdução as Normas Brasileiras de modo alternativo, trata-se de caso no sentido de lide. O adjetivo julgada, por seu turno, qualifica a matéria que foi objeto de apreciação judicial. Como se vê, a definição de coisa julgada envolve algo de mais que a simples soma de seus termos pois representa um conceito jurídico que qualifica uma decisão judicial, atribuindo-lhe autoridade e eficácia permanente". *Cidadania Processual – Processo Constitucional e o Novo Processo Civil*, Porto Alegre: Livraria do Advogado, 2015, p. 96-97.

[34] *Efficacia ed autorità della sentenza*. Milano: Giuffrè, 1962.

Qualidade esta capaz de tornar a nova situação jurídica definida pela sentença como imutável por outra sentença. A coisa julgada, para se valer de históricas metáforas, é o selo ou a capa protetora do julgado que o livra de rediscussões e viabiliza a utilidade do acertamento judicial.

É da essência humana a inconformidade com as adversidades. No processo judicial, a situação não é diferente. Fenômeno absolutamente compreensível e natural é a insatisfação do litigante vencido, intentando, em todas as instâncias possíveis, reformar a decisão até que obtenha uma resposta mais favorável. Em certa medida, o ordenamento entusiasma o uso dos recursos, visto que, através deles, há a oportunidade de qualificar o provimento final do processo, permitindo-se o controle da atividade estatal. Contudo, em algum momento da marcha processual, a impugnação das decisões já não mais será aceita, uma vez que seu prolongamento indefinido desestabiliza as relações sociais, gerando enorme prejuízo nas diversas projeções da vida pessoal dos envolvidos. Normalmente, o primeiro dano evidenciado é o econômico. Todavia, ao lado dele, co-habitam tantos outros prejuízos de índole pessoal, derivados muitas vezes da simples existência do processo judicial.

Desta forma, no momento em que uma decisão transita em julgado, o próprio sistema trata de imunizá-la de ataques futuros, a fim de que as partes possam obter um mínimo de segurança na organização de seus projetos. Esta qualidade que se agrega à sentença, tal qual uma capa protetora ou um selo, recebe o nome de coisa julgada.

A coisa julgada decorre de um imperativo social. Não é possível conviver por largo tempo – ou eternamente – com a insegurança na aplicação do direito. Este estado de incerteza ocasionado pela tramitação do processo deve se encerrar o quanto antes, a fim de que os cidadãos possam levar sua vida adiante. Sem tal tranquilidade, derivada da certificação judicial dos direitos, inviável seria o progresso, na medida em que todas as relações jurídicas estariam perenemente controvertidas.

2.2. Coisa julgada formal e coisa julgada material

Dois são os estágios da coisa julgada.

Enquanto ato do processo, a sentença é protegida contra alterações pela máxima preclusão recursal. A sentença torna-se imutável no feito em que é proferida, desimportando se definitiva (com análise de mérito) ou meramente terminativa (com o reconhecimento da inadmissibilidade da tutela jurisdicional). Correta ou equivocada a decisão, com a capa protetora, adquire estabilidade no feito em que foi prolatada. A este primeiro fenômeno, do trânsito em julgado, cunha-se a expressão *coisa julgada formal* para referir justamente a impossibilidade de sua rediscussão no bojo do processo em que é proferida.

Todavia, pode ocorrer que esta sentença trânsita em julgado tenha enfrentado o mérito do processo, isto é, tenha dirimido o suposto conflito que ligava as partes. Nessa hipótese, costuma-se falar que houve a formação da coisa julgada material, que é constituída pela coisa julgada formal acrescida da análise de mérito. Agora, o pronunciamento judicial estará a salvo de reforma tanto no processo em que é proferido, quanto em qualquer outro, pois a parte já recebeu a adequada resposta jurisdicional (provimento meritório). Nessa linha, sublinha a doutrina a função positiva da coisa julgada (respeito à deliberação), bem como a negativa (veto à reapresentação do tema já decidido).[35]

Consequência prática desta distinção é que a coisa julgada meramente formal não impede a propositura de "nova" demanda, ainda que igual à anterior (isto é, com os mesmos elementos anteriores: partes, causa de pedir e pedido), pois sua imutabilidade estava restrita ao processo em que fora proferida. Já a coisa julgada material protege o resultado prático do processo de qualquer rediscussão útil. Caso qualquer das partes tente desconhecer a autoridade da coisa julgada material, poderá a outra ou o próprio magistrado de ofício extinguir os processos futuros, a fim de preservá-la.[36]

Como já referido em sede doutrinária pelo coautor Sérgio Gilberto Porto,"a diferença básica entre uma e outra é que: a coisa julgada formal limita sua eficácia ao processo onde a decisão foi proferida, enquanto a coisa julgada material projeta sua eficácia para fora do processo onde foi prolatada a decisão, tornando-a imutável, não apenas no processo originário, mas em qualquer outro que porventura venha a ser iniciado, tudo com o fito de estabilizar definitivamente a relação jurídica que se controverteu".[37]

2.3. Limites objetivos e subjetivos

Com o estudo dos limites objetivos e subjetivos da coisa julgada material, procura-se responder a duas indagações: o que da sentença se torna imutável e quem já não mais poderá rediscuti-la.

---

[35] Nesse sentido, destaca Guilherme Athayde Porto: "há também a função negativa. Esta se apresenta como uma vedação. Uma vedação à possibilidade de reapresentação da questão, em novo processo, quando este já teve uma resposta do Judiciário. Impõe uma obrigação de não fazer ao jurisdicionado. Está vinculada também a ideia do *ne bis in idem". Formação da coisa julgada e prova produzida, p. 87.* Porto Alegre: Livraria do Advogado, 2015.

[36] É dever do magistrado respeitar a coisa julgada, extinguindo os feitos que a ameaçam: "Apelação Cível. Servidor Público. Reajustes da lei 10.395/95. Configuração da Coisa Julgada. Processo Extinto. Comprovada pelos documentos juntados aos autos a ocorrência de coisa julgada, tem lugar a extinção do processo, com fundamento no art. 267, inc. V, do CPC. Recurso Provido. Processo julgado extinto". AC 70036748721, 3 – Câmara Especial Cível, TJRS, Rel. Des. Leonel Pires Ohlweiler, j. 24/08/2010.

[37] Classificação de ações, sentenças e coisa julgada. Publicada na RJ nº 203 – set/94, p. 112.

A análise dos limites objetivos da coisa julgada hoje parte do art. 504, NCPC, quando afirma que não fazem coisa julgada: "I – os motivos, ainda que importantes para determinar o alcance da parte dispositiva da sentença; II – a verdade dos fatos, estabelecida como fundamento da sentença".

A partir dessa opção legislativa, concluiu-se, segundo entendimento legislado,[38] que apenas a parte dispositiva da sentença estaria acobertada pelo selo da imutabilidade, muito embora se deva reconhecer que "se é correto dizer que os motivos ainda que importantes não fazem coisa julgada, não é menos certo afirmar que o dispositivo se há de entender e dimensionar em razão desses motivos, tanto que o legislador os considera importantes para determinar o alcance da parte dispositiva da sentença".[39] O importante é reconhecer que a parte dispositiva se relaciona mais intimamente com a solução do litígio, razão pela qual, dentro da perspectiva do processo civil de resultados, deve ser resguardada com maior ênfase.

Quanto aos limites subjetivos, eles decorrem do fato de que usualmente a sentença é proferida para os sujeitos que participam do contraditório. Por conseguinte, a esses não será dado pretender a rediscussão da causa, pois o pronunciamento fora tomado mediante suas influências. Daí o acerto da regra inserta no art. 506, NCPC: a sentença faz coisa julgada às partes entre as quais é dada, não prejudicando terceiros. Contudo, este tradicional princípio nunca foi absoluto. Mesmo no processo civil, dito individual, nas causas relativas ao estado de pessoa, se forem citados no processo, em litisconsórcio necessário, todos os interessados, a sentença produz coisa julgada em relação a terceiros, segundo previsão legal.

Mais complexa é a limitação subjetiva nas demandas coletivas. Para o fim de atender os bens da vida nele protegidos (p. ex. ação popular, Lei nº 4.717/65, art. 18, Ação Civil Pública, Lei nº 7.347/85, art. 16, e Código de Defesa do Consumidor, art. 103). Nesses diplomas, observa-se a criação de mecanismos eficazes para tutelar os interesses supraindividuais, como a coisa julgada *secundum eventum litis, ultra partes, in utilibus*, etc.

2.4. Limites temporais e territoriais

O debate sobre os limites da coisa julgada, porém, não se encerra na identificação do alcance subjetivo e objetivo da decisão passada em julgado,

---

[38] Ressalva-se a ideia de coisa julgada à hipotese da disciplina legal no texto, na medida em que há debate candente em sede doutrinária sobre a real identificação dos limites objetivos da coisa julgada. Parcela da doutrina sustenta que o conteúdo da sentença adquire autoridade de coisa julgada, outra sustenta que apenas o elemento declaratório tem capacidade para atingir o estado de indiscutibilidade e uma terceira via sustentada pelo coautor Sérgio Gilberto Porto aponta que aquilo que realmente se torna imutável é a nova situação jurídica decorrente da sentença que transitou em julgado. Sobre o tema, ver Sérgio Gilberto Porto, in *Coisa Julgada Civil*, p. 74 e ss.

[39] Ovídio Baptista da Silva. Limites objetivos da coisa julgada no atual direito brasileiro, p. 136. In *Sentença e Coisa Julgada*. 4. ed. Rio de Janeiro: Forense, 2003.

muito embora corriqueiramente a matéria seja assim posta. Outrossim, também é necessário identificar os chamados limites temporais da coisa julgada, haja vista que o provimento jurisdicional regula a relação jurídica em determinado tempo, frente a determinado fato. Não bastasse essa realidade, ainda deve ser reconhecido que também o conteúdo eficacial e a natureza do direito posto em causa regulam a incidência da decisão no tempo.

Para que isto se perceba basta que se atente para a matéria referente à coisa julgada quando posta em causa, p. ex., relação jurídica de natureza continuativa, tais como as relações tributárias ou as relações alimentares, nas quais, por existirem prestações periódicas o julgamento regula – evidentemente – apenas a relação jurídica enquanto persistir a obrigação originária, sem, contudo, definitivar as consequências e projeções frente a novos fatos nascidos em razão dessa mesma relação jurídica que sofre adequação com o correr da vida.

Portanto, pode-se afirmar com segurança que a ideia da existência de limites temporais para o caso julgado é realidade e não é nova, encontrando, inclusive, qualificado respaldo doutrinário.

Na Alemanha, p. ex., a matéria é expressamente tratada, por Jauernig,[40] o qual aduz: "o caso julgado está triplamente limitado: objectivamente pelo objecto, subjectivamente pelo círculo das pessoas atingidas e temporalmente com respeito ao momento em que se aplica a constatação". No Brasil, o tema não passou despercebido, uma vez que, dentre outros, Tesheiner[41] e Moniz de Aragão também tratam da matéria, afirmando o último que os limites temporais da coisa julgada visam a precisar o momento ao qual sua formação e eficácia estão relacionadas.[42]

Ainda sobre o tema, observa Jauernig,[43] o ilustre professor da Universidade de Heidelberg antes citado, que "a sentença transitada estabelece a situação jurídica apenas em determinado momento, não para todo o porvir; pois normalmente a situação jurídica altera-se mais tarde: o direito é satisfeito e extingue-se, a propriedade reconhecida ao autor é transmitida, etc. A alegação destas alterações não pode ser excluída num novo processo pelo caso julgado".

Portanto, parece de lógica irrefutável a circunstância de que a decisão jurisdicional adquire – ordinariamente – a força de caso julgado em razão de fatos passados (aqueles alegados ou que deveriam ter sido alegados), e não

---

[40] JAUERNIG, Othmar. *Direito Processual Civil*. Tradução de F. Silveira Ramos. 25. ed. Coimbra: Almedina, 2002, § 63.

[41] TESHEINER, José Maria Rosa. *Eficácia da Senteça e Coisa Julgada no Processo Civil*. São Paulo: RT, 2001, p. 162 e ss.

[42] MONIZ DE ARAGÃO, Egas. *Sentença e Coisa Julgada*. Rio de Janeiro: Aide, 1992, p.199.

[43] JAUERNIG, Othmar. *Direito Processual Civil*. Tradução de F. Silveira Ramos. 25. ed. Coimbra: Almedina, 2002, § 63.

em torno de fatos futuros,[44] vez que esses ensejam, em face da teoria da substanciação,[45] nova demanda, pois representam nova causa de pedir.[46]

Assim, posta a matéria, emerge a existência dos limites temporais da coisa julgada, vez que a projeção de sua incidência também é limitada no tempo dos fatos ou, mais uma vez, na palavra autorizada de Jauernig:[47] "tudo o que, antes deste momento, podia ser alegado, está excluído num processo posterior (...). Todas as posteriores alterações na configuração dos efeitos jurídicos declarados, não são atingidas pelo caso julgado".

Essa ideia parte da premissa de que a relação jurídica é somente normada nos limites da situação substancial posta à apreciação, vez que pode, com o transcurso do tempo, sofrer mudanças fáticas. Contudo, deve ser registrado que essa limitação não ocorre apenas quando a relação jurídica controvertida for tipicamente continuativa, tais as antes citadas, ou seja, as alimentares e tributárias, dentre outras que possam existir igualmente de periodicidade intrínseca. Com efeito, também as relações não marcadamente continuativas estão sujeitas às variações temporais, haja vista que toda a relação jurídica possui, com maior ou menor intensidade, a presença da cláusula *rebus sic stantibus*. Dessa maneira, o credor que leva à penhora bem do devedor, perderá seu direito material expropriatório, mediante o adimplemento da obrigação e outras tantas hipóteses. Não há, no exemplo, ofensa à coisa julgada, vez que, muito embora se trate da mesma relação jurídica já normada por decisão, a nova situação não foi e nem poderia ser abrangida pela decisão anterior, vez que posterior a essa. Há, no exemplo, por conseguinte, mudança da situação substancial, portanto fora do alcance temporal da coisa julgada, vez que essa não regula para sempre a relação jurídica, mas apenas regula a situação substancial apreciada em face da relação jurídica existente, daí, mais uma vez emergir o acerto da adoção da teoria da substanciação em torno da causa de pedir.

Dessa forma, portanto, resulta evidenciado que a decisão jurisdicional regula a relação jurídica somente nos limites da situação substancial posta *sub judice*, e não para todo o sempre, ou, dito de outro modo, nos limites temporais da *causa petendi*, não atingindo o antes, nem o depois daquilo que foi posto a exame.

Nessa linha, é, pois, possível afirmar que a coisa julgada tem sua capacidade eficacial também limitada pela equação tempo da decisão/fatos apreciados, ou, ainda, mais precisamente, quer as consequências jurídicas estejam sujeitas a adequações em face da natureza da relação jurídica de direito mate-

[44] Exclua-se desta afirmativa, como se verá, a chamada condenação para o futuro ou a tutela inibitória.

[45] Vale lembrar que a teoria da substanciação identifica a causa de pedir na soma da relação jurídica afirmada aos fatos que a substanciam ou fundamentam essa própria relação.

[46] Neste sentido, consultar com largo proveito MONIZ DE ARAGÃO, Egas. *Sentença e Coisa Julgada*. Rio de Janeiro: Aide, 1992, p. 198/200.

[47] JAUERNIG, Othmar. *Direito Processual Civil*. Tradução de F. Silveira Ramos. 25. ed. Coimbra: Almedina, 2002, § 63.

rial ou não, a verdade é que a decisão tem seu alcance também determinado pelo tempo dos fatos que foram considerados ou que deveriam ter sido considerados pela decisão (art. 508, NCPC),[48] portanto preexistentes a essa.

Sobre a eficácia temporal do julgado, Remo Caponi, igualmente, salientava que "si può parlare fondamentalmente in due sensi. Il primo porta a individuare il momento del tempo nel quale la sentenza comincia a produrre i suoi effetti e la loro stabilità. Il secondo concerne l'incidenza dell'efficacia della sentenza passata in giudicato nel tempo delle situazioni sostanziali oggetto del giudizio".[49]

O ilustrado mestre peninsular, como se vê, aponta duas formas de eficácia temporal do julgado. Uma vinculada a partir do momento em que a decisão começa a produzir efeitos e outra, exatamente, vinculada à situação substancial normada.

Todavia, a eficácia temporal não se esgota apenas nessa disciplina, vinculada à situação substancial normada ou na mera identificação do termo *a quo* da eficácia da decisão, mas envolve, também, as chamadas condenações para o futuro, onde a decisão consolida sua eficácia não para regular situação jurídica pretérita, mas, sim, projetando sua eficácia para além do imediato, disciplina previamente as consequências de eventual comportamento futuro.

Aliás, essa posição não é desconhecida pela doutrina brasileira e muitos enfrentaram a temática referente à condenação para o futuro.[50] Contemporaneamente, na Itália, Caponi, na obra antes invocada, sustenta, por exemplo, que o objetivo da condenação para o futuro (*condanna in futuro*) é justamente regular condutas ainda não realizadas pelas partes: "in queste ipotesi l'accertamento esprime dunque una regola di condotta per le parti che non è diretta a rimuovere un illecito del passato, ma si riferisce a fatti futuri".[51]

No direito nacional, especialmente, a eficácia temporal futura da decisão, face à coisa julgada, aparece com nitidez na chamada tutela inibitória, cujo fito primordial é evitar a prática de ato ilícito, cumprindo, dessa forma, função de cunho preventivo. Assim é, exatamente, porque a disciplina da situação projetada torna-se imune às discussões futuras, haja vista que já normada situação por vir, portanto, antes da violação do direito. A disciplina sentencial de cunho predominante mandamental e executivo *lato sensu*, define as medidas necessárias para evitar o futuro ato e essa consequência é imunizada pelo trânsito em julgado da sentença, definindo, pois, também sob essa faceta, os limites temporais da coisa julgada, já que aquela dispõe

[48] Conforme o art. 508, NCPC: "Transitada em julgado a decisão de mérito, considerar-se-ão deduzidas e repelidas todas as alegações e as defesas que a parte poderia opor tanto ao acolhimento quanto à rejeição do pedido".

[49] CAPONI, Remo. *L'Efficacia del Giudicato Civile nel Tempo*: Milão: Giuffrè, 1991, p. 3.

[50] Nesta linha, v., marcante ensaio de BARBOSA MOREIRA, José Carlos. Tutela Sancionatória e Tutela Preventiva. In: *Temas de Direito Processual*. Segunda Série. São Paulo: Saraiva, p. 27.

[51] CAPONI, Remo. *L'Efficacia del Giudicato Civile nel Tempo*. Milano: Giuffrè, 1991, p. 83.

de autoridade sobre as projeções de eventual fato futuro, face o trânsito em julgado.

No que tange aos limites temporais da coisa julgada, de forma objetiva, pode-se afirmar que essa tem sua órbita de incidência temporal balizada: (a) pela relação substancial regulada através da sentença, excluindo-se aquilo que não integrou o círculo de abrangência da causa de pedir (o antes e o depois); (b) pela fixação do momento em que essa adquire eficácia, em face da possibilidade de imposição *erga omnes* das funções positiva e negativa; (c) quando exclusivamente regula relação para o futuro.

Por derradeiro, no tema dos limites da coisa julgada, cumpre registar que parcela da doutrina identifica a existência de limites territoriais para a coisa julgada matérial. E assim procede a partir de situação existente nas demandas coletivas, nas quais, em especial na chamada Lei da Ação Civil Pública surge o art. 16, assinalando que a decisão terá eficácia *erga omnes* nos limites da jurisdição do órgão prolator.

O tema, ainda que admitido como se pertinente à coisa julgada, em verdade amolda-se à hipótese de eficácia da sentença e não tem a ver com a indiscutibilidade da situação jurídica normada. Esta, pois, a razão para não ser tido como outra projeção da coisa julgada material, uma vez que está vinculado a área de eficácia da sentença, e não a imutabilidade da situação jurídica disciplinada pela sentença.

2.5. Preclusão expansiva do julgado (art. 508, NCPC)

Afirma o art. 508 do NCPC que "transitada em julgado a decisão de mérito, considerar-se-ão deduzidas e repelidas todas as alegações e as defesas, que a parte poderia opor tanto ao acolhimento como à rejeição do pedido". O ordenamento, sempre com vista a realizar o ideal de segurança, estimula as partes a se valer de todas as alegações e defesas que lhes possam garantir o êxito judicial.

Essa técnica processual, na doutrina brasileira, vem sendo estudada como uma "eficácia preclusiva da coisa julgada", ou seja, um meio de se ampliar os limites objetivos da coisa julgada, a fim de se proteger ainda mais o resultado útil da atividade jurisdicional e as expectativas das partes.

A proposta do dispositivo tem gerado grandes debates, desde a redação constante do Código de 1973. O principal deles, enfrentado pela doutrina, diz respeito à sua extensão. Duas argumentações foram desenvolvidas para explicar o fenômeno.

De um lado, agrupam-se autores que pretendem restringir a eficácia apenas aos fatos que dizem respeito à causa de pedir, permitindo, assim, que, em outras demandas, sejam discutidas novas causas de pedir para o acolhimento do mesmo pedido antes formulado.[52] Sempre que alterada a causa de pedir ou o pedido, para esta corrente, admissível será a nova (e inédita) demanda.[53]

Outros ampliam à incidência, salientando que a eficácia preclusiva abrangeria também as causas de pedir suficientes ao acolhimento do pedido. Ou seja, caso houvesse várias causas de pedir aptas a ensejar o sucesso do pedido, deveriam todas elas ser veiculadas no mesmo processo, sob pena de incidência do então art. 474, CPC de 1973.[54]

Em nosso sentir, o direito brasileiro optou por restringir a eficácia preclusiva da coisa julgada apenas às alegações concernentes à causa de pedir debatida. Embora reconhecendo os benefícios práticos de instar o cidadão a trazer todas as suas causas de pedir para dentro do mesmo processo, não foi essa, *maxima vênia*, a opção do direito nacional.[55]

2.6. Relativização da coisa julgada

A coisa julgada sempre gozou de prestígio nos países ocidentais. É da tradição o respeito pelas sentenças tansitadas em julgado, ainda que em seu

---

[52] Já se disse: "sem hesitação, é possível responder que o dispositivo em questão tem por fito ampliar os limites objetivos da coisa julgada, considerando, também, açambarcadas pela decisão alegações e defesas não deduzidas, mas que eram dedutíveis. Todavia, sem suprimir da apreciação do Poder Judiciário lesão ou ameaça de direito (art. 5°, inc. XXXV, da CF), com consumo de todas causas aptas a dar suporte à pretensão. Não vai a tanto, *maxima venia*, a eficácia preclusiva que se atribui à coisa julgada. Limita-se esta a consumir todas alegações e defesas que a parte poderia opor assim ao acolhimento como a rejeição do pedido, nos parâmetros da lide deduzida, ou seja, sem que altere ou extrapole qualquer dos elementos individualizadores das demandas. Pelo fato de a mudança de causa representar alteração dos parâmetros da demanda, resulta impossível aceitar o entendimento que admite a preclusão de todos os fundamentos no acolhimento ou na rejeição de determinado pedido, mesmo quando não postos em causa, consoante estabelecido no art. 128, do CPC". Do coautor Sérgio Gilberto Porto. In *Sobre o propósito e alcance do art. 474, do CPC.*

[53] Refere precedente do TJRS que "o que visa o art. 474 do CPC é impedir que a parte proponha nova demanda, na qual se fazem presentes as mesmas partes e o mesmo pedido, apenas dando nova roupagem à causa de pedir, declinando, com relação a esta, alegações que poderiam ter sido deduzidas em momento anterior, mas não o foram. Não obsta, por outro lado, que a parte, repetindo a causa de pedir anterior, formule novo pedido". AC 7002253379, 10. C.C., TJRS, Rel. Paulo Antônio Kretzmann, j. 23/04/2009.

[54] Nessa linha, o magistério de Araken de Assis: "se, porém, à vista do art. 474, e de sua origem, alguma coisa parece razoável, esta reside na intenção de ampliar o contexto e os limites da coisa julgada para o fito de resguardar a imutabilidade da resposta judicial ao pedido. Por outro lado, a palavra alegações, simétrica a defesas, conjuga-se com a parte final, vale dizer, deve ser capaz de embasar o acolhimento do pedido. E o elemento, na demanda hábil para ensejar a procedência – o verbo acolher possui este precioso significado no art. 269, I, do CPC – do pedido é exatamente a causa petendi! Nem se compreenderia, de resto, que a defesa que cabe ao réu alegar, segundo o art. 300, do CPC, se contrapusesse não à causa, e, sim, singelas alegações, vale dizer, os argumentos que a compõem. De modo que, por este lado, o art. 474, do CPC abrange as causas do autor e as defesas do réu, não deduzidas". Reflexões sobre a eficácia preclusiva, in *AJURIS*, 44/40.

[55] Sobre o tema, consultar também do coautor Sérgio Gilberto Porto, *Coisa Julgada Civil* – 4° ed. São Paulo:RT, 2011.

seio possa conter, vez por outra, vícios. Para corrigi-los, quando efetivamente graves, o direito sempre contou com mecanismos específicos, como a ação rescisória e a *querela nulitatis*.

Feita a ponderação entre os benefícios de se oferecer uma chance para reparar alegadas injustiças manifestas, ao custo da tranquilidade social, a tendência era a valorização desta última, em prol do funcionamento do sistema e da própria sociedade. Nunca se ignorou, portanto, o erro judiciário, malgrado os esforços de evitá-lo ou minimizar seus efeitos.

Contudo, tendo em vista a existência de pontuais – mas gravíssimos – equívocos na aplicação do direito, parcela da doutrina passou a arquitetar uma nova teoria, cujo cerne está na constatação de que a coisa julgada, como as demais garantias constitucionais, precisaria ser relativizada, para que outros princípios pudessem ser valorizados. Contestou-se a tradicional lição de Sciaccia, pela qual "la cosa juzgada hace de lo blanco, negro; origina y crea las cosas; trasforma lo cuadrado em redondo; altera los lazos de la sangre y cambia lo falso en verdadero".[56]

No Brasil, capitaneados por Cândido Rangel Dinamarco e Humberto Theodoro Junior, foram publicados inúmeros ensaios doutrinários sugerindo a reavaliação da coisa julgada e sua relativização quando não houver outro meio possível de oferecer a correção do julgado.[57] Dinamarco, por ilustração, indaga se seria legítimo eternizar injustiças a pretexto de evitar a eternização de incertezas.

As ideias encontraram eco na jurisprudência. O Superior Tribunal de Justiça conseguiu impedir que o Estado de São Paulo pagasse vultosa condenação calculada sobre área maior do que a efetivamente expropriada, em nome da preservação dos princípios da moralidade administrativa e razoabilidade.

E levando por base extensa pesquisa, Cândido Rangel Dinamarco apontou os seguintes vetores para pautar o debate: (I) princípio da razoabilidade e da proporcionalidade como condicionantes da imunização dos julgados pela autoridade da coisa julgada material; (II) moralidade administrativa como valor constitucionalmente proclamado e cuja efetivação é óbice a essa autoridade em relação a julgados absurdamente lesivos ao Estado; (III) imperativo constitucional do justo valor das indenizações em desapropriação, quer em favor quer contra o Estado; (IV) zelo pela cidadania e direitos do homem, também residente na Constituição Federal, como impedimento à perenização de decisões inaceitáveis em detrimento dos particulares; (V) fraude e erro grosseiro como fatores que contaminam o processo; (VI) garantia constitucional do meio ambiente ecologicamente equilibrado; (VII) garantia constitucional

---

[56] *Apud* Eduardo Couture. *Fundamentos del derecho procesal civil*, 3. ed. Reimpresión. Buenos Aires: De Palma, 1997, p. 405.

[57] Destacam-se em prol da relatização: "Relativizar a Coisa Julgada Material", Dinamarco, publicado na Forense, 358/11, e "A coisa julgada inconstitucional e os instrumentos processuais para seu controle", de Humberto Theodoro Junior e Juliana Cordeiro de Faria, *Revista Ibero-Americana de Direito Público* – RIADP, Vol. III, ano 3, 1º trimestre de 2001.

do acesso à ordem justa, que repele a perenização de julgados aberrantemente discrepantes dos ditames da justiça e da equidade; (VIII) caráter excepcional da disposição de flexibilizar a autoridade da coisa julgada, sem o qual o sistema processual perderia utilidade e confiabilidade.

O tema da investigação de paternidade é emblemático na doutrina. Há inúmeros autores que se sensibilizam com a injustiça gerada pela privação de reconhecimento de paternidade, especialmente nos casos em que não é realizada a prova pericial de ADN. As propostas para superar esses casos são variadas. Vanessa Casarin Schütz considera cabível a ação rescisória, com amparo no art. 485, VII, CPC, ou seja: documento novo.[58] Para a autora, a prova pericial deveria ser considerada como um "documento novo", o que permitiria corrigir eventual injustiça do julgado. Vai além o professor Éderson Garin Porto, que reputa inexistente a coisa julgada, uma vez que, nas demandas de investigação de paternidade, ela dependeria do resultado da instrução probatória (*secundum eventum probationis*).[59]

Posição diversa, valorizando o ideal de segurança jurídica e, por decorrência, inadmitindo a hipótese de relativizar a autoridade da coisa julgada, para além daqueles casos legalmente autorizados é defendida, dentre outros, por Barbosa Moreira, Luiz Guilherme Marinoni, Ovídio Baptista da Silva, Araken de Assis e José Maria da Rosa Tesheiner.[60] A desconsideração da coisa julgada traria o risco concreto de pulularem novas demandas, uma vez que, enquanto aberta a via judicial, muitas partes sentir-se-iam tentadas a fazer

---

[58] Refere a Dra. Casarin Schütz: "o exame de DNA pode ser enquadrado nas hipóteses da Ação Rescisória como documento novo, art. 485, inciso VII do CPC, se ao tempo da decisão que transitou em julgado não se teve acesso à referida prova pericial". Coisa julgada: inconstitucionalidade e meios processuais cabíveis, p. 668. In: MOLINARO, Carlos Alberto, MILHORANZA, Mariângela Guerreiro e PORTO, Sérgio Gilberto. (Coords.). *Constituição, jurisdição e processo*: estudos em homenagem aos 55 anos da Revista Jurídica. Sapucaia do Sul: Notadez, 2007. p. 668.

[59] Afirma o ilustre professor Ederson Garin Porto: "a coisa julgada somente será imutável quando esgotadas as provas que possibilitem apurar com grande margem de certeza a paternidade investigada. Isto significa dizer que a coisa julgada nestas demandas deve ser considerada *secundum eventum probationis*. Equivale a dizer que, caso a demanda seja julgada improcedente em razão da insuficiência de provas, não há óbice para a propositura de nova demanda que tenha a sua cognição ampliada em razão do surgimento de exames mais modernos que possam atestar com alta probabilidade a paternidade". Coisa Julgada Inconstitucional nas ações de investigação de paternidade. In: PORTO, Sérgio Gilberto; USTÁRROZ, Daniel (org.). *Tendências Constitucionais no Direito de Família*: estudos em homenagem ao Prof. José Carlos Teixeira Giorgis. Porto Alegre: Livraria do Advogado, 2003. p. 100. Em linha similar, PORTO, Guilherme Athayde. In *Formação da coisa Julgada e Prova Produzida*. Porto Alegre: Livraria do Advogado editora, 2015.

[60] Neste sentido, v., com proveito, BARBOSA MOREIRA, José Carlos. Considerações sobre a chamada "relativização" da coisa julgada material. In *Revista Síntese de Direito Civil e Direito Processual Civil*, n. 33, jan/fev 2005, p. 5-28. ASSIS, Araken de. Eficácia da Coisa julgada inconstitucional. *In Revista Jurídica* n. 301, nov/2002, 7-29. TESHEINER, José Maria Rosa. Relativização da Coisa Julgada. In *Revista do Ministério Público* n. 47, 2002, p. 104-114. PORTO, Sérgio Gilberto. Cidadania Processual e Relativização Coisa Julgada. In *Revista Síntese de Direito Civil e Direito Processual Civil* n. 22, mar/abr 2003, p. 5-13. SILVA, Ovídio Baptista da. Coisa Julgada Relativa? In *Revista Jurídica* n. 316, fevereiro 2004, p. 7-18. MARINONI, Luiz Guilherme. O princípio da segurança dos atos jurisdicionais (a questão da relativização da coisa julgada material). In *Revista Jurídica* n. 317, mar/2004, p. 14-33.

valer seu indigitado direito.[61] Se tal ameaça se confirmasse, efetivamente, o congestionamento do Judiciário seria ainda mais nítido.

A polêmica não foi expressamente resolvida pelo NCPC e, portanto, continua a ameaçar a segurança do jurisdicionado. Há esperança, entretanto, que se passe a restringir a ideia de relativização da coisa julgada às hipóteses de cabimento de Ação Rescisória, em face do teor do artigo 966, V, do NCPC que permite a demanda de invalidade do julgado, se houver violação de norma jurídica, hipótese mais ampla que a regência anterior do sistema de 1973, o qual limitava o cabimento de demanda rescisória a literal violação de lei, dentre outras hipóteses expressamente elencadas. Isso porque, no conceito de norma jurídica, se inserem diversas fontes jurídicas.

Assim, considerando a textura aberta da Constitução Federal (art. 5º, § 2º) e, igualmente, considerando que os fundamentos doutrinários que apontam a possibilidade de relativização da coisa julgada levam por suporte a própria ordem jurídica, possível se torna, via rescisória, buscar a revisão de julgado por violação de norma jurídica que notoriamente integre a ordem constituída, tenha esta a natureza que tiver.

---

[61] Há doutrinadores, como Diego Fernandes Estevez, que não compartilham deste risco mencionado. Ressalta o ilustre professor que: "aceitar a relativização da coisa julgada muito pouco deve alterar o número de processos e o seu tempo médio de tramitação. Lembre-se que o que se pretende é apenas afastar decisões aberrantes. Em outras palavras, na maioria absoluta dos processos não se buscará a revisão". *Relativização da coisa julgada.* In: In: MOLINARO, Carlos Alberto, MILHORANZA, Mariângela Guerreiro e PORTO, Sérgio Gilberto. (Coords.). *Constituição, jurisdição e processo: estudos em homenagem aos 55 anos da Revista Jurídica.* Sapucaia do Sul: Notadez, 2007.p. 168.

3. O Recurso dentro do sistema constitucional brasileiro: conceito e compreensão

3.1. A legitimação do provimento estatal através de seu controle

Como todo e qualquer instituto jurídico, o recurso haure sua razão de ser na Constituição Federal. Nela é que devem ser buscadas as justificativas de sua existência dentro do processo brasileiro, bem como seus limites de aplicação, afinal, dentro da perspectiva de um Estado Constitucional, cada direito é conformado pelos demais.

No caso dos recursos, apresenta-se importante a conjugação de quatro garantias ao jurisdicionado e verdadeiros princípios que guiam a atividade jurisdicional, a saber: (a) o devido processo constitucional (art. 5º, LIV); (b) o livre e efetivo acesso à Justiça (art. 5º, XXXV); (c) a ideia de contraditório e de ampla defesa, "com os meios e recursos a ela inerentes" (art. 5º, LV) e (d) a duração razoável do processo e os meios que garantam a celeridade de sua tramitação (art. 5º, LXXVIII). É natural que outros fundamentos constitucionais incidam, tal como a cidadania e a dignidade da pessoa humana, pois, como dito, a instrumentalização de cada norma decorre de uma análise global, efetivada em prol da realização da Era de Direitos.[62] Contudo, a partir do devido processo constitucional, do livre e efetivo acesso à justiça, do contraditório e da duração razoável, as premissas básicas de um sadio sistema recursal podem ser esboçadas.

Através do devido processo constitucional, postula-se a realização judicial dos direitos a partir de respeito aos jurisdicionados, de forma a condicionar o exercício do poder estatal às garantias constitucionalmente instituídas. Tanto ao longo do procedimento, quanto na hora da decisão, atua o devido processo, impedindo o arbítrio e a chancela de privilégios. A consideração de uma decisão como justa engloba, no mínimo, três dimensões: a apreensão fática, a hermenêutica e a justiça procedimental. Todos são critérios comple-

[62] Logicamente, todos os demais princípios constitucionais podem incidir nos debates travados em sede recursal. Veja-se, por exemplo, a discussão acerca da ofensa à garantia do juiz natural, quando composto majoritariamente o Tribunal de Apelação por juízes convocados do primeiro grau. Nesse sentido: "nulos são os julgamentos de recursos proferidos por Turma composta, unicamente, por juízes de primeiro grau, por violação ao princípio do juiz natural e aos artigos 93, III, 94 e 98, I, da CF". HC 101.943/SP, 3. T., Rel. Min. Jane Silva, j. 24/09/2008. DJe: 11/11/2008.

mentares e que jamais garantem, por si só, o alcance de uma decisão passível de ser qualificada como justa. Eventual falha do magistrado, em qualquer dessas atividades, representará uma distância da boa sentença. O devido processo atua especialmente na última dessas perspectivas, ou seja, a *procedural justice*. Será indevido o processo quando não outorgar ao cidadão a tutela a que tem direito, o que engloba, naturalmente, a prestação em tempo razoável. Tampouco poderá ser tido como legal o processo que não oferecer tratamento isonômico às partes, de forma a prejudicar seu trabalho na formação do convencimento do juiz. Enfim, o devido processo constitucional é a síntese das garantias constitucionais do processo.

Naquilo que interessa ao presente trabalho, isto é, o vínculo necessário do magistrado com os fatos da causa e o melhor direito aplicável, Luigi Ferrajoli, com absoluta correção, afirma que "nessuno ha il diritto di giudicare, se per 'giudicare' s'intende un'attività autoritativa e non puramente cognitiva: questa non è solo una massima dell'etica cristiana, ma è la regola laica del moderno stato di diritto".[63] Com efeito, os atos jurisdicionais deveriam ser guiados, tanto quanto possível, por critérios objetivos, muito embora exista uma mínima, quiçá ineliminável, margem volitiva na interpretação das leis, valoração das provas, percepção dos fatos da causa, etc. O mesmo professor de Roma irá ressaltar que o valor político e intelectual da profissão do juiz será tolerar as divergentes razões, consideração e controle de todas as hipóteses em conflito, imparcialidade em relação ao litígio, prudência, equilíbrio, ponderação, e "dubbio come abito professionale e come stile intelettuale".[64] O sistema cria formas de análise, controle e justificação do exercício do poder jurisdicional, uma das quais o recurso, fora de dúvida.

O acesso à justiça, de seu turno, também deve ser interpretado à luz de duas premissas fundamentais. Não é qualquer justiça que deve ser oferecida, mas sim uma resposta consoante os fatos ocorridos e o direito aplicável à espécie, daí a exigência de meios de correção dos provimentos. Entretanto, tais meios devem se mostrar razoáveis, a fim de não prejudicar a utilidade do processo e não frustrar a expectativa do cidadão em fruir integralmente o direito debatido. O acesso, mais do que uma consagração formal, impõe a elaboração de meios para garantir a participação do povo no exercício do poder. Sem o norte do acesso adequado, o sistema corre o sério risco de tornar-se elitista ou inefetivo. Sob ambos os ângulos, seria triste para os jurisdicionados e indevido à luz da Constituição. A dificuldade reside, portanto, em encontrar um ponto de equilíbrio que não ofusque a pretensão legítima de aspirar justiça, mas que também não abarrote o sistema com um acesso racionalmente injustificado. Um dos pontos nevrálgicos da luta pelo acesso adequado será observado no direito recursal.

Não menos importante é o contraditório. Princípio magno do direito processual, através do qual as pessoas não apenas tomam ciência bilateral

---

[63] *Diritto e Ragione*, 8. ed. Roma: La Terza, 2004, p. 555.

[64] Op. cit., p. 556.

dos atos, a fim de exercitarem suas faculdades, o contraditório assegura a influência das partes na formação do provimento que irá atingir suas esferas jurídicas, reclamando chances concretas de debate. Representa um método de trabalho, ao conclamar as partes para facilitar o trabalho do juiz, com a pesquisa e a discussão acerca dos fatos relevantes, das normas mais adequadas para guiar a resolução, sua melhor intepretação e tantos outros dados que refletirão na qualidade da sentença. Mas esse diálogo não pode se estender ao infinito, afinal é evidente que o sucumbente sempre terá interesse em modificar o resultado que lhe é prejudicial.

Por fim, surge a ideia de um processo com duração razoável, sem dilações indevidas, munido de suficientes potencialidades. Sabemos todos que, lamentavelmente, em não raras vezes, o tempo corrói as vantagens que a "correta aplicação do direito" ocasiona, devendo ser coibido o acertamento tardio. Se a duração excessiva do processo já incomoda os especialistas, maior é a decepção dos leigos, amiúde retratada pela opinião pública nos seguintes termos: "qualquer cidadão que tenha enfrentado uma questão judicial, comezinha ou não, sabe que a justiça no Brasil é muito, muito, muito vagarosa. As causas para explicar o passo de jabuti dos tribunais brasileiros são várias, mas há, pelo menos, um consenso: boa parte do problema se deve à arquitetura dos dois códigos que regem a tramitação dos processos nos tribunais – o penal e o civil. Eles estabelecem as regras do jogo do universo jurídico. Definem, por exemplo, quantos recursos poderão ser apresentados, qual é o prazo de cada uma das etapas de um processo e em que situações é possível pedir a prisão preventiva de um suspeito".[65]

Logicamente, a confirmação da lentidão da Justiça dependeria de aprofundado exame. E o debate quanto às suas causas, outras tantas teses e monografias. No âmbito deste Manual, buscam-se modestamente colocar dois pontos de vista. Um, mais singelo, que é a relação entre o sistema recursal e a duração razoável do processo. Outro, que quiçá mereça ser explorado pelos operadores brasileiros, que é a ausência de uma solução "abracadabra" para os problemas da administração da Justiça. Melhor do que idealizar "novos" mecanismos a serem incorporados ao sistema para erradicar alguns dos males, seria estudar, com a devida profundidade, as potencialidades já existentes do sistema. E o operador, como qualquer outro agente de mudança social, deveria dar-se conta de uma vez por todas que o modelo jurídico brasileiro é complexo, e que a fonte do direito, em qualquer de seus ramos, não se esgota na lei. A responsabilidade pelos acertos e equívocos de nosso direito processual deve ser imputada em grande escala aos próprios estudiosos desta ciência. E não ser simplesmente direcionada ao legislador ou a qualquer outra pessoa. Sem o devido senso de autorresponsabilidade, dificilmente o estado de coisas atual será alterado.

Esses princípios constitucionais – e todos os demais – são as premissas que deveriam guiar os criadores e os aplicadores do direito na interpretação

---

[65] Trecho da reportagem "Corra, Justiça, Corra", publicada na edição de 22 de dezembro de 2010, p. 118.

do sistema recursal, o qual, conquanto fundamental para viabilizar o controle das decisões judiciais e aproximar o provimento dos fatos da causa e do direito, não pode eternizar controvérsias, sob pena de prejudicar a estabilidade das relações sociais e a própria fruição dos direitos.

Outra função extremamente relevante do direito recursal é viabilizar a formação da jurisprudência, a qual, embora não goze de unanimidade quanto ao fato de ser uma fonte jurígena, é manifestamente valorizada no atual período histórico. É ônus do sistema recursal propiciar o desenvolvimento da jurisprudência, o que certamente não se faz apenas com a previsão de múltiplas impugnações, mas sim com os debates colegiados e o confronto de posições divergentes (e isso depende de um sistema sadio). Encontrar o ponto de equilíbrio é o grande desafio, por isso nossa simpatia pela instituição de filtros, tal como a "repercussão geral da questão constitucional" no recurso extraordinário. Sem o debate consciente e maduro, próprio dos órgãos colegiados, não há como afirmar, quanto mais uniformizar, a jurisprudência enquanto fonte do direito.

A observação de Karl Larenz quanto à influência do Judiciário na interpretação das normas vem a calhar: "hoje sabemos que a maior parte das leis sofrem a sua configuração definitiva, e deste modo a sua susceptibilidade de aplicação aos casos singulares, apenas mediante a concretização no processo contínuo da actividade jurisprudencial, e que muitas proposições jurídicas encontraram acolhimento do Direito vigente através da actividade jurisprudencial. A heurística do Direito não se esgota de modo algum na aplicação da lei. A metodologia jurídica tem de ter em conta estas ideias". Avança: "as decisões judiciais, mesmo quando nelas se plasmam juízos de valor, não podem aceitar-se às cegas; requerem confirmação, no sentido de verificar se são compatíveis com outras decisões e princípios jurídicos reconhecidos, se são 'materialmente adequadas'". Arremata, asseverando que "a ciência do Direito desenvolve por si métodos de um pensamento orientado a valores, que permitem complementar valorações previamente dadas, vertê-las no caso singular e orientar a valoração que de cada vez é exigida, pelo menos em determinados limites, a tais valorações previamente achadas. Nesta medida são as valorações susceptíveis de confirmação e passíveis de uma crítica racional".[66]

Os recursos, em certa medida, colaboram com este ideal. Contudo, não se pode esquecer que, em países em vias de desenvolvimento, como o nosso, o custo social do processo é imenso, pois os litigantes comuns não possuem condições de esperar indefinidamente sem sacrificarem sua vida pessoal. Claro que essa conta não pode ser imputada apenas ao processo civil – tampouco ao sistema recursal – afinal as principais causas são muito mais agudas e, em última análise, remontam a própria estrutura social. Todavia, também o processo civil tem a sua parcela de responsabilidade, competindo-lhe criar meios hábeis à realização de um processo justo, limitando o uso dos recursos

[66] *Metodologia da Ciência do Direito*. 4. ed. Trad. José Lamego. Lisboa: Fundação Calouste Gulbenkian, 2005.

àqueles casos em que efetivamente valha a pena pagar pelo seu alto custo social.[67]

Hoje, sabe-se que a previsão de inúmeros recursos, por um lado, permite o conhecimento da causa por diversos magistrados. De outro, vai paulatinamente afastando o julgador da realidade da demanda, prejudicando a aproximação do Estado com o jurisdicionado. Isso sem contar com o tempo consumido até a apreciação definitiva. Tais vicissitudes devem permear o debate na interpretação de todo e qualquer recurso.

3.2. Ideia de recurso e sua distinção frente a outros meios de controle das decisões

Uma vez assentada a premissa de que as decisões judiciais – assim como os demais atos estatais – merecem controle, a fim de limitar o exercício do poder que, em última análise, é conferido pelo povo, cumpriria identificar distinções dos recursos frente aos demais meios de impugnação. Como se sabe, existem diversos meios colocados à disposição do jurisdicionado para contestar os atos judiciais. Tais remédios ora assumem a natureza de ação (mandado de segurança, *habeas corpus*, mandado de injunção, etc.), ora de mero desdobramento do direito de ação (caso dos recursos). Isso sem contar com os inúmeros "sucedâneos recursais", que nada mais são do que outras formas de controle dos atos judiciais, com características particulares (reexame necessário, incidente de uniformização de jurisprudência, etc.). Em comum, poderíamos dizer que todos decorrem da perspectiva constitucional de participação do povo na vida política e, no plano processual, da promessa de acesso efetivo à justiça.

Nesse sentido, a doutrina admite que os meios de impugnação se justificam a partir do direito constitucional de ação e de defesa. Assim como o direito de ação objetiva um provimento de mérito que acerte o direito "fatto valere in giudizio", os meios de impugnação procuram não apenas eliminar a decisão inválida ou injusta, mas também substituí-la por outra, mais

[67] Obviamente, a problemática da "política do direito recursal" não é exclusiva do sistema brasileiro. Por ilustração, observe-se a lição de Othmar Jauernig referente ao direito alemão: "o significado da política do direito dos recursos consiste, antes de mais, na garantia reforçada da justeza da decisão. A admissão de recursos exerce sobre os tribunais inferiores uma pressão salutar para que fundamentem cuidadosamente as decisões. Servem sobretudo a segurança duma jurisprudência unitária, quando os processos terminam no tribunal superior ou poucos atingem os tribunais superiores, enquanto a jurisprudência dos tribunais inferiores tende permanecer no seu grande número difusa e dispersa. O necessário desenvolvimento da ordem jurídica só é possível pela jurisprudência dos tribunais superiores, cujas decisão são publicadas e dotadas de uma especial autoridade 'natural'. Por isso, a utilização dos recursos não serve apenas o interesse da parte concreta , mas antes da jurisprudência no seu todo, especialmente expressa na revista". *Direito Processual Civil*, p. 362.

favorável ao recorrente.[68] Naturalmente, haverá diferenças a partir de algumas particularidades: (a) o recurso se dirige contra um ato do juiz; (b) apenas estarão legitimados a contestá-lo as partes, o Ministério Público e os terceiros interessados, em razão do prejuízo imposto, (c) a voluntariedade, que garante aos cidadãos realizar juízo de conveniência; (d) a regulação de prazos e outras condições de admissibilidade pelo sistema, etc. O recurso não inaugura um processo, embora permita a visualização de um procedimento relativamente autônomo (dito recursal), que vai da sua interposição até o seu julgamento.[69]

Entre nós, é célebre a definição de José Carlos Barbosa Moreira, como "o remédio voluntário idôneo a ensejar, dentro do mesmo processo, a reforma, a invalidação, o esclarecimento ou a integração da decisão judicial que se impugna".[70] Diversas podem ser as finalidades de sua interposição. Explica-se: de regra, quando identificados erros de procedimento, tende-se a cassar a decisão para que, após a correção dos vícios, outra seja proferida (*errores in procedendo*). Outrossim, se flagrado equívoco na apreciação fática ou jurídica no caso concreto, a melhor solução costuma ser o provimento do recurso para a reforma da decisão (*errores in judicando*).[71] Os declaratórios, de seu turno, permitem o esclarecimento e a própria integração.

Recurso, portanto, é a forma disponibilizada pelo devido processo constitucional ao jurisdicionado para corrigir a incorreta aplicação judicial do direito. O próprio vocábulo pode ser decomposto nos vocábulos *re* e *curso*, o que transmite a ideia de percorrer novamente.

---

[68] Andrea Proto Pisani. *Lezioni di Diritto Processuale Civile*, p. 450. 4. ed. Napoli: Jovene, 2002.

[69] Como sublinha Eduardo J. Couture acerca das características dos recursos: "la primera es que son medios de controlar a cargo de la parte, es decir, que el vicio, la desviación en los medios o la desviación en los fines, sólo se corrige mediante requerimento o protesta de la parte perjudicada, Si la parte perjudicada no lo impugna, el vicio queda subsanado. El consentimiento en materia procesal purifica todas las iniquidades. Sólo la impugnación de aquella persona en cuyo favor la ley pone la posibilidad del recurso puede hacer mover los rodajes necesarios, para obtener la enmienda o subsanación de este vicio. Esta caracteristica es típica del proceso dispositivo – en el cual la voluntad de las partes ejerce una especie de soberania que no se puede suplir por la voluntad del juez". *Procedimiento. Primer Curso*, v. III, p. 875.

[70] *Comentários ao CPC*, t. 5, 9.ed., p. 233. No mesmo sentido, Araken de Assis. *Manual dos Recursos*, 34.

[71] É corriqueira a divisão entre erros de procedimento e de julgamento. Enrico Tullio Liebman irá defini-los: "sono errores in procedendo quelli in cui incorre il giudice nel compiere le attività del suo ufficio, sia nel corso del procedimento, sia nella formazione della sentenza, quando non osservi le norme che regolano le forme e modalità del suo operare; e così, in primo luogo quando il vizio riguarda la fonte stessa da cui l'atto promana, ossia l'esistenza del potere del giudice (questione di giurisdizione e di competenza) ed il suo concreto esercizio (presupposti e condizioni della pronuncia del provvedimento) e poi via via le forme degli atti processuali, in quanto il vizio abbia indotto nullità non sanate." (...) "sono errores in iudicando quelli che possono aversi nella decisione che ha giudicato sul merito della domanda, per accoglierla o rigettarla, e si distinguono a loro volta in errori di fatto e di diritto, a seconda che il giudice abbi accertato il fatto in modo disforme dal vero, od abbia errato nel valutarlo giuridicamente e nell'applicare ad esso il diritto. In questi casi la sentenza é ingiusta, cioè divergente da quella dovuto essere nel dare ragione all'uma o all'altra parte". *Manuale di Diritto Processuale Civile*, p. 258.

3.3. Classificação dos recursos

A classificação dos recursos obedece, fora de qualquer dúvida, mais a um apelo didático (*didattico espositivo*) do que propriamente a um científico (*impegno dommatico*).[72] Já anunciava Eduardo Couture que "las clasificaciones podrían llevarse casi hasta el infinito".[73] De toda sorte, algumas classificações são correntes na doutrina, valendo aqui relembrá-las.

Uma primeira classificação divide os recursos a partir da possibilidade de o órgão julgador reavaliar a matéria fática acertada, além do elemento jurídico. Quando ambas atuações se mostram possíveis, então estaríamos diante de recursos ordinários (apelação, agravo, infringentes, etc.). De seu turno, quando o escopo do recurso dentro do sistema fosse permitir o progresso do direito e a uniformização da jurisprudência, com a prolação de julgados paradigmáticos, a partir da interpretação das normas, então o recurso possuiria natureza extraordinária, de estrito direito (extraordinário, especial, etc.).

Quanto à sua autonomia, os recursos podem ser divididos em autônomos ou subordinados. Na maior parte das vezes, o recurso de um litigante independe da sorte da impugnação alheia. Cada parte deve interpor recurso próprio, caso não se conforme com determinado provimento. Contudo, o direito reconhece a possibilidade da parte optar por condicionar o julgamento de sua inconformidade ao conhecimento do recurso do adversário, caso do recurso adesivo que é admitido em casos de sucumbência recíproca. Uma das vantagens desse remédio é conhecer de antemão os argumentos trazidos pelo adversário, para em um segundo momento posicionar-se acerca do interesse recursal.

Dividem-se, ainda, os recursos entre aqueles de fundamentação livre, no qual o recorrente pode em linha de princípio trabalhar todos os argumentos que, na sua visão, justificam os vícios da decisão recorrida e os recursos de fundamentação vinculada. Nesses últimos, o direito restringe o cabimento da insurgência àqueles casos em que determinados equívocos são reconhecidos, de sorte que o recorrente deve limitar-se a atacá-los, não podendo estender sua irresignação.

Ainda outras classificações poderiam ser lembradas.

Em Portugal, exemplificativamente, Fernando Amâncio Ferreira propõe a divisão entre recursos em puros e mistos, a partir da possibilidade do juízo prolator da decisão (*a quo*) retratar-se antes do julgamento pela superior instância.[74] Serão puros os recursos que, "de harmonia com o princípio do autoesgotamento do poder jurisdicional, não permitem ao juiz rever a decisão tomada na sequência da interposição de recurso pela parte vencida". As impugnações mistas, de seu turno, facultam a retratação.

[72] Cf. Proto Pisani, op. cit. p. 451.

[73] *Procedimiento. Primer Curso*, v. III, p. 878.

[74] *Manual dos Recursos em Processo Civil*, p. 93.

3.4. A aludida "sucumbência recursal" prevista no art. 85, § 11, NCPC

Umas das posições polêmicas do NCPC a respeito dos recursos é a dita "sucumbência recursal", expressão que vem sendo utilizada na comunidade acadêmica para denominar a previsão do art. 85, § 11, CPC. Reza o polêmico dispositivo que "o tribunal, ao julgar recurso, majorará os honorários fixados anteriormente levando em conta o trabalho adicional realizado em grau recursal, observando, conforme o caso, o disposto nos §§ 2º a 6º, sendo vedado ao tribunal, no cômputo geral da fixação de honorários devidos ao advogado do vencedor, ultrapassar os respectivos limites estabelecidos nos §§ 2º e 3º para a fase de conhecimento".

Em nosso sentir, registrem-se, desde logo, as palavras-chave para interpretar o alcance deste artigo é "trabalho adicional". O tema é muito delicado, como se vê das diversas e antagônicas posições doutrinárias a respeito do mérito desta inovação.

De um lado, mostrando-se favorável ao texto sancionado, encontra-se a professora Flávia Pereira Hill, que considera importante a inovação para "desencorajar a interposição de recursos infundados". Refere a autora: "tal previsão tem como consequência desencorajar a interposição de recursos infundados pelas partes e, a partir da redução do número de recursos interpostos, acaba por imprimir maior celeridade ao processo, antecipando o trânsito em julgado da sentença e, assim, a solução final da causa. Reputamos salutar a ideia de criar um mecanismo que incentive a recorribilidade responsável. Se, por um lado, nós, brasileiros, somos considerados excessivamente beligerantes, malversando a utilização dos recursos, a inovação trazida pelo novo CPC tem o mérito de procurar mitigar essa postura a serviço de um processo sem delongas desnecessárias, dentre as quais, por certo, a interposição de recursos sabidamente infundados".[75]

Em sentido oposto, Fernando Rubin, por considerar ofensivo ao duplo grau de jurisdição e a regra da *non reformatio in pejus*: "lamentamos a possibilidade de instituição *de honorários recursais ex officio*, na forma mantida pelo art. 85 da Lei nº 13.105/2015: a ideia é a de que a cada recurso improvido o sucumbente reste condenado a pagar honorários adicionais que, no todo, não poderão ultrapassar os 20% do valor da condenação, do proveito, do benefício ou da vantagem econômica obtidos. A crítica que fazemos neste espaço cinge-se à possibilidade dessa majoração oficiosa de honorários, especialmente pela segunda instância ordinária, já que acreditamos estar-se, dessa forma, infringindo o *princípio constitucional do duplo grau de jurisdição*;

---

[75] Breves comentários às principais inovações quanto aos meios de impugnação das decisões judiciais no Novo CPC, p. 359. In *Novo CPC doutrina selecionada*, v. 6: processos nos tribunais e meios de impugnação às decisões judiciais. (Coord. Fredie Didier Jr.; Org. Lucas Buril de Macêdo, Ravi Peixoto, Alexandre Freire *et alli*), Salvador: JusPodvm, 2015.

além disso, outro grande princípio processual acaba sendo maculado com essa inovação, qual seja, o *princípio da vedação a reformatio in peius*".[76]

Vai em sentido semelhante o professor Leonardo Oliveira Soares: "nessa empreitada, deu-se, porém, passo largo demais. Com efeito, pois uma das formas apresentadas para alcançar-se a tão sonhada promessa constitucional de duração razoável do processo (art. 5º, LXXVIII, da CF/88) constituiu em disciplinar a denominada sucumbência recursal. Com a positivação desta, que não será aplicada, é bom que se diga, no julgamento de todos os recursos, supõe-se que haverá sensível redução no questionamento de decisões judiciais. Isso porque o valor dos honorários advocatícios devidos ao advogado da parte vencedora será, linhas gerais, acrescido a cada nova derrota no processo daquele que, inadvertidamente pode dizer-se, ousou recorrer de determinados pronunciamentos jurisdicionais. Ora, ainda no plano da suposição, não parece afastado o risco de acontecer exatamente o inverso, ou seja, que a parte derrotada, que não se viu intimidada com a possível majoração de sua condenação primitiva, venha insurgir-se, agora para discutir a própria majoração, ou, quando nada, na tentativa de reduzir-lhe o percentual. Nem fica excluído que novo recurso seja apresentado, dessa vez pela parte vencedora em primeiro grau de jurisdição, insatisfeita com a ausência de fixação de honorários no acórdão que julgou o recurso interposto pela contrária, ou com o percentual arbitrado na via recursal. Bem pode ocorrer ainda de, ambas as partes, insatisfeitas com o teor da decisão do Tribunal, recorrerem".[77]

Com efeito, consideramos muito oportuna a crítica formulada pelos autores acima. O artigo deve ser interpretado com muita cautela, a fim de não sufocar e ameaçar inconstitucionalmente o jurisdicionado.

Como mencionamos, o artigo não se preocupa em punir o recorrente, pois as sanções decorrem de outros institutos. Visa o texto, ao contrário, a remunerar um "trabalho adicional realizado em grau recursal". Desta forma, deve a Corte verificar se o valor já arbitrado a título de honorários de sucumbência, pela decisão recorrida, é suficiente para remunerar o serviço realizado pelo profissional da advocacia. Caso conclua positivamente, então não haverá razão para se cogitar qualquer majoração. Tememos, portanto, uma aplicação mecânica e cega deste artigo.

[76] RUBIN, Fernando. Efetividade *versus* Segurança Jurídica: Cenários de Concretização de Dois Macroprincípios Processuais do Novo CPC. *Revista Jurídica*: órgão nacional de doutrina, jurisprudência, legislação e crítica judiciária. São Paulo, Ano 63, nº 452, p. 67-68. Junho de 2015.

[77] *Primeiros escritos de Direito Processual*: faz escuro, mas eu canto Belo Horizonte: Del Rey, 2013. p. 225.

4. Princípios dos Recursos

No direito, as normas desempenham diversas funções, costumando a doutrina dividi-las em duas classes: princípios e regras. As primeiras são caracterizadas pelo alto grau de abstração de sua diretriz, que exigirá do intérprete maior trabalho em sua concretização no caso concreto. Correspondem aos "*standards* juridicamente relevantes radicados nas exigências de justiça ou na ideia de direito".[78] As regras, de seu turno, em face da usual especificidade de seus termos, permitem aplicação direta no caso concreto. Sua origem remonta a princípios valorizados pelo ordenamento.

Uma das consequências práticas de tal dicotomia reside na possibilidade de ambas as classes de normas entrarem em conflito. Ou seja, é possível que, dentro do mesmo ordenamento, se observem dois princípios ou duas regras colidindo. Para ilustrar o primeiro fenômeno, figure-se o exemplo dos princípios da efetividade e o da segurança jurídica, os quais permanentemente se agridem. Cada um, diante de um caso concreto, admitirá solução distinta. Contudo, a eventual preterição de um jamais excluirá a importância e a vigência do outro, uma vez que a aplicação de princípios está condicionada às necessidades (fáticas e jurídicas) do contexto. Fenômeno distinto ocorre com as regras, as quais, quando antinômicas, não logram adequada coexistência, merecendo uma delas ser eliminada do sistema (ou é possível fumar em recintos fechados ou se proíbe; ou se deve passear com o cachorro de focinheira ou é admitida a escolha pelo responsável).

Dentro desse contexto, surge o primeiro aviso que deve estar presente na análise do papel dos princípios: embora todos os princípios busquem aplicação nos casos concretos, a solução a ser dada passa pela ponderação de cada qual e não raro se observa necessária a preterição de um em prol da valorização de outro. Como bem destaca Antonio Menezes Cordeiro, "os princípios não valem sem excepção, mantendo-se sempre actuantes (...) os princípios podem entrar em oposição ou em contradição entre si, mantendo-se, todos, válidos e eficazes (...) os princípios não têm pretensões de exclusividade: o mesmo efeito pode ser alcançado por outra via (...) os princípios adquirem um plano normativo num conjunto móvel de complementações e delimitações e requerem, para se concretizar, toda uma série de operações".[79]

---

[78] J. J. Gomes Canotilho. *Direito Constitucional e Teoria da Constituição*, p. 1125.

[79] *Tratado de Direito Civil Português*, II, Direito das Obrigações, t. 1. Coimbra: Almedina, 2009.

Este é um fenômeno que confirma a complexidade do direito e a conveniência de se visualizar globalmente a lide, tanto sob o ângulo do autor, quanto sob o do réu. Outrossim, a partir da perspectiva relacional do direito, é importante igualmente meditar acerca dos efeitos que uma decisão projeta no corpo da sociedade, o que torna indispensável a democratização do processo pela participação de terceiros. A este respeito, é saudável observarmos, neste momento histórico, a abertura da ciência processual para a participação da própria sociedade civil, como se vê com a consagração do *amicus curiae* e da mediação, dentre outras inovações do Novo Código.

Desta forma, a seguir são analisados, brevemente, os princípios mais importantes do direito recursal brasileiro. Tais normas não integram um rol taxativo, não obstante, na prática, sejam as mais aplicadas pelos Tribunais. Qualquer delas, na medida em que são princípios, possuem exceções.

4.1. Princípio do duplo grau de jurisdição

Dentre as conquistas que o Estado de Direito ofereceu aos cidadãos está a possibilidade de controle judicial dos atos públicos. Tanto os atos administrativos, quanto os jurisdicionais e os legislativos, estão sujeitos à análise de sua conformidade com a Constituição e o Direito, variando de país para país a forma pela qual essa fiscalização é realizada. Nesse contexto, o duplo grau de jurisdição é um dos princípios que irão viabilizar o controle dos atos do Estado-juiz.

Essa regra fundamental – embora com excepcionais limitações – está presente na vasta maioria dos sistemas processuais. A grande celeuma reside no espectro que cada ordenamento oferece a tal princípio e na valia de adotá-lo com maior intensidade. Na Itália, exemplificativamente, no art. 111 da Constituição, que traduz os grandes princípios das jurisdições ("valore di principio fondamentale dell'intero ordinamento delle giurisdizioni"), não há menção expressa ao duplo grau, embora o dispositivo afirme que "la giurisdizione si attua mediante il giusto processo regolato dalla legge" e que "ogni processo si svolge nel contraddittorio tra le parti, in condizioni di parità, davanti a giudice terzo e imparziale", estando ainda assegurada a "ragionevole durata". Informa Alessandro Pizzorusso que, ao tempo da Assembleia Constituinte, foi proposta a Emenda Murgia-Mannironi com o fito de impor o duplo grau aos feitos criminais que resultassem em prisão ao réu. Contudo, após breve discussão – que se comparada com as de 1790 da Assembleia Francesa mostrou-se "estremamente povera e mediocre" –, foi rechaçada a iniciativa, ao efeito de não vincular o legislador ordinário.[80] Isso não impede a doutrina de realçar o vínculo entre o duplo grau e a "tutela dell'independenza interna dei magistrati" e postular pelo redimensionamento de seus contornos de

[80] Expressões utilizadas por Alessandro Pizzorusso, no interessante texto Sul Principio del Doppio Grado di Giurisdizione, p. 36-37, publicado na *Rivista di Diritto Processuale*.

acordo com as particularidades das inúmeras jurisdições: militar, administrativa, civil, penal, etc.

Semelhante perspectiva, no sentido de não vincular o legislador ordinário em termos estritos, é adotada pela Constituição do Uruguai, quando, em seu art. 241, afirma que existirão os Tribunais de Apelação que a lei determine, com as atribuições nela fixadas ("habrá Tribunales de Apelaciones que la ley determine y con las atribuciones que ésta les fije"). Caminho aberto, portanto, para a fantasia legislativa.

No direito brasileiro, tampouco há menção expressa ao duplo grau no texto constitucional. Isso não impede, entretanto, que o Supremo Tribunal Federal o identifique, a partir de sistemática interpretação.[81] A Corte Constitucional ressalta, ainda, o princípio da colegialidade, o qual no Brasil historicamente foi observado no âmbito recursal (malgrada a discutível tendência contemporânea no sentido de monocratizar as decisões).[82] Quanto à colegialidade, assinalam Daniel Mitidiero, Luiz Guilherme Marinoni e Sérgio Cruz Arenhart: "tanto as Cortes de Justiça (Tribunais Regionais Federais e Tribunais de Justiça) como as Cortes de Precedentes (Supremo Tribunal Federal e Superior Tribunal de Justiça) são compostas de *órgãos colegiados* responsáveis pelo julgamento das causas para as quais a Corte é competente, isto é, são compostas de órgãos julgadores integrados por três ou mais desembargadores ou ministros. Os recursos, como regra, são julgados por órgãos colegiados, o que proporciona tendencialmente um maior debate na formação da decisão. O diálogo no processo – seja com as partes, seja com entre os próprios julgadores – necessariamente 'amplia o quadro de análise, constrange à comparação, atenua o perigo de opiniões preconceituosas e favorece a formação de um juízo mais aberto e ponderado'. Daí a razão pela qual os recursos são regidos pela regra da colegialidade: ressalvadas as exceções legais (*v.g.*, art. 932, III, IV e V), os recursos são decididos por um colegiado".[83]

Tradicionalmente, apontam-se inúmeras vantagens que justificam a adoção do duplo grau, a começar pela concreta possibilidade das decisões portarem vícios merecedores de reparos. A falibilidade humana também acompanha a existência dos juízes, de modo que o duplo grau amenizaria o risco de erro no julgamento final da causa. Por isso, costuma-se afirmar que o instituto representa historicamente um "símbolo da boa justiça".[84] Juízes

[81] No Supremo Tribunal Federal, reconhecendo integrar o duplo grau de jurisdição o sistema pátrio de direitos e garantias fundamentais, a partir do art. 8º, 2, h, do Pacto de San José da Costa Rica, incorporado ao ordenamento por força do art. 5º, § 2º, da CF. HC 88420/PR, rel. Min. Ricardo Lewandowski, 17.4.2007, que será adiante relembrado.

[82] Sobre o princípio da colegialidade, v. HC 90427/GO, rel. Min. Joaquim Barbosa, 19.6.2007.

[83] *Novo curso de processo civil*: tutela dos direitos mediante procedimento comum. v. 2, São Paulo: RT, 2015, p. 514-515.

[84] Duílio Landell de Moura Berni ressalta importantes traços do princípio do duplo grau de jurisdição: "ele pode ser visualizado como princípio de direito processual – inerente à teoria geral dos recursos – como direito e/ou garantia fundamental, ou ainda como mero corolário de uma escolha política quanto à organização do Poder Judiciário. Isto sem prejuízo da ideia de que possui uma na-

mais distantes das partes e do fato estariam em melhores condições de decidir com serenidade. Outro aspecto positivo para a chancela do duplo grau decorre de uma exigência do vencido, o qual não se contentaria com a sucumbência imposta e mereceria a chance de discuti-la (a experiência demonstra que raramente o litigante aceita pacificamente uma decisão proferida contra seus interesses). O duplo grau, por conseguinte, legitimaria a ação estatal, com vista a justificar sua intromissão na esfera jurídica dos cidadãos. Por fim, salienta-se a maior experiência dos juízes revisores, os quais teriam melhores condições de avaliar a correção da decisão proferida por colegas mais jovens. Todas essas vantagens colaborariam com o prestígio da segurança jurídica.

Nessa trilha, ressalta a professora Cristiana Pinto Ribeiro que: "os fundamentos para a existência do duplo grau são muitos, todos sujeitos a contestação. Primeiramente, apresenta-se o fundamento psicológico, tanto em relação à parte vencida, que tem um sentimento natural de inconformidade com a decisão desfavorável, reagindo imediatamente à decisão, quanto em relação ao magistrado, que em tese decide com mais cuidado ao saber que a sentença será revista. A doutrina também refere à falibilidade humana, que não poderia deixar de acompanhar a existência dos juízes, como argumento favorável ao duplo grau, levando-se em conta que a revisão ocorre, normalmente, por juízes mais experientes, que compõem um órgão colegiado". Agrega a autora que "pelo princípio do duplo grau de jurisdição, busca-se ainda evitar a incidência de abuso de poder por parte do juiz, caso soubesse que a sua decisão não estaria sujeita à revisão".[85]

Entretanto, tanto no plano abstrato, quanto no empírico, os benefícios acima descritos podem ser satisfatoriamente contestados, a partir de sólidos argumentos que militam contrariamente à tese da aceitação universal do duplo grau. Se, por um lado, acredita-se que a decisão judicial possa apresentar um erro, por outro, não se pode concluir que as decisões colegiadas ou proferidas em grau de revisão estarão isentas das mesmas críticas. Ao contrário, todas as decisões contam com a possibilidade de vício na apreciação dos fatos e do direito do caso. E mais, na grande maioria dos casos, é o juiz da primeira instância que está mais próximo das partes e dos demais sujeitos do processo, o que lhe permite melhor percepção da realidade judicial (o contato direto com os litigantes, as testemunhas, a confiança no perito, o debate judicial, etc.). Com os sucessivos rejulgamentos, vão se diluindo – quando não aniquilando – as vantagens dessa imediação, da oralidade, etc.[86]

---

tureza híbrida, esta mais de acordo com o ordenamento jurídico constitucional e infraconstitucional pátrio". *As Garantias do Cidadão no Processo Civil*, Porto Alegre: Livraria do Advogado, 2003, p. 193.

[85] *Apelação no Novo CPC: efeitos devolutivo e suspensivo*, Porto Alegre: Livraria do Advogado, 2016, p. 28-29.

[86] Vai nesse sentido a preocupação exposta por Alessandro Pizzorusso: "se infatti è indiscutibile che una ripetizione del giudizio per un numero più alto possibile di volte offre la maggiori possibilità di individuare la soluzione più giusta da dare al caso, è evidente però che nulla dimostra che più giusta sua proprio la soluzione che viene trovata per ultima. Come già rillevò Ulpiano, la riforma della sentenza può portare tanto alla sostituzione di um cattivo giudizio con uno migliore quanto al risultato inverso". *Sul principio del doppio grado di giurisdizione*, p. 45.

Ademais, soma-se o fato de que o duplo juízo da causa depende do elemento tempo, o qual, dentro de nossa sociedade, é um valor decisivo para os litigantes, especialmente para aqueles que não têm fôlego para suportar a demora do processo (sem esquecer daqueles que, não raro, se fiam e colaboram para a morosidade da justiça, através de expedientes nitidamente procrastinatórios). O duplo juízo naturalmente prolonga a definição do litígio, partindo do pressuposto, frequentemente desconfirmado, que a decisão originária era contrária ao direito. Nessas situações, pode-se afirmar que o duplo grau entra em rota de colisão com o devido processo constitucional e a garantia da duração razoável do feito, especialmente quando realizado em demandas repetitivas cujo desfecho é antevisto com boa dose de previsibilidade.

Nesse panorama, trava a doutrina um intenso debate entre aqueles que defendem a garantia constitucional do duplo grau de jurisdição e aqueles que a negam veementemente. *Data venia*, sopesados os argumentos de uma e outra corrente, pode-se concluir que ambas estão de acordo quanto ao fato de o duplo grau existir em nosso sistema. A distinção ocorre quanto ao *status* da norma (constitucional ou infra). De outro turno, também é certo que essa admissão não implica a obrigação de respeitá-lo em toda e qualquer fase dos processos judiciais, pois, em torno ao duplo grau, gravitam outros princípios e valores que também devem ser sopesados pelo intérprete (em especial, a efetividade).[87] Tanto o legislador, quanto o magistrado, diuturnamente limitam o alcance do duplo grau, o qual – todos concordam – deve auxiliar a administração do direito, e não turbá-la com delongas injustificadas.

O duplo grau, nesse contexto, conecta-se com o direito de ação e o devido processo constitucional. Processos mais singelos devem ser resolvidos mais rápida e economicamente, podendo-se admitir em tese a limitação do duplo grau, em nome da realização do devido processo constitucional. Contudo, decisões mais graves que interfiram de forma relevante na vida do cidadão merecem controle mais efetivo, podendo-se alcançar a conclusão de que o devido processo seria ameaçado se evitado o duplo grau nessas hipóteses.

Isso não significa que toda e qualquer decisão deva ser sempre revista, especialmente diante da profusão de interlocutórias que o processo brasileiro tolera. Digno de nota que o Novo Código, a este respeito, procura limitar a impugnação imediata das interlocutárias, restringindo o cabimento do agravo de instrumento e suprimindo o agravo retido, a fim de concentrar a atividade do juízo de primeiro grau.

---

[87] Duílio Berni admite a existência do princípio constitucional do duplo grau de jurisdição, nos seguintes termos: "o princípio do duplo grau de jurisdição é uma garantia constitucional, ainda que implícita. Face à complexidade do Estado Moderno, Direitos e Garantias Fundamentais vêm sofrendo um processo de relativização dentro dos ordenamentos jurídicos democráticos, buscando-se conciliar justiça com os anseios de celeridade e segurança. Assim, o duplo grau de jurisdição, ainda que considerado como garantia constitucional implícita, deve ser encarado como passível de limitações no ordenamento jurídico brasileiro". Op. cit., p. 223.

Bem se vê que a extensão do duplo grau deve ser moldada pelas fontes de direito, cabendo ao intérprete e aos aplicadores definirem sua profundidade, em face do necessário convívio de tal princípio constitucional com todos os demais que animam o direito processual. O comando dirige-se precipuamente ao legislador, mas não impede a atuação dos demais Poderes (veja-se o exemplo do Judiciário, admitindo a decisão monocrática no julgamento do reexame necessário). Portanto, em nosso sentir, não é o fato de o duplo grau não estar expresso na Constituição que o torna inexistente, em face do catálogo aberto dos direitos fundamentais. No mesmo sentido, não merece prosperar a alegação de que pontuais restrições à sua aplicação em casos concretos em prol da concretização de outros princípios lhe retira o *status* constitucional.

Uma questão interessante diz respeito à qualidade do duplo grau de jurisdição, isto é, a quem competiria a reapreciação das decisões judiciais.[88] Em tese, não apenas o juízo de grau superior ao prolator da decisão poderá reapreciar a questão, embora esta seja a regra. Ao contrário, sensibilizados pela potencial redução de custos e maior celeridade, os sistemas vêm desenvolvendo a ideia de duplo grau horizontal, a fim de explicar a possibilidade de outros magistrados apreciarem a decisão tomada por juízes de idêntica hierarquia. No direito brasileiro, o duplo grau horizontal, cuja presença ainda é incipiente, observa-se ainda timidamente nos Juizados Especiais Cíveis, uma vez que as sentenças homologadas por juízes togados podem ser revistas por magistrados de mesma hierarquia (juízes componentes das Turmas Recursais), e não por Desembargadores dos Tribunais de Apelação. Esse novo viés colabora para a descentralização da justiça, bem como para a redução de custos.

O sistema recursal serve justamente para instrumentalizar o duplo grau. Compete à parte sucumbente, ordinariamente, provocá-lo. Não há, salvo algumas exceções, a imposição do duplo grau, visto que o processo pode finalizar-se em instância única, com a tomada de uma decisão definitiva (basta que as partes aceitem a decisão proferida e deixem de impugná-la). Excepcionalmente, o reexame pode ocorrer pela aplicação de outros expedientes, como a remessa necessária, que impõe a reavaliação de todas as decisões que importarem em substanciais condenações à Fazenda Pública. Aqui, observa-se uma garantia em tese justificada pelo interesse público de livrar o erário de gastos indevidos. Quanto ao ponto, o Novo CPC limitou a exigência do

[88] A garantia é implicitamente trabalhada nos acórdãos que reputam nulas as decisões tomadas por órgãos compostos majoritariamente formados por juízes de primeiro grau convocados: "nulos são os julgamentos de recursos proferidos por Câmara composta, majoritariamente, por juízes de primeiro grau, por violação ao princípio do juiz natural e aos artigos 93, III, 94 e 98, I, da CF". HC 72941/SP, 6. T., Rel. Min. Maria Thereza de Assis Moura. DJ: 19/11/2007, p. 297; "nulos são os julgamentos de recursos proferidos por Turma composta, unicamente, por juízes de primeiro grau, por violação ao princípio do juiz natural e aos artigos 93, III, 94 e 98, I, da CF". HC 101.943/SP, 3. T., Rel. Min. Jane Silva, j. 24/09/2008. DJe: 11/11/2008. Em tese, os subscritores desta orientação – em nosso sentir correta – estão afirmando que o duplo grau deve se realizar consoante as garantias constitucionais.

reexame. No Código Anterior, por força do antigo art. 475, os desfalques superiores a 60 salários mínimos deveriam ser revistos. No Novo CPC, houve um escalonamento, consoante o art. 496, CPC.[89]

A jurisprudência dos Tribunais Superiores se vale do princípio do duplo grau, ainda que inexpresso nas normas.[90] Serve a norma de apoio argumentativo para a tomada de decisões, derivando do devido processo constitucional, estando incorporada ao ordenamento brasileiro pela recepção de tratados internacionais, consoante precedentes do Supremo Tribunal Federal. Sobre o tema, merece registro a posição do Min. Ricardo Lewandovsky, no voto proferido no HC 88.420/PR: "tenho para mim que o direito ao duplo grau de jurisdição tem estatura constitucional, ainda que a Carta Magna a ele não faça menção direta, como o fez a Constituição de 1824. Isso porque entendo que o direito ao *due process of law*, abrigado no art. 5º, LIV, da Lei Maior, contempla possibilidade de revisão, por Tribunal Superior, de sentença proferida por juízo monocrático".[91]

---

[89] Reza o art. 496, NCPC: "Está sujeita ao duplo grau de jurisdição, não produzindo efeito senão depois de confirmada pelo tribunal, a sentença: I – proferida contra a União, os Estados, o Distrito Federal, os Municípios e suas respectivas autarquias e fundações de direito público; II – que julgar procedentes, no todo ou em parte, os embargos à execução fiscal. § 1º Nos casos previstos neste artigo, não interposta a apelação no prazo legal, o juiz ordenará a remessa dos autos ao tribunal, e, se não o fizer, o presidente do respectivo tribunal avocálos; § 2º Em qualquer dos casos referidos no § 1º, o tribunal julgará a remessa necessária; § 3º Não se aplica o disposto neste artigo quando a condenação ou o proveito econômico obtido na causa for de valor certo e líquido inferior a: I – 1.000 (mil) salários mínimos para a União e as respectivas autarquias e fundações de direito público; II – 500 (quinhentos) salários mínimos para os Estados, o Distrito Federal, as respectivas autarquias e fundações de direito público e os Municípios que constituam capitais dos Estados; III – 100 (cem) salários mínimos para todos os demais Municípios e respectivas autarquias e fundações de direito público. § 4º Também não se aplica o disposto neste artigo quando a sentença estiver fundada em: I – súmula de tribunal superior; II – acórdão proferido pelo Supremo Tribunal Federal ou pelo Superior Tribunal de Justiça em julgamento de recursos repetitivos; III – entendimento firmado em incidente de resolução de demandas repetitivas ou de assunção de competência; IV – entendimento coincidente com orientação vinculante firmada no âmbito administrativo do próprio ente público, consolidada em manifestação, parecer ou súmula administrativa".

[90] Apenas por ilustração: "Havendo fundada dúvida, em face do disposto em lei estadual sobre custas, que tem ensejado decisões conflitantes sobre a necessidade de ser efetuado o preparo referente à apelação em sede de embargos à execução, é de ser relevada a pena de deserção, nos termos do art. 519 do Código de Processo Civil, em homenagem ao princípio do amplo acesso à Justiça sob duplo grau de jurisdição" (REsp 331.561/SP, CE, Min. Cesar Asfor Rocha, DJ de 07.11.2005); "A apelação é o recurso por excelência, consagrado por todos os nossos matizes europeus e pelos sistemas latino-americanos do mesmo tronco científico do que o nosso, singularizando-se pelo fato de dirigir-se ao pronunciamento último do juízo e pela sua ampla devolutividade, que investe o tribunal no conhecimento irrestrito da causa, concretizando o dogma do duplo grau de jurisdição" (REsp 684.331/RS, 1ª Turma, Rel. Min. Luiz Fux, DJ de 13.11.2006).

[91] "*Habeas Corpus*. Processo Penal. Sentença Condenatória. Recurso de Apelação. Processamento. Possibilidade. Desnecessidade de recolhimento do réu à prisão. Decreto de custódia cautelar não prejudicado. Prisão preventiva subsistente enquanto perdurarem os motivos que a motivaram. Ordem Concedida I – Independe do recolhimento à prisão o regular processamento de recurso de apelação do condenado. II – O decreto de prisão preventiva, porém, pode subsistir enquanto perdurarem os motivos que justificaram a sua decretação. III – A garantia do devido processo legal engloba o direito ao duplo grau de jurisdição, sobrepondo-se à exigência prevista no art. 594 do CP. IV – O acesso à instância resursal superior consubstancia direito que se encontra incorporado ao

Por tais fundamentos, reconhecemos a garantia do duplo grau de jurisdição enquanto princípio constitucional. Dessa conclusão, contudo, não decorre a necessidade dele ser observado em todo e qualquer processo, desde que preservado o seu núcleo essencial, quando em rota de colisão com outros princípios (efetividade, duração razóavel, devido processo constitucional, etc.).

4.2. Princípio da taxatividade

Outro importante princípio presente em nosso direito é o da taxatividade. De acordo com tal mandamento, apenas o direito, e não a parte, disciplina o cabimento de recursos no processo judicial. Segundo o art. 22, I, da Constituição, compete à União legislar sobre processo, o que, na visão da doutrina, impede que os Estados Federados criem novos recursos ou restrinjam os existentes, afrontando o texto da lei emanada pelo Poder Legislativo federal.[92] Desta forma, sempre que a parte quiser se valer de um recurso, deve ela se certificar da existência de tal meio de impugnação e dos limites legais de sua utilização, pois ao litigante não é dada a criação de recursos em seu favor.

A grande maioria dos recursos previstos no sistema brasileiro encontra-se no rol do art. 994 do Novo Código de Processo Civil. São eles: apelação, agravo de instrumento, agravo interno, embargos declaração, recurso ordinário, recurso especial, recurso extraordinário, agravo de admissão e embargos de divergência. Todavia, em que pese sua extensão, não se trata de rol taxativo, pois a legislação infraconstitucional contempla outras espécies, tais como os embargos infringentes nas execuções fiscais (art. 34, Lei 6.830/80) e o recurso inominado dos Juizados Especiais Cíveis e Federais (respectivamente, art. 41, Lei nº 9.099/95; art. 5º, Lei nº 10.259).

Dentro desse contexto, fica a indagação acerca do aproveitamento dos inúmeros recursos previstos em Regimentos Internos dos Tribunais. Não se pode perder de vista que a Constituição autorizou os tribunais elaborar seus regimentos internos, com observância das normas de processo e das garantias processuais das partes (art. 96, I). Tal previsão permitiria a criação de recursos?

Para a doutrina e a jurisprudência majoritárias, a resposta é negativa, pois os Estados não possuem tal autonomia dentro de nosso sistema constitucional. Ao contrário das províncias argentinas, que possuem cada qual

---

sistema pátrio de direitos e garantias fundamentais. V – Ainda que não se empreste dignidade constitucional ao duplo grau de jurisdição, trata-se de garantia prevista na Convenção Interamericana de Direitos Humanos, cuja ratificação pelo Brasil deu-se em 1992, data posterior à promulgação Código de Processo Penal. VI – A incorporação posterior ao ordenamento brasileiro de regra prevista em tratado internacional tem o condão de modificar a legislação ordinária que lhe é anterior. VII – Ordem concedida". 1ª Turma, Rel. Min. Ricardo Lewandovsky, j. 17.04.2007.

[92] Cf. Nelson Nery Junior, *Teoria Geral dos Recursos Civeis*, p. 56.

um código autônomo de processo, no Brasil é a lei federal que disciplina o processo.

Dois pontos, contudo, militam em favor da constitucionalidade de iniciativas estaduais. Em primeiro lugar, a Constituição não autorizou ou constrangeu os Estados à inércia em tema de administração da justiça. Ao contrário, na linha do art. 24, XI, admitiu que eles legislassem concorrentemente sobre "procedimento em matéria processual". E mais, historicamente, sempre houve a previsão de recursos regimentais, destinados, no mais das vezes, a proteger o jurisdicionado de provimentos monocráticos tomados no lugar dos colegiados. Servia o recurso, desta forma, para viabilizar o conhecimento da matéria por parte do grupo naqueles casos em que, pela atuação substitutiva de um membro, a solução merecesse censura da parte. O ataque ao pronunciamento monocrático, dessa sorte, mais do que criar uma nova impugnação, permitia que o juiz natural do recurso originário sobre ele se pronunciasse. Nessa linha, seria conveniente meditar sobre o real alcance da previsão constitucional que insta Estados a legislar sobre procedimento. Observe-se o exemplo de Estados que interpretam a Lei dos Juizados Especiais Cíveis considerando absoluta ou relativa a competência pelo valor da causa (p. ex. Rio Grande do Sul – relativa – e Santa Catarina – absoluta). Cada qual, mercê de aspectos culturais e da influência dos aplicadores locais do direito, optou por uma solução. O resultado desta experiência, ao que consta, é satisfatório.

De toda sorte, julgados do Superior Tribunal de Justiça admitem a aplicação analógica das normas que regulam os processos que tramitam na Corte e no Supremo (Lei 8.038/90) aos feitos instruídos pelos Tribunais inferiores. Veja-se a propósito a lição do Min. Luiz Fux: "não obstante a inexistência de previsão, no Regimento Interno do Tribunal a quo, de recurso contra decisão indeferitória de liminar no mandado de segurança, esta Corte Superior consagrou o entendimento de que o art. 39 da Lei nº 8.038/90, que disciplina o cabimento do agravo interno contra decisão singular proferida por membro do Superior Tribunal de Justiça e ao Supremo Tribunal Federal, deve ser aplicado, por analogia, aos demais tribunais pátrios".[93]

Conservada, desta forma, a competência legislativa da União e o princípio da taxatividade. A preocupação, portanto, é a de evitar antinomias no exercício do poder legiferante pelo Estado e pela União. Todavia, de forma alguma, está vedada, em nosso sentir, a interpretação preconizada pelo Superior Tribunal de Justiça em determinados grupos de casos.

Outro ponto que mereceria destaque na interpretação a ser emprestada ao princípio da taxatividade reside na proliferação de "sucedâneos recursais", isto é, meios semelhantes aos recursos criados com a finalidade de se ultrapassar a irrecorribilidade de determinadas decisões. A se admitir o ataque de atos judiciais por outros institutos, estar-se-á contornando o princípio da taxatividade, em prejuízo da efetividade e da duração razoável do pro-

[93] REsp 575.938/SC.

cesso. Daí a conveniência de se interpretar com a máxima cautela o cabimento desses "sucedâneos recursais", restringindo-se ao máximo seu cabimento, sob pena de desvirtuamento do sistema.

No tópico, merece ponderação o escólio do professor Araken de Assis quando considera que os valores da brevidade, da economia, da simplicidade e da efetividade jamais se firmaram plenamente na cultura brasileira. Apesar das proclamações em contrário, a realidade da mecânica processual vigorante no País abjura essa tábua de valores. A interpretação das leis processuais empreende inaudito esforço para consagrar a demora sistêmica, o maior desperdício de atividade processual para produzir os menores resultados concebíveis, complexidades desafiadoras de algum sábio com a eternidade à disposição para resolvê-los e o desequilíbrio estrutural do processo. O diagnóstico abrupto e radical ampara-se na análise superficial de um gravíssimo e decisivo sintoma dessa moléstia que drena o valor Justiça em nome do excesso de garantias. À margem dos recursos previstos no art. 496, as partes empregam, com irreprimida desenvoltura, outros e variados expedientes para eliminar o gravame imposto pela decisão judicial. O conjunto desses meios impugnativos heterodoxos recebeu a designação de "sucedâneos recursais", na vigência do CPC de 1939, disseminando-se nos estudos doutrinários.[94]

Com efeito, de nada adianta se consagrar o princípio da taxatividade, a pretexto de se reprimir a proliferação de meios impugnativos, e, ato contínuo, se tolerar o desenvolvimento de uma ampla cadeia de "sucedâneos recursais".

4.3. Princípio da unirrecorribilidade

Decorre do princípio da unirrecorribilidade a ideia de que contra cada ato judicial apenas poderá ser manejado um recurso pela parte. Evita-se, assim, a proliferação de inconformidades, tornando o procedimento mais previsível, o que, em última análise, transmite ao jurisdicionado segurança e propicia celeridade ao processo. Atende também o princípio, em sede doutrinária e jurisprudencial, pelas expressões "singularidade" ou "unicidade".[95] Em nosso sentir, não há razão científica para distingui-las, uma vez que explicam idêntico fenômeno.[96]

[94] *Manual dos Recursos*, p. 81.

[95] Prefere o termo "singularidade", dentre tantos autores, Humberto Theodoro Junior. Curso de Direito Processual Civil, v. 1, 43. ed. Rio de Janeiro: Forense, 2005, p. 613.

[96] Nesse sentido: "AGRAVO REGIMENTAL. INTERPOSIÇÃO SIMULTÂNEA DE RECURSOS DA MESMA PARTE CONTRA IDÊNTICA DECISÃO. PRINCÍPIO DA UNIRRECORRIBILIDADE. VIOLAÇÃO. NÃO CONHECIMENTO DO RECURSO INTERPOSTO POR ÚLTIMO. PRECLUSÃO CONSUMATIVA. 1. Em razão do princípio da unirrecorribilidade recursal, somente é possível a interposição de um único recurso pela mesma parte contra a mesma decisão. Interpostos dois recursos não

Não há previsão expressa quanto à unirrecorribilidade, razão pela qual melhor explicá-la a partir de interpretação sistemática dos recursos taxativamente enumerados pelo Código, especialmente pela via da adequação recursal às situações legitimantes (contra uma decisão interlocutória descrita no art. 1.015, cabe agravo; contra uma sentença, o apelo, etc.).

No momento em que a parte faz uso de determinado recurso, opera-se a preclusão consumativa, ou seja, desaparece a possibilidade de outras impugnações contra aquela mesma decisão, ainda que haja a desistência do recurso anteriormente interposto. Desta forma, caracterizada a interposição de dois ou mais recursos contra a mesma decisão, apenas o primeiro poderá ser apreciado pelo órgão judicial competente, pois o segundo terá sua admissibilidade negada em face da preclusão consumativa. O melhor critério para se aferir qual dos recursos merecerá conhecimento é justamente o momento de sua interposição, determinando-se a inadmissibilidade do recurso tardio.[97]

Esse princípio geral, contudo, possui suas exceções, como todos os demais. Em pelo menos duas hipóteses, o ordenamento autoriza o manejo de dois recursos contra a mesma decisão. Primeiro, na hipótese de embargos de declaração, que interrompem o prazo para a propositura de outros recursos contra a decisão embargada (art. 1.026). Segundo, quando é prevista a interposição simultânea de recursos especial e extraordinário (art. 1.031) para atacar fundamentos distintos do acórdão.

A incidência do princípio da unicidade é frequente. Não se mostra difícil encontrar sua aplicação na jurisprudência dos Tribunais Superiores. Apenas por ilustração, veja-se escólio do Min. Eros Grau, apreciando recursos concomitantemente interpostos "o princípio da unirrecorribilidade estava expressamente previsto no Código de Processo Civil de 1939 e foi implicitamente acolhido pela legislação processual vigente, em razão da sistemática por ela inaugurada e da cogente observância da regra da adequação dos recursos".[98] Mais frequente ainda é a aplicação nos Tribunais de Apelação.[99]

---

se deve conhecer do segundo, pois opera-se a preclusão consumativa. 2. O princípio da unirrecorribilidade não se confunde com o da taxatividade. Este estabelece que os recursos devem estar previstos em rol taxativo, ao passo que aquele fixa como regra a necessidade de correspondência entre a decisão atacada e o recurso utilizado. Na verdade, são preceitos complementares, isto é, a parte interessada deve, no primeiro momento, verificar, pela taxatividade, qual o recurso cabível e, pela unirrecorribilidade, fazer uso de apenas um, na mesma oportunidade. 3. Agravo regimental não conhecido". (STJ, 6. T., AgRg no REsp 1529955/MT. Rel. Min. Sebastião Reis Júnior, j. 19.11.2015. DJ: 10.12.2015.

[97] Exemplificativamente: "APELAÇÃO CÍVEL. RESPONSABILIDADE CIVIL. DEMANDAS INDENIZATÓRIAS JULGADAS CONJUNTAMENTE. TRÊS APELOS. PRECLUSÃO CONSUMATIVA. Hipótese em que o demandado interpôs três recursos de apelação contra a mesma sentença em autos distintos. Não conhecimento do segundo e terceiro apelos em razão da preclusão consumativa, porquanto a sentença que julga conjuntamente três demandas indenizatórias é una, cabendo somente a interposição de um recurso de apelação, em conformidade com o princípio da unirrecorribilidade ou unicidade recursal. Hipótese de negativa de seguimento à apelação". (TJRS, AC 70067730457, 10. C.C., Rel. Des. Paulo Roberto Lessa Franz, j. 18.12.2015).

[98] AgR no AI 563505/MS. DJ: 04.11.2005, p. 21.

[99] Nesse sentido: "AGRAVO DE INSTRUMENTO. DIREITO PRIVADO NÃO ESPECIFICADO. BRASIL TELECOM. CONCESSÃO DA GRATUIDADE JUDICIÁRIA. PRINCÍPIO DA UNIRRE-

Outras hipóteses de aplicação ocorrem, por exemplo, quando da interposição de recurso autônomo e adesivo pela mesma parte,[100] ou de dois apelos contra a sentença que aprecia em conjunto a ação e a reconvenção,[101] a oposição, a denunciação da lide ou o chamamento ao processo. Em qualquer dessas situações, não há justificativa para a admissão de dois recursos contra o mesmo ato judicial, pois o ordenamento oferece adequada tutela para o jurisdicionado.

4.4. Princípio da fungibilidade

Os limites do aproveitamento do princípio da fungilidade no direito recursal são bastante discutidos. Poderia o magistrado conhecer de um recurso que, na sua visão, fora erroneamente interposto? Nem o Código de 1973, nem o Novo CPC, diversamente do de 1939, tratou expressamente deste tema, quiçá pelo esforço com que seus corifeus intentaram espancar as dúvidas acerca do recurso adequado para cada situação.

Nesse sentido, manifestara-se, de forma otimista, o então Ministro da Justiça Alfredo Buzaid, relatando aos operadores a sua aspiração ao elaborar o Código de Processo Civil de 1973: "diversamente do Código vigente, o projeto simplifica o sistema de recursos. Concede apelação só de sentença; de todas as decisões interlocutórias, agravo de instrumento. Esta solução atende plenamente os princípios fundamentais do Código, sem sacrificar o andamento da causa e sem retardar injustificavelmente a resolução de questões incidentes, muitas das quais são de importância decisiva para a apreciação do mérito. O critério que distingue os dois recursos é simples. Se o juiz põe termo ao processo, cabe apelação. Não importa indagar se decidiu ou não o mérito. A condição do recurso é que tenha havido julgamento final do processo. Cabe agravo de instrumento de toda a decisão, proferida no curso do processo, pela qual o juiz resolve questão incidente".[102]

Efetivamente, no plano abstrato, as dúvidas foram dissipadas. Importava estabelecer se a decisão encerrava ou não a relação processual, sem se perquirir quanto à análise do mérito da causa. Dentro desse contexto, as hipóteses de erro quanto à escolha do recurso estariam sensivelmente reduzi-

---

CORRIBILIDADE. SEGUNDO AGRAVO DE INSTRUMENTO NÃO CONHECIDO. A parte autora interpôs dois recursos de agravo de instrumento contra decisão que havia indeferido o beneplácito da AJG, com o que não deve ser conhecido o segundo, por afronta ao princípio da unirrecorribilidade das decisões, o qual informa que para cada decisão judicial poderá ser interposto um único recurso por parte. Agravo de Instrumento não conhecido". (TJRS, AI nº 70065836108, 20. C.C., Rel. Des. Martin Schulze, j. 16.12.2015)

[100] TJPR – 10ª C.Cível – AC 0438065-0 – Londrina – Rel. Des. Luiz Lopes – Unânime – J. 29.05.2008.

[101] TJRS, 15. C.C., AC 70022511851, Rel. Des. Angelo Maraninchi Giannakos, j. 28/05/2008.

[102] Item 33 da Exposição de Motivos ao Projeto do Código de Processo Civil de 1973.

das, nada justificando, dessa forma, outorga de tratamento favorável à parte negligente.

Todavia, muito embora o mérito do critério utilizado pelo Código anterior, o qual efetivamente se mostrou valioso na vida prática, a experiência ainda registrava situações excepcionais, nas quais a tarefa de escolher o recurso a ser interposto se mostrava difícil. Veja-se, por ilustração, o caso da sentença falimentar e a interpretação do art. 100 da Lei de Recuperação Judicial.[103] A primeira hipótese era tão complexa que eminentes doutrinadores, como os professores André Fernandes Esteves e Celiana Diehl Ruas, ensinavam que "o recurso interposto contra a decisão que decreta a falência é, procedimentalmente, um agravo de instrumento e, materialmente, um apelo, em razão da relevância da decisão recorrida. Desta forma, o agravo de instrumento pode ser compreendido como um recurso de apelação".[104] Tantas outras polêmicas poderiam ser apresentadas. Essas discussões geram indevida apreensão ao jurisdicionado quanto à sua *sidera litium*, pois ele não tem como adivinhar qual será o entendimento do julgador de seu recurso.

Percebendo incoerências no discurso do Código anterior, Humberto Theodoro Junior demonstrou que "a pretensa singeleza não era completa e, em muitos casos, não passava de aparente".[105] E apontou equívocos, tais como as "sentenças" presentes nos juízos divisórios (arts. 958 e 1.053, § 2º), nas questões incidentais de adjudicação, remição de bens (arts. 715, § 2º, e 780), suspeição e impedimento dos peritos, etc. Tais questões geravam dúvidas na hora de apresentação dos recursos. Em casos tais, poderia o Tribunal conhecer recurso que, no seu entendimento, se apresentava incorreto?

Para regular esse fenômeno, o diploma de 1939, dispunha, no art. 810, ser possível ao julgador conhecer de recurso erroneamente interposto, desde que ausentes a má-fé ou o erro grosseiro. Adotava-se, então, o princípio da fungibilidade – ou a técnica do "recurso indiferente" mencionada por Alfredo Buzaid na exposição de motivos de Código de 1973. Livrava-se, assim, a parte do risco – injusto – de ter sua sorte condicionada à convicção pessoal do julgador quanto ao recurso adequado.

Em sentido semelhante, o Código de Processo Penal, no art. 579, admite o aproveitamento de recurso equivocado, desde que ausente a má-fé do recorrente. Balanceando os valores comumente envolvidos na discussão criminal, concluiu o legislador que a própria administração da Justiça poderia ser afetada pelas escolhas indevidas no tocante ao meio de impugnação da decisão.[106] E, ato contínuo, determinou ao juiz, reconhecendo a impropriedade

---

[103] Reza o dispositivo que "da decisão que decreta a falência cabe agravo, e da sentença que julga improcedente o pedido cabe apelação".

[104] Sentença Falimentar e Recursos Cabíveis: interpretação do art. 100 da Lei 11.101/2005, p. 178. Revista Jurídica Empresarial, v. 14.

[105] O Princípio da Fungibilidade Recursal, p. 1. In *Informativo Incijur*, v. 57.

[106] Prescreve o art. 579, CPP: "Salvo a hipótese de má-fé, a parte não será prejudicada pela interposição de um recurso por outro. Parágrafo único. Se o juiz, desde logo, reconhecer a impropriedade do recurso interposto pela parte, mandará processá-lo de acordo com o rito do recurso cabível".

do recurso interposto pela parte, facultar seu processamento de acordo com o rito do recurso cabível.[107]

O Novo CPC não dedicou norma específica sobre a matéria, pois, como se viu, imaginou que tal problema não seria visualizado no foro. Contudo, é possível resgatar a fungibilidade a partir dos influxos da Constituição e da própria teoria das nulidades, como medida de bom Direito.[108] De um lado, amplia-se a perspectiva de proteção da confiança do jurisdicionado frente às escolhas excessivamente discricionárias dos Poderes Públicos, livrando-lhe de injustificados desgostos. Por outro, valorizam-se os escopos da jurisdição, fortalecendo o contraditório judicial.

O Supremo Tribunal Federal, em histórica decisão de matéria processual, reconheceu a vigência do princípio da fungibilidade no ordenamento processual pós-1973. Apreciando o Recurso Extraordinário nº 91.157, asseverou o Min. Xavier de Albuquerque que "o princípio da fungibilidade subsiste no sistema do Código de Processo Civil de 1973, a despeito de não haver esta reproduzida norma semelhante ao art. 810 do estatuto processual de 1939". Fundamentando sua posição, o ministro ressaltou a preocupação com os aspectos formais atinentes, aduzindo ser "irrelevante, para mim, que o vigente Código de Processo Civil não haja reproduzido regra semelhante à do art. 810 do estatuto anterior, pois a fungibilidade dos recursos constitui desdobramento de princípio científico superior, que é o da conversão dos atos processuais. Nada obsta, portanto, a que, não havendo má-fé nem erro grosseiro, e estando satisfeitos os demais requisitos formais, inclusive o relativo ao prazo, seja conhecido como sendo o adequado, o recurso inadequado porventura interposto pela parte".

Com razão, a circunstância de a parte, na visão do julgador, equivocar-se na apresentação de seu recurso não deve, em linha de princípio, impedir a apreciação da pretensão deduzida, desde que inexista erro grosseiro ou má-fé em seu agir. Solução contrária afrontaria o postulado constitucional de livre acesso à justiça, indo ao desencontro dos ideais do processo atual.

Assentada a premissa, restaria apresentar o grande requisito para o aproveitamento da fungibilidade em matéria recursal, qual seja a existência de dúvida objetiva quanto ao recurso correto, que se materializa na prova de controvérsia doutrinária, legal ou jurisprudencial. Realmente, é a "dúvida objetiva" que permitirá o conhecimento do recurso, desimportando per-

---

[107] Também a justiça trabalhista vem admitindo o aproveitamento da fungibilidade, especialmente pelo fato do idêntico prazo de 8 dias para a interposição dos diversos recursos. Ressalva-se, por evidente, a hipótese de má-fé. Nesse sentido, o magistério de Carlos Henrique Bezerra Leite na obra *Curso de Direito Processual do Trabalho*, p. 507. 3. ed. São Paulo: LTr, 2005.

[108] Igualmente correta, em nosso sentir, é a posição do Humberto Theodoro Junior, que, após assentar a premissa: "o direito processual moderno assenta-se sobre princípios que atuam independentmemente de normas explícitas nos textos legais", alcança a conclusão: "o princípio da fungibilidade dos recursos, mesmo sem previsão expressa do Código de Processo Civil atual, figura dentre seus princípios gerais. Decorre, sobretudo, do conceito funcional dos atos que compõem o processo e do princípio expresso da instrumentalidade das formas, que o Código adota como fundamental à sua sistemática de nulidades". Op. cit., p. 5.

quirir-se da satisfação de requisitos específicos do "recurso mais adequado", como a tempestividade e o preparo. Quando a fonte for clara, descabe a fungibilidade. Quando duvidosa a norma jurídica, pelo conflito entre as fontes distintas, cabível a fungibilidade.[109]

Com a entrada em vigor do Novo CPC e a unificação dos prazos recursais em 15 dias, a discussão relativa ao prazo menor (frequente sob a égide do diploma de 1973) tende a perder o seu interesse prático. Em edições anteriores, manifestamos a nossa opinião no sentido contrário à exigência do prazo menor, afinal o processo não deve ser compreendido como um fenômeno lotérico, de modo a permitir que a sorte do jurisdicionado dependa do convencimento pessoal do julgador quanto ao recurso cabível. O acesso à justiça justifica o aproveitamento da fungibilidade.

Por conseguinte, demonstrada a existência de fundadas dúvidas na comunidade jurídica acerca do remédio processual cabível, não é dado ao órgão judicial deixar de apreciar a irresignação, ainda que, segundo seu alvitre, outro fosse o recurso adequado. O direito processual, não custa lembrar, deve ser elaborado para a parte, e não para a satisfação pessoal do magistrado. Todavia, a jurisprudência ainda reluta por admitir a fungibilidade nesses amplos termos, o que impõe ao intérprete e ao cidadão maior cautela ao tratar do tema.

Acerca do acesso à justiça, alerta José Joaquim Gomes Canotilho que um mero equívoco da parte, justificado pela falta de clareza do sistema processual, não poderia importar na perda automática da causa. Assinala o mestre português que "a imposição de clareza na concretização legal do direito de acesso aos tribunais não significa a necessidade da adopção da forma processual mais simples nem desvincula o particular do seu dever de informação quanto à possibilidades de acesso à via jurisdicional. Pressupõe, porém, que a determinação legal da via judiciária adequada não se traduza, na prática, num jogo formal sistematicamente reconduzível à existência de formalidades e pressupostos processuais cuja 'desatenção' pelos particulares implica a 'perda automática das causas'".

O fato é que, detectada a polêmica pela análise das fontes jurígenas, deve o recurso ser conhecido, sob pena de denegação de Justiça e ofensa às garantias constitucionais das partes (contraditório, em especial). Esta orientação merece ainda mais destaque nos primeiros meses e anos de aplicação do Novo CPC, momento que é propícuo aos erros escusáveis dos jurisdicionados.

---

[109] Nesse sentido: "RECURSO ESPECIAL - PROCESSUAL CIVIL - DECISÃO QUE HOMOLOGA PEDIDO DE LIQUIDAÇÃO DE SENTENÇA PROFERIDA EM AÇÃO CIVIL PÚBLICA - RECURSO CABÍVEL - AGRAVO DE INSTRUMENTO - FUNGIBILIDADE RECURSAL - INAPLICABILIDADE. 1. No nosso sistema processual, vige a doutrina do isolamento dos atos processuais, com a finalidade de aplicação da lei no tempo, conforme positivado no art. 1.211 do CPC. 2. A reforma implementa pela Lei 11.232/05 talvez tenha sido uma das mais discutidas no meio jurídico, não havendo espaço para reconhecimento de dúvida objetiva e ausência de erro grosseiro na interposição de apelação ao invés de agravo de instrumento contra a decisão que julga liquidação de sentença, nos termos do art. 475-H do CPC, destacando-se a circunstância de o *decisum* impugnado ter sido proferido e publicado quase dois anos após à alteração da sistemática processual. 3. Recurso especial não provido". REsp 1.130.862 /ES, 2. T., Rel. Min. Eliana Calmon. DJe: 17/06/2010.

4.5. Princípio da motivação (dialeticidade)

O NCPC também gera consequências na aplicação do princípio da motivação. Com efeito, tendo em vista a precípua finalidade privada dos recursos, que é melhorar a situação do recorrente, impõe o direito que o interessado fundamente de forma adequada a sua impugnação. A fim de que o recurso atinja seu escopo dentro do processo, é necessário que a parte prejudicada exponha as razões de sua inconformidade com a decisão proferida. E mais, deve o recorrente criticar o pronunciamento merecedor de reparo, com o objetivo de convencer a instância revisora acerca de seus erros. Em linha de princípio, podem ser utilizados todos os argumentos que o recorrente entender plausíveis, para demonstrar o desacerto da pronúncia, desde que não haja significativa inovação dentro do processo. Tanto erros de julgamento, quanto os de procedimento, podem ser destacados, na busca da invalidação ou correção do provimento vergastado.

Com tal diretiva, fica claro que o ordenamento não se contenta com a mera insatisfação da parte para instrumentalizar seu direito de recorrer. Cumpre-lhe, ademais de referir o desacerto da decisão, desenvolver adequada fundamentação, pautada pelos vícios que, no sentir do recorrente, acometem a decisão. Essa é a tônica do discurso recursal: a demonstração de que a decisão recorrida, em algum momento, desviou-se dos fatos relevantes da causa ou afastou o bom direito, merecendo, correção.

De tal ilação decorre importante consequência. No momento em que inexistir saudável comunicação entre a decisão recorrida e as razões recursais, a própria impugnação perderá sua razão de ser. Recorrer significa também controlar o exercício do poder jurisdicional, materializado na decisão. Se a parte, em vez de enfrentar os argumentos esposados pelo provimento recorrido, simplesmente discorre sobre pontos abstratos desvinculados do julgado discutido, não haverá razão para se avaliar o mérito do recurso, pois a sua finalidade terá sido desvirtuada. Restará ao órgão judicante declarar a inadmissibilidade do recurso, pelo vício de motivação.[110]

Realizando um paralelo com o princípio da demanda, assim como o autor em sua petição inicial deve trazer a causa de pedir e o pedido, o recorrente, na sua empreitada, deve registrar os fundamentos de seu pedido. Em contrapartida, embora seja lícito ao recorrido, em sede de contrarrazões, agregar outros dados importantes para o julgamento, o seu trabalho primordial será valorizar a decisão recorrida, combatendo os argumentos trazidos pelo recorrente.

---

110 A este respeito, assinala Araken de Assis, com apoio em precedente do Superior Tribunal de Justiça (REsp 25.656-0/RJ), a conexão que deve existir entre o decidido e o alegado no recurso, aduzindo que "de resto, o próprio conteúdo das razões merece rigoroso controle. Deve existir simetria entre o decidido e o alegado no recurso, ou seja, motivação pertinente. Ademais, as razões carecem de atualidade, à vista do ato impugnado, devendo 'profligar os argumentos deste, insubstituíveis (as razões) pela simples referência a atos processuais anteriores.'" Condições de admissibilidade dos recursos cíveis. In *Doutrina e prática do processo civil contemporâneo*. São Paulo: RT, 2001.

No ponto, vige o princípio da colaboração entre as partes e o órgão judicial, afinal, com a qualidade dos argumentos oferecidos no recurso, bem como pela fiscalização exercida pelo recorrido, são oferecidas novas perspectivas que facilitam o trabalho a ser desenvolvido pelo juízo *ad quem*. Uma parte critica a decisão, rebatendo os argumentos nela utilizados. A outra, de seu turno, valoriza o provimento e rechaça a fundamentação recursal. Tal procedimento, quando realizado com responsabilidade e talento, qualifica o trabalho judicial, municiando o julgador com suficientes elementos para a tomada de posição. Ontologicamente, o papel do recorrente é semelhante ao do magistrado quando profere decisões. Como salienta Michele Tarufo, o princípio da motivação cumpre importantes funções internas e externas ao processo: facilitar a impugnação do provimento e a análise do recurso, legítimar o exercício do poder, controlar da atividade estatal, formar jurisprudência, etc.[111]

Dentro desse contexto, consideramos inviável, a fim de superar a exigência de motivação recursal, a mera transcrição de trechos de petições pretéritas, por mais interessantes que sejam, uma vez que a função do recurso é criticar uma decisão concreta, e não reiterar abstratamente sem a devida concreção pontos de vistas explorados anteriormente no processo, afastados pela resolução. Como bem pondera Ângelo Maraninchi Giannakos, "se apresenta absolutamente indispensável que a irresignação combata os aspectos sentenciais conflitantes aos interesses do apelante, destacando, dentre outras possibilidades, por exemplo, por qual razão o Julgador avaliou inadequadamente a prova, ou ainda, entendeu dar aos fatos, interpretação diversa da realidade dos autos. Desse modo, inexistente o combate nas presentes razões de recurso, inviável que desse se conheça".[112] Presume-se que as manifestações anteriores tenham sido veiculadas em razão de outros atos processuais – que não a decisão recorrida – de sorte que sua repetição em nada auxilia a análise da correção do provimento atual.

No plano legal, a exigência de competente fundamentação do recurso é contemplada em inúmeros dispositivos do NCPC, como se vê, por ilustração, do art. 932, que autoriza a decisão monocrática quando o recorrente não impugnar "especificamente os fundamentos da decisão".

No direito comparado, interessante paralelo é observado com o Código argentino, que, em seu art. 265, enfatiza a necessidade de o recorrente explorar "la critica concreta y razonada de las partes del fallo que el apelante considere equivocadas", sendo expresso no sentido de que "no bastará remitirse a presentaciones anteriores". Fora de qualquer dúvida, aplica-se tal orientação ao direito brasileiro.

Dessa forma, inexistindo fundamentação competente no recurso, haverá óbice ao seu conhecimento.

---

[111] Breve resumo de suas grandes ideias é encontrado em artigo publicado na *Revista Gênesis*, v. 31, p. 177-185, sob o título La Motivazione della Sentenza.

[112] AC 70019689330, 15ª C.C., TJRS, Des. Rel. Angelo Maraninchi Giannakos, j. 29/08/2007.

4.6. Princípio da voluntariedade (desistência e renúncia)

Uma das manifestações do princípio dispositivo em sede recursal observa-se na garantia de que ninguém será constrangido a interpor qualquer meio de irresignação. E mais, caso algum recurso tenha sido interposto, poderá o recorrente, a qualquer tempo, desistir de sua apreciação (caso, evidentemente, ele ainda não esteja julgado). O princípio da voluntariedade é um dos corolários dos princípios dispositivo e da demanda, em sede recursal.

O Direito, por mais nobres que sejam os motivos, não deve (e nem pode) exigir que o cidadão se envolva em discussão judicial. A posição inicial do Estado-juiz é de inércia, e somente será alterada quando houver a devida provocação do interessado. Ao autor, apresentando sua pretensão, cabe formatar o objeto litigioso. E ao juiz caberá decidir a lide atentando para a proteção aos bens da vida invocados.

No âmbito dos recursos, idêntico posicionamento é verificado. Por mais injusta ou ilegal que tenha sido a decisão proferida, a parte atingida está livre para aceitá-la, pois, melhor do que ninguém, sabe o que lhe convém. Daí a ilação no sentido de que o destino do recurso está sempre subordinado ao interesse da parte sucumbente.

Avançando nessa linha, seguem-se outras conclusões. Se a parte é livre para se valer ou não do recurso, que nada mais é do que um benefício que o ordenamento concede aos jurisdicionados, também à parte caberá o direito de renúncia ou de desistência.

A desistência poderá ser requerida a qualquer tempo, desde que antes da apreciação do recurso. Desimporta a anuência do recorrido ou dos litisconsortes. Justifica-se tal posição, uma vez que, sendo o recurso um meio para melhorar a situação do recorrente, sua desistência em nada prejudicará os demais sujeitos do processo (vedação da reforma para pior). Ao contrário, colaborará para que uma solução mais célere seja alcançada. Nem sequer é necessária a homologação, contentando-se o direito com a mera declaração judicial de extinção do procedimento recursal, sem qualquer carga constitutiva.[113]

A situação é completamente diversa da desistência da ação, prevista no art. 267 do Código de Processo, pois o efeito desta última é a extinção do processo sem resolução de mérito, o que permite ao autor apresentar idêntica

---

[113] Acertada a conclusão de José Carlos Barbosa Moreira, apoiada no art. 158 do CPC/73: "o órgão judicial, tomando conhecimento da desistência do recurso e verificando-lhe a regularidade, simplesmente declarará extinto o procedimento recursal, podendo acontecer, no entanto, que o feito haja de prosseguir em razão da existência de outro recurso contra a mesma decisão, ou por ser interlocutória aquela que se tinha recorrido. (...) A diferença em relação às hipóteses de ato dependente de homologação reside em que, nestas, o pronunciamento judicial tem natureza constitutiva, acrescenta algo de novo, e é ele que desencadeia a produção dos efeitos, ao passo que, aqui, toda a eficácia remonta à desistência, cabendo tão-somente ao juiz ou ao tribunal apurar se a manifestação de vontade foi regular e – através de pronunciamento meramente declaratório, certificar os efeitos já operados". *Comentários*, 12. ed., p. 334.

demanda no futuro, turbando novamente a esfera jurídica do réu. Todas as partes possuem direito a uma sentença de mérito, daí a exigência, prevista no ordenamento, de que também o réu concorde com a desistência da ação.[114] Não se confundem, portanto, estas situações distintas.

A manifestação de desistência do recurso determina o trânsito em julgado da sentença, caso inexistam outros recursos pendentes de apreciação. Após desistir da impugnação, não será dado à parte lançar mão de outro recurso, em face da ocorrência da preclusão consumativa.[115] Ela já havia validamente apresentado o recurso que julgou cabível, de modo que, tendo desistido, por razões que somente lhe dizem respeito, observará a preclusão ou o trânsito em julgado da decisão, a depender de sua natureza, se interlocutória ou sentença.

O máximo que poderá o desistente postular é a desconstituição do ato, através da comprovação das causas invalidantes previstas na lei civil (erro, dolo, coação, estado de perigo, etc.). Semelhante raciocínio vale para a renúncia, a qual é exercitável mediante exclusivo juízo de conveniência do interessado.[116]

Este é o regramento geral, que possui agora de forma positivada uma importante exceção, visualizada no julgamento de recursos extraordinários e especiais repetitivos. Consoante o art. 998, em seu parágrafo único, "a desistência do recurso não impede a análise de questão cuja repercussão geral já tenha sido reconhecida e daquela objeto de julgamento de recursos extraordinários ou especiais repetitivos".

O debate que redundou na aprovação do texto acima teve origem no seio do Superior Tribunal de Justiça. Na ocasião, a Min. Nancy Andrighi colocou o tema nesses termos: "tomando-se este exemplo da suspensão dos processos, sobrevindo pedido de desistência do recurso representativo do incidente e deferido este, mediante a aplicação isolada do art. 501 do CPC, será atendido o interesse individual do recorrente que teve seu processo selecionado. Todavia, o direito individual à razoável duração do processo de todos os demais litigantes em processos com idêntica questão de direito será lesado, porque a suspensão terá gerado mais um prazo morto, adiando a decisão de mérito da lide. Não se pode olvidar outra grave consequência do deferimento de pedido de desistência puro e simples com base no art. 501 do CPC, que é a inevitável necessidade de selecionar novo processo que apresente a idêntica questão de direito, de ouvir os *amici curiae*, as partes interessadas e o Ministério Público, oficiar a todos os Tribunais do país, e determinar nova suspensão, sendo certo que a repetição deste complexo procedimento pode vir a ser infinitamente frustrado em face de sucessivos e incontáveis pedidos

---

[114] Quanto à diversidade de tratamento entre a desistência da ação e do recurso, AgResp nº 319894/SC, 2ª Turma, Rel. Min. Eliana Calmon, DJU: 01.03.2004, p. 154.

[115] A única exceção possível será visualizada com a alegação de que a desistência contemplou um vício, tal como dolo, coação, etc.

[116] Reza o art. 999: "A renúncia ao direito de recorrer independe da aceitação da outra parte.A renúncia ao direito de recorrer independe da aceitação da outra parte".

de desistência (...) entender que a desistência recursal impede o julgamento da idêntica questão de direito é entregar ao recorrente o poder de determinar ou manipular, arbitrariamente, a atividade jurisdicional que cumpre o dever constitucional do Superior Tribunal de Justiça, podendo ser caracterizado como verdadeiro atentado à dignidade da Justiça". Nessas hipóteses, o Superior Tribunal de Justiça entende "inviável o acolhimento de pedido de desistência recursal formulado quando já iniciado o procedimento de julgamento do Recurso Especial representativo da controvérsia, na forma do art. 543-C do CPC c/c Resolução nº 08/08 do STJ".[117]

De acordo com o art. 998, em seu parágrafo único, a desistência do recurso não impede a análise de questão cuja repercussão geral já tenha sido reconhecida e daquela objeto de julgamento de recursos extraordinários ou especiais repetitivos. Desta forma, entendemos que, diante da homologação da desistência, a decisão recorrida torna-se definitiva para as partes, que a ela se sujeitam. O acórdão a ser proferido pelo Superior Tribunal de Justiça ou pelo Supremo Tribunal Federal apreciará o tema jurídico em tese, a fim de formar a jurisprudência que será aplicada em outros casos.

Trata-se de uma interessante inovação. Resta saber se, com a vigência do NCPC, a norma na prática facilitará a realização acordos que ocasionem a desistência dos recursos ou prejudicará a sua realização pelo fato de, doravante, a homologação da desistência não inviabilizar a apreciação da questão jurídica.

4.7. Princípio da consumação

No âmbito da principiologia dos recursos, é na consumação que o NCPC produz importantes alterações.

O princípio da consumação decorre da preclusão. No momento em que o recorrente apresenta o recurso, exercendo validamente o direito de recorrer, já não mais poderá alterá-lo, complementá-lo ou corrigi-lo. Nem sequer poderá dele desistir para interpor outro. Todas essas proibições decorrem tradicionalmente da aplicação do princípio da consumação.

Com efeito, exige-se que o recorrente demonstre, no momento de interposição do recurso, o preenchimento de seus pressupostos de admissibilidade. Na vigência do Código de 1973, entendia a jurisprudência que era inviável a correção futura de seus defeitos, como regra geral. Didática era a lição do Min. Peçanha Martins, a este respeito: "com efeito, em nosso sistema processual vige o princípio da consumação, pelo que não se admite a juntada posterior de documentos essenciais à formação do agravo de instrumento. Assim, no momento do protocolo, o recurso tem que estar perfeito e acabado, razão pela qual deveria a agravante ter instruído estes autos com as peças

[117] QO no REsp 1063343/RS, Corte Especial, Rel. Min. Nancy Andrighi. DJe: 04/06/2009.

necessárias à comprovação da tempestividade de seu recurso especial".[118] Este era um princípio extremamente caro ao Superior Tribunal de Justiça, o qual se mostrava rígido na sua ultrapassagem.[119] Inúmeros são os exemplos colhidos na jurisprudência. Uma situação típica ocorria com a comprovação do preparo, o qual, na linha do art. 511, deve necessariamente ser realizado até o ato de interposição.[120]

Em homenagem ao acesso à justiça, o Novo CPC tratou de atenuar os rigorismos na aplicação do princípio da consumação. Conforme as premissas do NCPC, inverte-se a regra, para se autorizar o recorrente a superar as condições de admissibilidade, quando possível a correção. Tratando das "incumbências do relator", o art. 932 determina que "antes de considerar inadmissível o recurso, o relator concederá o prazo de 5 (cinco) dias ao recorrente para que seja sanado vício ou complementada a documentação exigível".

A norma encontra-se situada no capítulo intitulado "ordem dos processos no Tribunal", de sorte que pode e deve ser aplicado por todos os Tribunais e em todos os recursos. Entretanto, para reforçar ainda mais esta posição, o Código oferece artigos específicos para limitar a aplicação do princípio da consumação em determinados recursos. É o caso do art. 1017, § 3º, quando autoriza a juntada posterior das peças obrigatórias e facultativas do agravo de instrumento.[121]

No que toca ao recurso extraordinário e ao recurso especial, existe a previsão do art. 1029, § 3º, assinalando que "o Supremo Tribunal Federal ou o Superior Tribunal de Justiça poderá desconsiderar vício formal de recurso tempestivo ou determinar sua correção, desde que não o repute grave". A comunidade acadêmica aguarda com ansiedade a posição dos Tribunais Superiores em relação à aplicação da norma e à identificação de vícios não graves.

Espera-se que algumas das orientações hoje tradicionais nas Cortes de Brasília sejam revistas, como por exemplo: "o recolhimento do preparo em guia diversa daquela prevista na resolução em vigor no momento da interposição do recurso conduz ao reconhecimento da deserção";[122] "não se pode considerar cumprido o requisito do art. 511 do CPC se não consta dos autos

---

[118] AgRg no Ag 688386/SP, 2ª Turma, DJ 14.11.2005, p. 265.

[119] É exemplo dessa orientação rígida o seguinte argumento: "A juntada da peça faltante pelo agravado na contra-minuta não corrige o erro do agravante. Ante o princípio da consumação, o traslado do agravo de instrumento considera-se feito e acabado no momento de sua apresentação em juízo, portanto qualquer colação posterior não pode ser aproveitada em benefício do agravante." AgRg no Ag 628954/SP, 6. T., Rel. Min. Quaglia Barbosa. DJ: 15/05/2006, p. 312.

[120] Já se vê, pela redação, que admitimos – em sentido contrário à jurisprudência majoritária do STJ – a comprovação serôdia do preparo, desde que realizado no prazo devido, em face do princípios da instrumentalidade e finalidade.

[121] Art. 1017, 3º: "Na falta da cópia de qualquer peça ou no caso de algum outro vício que comprometa a admissibilidade do agravo de instrumento, deve o relator aplicar o disposto no art. 932, parágrafo único".

[122] AgRg no Ag 1.368.559/SC, Quarta Turma, Rel. Min. Raul Araújo, DJe de 21/3/2011.

a guia do efetivo pagamento do porte de remessa e retorno do apelo especial, mas tão somente o comprovante do respectivo agendamento, que traz em si a advertência de que não representa a efetiva quitação da transação";[123] "é deserto o recurso interposto para o Superior Tribunal de Justiça quando o recorrente não recolhe, na origem, a importância das despesas de remessa e retorno dos autos";[124] "(...) O agravo de instrumento mostra-se deficientemente instruído quando, na cópia da petição de interposição do recurso especial, inexiste o carimbo de protocolo ou está ilegível. 2. O momento oportuno de juntada das peças obrigatórias em agravo de instrumento é o do ato de interposição, não sendo admitido o traslado extemporâneo em razão da ocorrência da preclusão consumativa";[125] "A Quarta Turma, ao julgar o REsp 805.114/SC (Rel. Min. Aldir Passarinho Junior, DJ de 14.5.2007, p. 318), enfrentou situação análoga à dos presentes autos, ocasião em que manteve o não-conhecimento do agravo de instrumento a que se refere o art. 525, I, do Código de Processo Civil, por não ter sido juntada cópia do verso de uma das peças processuais obrigatórias (...)".[126]

À luz do NCPC, estas orientações históricas merecerão releitura, a fim de que o princípio da consumação seja corretamente aplicado e não sirva como injustificado óbice para a realização do modelo processual prezado pelo Estado constitucional.

4.8. Proibição da *reformatio in pejus*

Tendo em vista que a finalidade do recurso é melhorar a posição da parte sucumbente, natural que o direito se preocupe com a possibilidade de o próprio recorrente ter sua situação agravada com o novo julgamento. Este risco poderia até mesmo desestimular a interposição de recursos, o que prejudicaria, a um só tempo, o controle da atividade jurisdicional, o exercício da cidadania e a realização do livre acesso à justiça.

Para evitar essas perplexidades, o direito estabelece o princípio da não reforma para pior.[127] Ou seja, o julgamento da impugnação não pode agravar a situação do recorrente. Desta forma, em linha de princípio, haverá

[123] AgRg no AREsp 162.816, AP, Rel. Min. Sérgio Kukina, Dje de 15.04.2013.

[124] AgRg no AREsp 630.583/ES, 1. T., Rel. Min. Marga Tessler. DJe 10/04/2015.

[125] AgRg no Ag 1406354/SC, 3. T., Rel. Min. João Otávio de Noronha, j. 01/10/2013, DJe 07/10/2013.

[126] AgRg no Ag 1180730/PR, 2. T., Rel. Min. Mauro Campbell Marques, DJe 09/12/2011.

[127] Extremamente didática é a lição de Sandro Marcelo Kozikoski: "veda-se que, por força do recurso interposto, ocorra uma majoração do resultado desfavorável imposto pela decisão recorrida. Ou seja, obsta-se que o julgamento do recurso importe num resultado exatamente contrário àquele pretendido pelo recorrente, consistente na obtenção de uma situação mais confortável. Em outras palavras, o princípio em questão veda que o órgão *ad quem* profira uma decisão pior aos interesses do recorrente, seja ela examinada do ponto de vista quantitativo, seja ela observada sob o prisma qualitativo". Manual dos Recursos Cíveis, p. 155.

reformatio in pejus sempre que o tribunal se afastar dos limites demarcados pelo recurso, prejudicando a esfera do recorrente.

Ainda que o magistrado se dê conta de que a decisão recorrida em verdade foi injusta, ao beneficiar indevidamente o recorrente, a reforma do pronunciamento vergastado somente poderá ocorrer caso a parte interessada tenha recorrido.[128] É que, pela projeção do princípio dispositivo, a reforma da decisão somente ocorre em prol do recorrente, e não a seu desfavor.[129]

Com nitidez, observa-se a preocupação em se abolir a *reformatio in pejus* em sede civil, no enunciado 45 da Súmula do Superior Tribunal de Justiça, que veda ao Tribunal, em sede de reexame necessário, agravar a condenação imposta à Fazenda Pública.[130] Muito embora o reexame necessário não seja um recurso típico, mas sim um instituto semelhante, a razão da norma em tudo se alinha com as ideias retroapontadas.

Também fora do processo judicial se observa a valorização da proibição da *reformatio in pejus*. Veja-se o exemplo presenciado diuturnamente pelos alunos. Com efeito, desde as primeiras séries do ensino fundamental até a vida universitária, é comum o pedido de revisão de prova. Na análise deste, não é raro o professor concluir que se equivocou ao atribuir o grau ao discente. Todavia, somente poderá corrigi-lo para melhorar a situação do estudante, e não reduzi-lo, muito embora constate a injustiça da nota elevada antes atribuída. Esta situação banal, aprendida desde a tenra idade, confirma a presença da regra na história do direito e está gravada em nossos corações.

Entretanto, deve ser destacado que, eventualmente, a atuação do Tribunal, no julgamento dos recursos, poderá gerar, concretamente, prejuízo ao recorrente, por força da aplicação do efeito translativo. Isto é, existem matérias que devem ser diagnosticadas e enfrentadas por todos os juízes, independentemente da provocação da parte. Na maior parte das vezes, essa atuação oficiosa é justificada pelo interesse público na administração da justiça. Em tais situações, a pronúncia da Corte atinge as partes e o resultado pode não ser o melhor para o recorrente. É o que ocorre, por ilustração, quando insatisfeito com o valor arbitrado a título de indenização, apela apenas o autor e o Tribunal verifica a sua ilegitimidade. Como resulado, o processo será extinto, de ofício, ainda que nenhuma das partes tenha levantado esta questão. Não há que se falar aqui da incidência do instituto da *non reformatio in pejus*.

---

[128] Ressalta a Ministra Eliana Calmon a "impossibilidade de adequar o presente julgamento à decisão mais recente da Segunda Turma, em razão do *non reformatio in pejus*". AgRg nos EDcl no REsp 624921/RS. DJ: 05.12.2005, p. 288.

[129] Desta forma, "não obstante o novo entendimento adotado por este Relator, no caso concreto a decisão recorrida não pode ser alterada, sob pena de violação do princípio da *reformatio in pejus*, porquanto não houve irresignação recursal da parte adversa". AI 70035302603, 16. C.C., TJRS, Rel. para acórdão Des. Paulo Sérgio Scarparo, j. 10/06/2010.

[130] Tratando-se de reexame em prol da Fazenda, o que se impede é a *reformatio in pejus*, não porque o reexame representa recurso, mas antes, porque contraria a *ratio essendi* do instituto. REsp 744584/RJ, 1ª Turma, Rel. Min. Luiz Fux, DJ 28.11.2005, p. 228.

5. Dos Efeitos dos Recursos

Assim como os princípios, os efeitos da interposição do recurso não podem ser arrolados exaustivamente. No entanto, a prática demonstra que, na imensa maioria dos casos, as discussões envolvem alguns efeitos específicos, os quais serão abordados no presente capítulo.

Desta forma, deve ficar desde logo registrado que existem outros efeitos no âmbito recursal, como ilustrativamente o regressivo (que irá viabilizar a eventual retratação pelo prolator da decisão guerreada) e o diferido (que irá postergar a análise do recurso para ulterior momento processual). Estes e outros efeitos foram enfrentados em monografias específicas, para as quais se remete o leitor interessado.[131]

5.1. Abertura do procedimento recursal e o retardamento das preclusões

A apresentação do recurso permite a inauguração de um novo procedimento, destinado ao rejulgamento da decisão impugnada pelo recorrente. Ao final do procedimento recursal, o órgão encarregado de reapreciar a matéria concluirá pela admissibilidade do meio e, eventualmente, se julgar procedente a inconformidade, poderá invalidar ou substituir o provimento atacado.

Tal como o processo, que inicia por provocação da parte, mas se desenvolve por iniciativa oficial, o procedimento recursal somente é iniciado mediante a manifestação formal de vontade do interessado, o que se dá pelo próprio ato de interpor, pela forma escrita ou oral, o recurso. Pertinente, a este respeito, a comparação de Cândido Rangel Dinamarco: "o ato de interpô-lo é a demanda inicial desse procedimento, tanto quanto no processo como um todo existe uma demanda; o conjunto composto pela petição de interposição e razões recursais desempenha, no novo procedimento, o mesmo papel que

[131] BUENO, Cássio Scarpinella. Efeitos dos recursos. In: NERY JR., Nelson; WAMBIER, Teresa Arruda Alvim. *Aspectos polêmicos e atuais dos recursos cíveis e assuntos afins*. 10ª série. São Paulo: RT, 2006; DINAMARCO, Cândido Rangel. Os efeitos dos recursos. In: NERY JR., Nelson; WAMBIER, Teresa Arruda Alvim (coord.). *Aspectos polêmicos e atuais dos recursos cíveis de acordo com a Lei 10.532/2001 – 5ª série*. São Paulo: RT, 2002; ROSINHA, Martha Novo de Oliveira. *Efeitos dos recursos:* soluções efetivas com menor prejuízo à segurança jurídica. Porto Alegre: Livraria do Advogado, 2011.

cabe à petição inicial do processo. Como todo procedimento, seu ato final é uma decisão judiciária ordinariamente, um acórdão, salvo nos casos em que a lei determina o julgamento dos recursos por órgão singular".[132] Com razão, muitos serão os institutos processuais que encontrarão correspondência no *iter* recursal, valendo registrar a antecipação de tutela recursal e os vícios comuns às decisões judiciais de *citra, extra* e *ultrapetição*, que servem de importante parâmetro para a fixação do limite do efeito devolutivo.

O recurso evita a preclusão, de modo que, enquanto ele não for definitivamente apreciado, a matéria nele discutida seguirá viva no processo. Embora já decidida pela instância inferior, poderá ser reapreciada quando do julgamento da inconformidade. Caso nenhum recurso tivesse sido interposto, as definições judiciais tenderiam a se estabilizar para as partes, pela ocorrência da preclusão. Esta é uma regra geral, sujeita, entretanto, a uma longa série de exceções. Daí se considerar um efeito relevante da interposição do recurso o retardamento da preclusão das questões debatidas.

Como dito, existem situações em que inocorre a preclusão, a despeito da não interposição dos recursos. É o caso, por exemplo, das decisões que são proferidas antes da citação da parte e que devem ser revistas, para retratação ou chancela, após o contraditório. Também é a hipótese das medidas de urgência. Nesses casos, o regime das preclusões cede em favor de outros princípios, como o acesso à justiça.

No nosso direito, esta perspectiva foi amplamente enfrentada em sede doutrinária. Em uma das melhores obras acerca do tema, o mago da preclusão no direito processual, Fernando Rubin, postula a mitigação do formalismo que sempre animou a aplicação prática do instituto, em favor da realização dos direitos fundamentais envolvidos.[133] Nos seus estudos, o autor afasta o rigorismo decorrente de uma aplicação cega da preclusão, para não ser comprometida a própria finalidade do direito processual: a melhor aplicação possível do direito, mirando a justiça.[134]

---

[132] In *Os efeitos dos recursos*, p. 112. No mesmo texto, o autor didática e corretamente aduz que "a interposição de um recurso instaura no processo um novo procedimento, o procedimento recursal, destinado a produção de novo julgamento sobre a matéria impugnada. O processo não se duplica nem se cria uma nova relação processual". Op. cit., p. 106.

[133] *A preclusão na dinâmica do processo civil*. Porto Alegre: Livraria do Advogado, 2010. Uma de suas interessantes conclusões defende a correção dos erros materiais mais evidentes: "o *erro material* (do qual é espécie o erro de cálculo) configura-se, nos termos do art. 463, I do CPC, um determinado vício na exteriorização (expressão) do julgamento, não no teor do julgamento em si (*erro lógico*, âmbito de cognição do Estado-juiz) daí por que se diz pode ser auferível numa vista de olhos, e modificado a qualquer tempo, mesmo após o trânsito em julgado da demanda. Tido como 'manifesto equívoco', é passível de retificação pela via dos embargos de declaração; meio recursal esse que, no entender de abalizada, mas ainda minoritária jurisprudência, também poderia ser utilizado, com efeitos infringentes, para colmatar outros evidentes erros de julgamento/; notadamente denominados 'erros de fato', de natureza de direito material, e os 'erros de procedimento', de natureza de direito processual".

[134] Outrossim, do mesmo autor, recomenda-se a leitura de: "As matérias não sujeitas à preclusão para o Estado-juiz", *Revista dialética de direito processual*, n. 122, p. 29-60, maio 2013; "Aplicação da coisa julgada material e da preclusão: semelhança quanto ao objeto das questões decididas e

No mesmo norte, com amparo nas lições de Carlos Alberto Alvaro de Oliveira, assim se manifesta o professor Eduardo Scarparo: "a percepção puramente formal-processual ou técnica-processual deve ser desfeita, estando aí um dos aspectos mais determinantes para a compreensão das invalidades processuais. Afinal, o estudo do processo comatenção unicamente à técnica remete às mais atrasadas fases dessa disciplina. Não se deve manter formas por si, porque, 'repelida a forma pela forma, forma oca e vazia, a sua persistência ocorre apenas na medida de sua utilidade ou como fator de segurança, portanto apenas e quando ligada a algum conteúdo, a algum valor considerado importante'".[135]

Ainda nessa linha, Heitor Sica expõe a preocupação dos profissionais para o "complicado jogo" da preclusão: "um último ponto digno de menção e que influi no complicado jogo entre os princípios já referidos diz respeito ao fato de que a rigidez e preclusividade do sistema processual brasileiro já estão arraigadas na consciência jurídica nacional e no costume que inspira a prática forense diária. Aplica-se a preclusão em qualquer situação, mesmo quando expressamente a lei não a prevê, ou em situações que nada têm a ver com o instituto. Basta relembrar os exemplos colhidos na jurisprudência em que se vedou à parte a prática de determinado ato por ter supostamente havido preclusão lógica, ou a grande amplitude que assumiu o conceito de preclusão consumativa. Do mesmo modo, sabe-se que os advogados mostram-se muitíssimo preocupados que determinadas questões decididas pelo juiz podem ser consideradas (para esse último) preclusas e, dessarte, estáveis e imutáveis (e esse é um dos fatores que contribui para a enorme proliferação dos recursos de agravo). Isso decorre justamente da postura (assentada no costume) dos juízes em recusar-se a revisar questões incidentais acerca das quais não houve recurso da parte, mesmo quando o ordenamento deixa aberta tal possibilidade".[136]

De toda sorte, com a interposição do recurso, as questões decididas permanecem na espera de outro provimento. Poderão, assim, ser revisadas pela instância superior, quando identificado equívoco pelo Tribunal.

---

resistência diferenciada frente à lei nova processual", *Revista dialética de direito processual*, n. 119, p. 43-51, fev. 2013; "A preclusão entre o CPC/1973 e o projeto de novo CPC", *Revista jurídica*, Porto Alegre, v. 60, n. 422, p. 9-29, dez. 2012;"Preclusões de atos para o Estado-juiz no âmbito recursal: preclusão de instância, preclusão hierárquica e preclusão de questões atingindo o juízo superior", *Revista dialética de direito processual*, n. 114, p. 9-20, set. 2012; "A aplicação processual do instituto da prescrição", *Revista dialética de direito processual*, n. 105, p. 9-25, dez. 2011; "Atuação da preclusão e da coisa julgada material: um paralelo entre o procedimento de execução e o procedimento de cognição", *Revista Magister*: direito civil e processual civil, v. 8, n. 45, p. 92-102, nov./dez. 2011; "Flexibilização do procedimento e prazos dilatórios: reflexões quanto à mitigação da preclusão nos atos instrutórios pelo novo CPC", *Revista Magister*: direito civil e processual civil, v. 8, n. 47, p. 82-94, mar./abr. 2012; "As matérias não sujeitas à preclusão para o Estado-juiz", *Revista dialética de direito processual*, n. 122, p. 29-60, maio 2013; "Preclusão: constituição e processo", *Ciência Jurídica*, v. 24, n. 155, p. 347-365, set./out. 2010.

[135] *As invalidades processuais civis na perspectiva do formalismo-valorativo*, Porto Alegre: Livraria do Advogado, 2013, p. 28.

[136] *Preclusão Processual Civil*, 2. ed. São Paulo: Atlas, 2008, p. 329.

Quanto ao Novo Código de Processo Civil, a modificação mais sensível neste ponto diz respeito à impugnação das decisões interlocutórias. No Código anterior, existia o ônus da parte sucumbente em interpor agravo, sob pena de preclusão. No NCPC, a regra inverteu-se, de sorte que a impugnação da interlocutória, quando não passível de agravo de instrumento, poderá ocorrer em momento posterior, quando da elaboração da apelação ou de suas contrarrazões, por força do art. 1009, § 1°, NCPC.[137] Trata-se, entretanto, de uma exceção do sistema.

5.2. Efeito devolutivo

Outro efeito inerente aos recursos é a possibilidade de a instância revisora reavaliar o ponto enfrentado pela decisão recorrida. Através do efeito devolutivo, impede-se a preclusão do julgamento proferido, determinando-se como regra a outro órgão judicial a reapreciação dos temas suscitados pelo recorrente. Transfere-se a este órgão a competência para o julgamento da matéria impugnada.

Bastante didática no ponto é a lição do Humberto Theodoro Junior, pela qual de regra, "nenhuma questão, depois de solucionada em juízo, pode ser novamente decidida, porque se forma em torno do pronunciamento jurisdicional a preclusão *pro judicato* (art. 471, *caput*), requisito necessário a que o processo caminhe sempre para frente, sem retrocesso, rumo à solução do litígio. O mecanismo dos recursos, porém, tem sempre a força de impedir a imediata ocorrência da preclusão, e, assim, pelo efeito devolutivo, inerente ao sistema, dá-se o restabelecimento do poder de apreciar a mesma questão, pelo mesmo órgão judicial que a proferiu ou por outro hierarquicamente superior. Não se pode, logicamente, conceber um recurso que não restabeleça, no todo ou em parte, a possibilidade de rejulgamento. E nisso consiste o denominado efeito devolutivo dos recursos".[138]

Pode-se sintetizar a regra geral na seguinte frase: o recurso devolve ao tribunal o conhecimento da matéria impugnada (*tantum devolutum quantum appellatum*). Efetivamente, é sobre a matéria criticada nas razões recursais que se desenvolverá ordinariamente o debate perante a instância revisora. Os capítulos da decisão porventura não enfrentados no recurso permanecem fora da discussão recursal, uma vez que cumpre a parte limitar o âmbito de

---

[137] Art. 1.009. "Da sentença cabe apelação. § 1° As questões resolvidas na fase de conhecimento, se a decisão a seu respeito não comportar agravo de instrumento, não são cobertas pela preclusão e devem ser suscitadas em preliminar de apelação, eventualmente interposta contra a decisão final, ou nas contrarrazões. § 2° Se as questões referidas no § 1° forem suscitadas em contrarrazões, o recorrente será intimado para, em 15 (quinze) dias, manifestar-se a respeito delas. § 3° O disposto no caput deste artigo aplica-se mesmo quando as questões mencionadas no art. 1.015 integrarem capítulo da sentença".

[138] *Curso de Direito Processual Civil*, v. 1, p. 616.

devolutividade de seu recurso.[139] Desta forma, o efeito devolutivo adstringirá a atividade do órgão revisor, impedindo a sua manifestação quanto aos pontos não suscitados pelo recorrente, evitando a ocorrência da *reformatio in pejus*.

O efeito devolutivo não deixa de colaborar com a efetividade do processo, na medida em que racionaliza o trabalho do juízo revisor, o qual centra suas atenções à matéria que foi adequadamente impugnada pelo recorrente. Quanto ao tema, o NCPC determina o não conhecimento dos recursos, através de decisão monocrática, quando o recorrente deixar de impugnar "especificamente os fundamentos da decisão recorrida" (art. 932, III).[140]

A doutrina costuma identificar duas perspectivas do efeito devolutivo: extensão e profundidade. Pela primeira, aponta-se a parte da decisão que será rediscutida pelo órgão *ad quem*. A profundidade, de seu turno, relaciona-se com os argumentos que foram enfrentados pelo juízo *a quo* e que, agora, poderão ou não ser revistos pelo juízo revisor. A este respeito, é didática a lição de José Carlos Barbosa Moreira: "a exata configuração do efeito devolutivo é problema que se desdobra em dois: o primeiro concerne à extensão do efeito, o segundo à sua profundidade. Delimitar a extensão do efeito devolutivo é

---

[139] Enrico Tullio Liebman: "l'evoluzione storica ha portato al risultato che vengono devolute alla cognizione del giudice di secondo grado quelle sole parti della sentenza (quei soli capi) che furono oggetto d'appello (tantum devolutum quantum appellatum); il nuovo giudizio e in ipotesi un riforma della sentenza possono avenire dunque soltanto entro l'ambito dell'appello o degli appelli effettivamente proposti e soltanto a favore di colui o di coloro che li hanno proposti". *Manuale di diritto processuale civil*, p. 300. 4. ed. Milano: Giuffrè, 1984. (...) "come si è già detto, la sentenza dappello rappresenta um nuovo giudizio sulle domande decise in primo grado e costituisce perciò la nuova decisiona della causa. Ma nel caso d'un appello parziale, la decisione finale dovrà desumersi dalla combinazione della sentenza d'appello con quella parte della sentenza di primo grado che non fu oggetto dimpugnazione. L'appello infatti può essere totale o parziale, secondo che investa tutta la sentenza, oppure una sua parte (uno od alcuni capi); nel primo caso ripropode al giudice di secondo grado tutta la causa proposta in primo grado, nel secondo caso ripropone soltanto una parte di essa. Parte o capo di sentenza è ogni statuizione su un oggetto autonomo di domanda, tanto se pronunciata sulla sua ammissibilità, quanto se pronuncia sulla sua fondatezza".

[140] Dispõe o art. 932: "Incumbe ao relator: I – dirigir e ordenar o processo no tribunal, inclusive em relação à produção de prova, bem como, quando for o caso, homologar autocomposição das partes; II – apreciar o pedido de tutela provisória nos recursos e nos processos de competência originária do tribunal; III – não conhecer de recurso inadmissível, prejudicado ou que não tenha impugnado especificamente os fundamentos da decisão recorrida; IV – negar provimento a recurso que for contrário a: a) súmula do Supremo Tribunal Federal, do Superior Tribunal de Justiça ou do próprio tribunal; 379; b) acórdão proferido pelo Supremo Tribunal Federal ou pelo Superior Tribunal de Justiça em julgamento de recursos repetitivos; c) entendimento firmado em incidente de resolução de demandas repetitivas ou de assunção de competência; V – depois de facultada a apresentação de contrarrazões, dar provimento ao recurso se a decisão recorrida for contrária a: a) súmula do Supremo Tribunal Federal, do Superior Tribunal de Justiça ou do próprio tribunal; b) acórdão proferido pelo Supremo Tribunal Federal ou pelo Superior Tribunal de Justiça em julgamento de recursos repetitivos; c) entendimento firmado em incidente de resolução de demandas repetitivas ou de assunção de competência; VI – decidir o incidente de desconsideração da personalidade jurídica, quando este for instaurado originariamente perante o tribunal; VII – determinar a intimação do Ministério Público, quando for o caso; VIII – exercer outras atribuições estabelecidas no regimento interno do tribunal. Parágrafo único. Antes de considerar inadmissível o recurso, o relator concederá o prazo de 5 (cinco) dias ao recorrente para que seja sanado vício ou complementada a documentação exigível".

precisar o que se submete , por força do recurso, ao julgamento do órgão *ad quem*; medir-lhe a profundidade é determinar com que material há de trabalhar o órgão ad quem para julgar. A decisão apelada tem o seu objeto: pode haver julgado o mérito da causa (sentença definitiva), ou matéria preliminar ao exame do mérito (sentença terminativa). É necessário verificar se a decisão do tribunal cobrirá ou não área igual à coberta pela do juiz *a quo*. Encara-se aqui o problema, por assim dizer, em perspectiva horizontal. Por outro lado, a decisão apelada tem os seus fundamentos: o órgão de primeiro grau, para decidir, precisou naturalmente enfrentar e resolver questões, isto é, pontos duvidosos de fato e de direito, suscitados pelas partes ou apreciados *ex officio*. Cumpre averiguar se todas essas questões, ou nem todas, devem ser reexaminadas pelo Tribunal, para proceder, por sua vez, ao julgamento; ou ainda se, porventura, hão de ser examinadas questões que o órgão *a quo*, embora pudesse ou devesse apreciar, de fato não apreciou. Focaliza-se aqui o problema em perspectiva vertical".[141]

Em relação ao efeito devolutivo, à luz do NCPC, uma das principais alterações reside na sua ampliação no recurso de apelação, pois, atualmente, tanto o conteúdo das sentenças, quanto o das interlocutórias que não desafiam agravo de instrumento, poderão ser impugnados no apelo. Houve, no ponto, sensível ampliação.

5.3. Efeito suspensivo

Quando presente, o efeito suspensivo retira, provisoriamente, a eficácia da decisão. Através dele, livra-se a parte de cumprir a decisão impugnada até que o órgão *ad quem* se manifeste. É adiada, portanto, a produção de efeitos até que haja nova deliberação judicial. A sua concessão é precária e tem por escopo preservar o direito das partes, garantindo a utilidade do provimento jurisdicional futuro. Por decorrência, como regra geral, tanto pode ser concedido, quanto cassado, a qualquer momento, antes do julgamento do recurso. Quando ausente, permite a execução provisória do julgado.[142]

Com a precisão habitual, ensina o ilustre Cândido Rangel Dinamarco que "o efeito suspensivo, de que alguns recursos são dotados, consiste em impedir a pronta consumação dos efeitos de uma decisão interlocutória, sentença ou acórdão, até que seja julgado o recurso interposto. Esse efeito não

---

[141] *Comentários*, p. 431. 12. ed.

[142] Bem coloca o Dr. Valternei Melo de Souza que: "não se vislumbra motivos para não se exigir o imediato cumprimento da sentença caso o recurso eventualmente interposto seja desprovido de efeito suspensivo, inclusive com o acréscimo decorrente da multa prevista na lei. Esta, frise-se, incide ainda que a execução seja provisória, haja vista que sobrevindo eventual decisão que reforme o título, no todo ou em parte, o credor deverá indenizar o devedor (artigo 574, do Código de Processo Civil)." A multa do artigo 475-J: algumas questões". In: TESHEINER, José Maria Rosa *et al.* (coord.). *Instrumentos de coerção e outro temas de direito processual civil*: estudos em homenagem aos 25 anos de docência do Prof. Dr. Araken de Assis. Rio de Janeiro: Forense, 2007. p. 678.

incide sobre a decisão judicial recorrida, como ato processual sujeito a ser cassado e eventualmente substituído por outro, mas propriamente sobre os efeitos que eles se destinam a produzir. O recurso pode ter o efeito de obstar à eficácia natural de que os atos judiciais são, refreando sua natural tendência a produzir no processo ou no mundo exterior os efeitos indicados na parte dispositiva".[143]

Diante da previsão de recursos dotados de efeito suspensivo, a comunidade jurídica partilha do entendimento de que a própria decisão passível de ser recorrida possui uma "condição suspensiva" (no caso: não interposição de recurso) que a priva momentaneamente de eficácia. Nessa linha, os efeitos são obstados desde a prolação da decisão, quando o recurso cabível ostente, teoricamente, efeito suspensivo.[144]

O Novo Código de Processo Civil insinua uma regra geral pela qual "os recursos não impedem a eficácia da decisão, salvo disposição legal ou decisão judicial em sentido diverso".[145] Já se observa que a outorga do efeito suspensivo deriva de duas fontes. Inicialmente, observa-se que a lei, prescrevendo determinados recursos, já os dota de efeito suspensivo. Ou o elimina. Em outras situações, o direito deixa a critério do juiz, avaliando as particularidades do caso e da probabilidade de alteração no decidido, outorgar ou não o efeito postulado.

Exemplo típico da relativa "discricionariedade judicial" na concessão do efeito suspensivo ocorre no recebimento do agravo de instrumento (art. 1019, NCPC).[146] Afirma a lei que o magistrado "pode" conceder efeito suspensivo ao recurso. Na nossa visão, em que pese o vocábulo empregado pela lei, não se trata de uma livre escolha, mas sim de uma decisão vinculada aos seus pressupostos jurídicos. A este respeito, o art. 995 condiciona a concessão do

---

[143] *Os Efeitos dos Recursos*, p. 136.

[144] Prossegue o jurista: "a sentença ou acórdão tem seus efeitos obstados desde o momento da prolação, sempre que o recurso cabível seja portador de efeito suspensivo: proferida a sentença ou acórdão, faz-se uma prospecção sobre o recurso que em tese poderá ser validamente interposto e, se essa prospecção apontar a um recurso que tenha tal eficácia, o ato judicial reputa-se desde logo impedido de produzir os efeitos programados. Seria um rematado contra-senso afirmar que a sentença suscetível de recurso com efeito suspensivo produz efeitos antes da interposição deste, mas esses efeitos estancam depois que ele vier a ser interposto". *Os efeitos dos recursos*, p. 141.

[145] Conforme o art. 995: "Os recursos não impedem a eficácia da decisão, salvo disposição legal ou decisão judicial em sentido diverso. Parágrafo único. A eficácia da decisão recorrida poderá ser suspensa por decisão do relator, se da imediata produção de seus efeitos houver risco de dano grave, de difícil ou impossível reparação, e ficar demonstrada a probabilidade de provimento do recurso".

[146] Dita o art. 1.019: "Recebido o agravo de instrumento no tribunal e distribuído imediatamente, se não for o caso de aplicação do art. 932, incisos III e IV, o relator, no prazo de 5 (cinco) dias: I – poderá atribuir efeito suspensivo ao recurso ou deferir, em antecipação de tutela, total ou parcialmente, a pretensão recursal, comunicando ao juiz sua decisão; II – ordenará a intimação do agravado pessoalmente, por carta com aviso de recebimento, quando não tiver procurador constituído, ou pelo Diário da Justiça ou por carta com aviso de recebimento dirigida ao seu advogado, para que responda no prazo de 15 (quinze) dias, facultando-lhe juntar a documentação que entender necessária ao julgamento do recurso; III – determinará a intimação do Ministério Público, preferencialmente por meio eletrônico, quando for o caso de sua intervenção, para que se manifeste no prazo de 15 (quinze) dias".

efeito suspensivo a dois pressupostos: (a) risco de dano grave, de difícil ou impossível reparação e (b) a probabilidade de provimento do recurso.

Consideramos, nessa linha, que a concessão do efeito suspensivo deve ser pautada por dois critérios fundamentais: (a) a probabilidade de êxito na empreitada recursal e (b) o risco de dano irreparável decorrente do imediato cumprimento da decisão recorrida. Tais fatores devem ser sempre levados em consideração no juízo de conveniência exercitado pelo magistrado nas hipóteses que a lei lhe autoriza deliberar sobre os efeitos em que o recurso é recebido.

Auxilia – e muito – a ponderação entre os interesses envolvidos. Bem identificadas as legítimas pretensões das partes e o efeito concreto da suspensão do cumprimento da decisão recorrida, cabe ao magistrado concluir se tal suspensão diminui ou aumenta a probabilidade de dano efetivo à parte, se harmoniza ou aniquila os interesses em jogo.[147] Tanto quanto a prudência, a visão globalizada do fenômeno é imperiosa, pois de nada adianta transferir o risco de dano do recorrente para o recorrido. O objetivo não é prejudicar qualquer dos litigantes, mas salvaguardar aquilo que for possível.

Uma outra questão de interesse prático reside no chamado "efeito ativo". Com razão, a previsão do efeito suspensivo resolve o angustiante problema de restringir a eficácia da decisão atacada, protegendo o recorrente de danos graves, em decorrência de seu imediato cumprimento. Contudo, deixa sem solução o não menos tormentoso inconveniente da decisão de conteúdo negativo, isto é, aquela que, ao invés determinar providências práticas em prol do requerente, indefere requerimentos, conservando o estado das coisas.

Diante desse quadro, foi identificada uma perplexidade. Caso a decisão tivesse concedido aquilo que fora pleiteado, a parte atingida poderia requerer a concessão do efeito suspensivo. Todavia, caso a decisão fosse negativa, como poderia o interessado postular idêntico resultado prático? A concessão de efeito suspensivo de nada adiantaria, pois a própria decisão atacada não possuía efeito algum, logo não haveria como pretender retirar efeitos inexistentes.

Em face dessa realidade, objetivou-se desenvolver raciocínio inverso. Inicialmente, para justificar a atuação da Corte em sede recursal, ao outorgar provisoriamente o que fora postulado e denegado pelo juízo *a quo*, criou-se a

---

[147] Analisando o efeito suspensivo em sede de agravo, Alexandre Miguel salienta a importância dos juízos de probabilidade e proporcionalidade: "Entretanto, a lei exige, para a concessão do efeito suspensivo, a existência de lesão grave e de difícil reparação. A conjunção e permite concluir que não basta a existência de apenas uma destas circunstâncias. A esses pressupostos de ordem objetiva, soma-se outro de ordem subjetiva. A prudência à concessão do efeito suspensivo, máxime sendo este exceção ao efeito natural do recurso, deve ser entendida e analisada num grau de probabilidade e proporcionalidade. Do contrário, a excepcionalidade do efeito suspensivo passará à generalidade, o que não é benéfico para as relações jurídicas e se contrapõe à estrutura levada em conta por ocasião da modificação legislativa". In A condição resolutiva e o efeito ativo do agravo de instrumento. Disponível no site do TJRO <www.tj.ro.gov.br>. Acesso em 04.04.2006.

contraditória figura do "efeito suspensivo ativo", que gozou de algum prestígio na doutrina e na jurisprudência.[148]

Não demorou a ser constatada a contradição dos termos utilizados. Como se poderia suspender e, ao mesmo tempo, ativar uma decisão? Desta forma, avançou-se, e passou a ser consagrada a nomenclatura "efeito ativo" para explicar os casos nos quais o relator, recebendo o recurso, de imediato concedia aquilo que fora antes pleiteado e indeferido pela decisão recorrida.[149]

Da análise dos contornos dos efeitos suspensivo e ativo, conclui-se que ambos podem ser enquadrados como espécie de um gênero mais amplo: a antecipação da tutela recursal. Com efeito, o tema da concessão de provimentos provisórios em sede recursal encontra boa analogia com a antecipação da tutela. Em linhas gerais, a antecipação de tutela oferece resposta à sociedade diante de três situações típicas do processo: risco de dano ao direito debatido, irresponsabilidade no exercício do direito constitucional de defesa e a própria evidência do direito. Nesses casos, o magistrado está autorizado a antecipar provisoriamente a fruição do direito reclamado no processo, a fim de livrar o autor do "risco de dano irreversível", coibir o intuito protelatório da parte e resolver fracionadamente a causa, respectivamente. Dentro dessa perspectiva, visualizado o procedimento recursal, nada impede que o relator lance mão de decisões provisórias (quiçá liminares sem contraditório diante de urgência manifesta) para proteger o direito do recorrente até o julgamento da insurgência, conservando assim o direito constitucional de ação.

---

[148] Ilustrativamente: DIREITO PROCESSUAL CIVIL. AGRAVO DE INSTRUMENTO. AÇÃO CAUTELAR DE ARRESTO. CONTRARRAZÕES DISPENSÁVEIS. INDÍCIOS DE AUSÊNCIA FURTIVA. PREENCHIDOS REQUISITOS DO ART. 813, II, ALÍNEA "A" E 814 DO CPC. LIMINAR DEFERIDA. RECURSO PROVIDO.A intimação do agravado para ofertar contrarrazões é dispensável quando o agravo de instrumento desafiar decisão liminar proferida antes da citação. Precedentes do STJ; O arresto é espécie de tutela cautelar que possui procedimento próprio e específico, destinado a garantir a efetividade da execução civil e o adimplemento do devedor, quando houver fundados indícios de que está produzindo obstáculos à satisfação da dívida; Hipótese em que o credor instruiu o recurso com fortes indícios do risco de perecimento do seu crédito, ao demonstrar que o cheque de R$ 773.052,97 foi sustado sem razão aparente; Além do título de crédito preencher a formalidade do art. 814, I, do CPC (dívida líquida e certa), a inscrição dos devedores em listas restritivas de crédito em mais de R$ 280.000,00 justifica o temor da credora em ter seu direito creditório lesado;Ademais, o alto valor da operação realizada foge ao padrão do histórico das transações realizadas entre as partes, aparentando se tratar de uma dívida extraordinária, incompatível, a priori, com a capacidade econômica dos Agravados;Recurso provido para deferir liminar de arresto, ratificando o empréstimo de efeito suspensivo ativo ao Agravo de Instrumento". (TJPE. 2ªC.C Rel. Des. Cândido José da Fonte Saraiva de Moraes. AI 377927-1 0002755-27.2015.8.17.0000, j. 11.11.2015. DJE. 01.12.2015)

[149] Por ilustração: "PROCESSUAL CIVIL. AGRAVO DE INSTRUMENTO. AÇÃO CAUTELAR DE PRODUÇÃO ANTECIPADA DE PROVAS. INTERLOCUTÓRIO QUE INDEFERIU O PEDIDO LIMINAR DE REALIZAÇÃO DE VISTORIA NOS COMPUTADORES DA AGRAVADA. CONCESSÃO DO EFEITO ATIVO POR ESTA CORTE. REALIZAÇÃO DO ATO COM POSTERIOR JUNTADA DE LAUDO PERICIAL AOS AUTOS. CONSOLIDAÇÃO DA SITUAÇÃO FÁTICA. PERDA DO OBJETO. FALTA DE INTERESSE PROCESSUAL. EXTINÇÃO DO PROCEDIMENTO. A consolidação no tempo da situação fática que ensejou a interposição de recurso de agravo de instrumento ocasiona a falta de interesse recursal da parte e, por consequência, a extinção do procedimento recursal sem análise da questão". (TJSC, AI 2015.041555-1, de São Bento do Sul, Rel. Des. Marcus Tulio Sartorato, j. 27.10.2015).

Nesse sentido, o NCPC, de forma correta, utiliza preferencialmente as expressões "tutela provisória" (at. 932, II) ou "antecipação de tutela recursal" (art. 1019, I), o que é absolutamente coerente.

5.4. Efeito expansivo

Outro efeito frequentemente observado diz respeito à projeção da decisão proferida no julgamento do recurso em relação aos terceiros do procedimento recursal ou aos atos processuais não diretamente impugnados. Como regra geral, apenas o recorrente e os recorridos serão atingidos pela pronúncia do Tribunal. Igualmente, é o ato impugnado que será revisto. Entretanto, haverá casos em que o direito ou a natureza admitem ou determinam um maior alcance.

Nessa medida, o efeito expansivo autoriza o provimento judicial atingir outros atos processuais (eventualmente até de outro processo), que não apenas a decisão impugnada no recurso, ou mesmo pessoas alheias ao recurso e eventualmente à causa.[150] Em face de uma ou outra projeção, costuma-se qualificá-lo de objetivo ou subjetivo.

Haverá efeito expansivo objetivo sempre que a decisão do recurso modificar uma parte do provimento recorrido que guarde relação de prejudicialidade com outros atos, ainda que não diretamente enfrentados na impugnação. Como corretamente salienta Giuseppe Tarzia, o "effetto espansivo interno" pressupõe que haja apenas a modificação parcial do julgado, induzindo a anulação de outras partes com ela ligadas por um nexo de dependência.[151] Sobrevivem, apenas, os capítulos autonômos, pois os que conflitam com o acertado em sede recursal devem se adequar, sob pena de o provimento final carecer de coerência.

É o caso da decisão proferida em sede de agravo de instrumento que considera inviável a antecipação de tutela concedida e, ato contínuo, desmancha todos os atos processuais praticados com o objetivo de efetivar a medida antecipatória que foi apagada do cenário jurídico. Semelhante situação visualiza-se no provimento do apelo para julgar improcedente a investigação de paternidade, que terá como efeito normal a desconstituição da condenação em alimentos.

---

150 Nelson Nery Junior apresenta inúmeras situações nas quais se observa o efeito expansivo, o qual é ainda classificado em interno ou externo, em razão de afetar apenas a decisão recorrida ou atingir outros atos do processo. É o caso da reforma quanto ao *an debeatur*, que impede a manutenção do *quantum*, do recurso oferecido pelo assistente que poderá beneficiar o assistido, etc. *Teoria Geral dos Recursos Cíveis*, São Paulo: RT, 2004, p. 477.

151 *Lineamenti del nuovo processo di cognizione*, p. 219: "effetto espansivo interno (...) presuppone che l'appello o il ricorso per cassazione abbiano investito solo alcune parti della sentenza (...) e comporta la riforma o l'annullamento anche delle altre parti, quando non siano autonome bensì legate a quelle impugnata da un nesso di dipendenza, pur se non siano state investite dallimpugnazione".

De outra banda, será visualizado o efeito expansivo subjetivo no momento em que o órgão judicial, provendo determinado recurso, influenciar esfera jurídica alheia ao recorrente e ao recorrido. Observando as últimas reformas, conclui-se facilmente que o desfecho de um recurso paradigma, abordado pelos Tribunais Superiores, sob o rito dos repetitivos, deveria atingir todos os litigantes que se envolvessem na mesma discussão jurídica, e não apenas os sujeitos envolvidos naquele julgamento por amostragem.

Entretanto, em que pese ter ficado mais nítido nas recentes reformas, essa projeção extraordinária não era desconhecida do sistema processual. Basta lembrar a histórica previsão o art. 1005, CPC, acerca da possibilidade dos litisconsortes serem beneficiados pelo recurso de seus pares.[152] Digno de nota que, ao contrário do que o seu sentido literal possa indicar, em verdade apenas os litisconsortes unitários é que são automaticamente protegidos pela norma. É que, nessa espécie, o sistema tutela a isonomia, que seria ferida pelo oferecimento de respostas jurisdicionais contraditórias quanto à mesma relação de direito material. Tratando-se de litisconsórcios simples, em tese, a aplicação do art. 1005, CPC, deveria ocorrer de forma cautelosa, pois em linha de princípio é factível fracionar a decisão para oferecer resposta diversa aos sujeitos envolvidos, sem que se observe menosprezo à isonomia.

Este tema foi bem apreendido pelo professor Humberto Theodoro Junior, à luz do Código anterior, salientava: "o que importa, para aplicar-se a expansão recursal determinada pelo art. 509 é a necessidade lógico-jurídica de decisão uniforme da causa para todos os litisconsortes", razão pela qual "a regra se aplica, evidentemente, ao litisconsorte unitário apenas, porque nos demais casos não se justifica a comunicação de efeito do recurso aos colitigantes omissos, já que não se impõe a necessária uniformidade na disciplina da situação litigiosa".[153] Não é outra a conclusão de José Carlos Barbosa Moreira, ao apontar a vedação à "dualidade de regulamentações acerca da matéria" como o valor jurídico protegido pela norma instrumental.[154]

Haverá, entretanto, exceções. Por ilustração, caso o litisconsorte de qualquer espécie postule a desconstituição da sentença, em face do provimento de sua apelação, todas as demais partes tendem a ser atingidas. Nesta e em outras situações o efeito dito expansivo dos recursos será natural.

Dessa forma, fala-se em "efeito expansivo" para ilustrar a potencialidade do julgamento afetar interesses alheios aos das partes no recurso (ponto de vista subjetivo) ou atingir atos diversos daqueles diretamente impugnados (ponto de vista objetivo).

---

[152] Reza o art. 1005, NCPC: "O recurso interposto por um dos litisconsortes a todos aproveita, salvo se distintos ou opostos os seus interesses. Parágrafo único. Havendo solidariedade passiva, o recurso interposto por um devedor aproveitará aos outros quando as defesas opostas ao credor lhes forem comuns. O recurso interposto por um dos litisconsortes a todos aproveita, salvo se distintos ou opostos os seus interesses. Parágrafo único. Havendo solidariedade passiva, o recurso interposto por um devedor aproveitará aos outros, quando as defesas opostas ao credor lhes forem comuns".

[153] *Curso de Direito Processual Civil*, p. 127.

[154] *Comentários*, v. 5, p. 381.

5.5. Efeito translativo

Fixada a regra geral prevista pelo efeito devolutivo, que limita a cognição da Corte ao objeto do recurso, decorre a consequência de que ao juízo *ad quem* não é dado se manifestar sobre outros pontos não suscitados pelas partes. Contudo, tal diretriz, presente na maioria dos julgamentos, sofre mitigações, quando, na análise do recurso e do processo, o julgador se depara com matérias de ordem pública que o próprio ordenamento impõe apreciação *ex officio*.

Dentro desse contexto, surge o efeito translativo, a fim de justificar a possibilidade de que, ao apreciar determinado recurso, a Corte decida fora de seus limites iniciais, proferindo, então, decisão diversa da esperada pelo recorrente.[155] É o caso do órgão judicial, analisando recurso deduzido contra o indeferimento de provas, deparar-se com a ilegitimidade manifesta de alguma das partes originárias ou a ausência de interesse em agir. Nessas hipóteses, ao invés de analisar a relevância da prova indeferida, o órgão judicial extinguirá o processo, em face da ausência de uma das condições da ação.

O fenômeno é bem explicado em voto proferido pela Ministra Eliana Calmon: "a devolutividade, na teoria dos recursos, importa em dizer que a matéria impugnada, e somente ela, será levada à nova apreciação pelo tribunal *ad quem*, ou seja, pode a corte revisora julgar apenas o que estiver contido nas razões da apelação interposta, obedecendo aos limites impostos no pedido de nova decisão (*tantum devolutum quantum appellatum*), vez que tal efeito deriva do princípio dispositivo consubstanciado no art. 128 do CPC. Entrementes, embora não identificados de forma expressa no texto legal, a moderna teoria processual identifica, ainda, outros efeitos decorrentes da atividade recursal. São eles os efeitos expansivo, translativo e substitutivo dos recursos. Interessa-nos, apenas, tecer considerações acerca do efeito translativo na causa ora em apreço. Cediço que, conforme expressa o brocardo *tantum devolutum quantum appellatum*, é permitido ao tribunal recursal apreciar somente as questões que forem ventiladas nas razões recursais ou nas contra-razões ao apelo, sendo-lhe defeso apreciar matérias não impugnadas. Entretanto, devido ao caráter excepcional de determinadas matérias, como, por exemplo, as constantes do art. 267, § 3º, e 301, § 4º, do CPC, pode o tribunal transcender à matéria constante nas razões recursais e nas contra-razões, não se falando em julgamento *infra, ultra* ou *extra petita*. Sendo as matérias de ordem pública isentas de preclusão e podendo, inclusive, serem conhecidas de ofício pelo

---

[155] Sérgio Cruz Arenhart e Luiz Guilherme Marinoni bem explicam o fenômeno: "se esses temas devem ser examinados pelo juízo em qualquer tempo e grau de jurisdição, eles certamente poderão ser apreciados quando da análise do recurso. O tribunal é autorizado a conhecer destes temas de ordem pública, ainda que não tenham sido ventilados, seja no juízo a quo, seja nas razões de recurso. Tais temas, então, não se submetem ao efeito devolutivo, e podem ser conhecidos pelo Tribunal sempre, em qualquer circunstância, bastando que tenha sido interposto recurso sobre alguma decisão da causa, e que esse recurso chegue a exame do juízo *ad quem*". *Manual do Processo de Conhecimento*, 4. ed., p. 523.

magistrado, admite-se que o tribunal possa sobre elas emitir juízo de valor, ainda que não tenham sido trazidas nas razões de apelação".[156]

Esse proceder encontra respaldo no art. 337, CPC, quando apresenta obtáculos à apreciação do mérito do processo. Dentre as causas impeditivas de tal análise, encontram-se a inexistência ou a nulidade da citação, a incompetência absoluta e a relativa, a inépcia da inicial, a perempção, litispendência, coisa julgada, conexão, incapacidade da parte, defeito de representação ou falta de autorização, ausência de legitimidade ou de interesse processual, etc. De todas as hipóteses apresentadas pelo art. 337, apenas a convenção de arbitragem e a incompetência relativa dependem de provocação do interessado. As demais devem ser conhecidas de ofício, consoante o § 5º do mesmo dispositivo.[157]

Presente qualquer das situações retroexpostas, concluindo pela impossibilidade de o processo cumprir sua função social, deve o julgador corrigir (se possível) ou extinguir a relação processual, ainda que nenhuma das partes tenha solicitado tal procedimento. É que a jurisdição, no caso concreto, não seria prestada de maneira satisfatória, pela ausência de pressuposto que o ordenamento considera inafastável para a análise do próprio litígio. Daí a conveniência de se abreviar a vida do processo, permitindo-se que as partes busquem satisfação às suas aspirações através de outros meios (inclusive, eventualmente, pela propositura de nova demanda).

Nesses casos, a atuação oficiosa da Corte é autorizada pelo efeito translativo, o qual transfere o exercício da jurisdição para o órgão *ad quem*. Todavia, em sua realização, é fundamental a observância da garantia constitucional do contraditório, através da concessão de vista (e sustentação oral, se viável) acerca da questão suscitada oficiosamente. Do contrário, inexistindo debate prévio sobre a matéria, a tomada de decisão surpreenderia o recorrente e violaria a dimensão metodológica do contraditório, que preza a colaboração dos interessados na formação do provimento jurisdicional. Também as partes devem ser ouvidas sobre o novo enfoque trazido pelo órgão judicial, a fim de iluminar o *thema decidendum* com informações e pontos de vista diversos. Daí a conveniência do agir cauteloso do magistrado, facultando-se a colaboração dos interessados antes de deliberar quanto à solução ao caso concreto, em prol da efetivação dos direitos e expectativas das partes.

É neste sentido o alvitre de Fernando Rubin: "fica claro, pelo texto do projeto aprovado, que as partes não podem ser surpreendidas, sendo oportunizado que se manifestem sobre qualquer tema, de ordem pública ou não, antes que o Estado-Juiz decida a respeito – situação fundamental para a proteção das partes, que já vinha sendo denunciada anteriormente pela doutrina. Especialmente quanto às matérias de ordem pública, o julgador deve então sinalizar para qual tema pode vir a reconhecer *ex officio*, abrindo prazo para

[156] STJ, 2ª Turma, REsp 655.479/RS, DJ: 31.05.2006, p. 248.

[157] Art. 337, § 5º, CPC: "Excetuadas a convenção de arbitragem e a incompetência relativa, o juiz conhecerá de ofício das matérias enumeradas neste artigo".

as partes se manifestarem a respeito desse novel possível encaminhamento – *v.g.*: matéria prescricional, ainda, quando do trato dos recursos em espécie, o projeto explicita mais uma vez a linha do 'contraditório prévio', ao tratar de eventual efeito modificativo do julgado em declaratórios".[158]

A este respeito, o Novo Código valoriza o contraditório e determina que as partes sejam ouvidas antes da tomada de qualquer decisão, como se vê da interpretação conjunta dos artigos 9º e 10.[159]

5.6. Efeito substitutivo

Foi observado que o primeiro efeito da interposição de um recurso é a inauguração de um novo procedimento dentro da relação processual, com o objetivo de instar o Judiciário a revisar o teor da decisão recorrida. A matéria impugnada pelo recorrente, caso seu recurso seja conhecido, será reavaliada pelo Tribunal, que proferirá nova decisão sobre o tema. Refere Francesco Paolo Luiso que a natureza do apelo é alcançada quando ele propicia a reanálise do mérito da sentença, de sorte que "il giudice d'appello ha gli stessi poteri che aveva il giudice di primo grado, e ridecide delle stesse questioni già decise dal giudice di primo grado (purché, ovviamente, devolute in appello) operando una nuova valutazione di tutto il materiale istruttorio raccolto".[160]

Como ensina Araken de Assis, "em relação à finalidade do recurso, há três sistemas cabíveis: sistema de cassação, sistema da substituição e sistema intermediário. No sistema de cassação, o órgão *ad quem*, acolhendo as razões do recorrente, anula o provimento impugnado e remete a órgão inferior – o mesmo que proferiu o ato anulado, ou órgão diverso, mas de igual hierarquia – o processo, a fim de que outra decisão seja proferida, impedida a emissão de ato nos termos da decisão rejeitada. O sistema intermediário implica a anulação do provimento recorrido e a remessa do processo a órgão inferior, para que profira nova decisão, cujo conteúdo ficou predeterminado no órgão *ad quem*. E, conforme o sistema da *substituição*, o órgão *ad quem*, acolhendo

[158] RUBIN, Fernando. Efetividade *Versus* Segurança Jurídica: Cenários de Concretização de Dois Macroprincípios Processuais do Novo CPC. *Revista Jurídica*: órgão nacional de doutrina, jurisprudência, legislação e crítica judiciária. São Paulo, Ano 63, nº452, p. 64. Junho de 2015.

[159] Assim preconiza o art. 9º: Não se proferirá decisão contra uma das partes sem que ela seja previamente ouvida. Parágrafo único. O disposto no caput não se aplica: I – à tutela provisória de urgência; II – às hipóteses de tutela da evidência previstas no art. 311, incisos II e III; III – à decisão prevista no art. 701". Complementa a ideia o art. 10: "O juiz não pode decidir, em grau algum de jurisdição, com base em fundamento a respeito do qual não se tenha dado às partes oportunidade de se manifestar, ainda que se trate de matéria sobre a qual deva decidir de ofício".

[160] Prossegue o professor, referindo que: "cio è rilevante soprattutto per quanto attiene alla valutazione dell'attendibilità delle prove libere, alle presunzioni semplici e all'esercizio di poteri valutativi del giudice d'appello in ordine alle c.d. norme elastiche: tutte attività che il giudice di appello compie ex novo, com gli stessi poteri del giudice di primo grado". *Diritto Processuale Civile*, II, p. 384. 3. ed. Milano: Giuffrè, 2000.

o recurso, substitui o ato impugnado por outro de sua autoria, equivalente ao que deveria ter sido proferido pelo órgão *a quo* naquelas circunstâncias (em particular, quanto às questões de direito). Nos dois primeiros sistemas, o recurso assume função rescindente; no último, substitutiva. No sistema jurídico brasileiro, contudo, não há recurso que seja dotado, exclusivamente, da função rescindente. Às vezes, o julgamento de um recurso, a exemplo da apelação, implica a rescisão do provimento impugnado. E, não raro, o próprio recurso extraordinário, ao invés, substitui o acórdão impugnado. Logo, o efeito substitutivo é um traço constante nos recursos do art. 496. Lícito se figura defini-lo como a eliminação retroativa do ato objeto do recurso e a colocação, em seu lugar, de ato emanado do órgão *ad quem*".[161]

Quando o provimento da Corte incide sobre o mesmo tópico da decisão recorrida, afirma-se que há substituição do julgado, uma vez que, dentro do processo, deve existir apenas um pronunciamento final sobre cada ponto debatido. Pressupostos, então, da incidência do efeito substitutivo seriam o conhecimento do recurso e a análise de seu mérito. Correta ou equivocada a decisão tomada na apreciação do recurso, será este novo julgamento que irá valer para o direito.

Pode ocorrer, entretanto, que o órgão *ad quem* enfrente matéria distinta do conteúdo do ato decisório contestado ou nem sequer chegue a analisar o mérito recurso. Basta, nesse sentido, a ausência de uma condição de admissibilidade para determinar o não conhecimento do recurso. Em outras hipóteses, a Corte, a pretexto de preservar o juízo natural, invalida a decisão e determina que outra seja proferida pelo juízo *a quo*. Nessas situações, não há como se falar em efeito substitutivo, pois não houve identidade de matérias.

Para a caracterização do efeito substitutivo, basta a análise de seu mérito, desimportando se, ao final desse procedimento, a decisão é mantida ou alterada, pelo êxito ou fracasso da insurgência.[162] Em qualquer das hipóteses, substitui-se a decisão anterior. Isto não quer dizer que os demais atos do processo, como a decisão recorrida, percam todo e qualquer valor. É possível – e ocorre frequentemente na prática, diante de dispositivos mal redigidos – que, para o entendimento de um pronunciamento, o jurisdicionado deva se socorrer de outro, para melhor interpretá-lo. É o que acontece quando uma decisão é mantida "por seus próprios fundamentos". A decisão final é a que manteve o provimento. Contudo, para compreendê-la, deve ser analisada a primeira, logicamente.

Para as partes, valerá a decisão proferida em grau de recurso, a qual, versando sobre o mesmo tema da decisão atacada, sobrepõe-se a esta. Para identificar esse fenômeno, a doutrina cunhou a expressão "efeito substitutivo", recepcionado pelo art. 1008 do NCPC, quando reza que "o julgamento

[161] *Manual dos Recursos*, p. 282. 6. ed. São Paulo: RT, 2014.

[162] Corrente na doutrina que "la sentenza del giudice d'appello è sostitutiva a tutti gli effetti di quella di primo grado, anche se conferma in tutto e per tutto la pronuncia impugnata. Quindi, all'esterno emerge solo la sentenza d'appello; quella di primo grado viene inglobata, assorbita; ha il rilievo di un qualunque atto processuale, ma non ha effetti esterni rispetto al processo". Op. cit. p. 384.

proferido pelo tribunal substituirá a decisão impugnada no que tiver sido objeto de recurso". Também é admissível, portanto, a substituição parcial.

Do julgamento em diante, haverá uma decisão a ser observada: aquela produto do recurso, a qual delimitará a futura realização do direito reconhecido. Como consequência, doravante, deve ser impugnada a decisão do recurso, a qual, inclusive, poderá vir a ser anulada, para o prestígio da decisão originária. Contudo, até que tal ocorra, vale a decisão que substituiu a anterior.

6. Pressupostos de Admissibilidade dos Recursos

6.1. Questão preliminar: juízo de admissibilidade e juízo de mérito

Usualmente, o julgamento dos recursos é composto por dois momentos cruciais. Inicialmente, é realizado o "juízo de admissibilidade", cujo objetivo é concluir pela presença de todos os pressupostos impostos pelo direito para a análise das questões levantadas pelo recorrente (o "mérito recursal").

Como bem pontuam Friedrich Lent e Othmar Jauernig, "os pressupostos da admissibilidade correspondem aos pressupostos gerais do processo. Como na sua falta não pode seguir-se qualquer decisão de fundo da acção, também aqui na falta de admissibilidade não pode haver qualquer objeto do recurso; antes, este tem de ser rejeitado por inadmissível sem exame do seu objecto (ao contrário da rejeição por falta de fundamento após o exame do seu objecto)".[163] Caso o resultado desse provimento seja positivo (isto é: presentes os pressupostos de admissibilidade), passa-se a um segundo momento, de análise das críticas formuladas pelo recorrente (mérito recursal).

Ao produto dessa primeira atividade, costumam-se apontar as expressões "recurso conhecido" ou "recurso não conhecido". Apenas quando o recurso é conhecido, é possível debater seu provimento ou desprovimento (ou seja: se a crítica do recorrente procede). Por conseguinte, é em tese possível – e acontece muito frequentemente – o conhecimento aliado ao desprovimento do recurso. Contudo, fenômeno inverso não é comum (provimento sem o conhecimento), sendo considerado uma anomalia.[164]

Lembra José Carlos Barbosa Moreira que a estipulação de requisitos de admissibilidade é fundamental para livrar o jurisdicionado (e o sistema) da insegurança. Um ordenamento idealizado, no qual não houvesse condição alguma de admissibilidade, traria o grave problema de deixar "indefinidamente em aberto a matéria que constitui objeto da impugnação". E, com o talento que lhe é peculiar, formula precisa metáfora para identificar a tendência

---

[163] *Direito Processual Civil*, p. 363.

[164] No direito criminal há o interessante fenômeno do *habeas corpus ex officio*, indicando hipóteses nas quais o *habeas* impetrado não é conhecido, mas o julgador se convence de que o paciente merece ser amparado por alguma circunstância detectada no processo. Assim, o *habeas* não raro não é conhecido, mas é concedido de ofício.

de que as demandas (e os recursos) sejam apreciadas pelo seu mérito, pois o mero pronunciamento de rito é frustrante: "é inevitável o travo de insatisfação deixado por decisões de não conhecimento; elas lembram refeições em que, após os aperitivos e os *hors d'oeuvre*, se despedissem os convidados sem o anunciado prato principal".[165]

Em face dessa realidade, é conveniente interpretar tais requisitos com grãos de sal, sob pena de se frustrar a aplicação do direito pela excessiva valorização do fetiche formalista. Cada pressuposto recursal possui em si uma finalidade, a qual de maneira expressa ou velada traduz uma garantia para o jurisdicionado. Quando esses objetivos são alcançados, sem ofender as legítimas expectativas das partes, nada impede que os vícios sejam desconsiderados, em nome da melhor aplicação do direito e da realização do efetivo acesso à Justiça.

Em nome do acesso à Justiça, entendemos – contrariando a jurisprudência atualmente majoritária – que, diante de dúvidas quanto à ultrapassagem dos requisitos de admissibilidade, seja tutelado o recorrente, com o conhecimento de seu recurso. É de ser revisto o princípio jurisprudencial, segundo o qual compete exclusivamente ao recorrente comprovar a superação das condições de admissibilidade, espancando toda e qualquer dúvida. Outrossim, é injusto privar o jurisdicionado de se valer de remédio para o tratamento de seus direitos, quando presente qualquer óbice que o impede, ilegitimamente, de adimplir os pressupostos de admissibilidade.[166]

Felizmente, o Novo Código se mostrou sensível ao tema e autorizou de forma expressa a regularização de irregularidades, mesmo após a interposição dos recursos. Consoante o art. 932, parágrafo único, incumbe ao relator determinar a sanação dos vícios, concedendo ao recorrente o prazo de 5 dias. Apenas quando impossível ou desatendido o comando judicial, estará autorizado a declarar a inadmissibilidade do recurso.

Neste capítulo, serão abordadas apenas as principais condições de admissibilidade.

6.2. Cabimento

O sistema brasileiro preconiza a utilização dos recursos, diante de situações pré-identificadas pelo direito. Não compete à parte criar um recurso, mas sim utilizá-lo, consoante os limites do ordenamento. Com a habitual

[165] *Restrições ilegítimas ao conhecimento dos recursos*, p. 40.

[166] Nesse sentido: "PROCESSUAL CIVIL. RECURSO ESPECIAL. INTEMPESTIVIDADE AFASTADA. ATESTADO MÉDICO. 1. A impossibilidade de exercício profissional comprovada nos autos mediante atestado médico apresentado junto ao recurso especial constitui justificativa idônea à suspensão do prazo recursal, não havendo que se cogitar da extemporaneidade do apelo nobre, máxime porque não houve nenhuma alegação neste sentido nas contra-razões ofertadas pelo Fisco. 2. Agravo regimental não provido". REsp 1015392, 2. Turma. Rel. Min. Castro Meira. DJ: 16/05/2008.

correção, Araken de Assis analisa o cabimento por "dois ângulos distintos, mas complementares": a recorribilidade do ato e a propriedade do recurso interposto.[167] Ou seja, formulam-se duas indagações: (a) quanto ao ato judicial, é ele recorrível? (b) quanto ao recurso, trata-se do recurso adequado?

Ambas as perguntas devem receber respostas positivas. Tanto o ato judicial deve ser recorrível, quanto o recurso eleito deve ser o apropriado, sob pena de não conhecimento do recurso pela ausência do pressuposto cabimento.

Auxilia na resposta o princípio da singularidade, na medida em que traz a regra geral pela qual contra cada resolução apenas um recurso pode ser manejado: justamente aquele previsto pelo ordenamento para a situação em apreço. No direito brasileiro, a este propósito, a correlação entre os atos decisórios e os recursos cabíveis é apresentada em diversos dispositivos, tais como o art. 102, III, da Constituição, para o Recurso Extraordinário, art. 105, III, para o Recurso Especial, e o 1.009, NCPC, para a apelação.

Como regra geral, não há confusão entre o recurso cabível, pois o ordenamento, no mais das vezes, é claro a este respeito. Contudo, há casos excepcionais, nos quais muitas vezes o operador se depara com terrível perplexidade acerca do recurso cabível. Enquanto determinados tribunais entendem cabível o recurso X', outras Cortes, diante da mesma situação, privilegiam o Y'. Nessas hipóteses, como referido em capítulo anterior, é compulsória a aplicação do princípio da fungibilidade, para se garantir a ultrapassagem do requisito cabimento.[168]

6.3. Legitimidade

Reflexo das condições da ação no plano recursal é encontrado na exigência de que o procedimento recursal se desenvolva com partes legítimas. Tendo em vista que a legitimidade é dada pela sucumbência, via de regra, estará legitimado ativamente o cidadão prejudicado pela decisão recorrida. De seu turno, o polo passivo será ocupado pela "parte vincitrice".[169] Essa é a legitimação comum, observada diuturnamente na prática judiciária.[170]

---

[167] Condições de admissibilidade dos recursos cíveis. In *Doutrina e Prática do Processo Civil Contemporâneo*. São Paulo: RT, 2000, p. 296.

[168] Uma interessante sugestão é dada por José Carlos Barbosa Moreira: constatando o erro justificável do jurisdicionado, cumpre ao magistrado de ofício remeter o recurso para o órgão perante o qual deveria ter sido realizado o protocolo, a fim de que este analise sua admissibilidade e, ato contínuo, com o juízo positivo, avance ao mérito. In *Restrições Ilegítimas ao Conhecimento dos Recursos*, p. 44.

[169] Na lição de Marco Zanzucchi: "legittimato attivamente è chiunque, come parte' nel giudizio in cui è stata pronunciata la sentenza impugnata, è rimasto soccombente" (...)" leggitimato passivamente è invece quegli, contro cui compete il diritto di impugnazione, ossia la parte vincitrice, e, nel caso della opposizione di terzo, entrambe le parti in causa". *Diritto Processuale Civile*, p. 196-197.

[170] Naturalmente, "não se conhece de recurso interposto contra quem não é parte no processo". AI 70034256677, 3. C.C., TJRS, Rel. Des. Nelson Antônio Monteiro Pacheco, j. 13/05/2010.

Quanto ao tema, o art. 996 do NCPC dispõe: "recurso pode ser interposto pela parte vencida, pelo terceiro prejudicado e pelo Ministério Público, como parte ou como fiscal da ordem jurídica". [171] Ou seja, foi colocada uma pá de cal na discussão outrora presente acerca da possibilidade do Ministério Público recorrente quando atua na qualidade de fiscal da lei (*custos legis*). O máximo que lhe poderá ser exigido, nessa situação, é demonstrar que há interesse público que justifique a sua intervenção.[172]

Como se observa, o direito brasileiro legitima, além das partes, também os terceiros, o Ministério Público e mui excepcionalmente o juiz para recorrer das decisões judiciais. Como corretamente assinala o mestre de Uberlândia Wendel de Brito Lemos Teixeira, é diante dos incidentes de impedimento e suspeição, torna-se o juiz excepto, de sorte que a "arguição de impedimento é dirigida contra a pessoa física do Magistrado e não contra o Juízo ou órgão jurisdicional. A legitimidade passiva da exceção de impedimento é da pessoa física do julgador a quem se afirma impedida, o qual se transmuda para a figura de mera parte. É tão clara a transformação da figura do Julgador para a parte que o mesmo pode recorrer e ser condenado em custas, se tratando do 'único caso em que, no direito brasileiro, o Juiz deixa de ser terceiro para ser parte (limitadamente ao incidente)'".[173]

Outrossim, a doutrina vem assinalando que a sentença pode, eventualmente, atingir terceiros. É um fenômeno corriqueiro. Ensina Alvaro Paranhos Severo "que a sentença jurisdicional poderá, portanto, atingir a todos estes sujeitos, sejam eles partes ou terceiros, interessados juridicamente ou não. O que varia entre eles é a intensidade dos seus efeitos, conforme o grau de relação que possuírem com os elementos do processo".[174]

Justamente em face dessa "intensidade" dos efeitos e a posição em que o terceiro se encontre, no plano da realidade e do direito material, o sistema jurídico irá lhe permitir recorrer das decisões proferidas. É natural, portanto, a existência de limitações quanto à recorribilidade, as quais são justificadas basicamente pelo prejuízo suportado em face do teor do provimento, bem como pela pertinência temática, aferida pela comparação entre a atuação do terceiro na sociedade civil e a matéria discutida nos autos. Não é todo terceiro, evidentemente, que está autorizado a recorrer, razão pela qual se exige

---

[171] Reza o art. 996: "O recurso pode ser interposto pela parte vencida, pelo terceiro prejudicado e pelo Ministério Público, como parte ou como fiscal da ordem jurídica. Parágrafo único. Cumpre ao terceiro demonstrar a possibilidade de a decisão sobre a relação jurídica submetida à apreciação judicial atingir direito de que se afirme titular ou que possa discutir em juízo como substituto processual".

[172] Objetivando orientar os Tribunais, o Superior Tribunal de Justiça editou a súmula n. 99: "O Ministério Público tem legitimidade para recorrer no processo em que oficiou como fiscal da lei, ainda que não haja recurso da parte".

[173] Inibições Processuais: abstenção, impedimento e suspeição no processo civil, processo administrativo e arbitragem. Belo Horizonte: Del Rey, 2011.p. 113.

[174] A coisa julgada no processo coletivo. In *Direito & justiça*, Álvaro Vinícius Paranhos Severo, v. 39, n. 2, p. 253-262, jul./dez. Porto Alegre, 2013.

deste interessado a comprovação de efetivo prejuízo.[175] Em linha de princípio, o terceiro deve observar os mesmos requisitos de admissibilidade exigidos da parte, em especial a tempestividade.[176]

Outro tópico interessante versa sobre a legitimidade recursal do advogado. Como se sabe, ainda que omissa a petição inicial ou a contestação quanto ao pedido de condenação do vencido nos ônus da sucumbência, o direito brasileiro impõe ao magistrado condenar o sucumbente ao pagamento de tal verba, utilizando os parâmetros do art. 85, NCPC. A sentença condenará o vencido a pagar honorários ao advogado do vencedor. Encerrando intensos debates, o NCPC determina que os honorários de sucumbência pertendem ao advogado e, desta forma, não são suscetíveis de compensação, conforme § 14 deste dispositivo.

A celeuma surge a partir de um arbitramento irrisório ou, ainda, quando nem sequer a condenação em honorários sucumbenciais é observada. Nessas hipóteses, o próprio advogado – que não é parte no processo – ostenta legitimidade para recorrer, afinal a verba reverterá em seu proveito. Consideramos que, nessas hipóteses, o recurso poder ser interposto pelo advogado ou pela parte, em nome de uma maior simplicidade.

É importante anotar a este respeito que o NCPC, ao disciplinar a assistência judiciária gratuita, preconiza, em seu art. 99, § 5º, que o recurso que verse exclusivamente sobre valor de honorários de sucumbência fixados em favor do advogado de beneficiário estará sujeito a preparo, salvo se o próprio advogado demonstrar que tem direito à gratuidade. Trata-se de uma inovação do Código.

Por fim, não se pode olvidar que eventualmente também o juiz e seus auxiliares poderão deduzir recursos. Figure-se o exemplo no qual ocorre a suspeição do magistrado. Não concordando com tal decisão, deve o magistrado (que ora assume a qualidade de parte na exceção) deduzir recurso. A

[175] Por ilustração: "TRIBUTÁRIO. INTERESSE EM RECORRER. FALTA DE DEMONSTRAÇÃO. RAZÕES GENÉRICAS. IMPOSSIBILIDADE. COMPREENSÃO. OMISSÃO. SÚMULA 284/STF. 1. Não se pode conhecer da alegada ofensa ao art. 535 do CPC, porquanto as razões do recurso são genéricas e não indicam objetivamente de que forma teria havido omissão e qual a relevância do ponto, em tese omitido, para o deslinde da controvérsia. Aplica-se, por analogia, o óbice da Súmula 284/STF. 2. Nos termos do que dispõe o art. 499, caput e § 1º, do Código de Processo Civil, o recurso pode ser interposto pela parte vencida, pelo terceiro prejudicado ou pelo Ministério Público, cabendo ao terceiro, quando interpuser a irresignação na condição de prejudicado, demonstrar o nexo de interdependência entre seu interesse e a relação jurídica submetida à apreciação judicial, o que, in casu, não ocorreu. 3. Recurso Especial não provido". REsp 1520974/PE, 2. T., Rel. Min. Herman Benjamin, j. 28/04/2015. DJe 30/06/2015.

[176] Nesse sentido: "PENAL E PROCESSO PENAL. AGRAVO REGIMENTAL NO RECURSO ESPECIAL. TERCEIRO PREJUDICADO. INTEMPESTIVIDADE. ART. 258 DO RISTJ. AGRAVO NÃO CONHECIDO. 1. Em respeito ao princípio da igualdade processual, devem ser observados pelo terceiro prejudicado os mesmos prazos recursais a que se submetem as demais partes do processo. Precedentes do Superior Tribunal de Justiça e do Supremo Tribunal Federal. 2. É intempestivo o agravo regimental interposto por terceiro prejudicado após o prazo de 5 dias previsto no artigo 258 do Regimento Interno desta Corte. 3. Agravo regimental não conhecido". AgRg no REsp 1532759/SC, 6. T., Rel. Min. Maria Thereza de Assis Moura, j. 18.08.2015. DJe 01.09.2015.

mesma autorização é dada aos seus auxiliares, quando eventualmente insatisfeitos com a remuneração fixada judicialmente para o exercício de suas funções (perito, depositário, tradutor, etc.).

6.4. Interesse recursal

O interesse recursal decorre do famoso binômio idealizado por Enrico Tullio Liebman, como reconhece Marco Tullio Zanzucchi: "interesse che non è se non un particolare aspetto del generale interesse ad agire'".[177] Apenas possui interesse juridicamente relevante a pessoa que tenha sido ofendida pela decisão impugnada, ainda que de forma discreta.[178] O recurso não existe para satisfazer caprichos, mas sim para cumprir uma missão no sistema constitucional: propiciar o controle dos atos estatais e o exercício da cidadania.

Nesse sentido, cumpre ao órgão judicial indagar se a análise do recurso mostra-se necessária e útil ao recorrente e, principalmente, se a decisão lhe ocasiona gravame.[179] Quando observado que determinado recurso não lhe trará a satisfação almejada, então deve ser abortado de pronto o caminho, evitando-se o prolongamento inútil de um procedimento fadado ao fracasso.[180] É o que ocorre quando a parte postula a consequência prática já concedida pela decisão vergastada[181] ou algo que poderia ser requerido em sede de contrarrazões.

A análise do interesse se dá desde o momento da interposição até o julgamento. Enquanto não julgado o recurso, a vida prossegue e com ela sucedem fatos que interferem na utilidade futura do provimento. Vários casos são observados na prática. Por ilustração, de nada adiantará discutir se uma parte – que vem a falecer enquanto pende de apreciação o recurso – merece

---

[177] *Diritto Processuale Civile*, II, p. 185.

[178] "O interesse em recorrer é instituto ontologicamente semelhante ao interesse em agir como condição da ação e é mensurado à luz do benefício prático que o recurso pode proporcionar ao recorrente". EDcl nos EDcl nos EDcl no REsp 474.475/SP, 1. T., Rel. Min. Luiz Fux. DJE: 25.05.2010.

[179] Como corretamente explica Eduardo Couture, "nos regimos por el principio francés de que no hay nulidad sin gravamen o sin perjuicio. Y entonces pareceria a primera vista que lo que hay necesidad de saber es si la sentencia causa perjuicio, porque si no causa perjuicio el legislador le priva de la declaración de nulidad, y por eso habria que entrar directamente al examen del contenido de la sentencia. Sin embargo esta es una aparencia solamente...". *Procedimiento. Primer Curso*, p. 910.

[180] "A parte recorrente não restou sucumbente quanto à matéria impugnada, circunstância que caracteriza, portanto, a ausência de interesse recursal a justificar o conhecimento do apelo". AgRg no REsp 945.059/RS, 6. T., Rel. Min. Maria Thereza de Assis Moura. DJE: 15.03.2010.

[181] Ementa abstrata, porém elucidativa do fenômeno: "Processo civil. Interesse recursal. Ausência. Falta interesse ao recurso interposto quando a pretensão nele perseguida já foi satisfeita pelo julgado. Agravo regimental não conhecido". STJ, AGRESP 810369/RS, 3. T., DJ: 05.06.2006, p. 281. Do TJRS: "quando lhe é favorável a decisão interlocutória atacada, à parte-agravante, falece de interesse recursal", decisão monocrática do Des. Paulo Sérgio Scarparo no Agravo de Instrumento n. 70037180825, j. 23.06.2010.

receber medicamentos enquanto tramita o processo.[182] Tampouco é útil meditar quanto à concessão de uma antecipação de tutela, se já sobreveio sentença com ampla cognição. Enfim, importa verificar qual o resultado concreto da apreciação de um recurso, de acordo com a realidade do momento em que ele é julgado, e não apenas consoante os fatos então contemporâneos à sua interposição. Cumpre ao recorrente convencer o Tribunal de que algum interesse, por mínimo que seja, ainda lhe resta, para que ultrapassar este pressuposto de admissibilidade. Quando desaparece o interesse recursal, a jurisprudência costuma se valer da expressão "recurso prejudicado".

6.5. Inexistência de fatos extintivos ou impeditivos

A doutrina costuma arrolar fatos que extinguem ou impedem o procedimento recursal. Na primeira classe, encontram-se a renúncia e a aquiescência. Na segunda, a desistência e o adimplemento de multas.

6.5.1. Renúncia

Como se viu em capítulo anterior, decorre do princípio da voluntariedade a ideia de que nenhuma parte pode ser constrangida a inaugurar o procedimento recursal. Complementa-se essa diretriz com a garantia de que o recorrente poderá renunciar à interposição do recurso que em tese seria cabível, abreviando o trânsito em julgado.

A renúncia encontra base legal no art. 999, quando assim preconiza: "a renúncia ao direito de recorrer independe da aceitação da outra parte". Esta declaração, quando séria, vincula o declarante, de quem se espera um comportamento retilíneo.[183]

Sobre este ponto, surge a interessante questão de se admitir a renúncia antes de se conhecer o teor da decisão e mesmo antes de sua prolação. Em

---

[182] Por ilustração: "PROCESSUAL CIVIL. EMBARGOS DE DECLARAÇÃO. AGRAVO DE INSTRUMENTO. FORNECIMENTO DE MEDICAMENTOS. ALEGAÇÃO DE ILEGITIMIDADE PASSIVA *AD CAUSAM* DA UNIÃO. SENTENÇA SUPERVENIENTE. EXTINÇÃO DO PROCESSO SEM JULGAMENTO DE MÉRITO EM FACE DO FALECIMENTO DA AUTORA DA AÇÃO. PERDA DO OBJETO. AUSÊNCIA DE INTERESSE RECURSAL. RECURSO PREJUDICADO. 1. A presente demanda originou-se de Agravo de Instrumento interposto de decisão do juiz de primeiro grau que deferiu o pedido de chamamento ao processo da União. 2. Em consulta ao site do Tribunal Regional Federal da 4ª Região, constata-se que já foi proferida sentença nos autos da ação principal, extinguindo o processo sem julgamento do mérito, nos termos do art. 267, IV e IX, do CPC, em virtude do falecimento da autora (Evanir Terezinha de Souza Silva). 3. Comprovada a perda de objeto, não mais se verifica o interesse de agir por parte da embargante, considerando-se, assim, prejudicado o recurso. 4. Embargos de Declaração prejudicados". (EDcl no AgRg no REsp 1150550/SC, 2. T., Rel. Min. Herman Benjamin, j. 28.05.2013. DJe 03.06.2013)

[183] A doutrina admite duas formas de renúncia: tácita e expressa. A primeira decorreria simplesmente do encerramento *in albis* do prazo recursal. A segunda, da declaração firme da parte.

outros termos: poderiam os litigantes, em audiência, renunciar ao recurso cabível contra a sentença que será proferida?

A solução proposta por José Carlos Barbosa Moreira é extremamente lógica: "renunciar ao direito de recorrer antes de proferida a decisão é renunciar a um direito que ainda não se tem, e, a rigor, nem sequer se sabe se nascerá – o que depende, como é intuitivo, do sentido em que se venha a pronunciar-se o órgão judicial (...) assim, a possibilidade de renunciar-se validamente apenas surge, ao nosso ver, no instante em que surge a possibilidade de interpor o recurso. O termo final é a própria interposição (depois da qual só cabe falar em desistência, não de renúncia), ou a ocorrência de qualquer fato que já torne inadmissível o recurso; o esgotamento in albis do prazo para interpô-lo, aquiescência à decisão recorrível, etc.".[184]

Semelhante argumento é utilizado pelo direito italiano para vedar a "acquiescenza preventiva". Entende-se que a aceitação da sentença somente é possível quando o direito de recorrer surge. A manifestação de vontade, portanto, deve ser subsequente ao surgimento do direito de recorrer.[185] No direito tedesco, a vedação ocorre pelo fato de que somente após a pronúncia "a parte pode dar-se conta se e em que medida foi vencida".[186]

No futuro, quiçá essa orientação seja modificada, admitindo-se a "renúncia prévia" em prol de outros valores prezados pelo sistema constitucional de garantias, como a segurança. Tal orientação, aliás, em casos excepcionais, já deveria ser aplicada, para evitar que jurisdicionados de má intenção ludibriem seus adversários com promessas de não recorrer contra acordos celebrados por livre e espontânea vontade, etc.

De toda sorte, esta matéria ainda deverá ser amadurecida. Fica a conclusão, no sentido de que, tendo havido a renúncia, antes de deduzida a inconformidade, haverá a impossibilidade de se avançar na análise do mérito da inconformidade. Detectado este fato extintivo do direito de recorrer, não será o recurso conhecido.

6.5.2. Aquiescência

Outro fato que determina a perda do direito de recorrer é a aquiescência, estudada a partir do art. 503, CPC. Reza o dispositivo que "a parte, que aceitar expressa ou tacitamente a sentença ou a decisão, não poderá recorrer". Trata-se a aquiescência de um negócio processual unilateral e, como tal, demanda análise da vontade livremente externada.

Tal aceitação pode se dar de forma expressa ou tácita.[187] Esta última é valorada a partir do comportamento da parte, especialmente quando verifi-

---

[184] *Comentários ao CPC,* 12. ed., p. 343.

[185] Francesco Paolo Luiso. *Diritto Processuale Civile,* 3. ed. Milano: Giuffrè, 2000, p. 299.

[186] *Direito Processual Civil,* p. 368.

[187] Ensina Pontes de Miranda que "aceita-se, expressa ou tacitamente, o conteúdo da sentença (ou do acórdão), ou da decisão interlocutiva, de modo que tal atitude se há de interpretar como *renún-*

cada a prática de atos incompatíveis com a vontade de recorrer (o chamado comportamento concludente).[188] São exemplos de aceitação tácita a propositura de idêntica demanda na pendência de prazo recursal, o elogio sério da correção da decisão, a promessa pública de cumprimento do julgado, etc.

A doutrina civilista auxilia o direito processual na superação desses impasses. Há muito, colhem-se exemplos de aceitações analisadas pelo direito à luz de dados objetivos. Apenas por ilustração, o art. 1.805 do Código Civil, infere a aceitação da herança pelo herdeiro que realiza atos próprios de sua condição.[189] O importante, nessas em tantas outras hipóteses, é tutelar a segurança jurídica, pela exigência de coerência comportamental (e a vedação do *venire contra factum proprium*, pois o agir de uma pessoa gera expectativas no declaratário).

A doutrina italiana ainda se utiliza da categoria da "acquiescenza tacita qualificata", na qual é dispensável a perquirição do ânimo do litigante.[190] Observa-se o fenômeno sempre que a sentença complexa é impugnada tão somente parcialmente, de forma que a parte não recorrida torna-se definitiva pelo simples fato de inexistir recurso quanto a todos os capítulos. Ao contrário da aquiescência normal, a qualificada seria um ato jurídico *stricto sensu* ("atto giuridico in senso stretto"), no qual apenas o comportamento é valorizado, sem se perquirir a vontade do agente.

6.5.3. Desistência

Também a desistência, estudada quando da análise do princípio da voluntariedade, impede o conhecimento do recurso. Desimporta, para a homologação da desistência, a anuência do recorrido ou dos litisconsortes uma vez que seu efeito atinge diretamente o próprio desistente, sem prejudicar as demais partes do processo.[191] Diferencia-se da renúncia, uma vez que esta

---

cia tácita. A aceitação é que pode ser expressa ou tácita. Se não houve renúncia e houve a aceitação, houve renúncia tácita, quer tenha sido expressa, quer tenha sido tácita a aceitação. A aceitação, expressa ou tácita, de modo nenhum se referia ao recurso, razão por que o art. 503 teve de cogitar da eficácia da aceitação no *plano recursal." Comentários ao Código de Processo Civil*, t. VII, Rio de Janeiro: Forense, 1975, p. 112.

[188] Também a doutrina italiana admite a aquiescência tácita, como se vê da lição de Francesco Paolo Luiso: "lacquiescenza che fa riferimento alla volontà della parte, consiste in una manifestazione ("acquiescenza risultante da accettazione espressa") espressa dalla volontà di accettare la sentenza o di rinunciare allimpugnazione. Lacquiescenza tacita si ha invece, quando la parte pone in essere atti incompatibili con la volontà di avvalersi delle impugnazione ammesse dalla legge". *Diritto Processuale Civil*, II, p. 297.

[189] Caio Mário da Silva Pereira apresenta um rol de situações: "administração, a alienação ou a oneração dos bens que integram a herança; a locação, reconstrução ou demolição de prédio; a propositura de ação; a cobrança de dívidas do espólio, o transporte de bens da herança para o domicílio do herdeiro; o exercício de ações próprias de herdeiro". Instituições de Direito Civil, v. VI, 17. ed. Rio de Janeiro: Forense, 2010, p. 44.

[190] Nesse sentido, Francesco Paolo Luiso, op. cit., p. 299.

[191] Remete-se o leitor ao tópico da voluntariedade, no qual se sublinhou exceção à desistência na hipótese de interesse público no julgamento de um recurso, v.g. aquele que representa uma controvérsia repetitiva.

ocorre antes do recurso ser interposto, ao passo que a desistência, para ser exercitada, necessita de um recurso pendente de julgamento.

O tema foi enfrentado quando da exposição do princípio da voluntariedade.

6.5.4. *Adimplemento de multas*

Por fim, observa-se que por vezes o ordenamento, a fim de coibir o uso indevido do processo judicial, impõe sanções ao litigante infrator. Tais penalidades variam de intensidade: desde a leve multa em percentual sobre o valor da causa até a discutível proibição de falar nos autos.

No que interessa aos recursos, o sistema exige em algumas oportunidades que o recorrente adimpla multas aplicadas em face de anterior comportamento condenável. Sem o recolhimento prévio de tais penalidades, não é viável o conhecimento do recurso posterior.

O Novo Código de Processo Civil contempla o fenômeno em alguns de seus artigos. Dentre eles, vale destacar o art. 1021, § 4º[192] e § 5º,[193] relativos ao agravo interno, bem como o art. 1.026, § 4º [194] e § 5º,[195] acerca dos embargos de declaração.

6.6. Tempestividade

Um dos temas mais complexos e de relevante interesse prático diz respeito à tempestividade. Inúmeras são as normas previstas no Novo Código e na jurisprudência para a aferição da tempestividade dos recursos.

Nesse sentido, uma das principais alterações foi cristalizada no art. 219: "na contagem de prazo em dias, estabelecido por lei ou pelo juiz, computar-se-ão somente os dias úteis". A Ordem dos Advogados do Brasil considera esta inovação como uma "conquista da advocacia". O Dr. Cláudio Lamachia a este respeito comemora: "a advocacia pode celebrar mais uma conquista

[192] Art. 1.021, § 4º: "Quando o agravo interno for declarado manifestamente inadmissível ou improcedente em votação unânime, o órgão colegiado, em decisão fundamentada, condenará o agravante a pagar ao agravado multa fixada entre um e cinco por cento do valor atualizado da causa".

[193] Art. 1.021, § 5º: "A interposição de qualquer outro recurso está condicionada ao depósito prévio do valor da multa prevista no § 4º, à exceção da Fazenda Pública e do beneficiário de gratuidade da justiça, que farão o pagamento ao final".

[194] Art. 1.026, § 4º : "Quando manifestamente protelatórios os embargos de declaração, o juiz ou o tribunal, em decisão fundamentada, condenará o embargante a pagar ao embargado multa não excedente a dois por cento sobre o valor atualizado da causa".

[195] Art. 1.026, § 5º : "Na reiteração de embargos de declaração manifestamente protelatórios, a multa será elevada a até dez por cento sobre o valor atualizado da causa, e a interposição de qualquer recurso ficará condicionada ao depósito prévio do valor da multa, à exceção da Fazenda Pública e do beneficiário de gratuidade da justiça, que a recolherão ao final".

alcançada, expressamente prevista no art. 219 do novo Código de Processo Civil", afinal, "apesar de ser a advocacia a maior beneficiada pelo novo dispositivo, juízes, peritos judiciais e todos aqueles que estejam sujeitos ao cumprimento de prazos processuais também serão favorecidos com o descanso nos fins de semana e feriados, vez que essas datas estão excluídas no cômputo do prazo. Nada mais justo que conferir à advocacia um direito constitucional já assegurado à maioria das profissões. A contagem de prazo de forma contínua, como hoje é praticada, retira a possibilidade de o advogado militante usufruir o seu tempo de lazer nos finais de semana e feriados. Um exemplo é a contagem dos 5 dias de prazo dos embargos de declaração: publicada a decisão ou acórdão em uma quinta-feira, o advogado terá de sexta-feira até a terça-feira para elaborar os embargos declaratórios, e terá que fazê-lo em pleno final de semana, abdicando do seu tempo de lazer e descanso".[196]

Como regra geral, os atos processuais são publicados e daí inicia a contagem do prazo, "excluindo o dia do começo e incluindo o do vencimento" (art. 224).[197] Ou seja, publicada a decisão no dia 13, o dia um do prazo será o seguinte (se for dia útil, pois "os dias do começo e do vencimento do prazo serão protraídos para o primeiro dia útil seguinte, se coincidirem com dia em que o expediente forense for encerrado antes ou iniciado depois da hora normal ou houver indisponibilidade da comunicação eletrônica", cf. § 1º, art. 224, CPC).

Mais específica a respeito do direito recursal é a previsão do art. 1003, cuja redação é a seguinte: "O prazo para interposição de recurso conta-se da data em que os advogados, a sociedade de advogados, a Advocacia Pública, a Defensoria Pública ou o Ministério Público são intimados da decisão. § 1º Os sujeitos previstos no caput considerar-se-ão intimados em audiência quando nesta for proferida a decisão. § 2º Aplica-se o disposto no art. 231, incisos I a VI, ao prazo de interposição de recurso pelo réu contra decisão proferida anteriormente à citação. § 3º No prazo para interposição de recurso, a petição será protocolada em cartório ou conforme as normas de organização judiciária, ressalvado o disposto em regra especial. § 4º Para aferição da tempestividade do recurso remetido pelo correio, será considerada como data de interposição a data de postagem. § 5º Excetuados os embargos de declaração, o prazo para interpor os recursos e para responder-lhes é de 15 (quinze) dias. § 6º O recorrente comprovará a ocorrência de feriado local no ato de interposição do recurso".

---

[196] *O Novo CPC, As conquistas da advocacia*, (coords. Marcus Vinícius Furtado Coêlho *et alli*). Brasília: OAB, Conselho Federal, 2015, p. 97.

[197] Dispõe o art. 224: "Salvo disposição em contrário, os prazos serão contados excluindo o dia do começo e incluindo o dia do vencimento. § 1º Os dias do começo e do vencimento do prazo serão protraídos para o primeiro dia útil seguinte, se coincidirem com dia em que o expediente forense for encerrado antes ou iniciado depois da hora normal ou houver indisponibilidade da comunicação eletrônica. § 2º Considera-se como data de publicação o primeiro dia útil seguinte ao da disponibilização da informação no Diário da Justiça eletrônico. § 3º A contagem do prazo terá início no primeiro dia útil que seguir ao da publicação".

Como se observa do § 5º, outra relevante alteração diz respeito aos prazos para a interposição dos recursos. Houve, no Novo Código, uma uniformização. Agora, todos os recursos devem ser interpostos no prazo de 15 dias úteis, com a exceção dos embargos de declaração cujo prazo permaneceu em 5 dias.

Outrossim, o artigo busca encerrar algumas polêmicas. Consoante o § 4º, a tempestividade do recurso remetido pelo correio deve ocorrer pela verificação da data de postagem e não da data de protocolo na Secretatia. Esta norma vai de encontro ao enunciado da súmula 216, a qual preconiza que "a tempestividade de recurso interposto no Superior Tribunal de Justiça é aferida pelo registro no protocolo da secretaria e não pela data da entrega na agência do Correio". [198] É reiterada a jurisprudência no sentido de que "o Superior Tribunal de Justiça somente está apto a aferir o requisito da tempestividade recursal pelo protocolo de recebimento, aposto nas petições dos recursos, e não pela data da postagem nos correios ou pela data de recebimento no Tribunal, quando anterior ao protocolo".[199] Considera-se "pacificada a jurisprudência do STJ no sentido de que não constitui força maior ou justa causa, capaz de relevar o descumprimento do prazo legal, falha no serviço dos Correios, uma vez que a parte que opta por utilizar-se desses serviços assume o risco de ser protocolizada a petição a destempo".[200]

Em nossa opinião, dito enunciado merece cancelamento, na medida em que ele contraria uma regra expressa da teoria geral dos recursos do NCPC. A manutenção da súmula 216 atrita com a premissa constitucional do livre acesso à justiça. Não há razão para se evitar o aproveitamento dos serviços prestados pelo Correio, os quais em geral se mostram de boa qualidade, especialmente à luz das dimensões continentais de nosso país e de muitos Estados.

Ato contínuo, o artigo 1.003 opta por uma orientação discutível, ao preconizar que a prova do feriado local seja realizada no ato de interposição

[198] Por ilustração: "Embora seja admitido o protocolo integrado do recurso especial, quando o mesmo é interposto por via postal, não há como se verificar a tempestividade pelo carimbo dos correios, mas sim a contar da entrada da petição de recurso na Secretaria do Tribunal. De fato, colhe-se dos autos que o acórdão recorrido fora publicado em 28/2/2013. Portanto, o decurso do prazo legal teve início em 1/3/2013 (sexta-feira) e término em 15/3/2013 (sexta-feira). Todavia, a petição recursal fora protocolada somente em 18/3/2013 (segunda-feira), extemporaneamente". (AgRg nos EDcl no RCD no AREsp 400.453/MG, 4. T., Rel. Min. Luis Felipe Salomão, j. 16/12/2014, DJe 19/12/2014)

[199] Trecho do voto do Min. Aldir Passarinho, proferido no julgamento cuja ementa é a seguinte: "Processual civil. Embargos de Declaração no Agravo Regimental. Recurso intempestivo. aferição. protocolo de recebimento. Multa. Art. 538, parágrafo único. CPC. Embargos rejeitados. I. É intempestivo o recurso interposto fora do prazo previsto na Lei Adjetiva Civil. II. O Superior Tribunal de Justiça somente está apto a aferir a tempestividade dos recursos pelo protocolo de recebimento aposto nas petições recursais. III. Não é possível considerar a data de postagem nos correios para a aferição do requisito da tempestividade recursal, nem a data de recebimento no Tribunal, quando anterior ao protocolo. IV. Multa de 1% sobre o valor atualizado da causa, ao teor do art. 538, parágrafo único, do CPC, em virtude do intuito procrastinatório dos embargos. V. Embargos rejeitados". EDcl no AgRg no REsp 1174735/SP, 4. T., Rel. Min. Aldir Passarinho Junior. DJe: 01.12.2010.

[200] AgRg no AgRg no REsp n. 720.579/SP, 2ª T., Rel. Min. Eliana Calmon. DJ: 12.12.2005.

do recurso. O tema era polêmico sob a égide do Código anterior, tendo por muitos anos vencido a tese sufragada pelo Novo Código. Entretanto, na década de 2010, as Cortes de Brasilia, haviam se posicionado pela admissão da comprovação posterior, quando da interposição do Agravo Regimental.[201] A partir da nova redação, tudo leva a crer que haverá nova mudança na jurisprudência, de sorte que cumprirá a parte demonstrar os dias não úteis por força de feriados locais. Em nosso sentir, foi um pequeno retrocesso do Código.

Outrossim, ademais do sofisticado arcabouço legal, ainda há que se ter em mente orientações jurisprudenciais importantes, como a que determina a fluência do prazo a partir da demonstração de ciência inequívoca do ato judicial. São exemplos desta situação a retirada dos autos de cartório (REsp 591.250/RS, 4ª Turma, Rel. Min. Barros Monteiro), o comparecimento espontâneo aos autos (REsp 443.085/SP, 1ª Turma, Rel. Min. Teori Zavascki), a juntada de petições após a decisão (REsp 578.861/SP, 4ª Turma, Rel. Min. Jorge Scartezzini), o pedido de reconsideração e todos os demais meios que ofereçam a certeza de que houve o conhecimento do teor da decisão proferida.[202]

6.6.1. *Intimação de atos processuais via internet*

Consoante o NCPC, "as intimações realizam-se, sempre que possível, por meio eletrônico, na forma da lei" (art. 270). Com efeito, o aproveitamento da internet pelos jurisdicionados e pelo Poder Judiciário é uma realidade. Existem profissionais que se utilizam de *smartphones* e *tablets* para cumprir as suas missões.

Para disciplinar o fenômeno, fora sancionada a Lei 11.280/06, a qual, dentre outras alterações, havia conferido nova redação ao art. 154, CPC/73, admitindo, em seu parágrafo único, que os tribunais possam "disciplinar a prática e a comunicação oficial dos atos processuais por meios eletrônicos, atendidos os requisitos de autenticidade, integridade, validade jurídica e interoperabilidade da Infra-Estrutura de Chaves Públicas Brasileira – ICP – Brasil".

Atualmente, está em curso um procedimento de paulatina superação do modelo tradicionalmente impresso para um modelo de resolução dos

[201] Essa realidade é assim descrita pelo Min. Herman Benjamin "Ocorre que a Corte Especial, no julgamento do AREsp 137.141/SE, Relator Ministro Antônio Carlos Ferreira, ocorrido no dia 19.9.2012, acompanhando o entendimento proferido pelo Supremo Tribunal Federal no AgRg no RE 626.358/MG, Relator Ministro Cezar Peluso, DJ 23.8.2012, modificou sua jurisprudência, passando a permitir a comprovação de feriado local ou suspensão dos prazos processuais não certificada nos autos em momento posterior à interposição do recurso na origem". (AgRg no AREsp 552.073/SP, 2. T., Rel. Min. Herman Benjamin, j. 09.12.2014. DJe 16/12/2014)

[202] Em nossa vida profissional, já nos deparamos em algumas oportunidades com a intimação via telefone, a qual para as situações mais corriqueiras alcançou sua finalidade. O problema surge quando há intimação de ato importante pelo telefone certificada nos autos (p. ex. deferimento ou indeferimento de liminar). Nesses casos, o prazo recursal não deveria correr dessa intimação, pois sequer o conteúdo do ato é transmitido à parte.

litígios mais preocupado com o meio ambiente e com a própria saúde do operador, afinal há arquivos judiciais manifestamente insalubres. Serve o meio eletrônico, nesse contexto, como importante mecanismo de realização do acesso à justiça, armazenamento de dados e de agilização da prestação jurisdicional.

Dentre os problemas que foram suscitados pelo uso de meios eletrônicos está a possibilidade das intimações eletrônicas, para fins recursais. O direito brasileiro já possuía norma específica, decorrente da aplicação do art. 4º, § 3º, da Lei nº 11.419/06: "considera-se como data da publicação o primeiro dia útil seguinte ao da disponibilização da informação no Diário da Justiça eletrônico". Distingue a norma dois momentos relevantes: a disponibilização da informação no site e a publicação, que é considerada apenas no dia seguinte. Por decorrência, o prazo é inaugurado no dia útil posterior à publicação.

Didática é a exposição da Min. Laurita Vaz: "disponibilizada a decisão no Diário de Justiça Eletrônico de 02/03/2009 (segunda-feira), considera-se como data de publicação o primeiro dia útil seguinte, 03/03/2009 (terça-feira), data também em que o ente público tomou ciência do provimento judicial e, portanto, o decurso do quinquídio legal – contado em dobro por se tratar da Fazenda Pública – teve início em 04/03/2009 (quarta-feira), expirando-se em 13/03/2009 (sexta-feira), sendo o presente recurso protocolizado em 16/03/2009 (segunda-feira)".[203]

O NCPC trilha o mesmo caminho, apontando em seu art. 270 que preferencialmente as intimações devem ocorrer por meio eletrônico. E que "considera-se como data de publicação o primeiro dia útil seguinte ao da disponibilização da informação no Diário de Justiça Eletrônico", conforme art. 224, § 2º.

6.6.2. *Aplicação do art. 229, CPC*

Aspecto interessante – e que frequentemente enseja discussões – é a incidência do art. 229, CPC, que contempla com prazos dobrados os litisconsortes representados por diferentes procuradores.[204] O pressuposto genérico para a aplicação da norma é a diversidade de advogados em atuação a favor dos litisconsortes. O benefício tem ampla aplicação e ainda gera algumas discussões.

Inicialmente, deve ser destacado que, como regra, os prazos de contestação quando houver litisconsórcio, serão sempre dobrados, salvo quando o mesmo procurador represente ambas as partes ou quando ambos os procuradores atuem na mesma sociedade de advogados. Com efeito, não é razoável

[203] AgRg no Ag 1122808/RJ, 5. T., Rel. Min. Laurita Vaz. DJe 11/05/2009.

[204] Art. 229, CPC: "Os litisconsortes que tiverem diferentes procuradores, de escritórios de advocacia distintos, terão prazos contados em dobro para todas as suas manifestações, em qualquer juízo ou tribunal, independentemente de requerimento. § 1º Cessa a contagem do prazo em dobro se, havendo apenas 2 (dois) réus, é oferecida defesa por apenas um deles. § 2º Não se aplica o disposto no caput aos processos em autos eletrônicos".

exigir que o jurisdicionado conte com a revelia alheia, a qual ocorre apenas excepcionalmente na vida judiciária. Por isso, a jurisprudência sublinha que "em caso de litisconsórcio entre dois corréus, o prazo deverá ser contado em dobro, mesmo que um deles seja revel, deixando de apresentar contestação".[205] Todavia, enquanto o réu revel não constituir procurador, deixará de incidir o art. 229, após o oferecimento da contestação, na linha do § 1º deste dispositivo.[206]

Em relação as peculiaridades do procedimento instituído pelo art. 229, assinalam Rodrigo Mazzei e Tiago Figueiredo Gonçalves que "o prazo em dobro deve ser observado independentemente de requerimento de um dos litisconsortes, afastando, com isso, a possibilidade de interpretação que condicione a contagem em dobro à postulação prévia de um dos interessados. Por outro lado, cria a exceção para a regra da contagem em dobro dos prazos, afastando sua incidência das hipóteses em que os procuradores distintos são vinculados a um mesmo escritório de advocacia. Supera, com isso, interpretação que o STJ de há muito vem dando ao texto do art. 191 do CPC/1973 em vigor, no sentido de aplicá-lo de forma irrestrita, ainda que os procuradores diferentes atuem pelo mesmo escritório, na medida em que a redação atualmente em vigor não faz a distinção, pelo que não seria dado ao intérprete fazê-lo".[207]

No âmbito recursal, há questões problemáticas. Um exemplo é o debate quanto à sua incidência quando apenas um litisconsorte possui interesse recursal. Incidirá no caso o dispositivo ou o prazo será simples? A resposta passa pela análise dos hipotéticos efeitos da decisão e do interesse para dela recorrer. Se ela atingir ambos os litisconsortes, deve ser consagrado o prazo dobrado, ainda que apenas um deles venha a efetivamente impugná-la. Esta

---

[205] AgRg no REsp 1344103/SP, 3. T., Rel. Min. Sidnei Beneti, j. 23/10/2012. DJe 07/11/2012; REsp 713.367/SP, 1. T., Rel. Min. Luiz Fux, j. 07.06.2005, DJ: 27.06.2005.

[206] Nesse sentido: "AGRAVO REGIMENTAL NOS EMBARGOS DE DECLARAÇÃO NO AGRAVO EM RECURSO ESPECIAL. PROCESSUAL CIVIL. AGRAVO EM RECURSO ESPECIAL. INTEMPESTIVIDADE. CORRÉ QUE TEVE SUA RESPONSABILIDADE AFASTADA POR SENTENÇA. ENTENDIMENTO CONFIRMADO PELO TRIBUNAL *A QUO*. CORRÉU REVEL. LITISCONSÓRCIO DESFEITO. ART. 191 DO CPC. INAPLICABILIDADE. RECURSO NÃO PROVIDO. 1. O Superior Tribunal de Justiça tem entendimento consolidado de que, quando um dos litisconsortes não recorre da decisão proferida pelo juízo originário, deixa de ser aplicável aos recursos supervenientes a regra do artigo 191 do Código de Processo Civil. 2. "Não há incidência do prazo em dobro, previsto no art. 191 do Código de Processo Civil, na hipótese de réu revel. Precedentes" (AgRg no AREsp 254.612/RS, Rel. Min. Ricardo Villas Boas Cueva, 3. T, j. 5/3/2013, DJe de 11/3/2013). 3. Na hipótese, a corré teve sua responsabilidade afastada pela sentença, entendimento que foi confirmado pelo acórdão, o qual julgou a apelação. Por sua vez, o corréu permaneceu revel durante todo o feito. 4. Assim, desfeito o litisconsórcio entre a ora agravante, a corré e o corréu antes da interposição do recurso especial, não se estende o benefício de prazo em dobro previsto no art. 191 do Código de Processo Civil. 5. Agravo regimental desprovido". STJ, 4. T., AgRg nos EDcl no AREsp 619164/RS. Rel. Min. Raul Araújo, j. 15.10.2015. Dje. 09.11.2015.

[207] GONÇALVES, Tiago Figueiredo; MAZZEI, Rodrigo. A Disciplina do Prazo em Dobro para Litisconsortes com diferentes Procuradores: Noções Gerais e Adotado CPC/2015. *Revista Jurídica: órgão nacional de doutrina, jurisprudência, legislação e crítica judiciária*. São Paulo, Ano 63, nº 449, p. 16-17. Março de 2015.

é a conclusão da jurisprudência majoritária.[208] Entretanto, quando o interesse é de apenas uma das partes, não há sentido em se admitir a duplicação.

A este respeito, foi editado o Enunciado nº 641 da súmula do Supremo Tribunal Federal, que limita o aproveitamento do prazo em dobro às situações nas quais a decisão haja trazido sucumbência a todos os litisconsortes, pois "não se conta em dobro o prazo para recorrer, quando só um dos litisconsortes haja sucumbido".

Uma inovação a respeito do tema encontra-se no § 2º do art. 229. O artigo afasta a incidência do prazo dobrado aos processos eletrônicos, porquanto as partes possuem plenas condições de acessar os autos e defender os seus direitos. Consolida-se, portanto, a tendência visualizada no Superior Tribunal de Justiça, no sentido de se restringir o benefício legal com a entrada em vigor do Novo Código.[209]

Por fim, registre-se, na nossa visão, a incompatibilidade deste benefício com o rito do Juizado Especial Cível, uma vez que ofenderia alguns dos princípios da lei de regência, especialmente o da celeridade, da economia processual e, antes de tudo, da duração razoável do processo. Inaplicável, portanto, o prazo dobrado no Juizado Especial, quer estadual, quer federal, em nome da sistematização do ordenamento e da realização de outras garantias, como dito.[210]

---

[208] Dentre farta jurisprudência: "PROCESSUAL CIVIL. AGRAVO REGIMENTAL NOS EMBARGOS DE DECLARAÇÃO NO AGRAVO DE INSTRUMENTO. EMBARGOS DE DECLARAÇÃO INTEMPESTIVOS. INAPLICABILIDADE DO ART. 191 DO CPC. AGRAVO DE INSTRUMENTO INTERPOSTO POR APENAS UM DOS LITISCONSORTES. PRAZO SIMPLES PARA OPOSIÇÃO DE EMBARGOS DE DECLARAÇÃO. DECISÃO MANTIDA. 1. A contagem do prazo em dobro prevista no art. 191 do CPC para litisconsortes que tenham procuradores diversos não se aplica quando os demais litisconsortes não têm interesse ou legitimidade para recorrer da decisão. 2. No caso, trata-se de embargos de declaração opostos a decisão que negou provimento a agravo contra despacho denegatório de recurso especial. Portanto, apenas o recorrente teria interesse e legitimidade para insurgir-se contra a inadmissão de seu recurso especial. 3. Agravo regimental a que se nega provimento". (AgRg nos EDcl no Ag 1066149/SP, 4. T., Rel. Min. Antonio Carlos Ferreira, j. 14.05.2013. DJe: 24.05.2013). No mesmo sentido: EREsp 525.796, 2ª Seção, Rel. Hélio Quaglia Barbosa. DJ: 19.03.2007, p. 284; AgRg no Ag 1317689/MG, 1. T., Rel. Min. Teori Zavascki. DJe: 11/10/2010.

[209] Nesse sentido: "RECURSO ESPECIAL. CIVIL. PROCESSUAL CIVIL. ART. 191 DO CPC. PRAZO EM DOBRO. APLICAÇÃO AO PROCESSO JUDICIAL ELETRÔNICO. OBSERVÂNCIA DO PRINCÍPIO DA LEGALIDADE. NECESSIDADE DE ALTERAÇÃO LEGISLATIVA. INAPLICABILIDADE PREVISTA APENAS NO NOVO CÓDIGO DE PROCESSO CIVIL. 1. Trata-se de embargos monitórios, opostos por devedores solidários representados por diferentes advogados, que não foram conhecidos sob o fundamento da intempestividade, haja vista os autos tramitarem eletronicamente. 2. Em respeito ao princípio da legalidade e à legítima expectativa gerada pelo texto normativo vigente, enquanto não houver alteração legal, aplica-se aos processos eletrônicos o disposto no art. 191 do CPC. 3. O novo Código de Processo Civil, atento à necessidade de alteração legislativa, no parágrafo único do art. 229, ressalva a aplicação do prazo em dobro no processo eletrônico. 4. A inaplicabilidade do prazo em dobro para litisconsortes representados por diferentes procuradores em processo digital somente ocorrerá a partir da vigência do novo Código de Processo Civil. 5. Recurso especial provido". (STJ, REsp 1488590/PR, 3. T., Rel. Min. Ricardo Villas Boas Cueva, j. 14.04.2015. DJE. 23.04.15)

[210] Recentemente, no XXI Encontro/ES, o Forum Nacional dos Juizados Especiais (FONAJE) editou o entendimento nº 123: "O art. 191 do CPC não se aplica aos processos cíveis que tramitam perante o Juizado Especial".

6.6.3. A polêmica tese da intempestividade do recurso prematuro

Um tema que vem ganhando destaque na prática brasileira é o do recurso prematuro, entendido como aquele interposto antes de publicada a decisão. Em realidade, o intérprete deveria ter presente dois momentos distintos. Primeiro, a existência do provimento judicial, o qual, gerando prejuízo ao litigante, abre ensanchas à impugnação, com o ataque aos termos da decisão (disponibilizada em cartório, na internet, etc.). Após, o marco inicial para a contagem do prazo, o qual, via de regra, se dá com a intimação desta mesma decisão. Em nosso sentir, bastaria a existência da decisão para se abrir a via recursal.[211] Contudo, a jurisprudência, especialmente dos Tribunais Superiores, oscila quanto à necessidade de prévia intimação formal da parte.

Digno de nota que, em outros países americanos, também se verifica o debate quanto ao "recurso prematuro", como, por exemplo, em Puerto Rico. O Tribunal Supremo, pelo "juez asociado" Antonio Negrón Garcia, ensina o posicionamento da Corte: "prematuro, lo que ocurre antes de tiempo; en el ámbito procesal, una apelación o recurso prematuro es aquel presentado en la Secretaría de un Tribunal apelativo antes de que éste tenga jurisdicción. Véase, Hernández Apellániz v. Marxuach Const. Co., res. en 3 de febrero de 1997. Una apelación o un recurso prematuro al igual que uno tardío, sencillamente adolece del grave e insubsanable defecto de falta de jurisdicción. Como tal, su presentación carece de eficacia y no produce ningún efecto jurídico, pues en ese momento o instante en el tiempo (*punctum temporis*), no ha nacido autoridad judicial o administrativa alguna para acogerlo; menos para conservarlo con el propósito de luego reactivarlo en virtud de una moción informativa. Ello explica la exigencia y necesidad de presentar una nueva apelación o recurso (con su apéndice) y efectuar su notificación dentro del término jurisdiccional".[212]

Retornando ao caso brasileiro, vale lembrar a lição do Ministro Celso de Mello, pela qual "a intempestividade dos recursos tanto pode derivar de impugnações prematuras (que se antecipam à publicação dos acórdãos) quanto decorrer de oposições tardias (que se registram após o decurso dos prazos recursais). Em qualquer das duas situações – impugnação prematura ou oposição tardia –, a consequência de ordem processual é uma só: o não conhecimento do recurso, por efeito de sua extemporânea interposição".[213] Idêntica é a orientação do Tribunal Superior do Trabalho, como se vê do seguinte julgado: "o entendimento desta Corte acerca do tema é o de ser extemporânea a

---

[211] Admitindo o recurso interposto antes da publicação: STJ, Ag nos EResp 492.461/MG; TJRS, AC 70029200755, 5. C.C., Des. Rel. Romeu Marques Ribeiro Filho, j. 12/08/2009.

[212] Disponível em <http://www.tribunalpr.org/opiniones/1999/99tspr81.htm>. Acesso em 20.11. 2007.

[213] STF, AI 375124 AgR-ED/MG, Rel. Min. Celso de Mello, DJ: 28.06.2002.

interposição de recurso antes do advento do termo a quo do prazo recursal, que somente se dá com a publicação da decisão recorrida".[214]

Felizmente, a discussão chegou ao Superior Tribunal de Justiça. De um lado, algumas Turmas entendiam que o prazo para o oferecimento da impugnação deveria ser contado a partir da efetiva intimação, sendo intempestivo o recurso interposto prematuramente. De outro, sensibilizados pela tecnologia disponibilizada no *site* do Tribunal, acórdãos admitiam o conhecimento de recursos oferecidos antes da intimação, desde que o conteúdo da decisão atacada fosse conhecido previamente pela parte. A divergência foi encerrada no julgamento do Agravo no Recurso Especial nº 492.461/MG, em 17.11.2004. Por maioria, a Corte Especial entendeu desnecessário aguardar-se a publicação no órgão oficial para fins de interposição de recurso, tendo em vista a evolução dos meios de comunicação, os quais permitem às partes tomar ciência antecipada dos atos processuais. A jurisprudência posterior a tal julgamento vem acatando a orientação formada, estando a divergência, por ora, superada.[215]

E como alerta a Ministra Eliana Calmon: "o entendimento consagrado pela jurisprudência desta Corte, quanto à tempestividade do recurso interposto antes da publicação da decisão agravada, é aplicável em qualquer grau de jurisdição e não somente no âmbito deste Tribunal", dada a própria função constitucionalmente desempenhada pela Corte.[216]

Sobre a ausência de uniformidade no trato do tema, a crítica de Adriana Pereira Franco é certeira: "aludido entendimento não é razoável, posto que penaliza a parte e o advogado diligentes, privilegiando o formalismo inútil em detrimento dos princípios da instrumentalidade das formas e da efetividade da tutela jurisdicional. Ora, através do *Sistema Push*, disponibilizado no *website* dos próprios Tribunais, o advogado pode acompanhar via Internet o andamento processual dos feitos em que atua. Nesse contexto, quando se deixa de conhecer um recurso prematuramente interposto por considerá-lo intempestivo, em verdade, está-se negando a própria modernização do Poder Judiciário, colocando-o em descrédito perante a sociedade".[217]

Definitiva, em nosso sentir, a posição de José Carlos Barbosa Moreira quanto ao aproveitamento do recurso interposto antes do prazo: "ora, decisão existe, sim, desde que proferida – se emana de órgão colegiado, nem

---

214 ED-ED-ED-ED-AIRR-29284/2002-900-02-00.9, Rel. Juiz Luis Antonio Lazzarin, cf. notícia publicada no site da Corte, em 24.05.2007. No mesmo sentido, ED-ROAR-11607/2002- 000-02-00.4.

215 Exemplificativamente: EDcl no REsp 983.700/SP, 5. T., Rel. Min. Napoleão Nunes Mais Filho. DJe: 18/10/2010; "a interposição de recurso anteriormente à publicação do julgado impugnado, em órgão oficial, não acarreta sua intempestividade, em razão da atual tendência de publicidade dos atos decisórios por meio eletrônico, previamente à publicação oficial." AgRg nos EDcl no Ag 1067981/SC, 3. T., Rel. Min. Nancy Andrighi. DJe: 05/03/2010.

216 AgRg no Ag 745148/MG. DJ: 17.08.2006, p. 343.

217 Interessante e objetivo texto de autoria de Adriana Pereira Franco registra precedentes dos Tribunais Superiores sobre o tema. In *Recurso interposto antes da publicação da decisão recorrida é intempestivo?* Disponível no site Jus Navigandi <www.jusnavigandi.com.br>. Acesso em 20.09.2005.

sequer é possível a modificação de voto, e menos ainda a do resultado, após a proclamação deste pelo presidente, o que se pode discutir é o momento inicial da eficácia. Mas, se o recorrente foi capaz de impugná-la, é sinal certo de que já lhe conhece o teor; por conseguinte, alcançada está a finalidade essencial do ato destinado a dar ciência do pronunciamento aos interessados – pelo menos no tocante a esse interessado. Não se descobre que prejuízo decorrerá da interposição antecipada para quem quer que seja. Ilegítima, pois, a restrição ao conhecimento do recurso".[218]

Contudo, há uma outra situação muito presente na prática e que merece reflexão dos operadores. Ocorre quando o Tribunal de Origem pública o acórdão da apelação e uma das partes interpõe o recurso extraordinário/especial, enquanto a outra se vale dos declaratórios, os quais, como se sabe, interrompem o prazo para a interposição dos demais recursos (art. 538, CPC). Nesses casos, os Tribunais Superiores, a partir do argumento que a jurisdição ordinária ainda não foi esgotada, bem como pela possibilidade de alteração no julgado a partir dos aclaratórios, vêm considerando intempestivo o extraordinário/especial deduzido. O tema não é singelo e está a merecer atenção da comunidade, em face da drasticidade de sua resolução, qual seja, o não conhecimento de um recurso, por mais importante que ele seja.

É bem verdade que, tanto o Supremo, quanto o Superior, intentam mitigar seu entendimento, afirmando que competiria ao recorrente, após o acórdão dos declaratórios, reiterar seu interesse no processamento do recurso extraordinário/especial. Mas a prática vem demonstrando que muitos jurisdicionados não conhecem tal orientação, de sorte que, por ignorância, ficam privados do recurso interposto pelo fato do adversário ter embargado a decisão recorrida.

Em nosso sentir, o correto seria verificar se o julgamento dos declaratórios alterou a decisão recorrida, pois a regra é a manutenção do resultado do julgado, pela ausência de efeito infringente neste recurso. *Data venia*, quando mantido o acórdão, não há razão alguma para se exigir a nova manifestação de interesse, pois a presunção é de existência, e não o contrário. Todavia, a jurisprudência caminha em sentido contrário, como será analisado no tópico dos recursos extraordinários.

6.6.4. O prazo dobrado do Ministério Público, da Advocacia Pública e da Defensoria Pública

O Novo CPC, na linha do diploma anterior (art. 188, CPC),[219] manteve o prazo em dobro para a interposição de recursos. Além da Advocacia Pública

---

[218] *Restrições ilegítimas ao conhecimento do recurso*, p. 45.

[219] Reza o art. 188: "Computar-se-á em quádruplo o prazo para contestar e em dobro para recorrer quando a parte for Fazenda Pública ou o Ministério Público".

e do Ministério Público,[220] foram contemplados, expressamente, a Defensoria Pública, bem como aos "escritórios de prática jurídica das faculdades de Direito reconhecidas na forma da lei e às entidades que prestam assistência jurídica gratuita em razão de convênios firmados com a Defensoria Pública".

A previsão contempla uma exceção ao princípio da isonomia, razão pela qual ainda se discute, em sede doutrinária, a sua constitucionalidade. O próprio Supremo Tribunal Federal já enfrentou o tema, como informa Cristiane Rollin em artigo específico.[221] A Corte, por maioria de votos, considerou que a garantia não colide com a Carta Política, por não ultrapassar o limite da razoabilidade. Ficou vencido o Ministro Marco Aurélio, o qual considerou que o benefício desequilibraria as partes no processo, prejudicando o contraditório e a paridade de armas. Agregou o Ministro que "a origem, em si, da norma, todos conhecemos, está na visão segundo a qual o Estado não teria como defender-se, porque não organizado suficientemente, nas causas ajuizadas, nas causas em andamento. Isso já não pode mais ser afirmado nos dias de hoje, passados tantos anos para o Estado aparelhar-se e, então, situar-se no processo em condições de igualdade com o particular".[222]

Trata-se de um típico caso de inconstitucionalidade progressiva. Quando os benefícios foram criados (e então havia prazo em quádruplo para contestar e em dobro para recorrer), a realidade os justificava plenamente, em face da escassez de recursos humanos e tecnológicos. Com o passar do tempo, essas prerrogativas instituídas pela legislação infraconstitucional começaram sofrer críticas.

Por ilustração, Rafael Sirangelo Belmonte de Abreu considera equivocada a posição do NCPC. Em sua visão, "o argumento da falta de estruturação não mais se justifica, com raras as exceções no âmbito municipal. Como as consequências da inação ou mesmo da não apresentação de documentos são bastante graves, razões de ordem constitucional impõem a previsão de prazos diferenciados. Considerando-se que o escopo do processo é, mediante um debate amplo entre todos os sujeitos processuais, buscar a decisão mais aproximada de uma verdade possível com vistas à tutela dos direitos, não é justificada a previsão do art. 183, pois visa a proteger o contraditório (a ser desempenhado pelo ente), diante da pouca proximidade das estruturas de procuradoria aos órgãos administração, o que tendencialmente pode vir a impedir a obtenção de provas e, inclusive, da versão de fatos que eventualmente sejam passiveis de discussão. Essa justificativa, entretanto, não legitima prazos em dobro para recurso, especialmente aqueles das decisões

[220] Em nosso sentir, o *Parquet* terá o benefício da norma quer na qualidade de *custos legis* ou *dominus litis*, pois o interesse tutelado pela norma não é do próprio Ministério Público, mas sim da coletividade, que se sente mais protegida com a possibilidade de sua ação mais efetiva.

[221] A Garantia da Igualdade no Processo Civil frente ao Interesse Público. In *As Garantias do Cidadão no Processo Civil*. Sérgio Gilberto Porto (org.). Porto Alegre: Livraria do Advogado, 2004.

[222] Embargos de Divergência em RE 194.952-2/MG, Rel. Min. Ilmar Galvão. DJ: 19.04.2002.

definitivas, pois nesse momento processual o objeto litigioso já se estabilizou, não havendo mais espaço para alegações ou provas novas".[223]

Até a edição anterior desta obra, afirmávamos que o prazo em dobro para recorrer até ainda poderia ser tido como razoável, em face do interesse público usualmente encontrado nas demandas que contam com a participação dessas Instituições e das relativas dificuldades que alguns entes encontram para a proteção da sociedade.[224] Contudo, o mesmo já não se podia dizer acerca do prazo em quádruplo para contestar, que era manifestamente exagerado. Felizmente, o Novo CPC aboliu o prazo em quádruplo para contestar, oferecendo maior paridade de armas. Em breve, chegará o dia em que a maior parte das Procuradorias terá a estrutura necessária para o fiel desempenho de suas funções. Então, será o momento de também abolir o prazo dobrado para recorrer.

Nesse interregno, devem ser aplicados os arts. 180,[225] 183[226] e 186,[227] NCPC, quando garantem o prazo dobrado para recorrer, inclusive na forma adesiva.[228]

---

223 *Igualdade e processo*: posições processuais equilibradas e unidade do direito, p. 198. São Paulo: Revista dos Tibunais, 2015.

224 Outra explicação tradicional é oferecida pelo professor Egas Moniz Dirceu de Aragão: "embora constitua regalia, que o Anteprojeto tencionava abolir, em verdade a Administração Pública depende de um complicado e emperrado mecanismo burocrático, que não funciona com a rapidez necessária a possibilitar a seus advogados contestarem no prazo normal de 15 dias. A coleta de documentos e demais informações, necessários à defesa do Estado, consome tempo e exige paciência (...) As mesmas dificuldades, conquanto amenizadas, se apresentam à hora de a Fazenda Pública recorrer, o que explica a duplicação, apenas, do prazo". *Comentários ao CPC*, v. II, p. 108. 9. ed.

225 Art. 180: "O Ministério Público gozará de prazo em dobro para manifestar-se nos autos, que terá início a partir de sua intimação pessoal, nos termos do art. 183, § 1º. § 1º Findo o prazo para manifestação do Ministério Público sem o oferecimento de parecer, o juiz requisitará os autos e dará andamento ao processo. § 2º Não se aplica o benefício da contagem em dobro quando a lei estabelecer, de forma expressa, prazo próprio para o Ministério Público".

226 Art. 183: "A União, os Estados, o Distrito Federal, os Municípios e suas respectivas autarquias e fundações de direito público gozarão de prazo em dobro para todas as suas manifestações processuais, cuja contagem terá início a partir da intimação pessoal. § 1º A intimação pessoal far-se-á por carga, remessa ou meio eletrônico. § 2º Não se aplica o benefício da contagem em dobro quando a lei estabelecer, de forma expressa, prazo próprio para o ente público".

227 Art. 186. A Defensoria Pública gozará de prazo em dobro para todas as suas manifestações processuais. § 1º O prazo tem início com a intimação pessoal do defensor público, nos termos do art. 183, § 1º. § 2º A requerimento da Defensoria Pública, o juiz determinará a intimação pessoal da parte patrocinada quando o ato processual depender de providência ou informação que somente por ela possa ser realizada ou prestada. § 3º O disposto no caput aplica-se aos escritórios de prática jurídica das faculdades de Direito reconhecidas na forma da lei e às entidades que prestam assistência jurídica gratuita em razão de convênios firmados com a Defensoria Pública. § 4º Não se aplica o benefício da contagem em dobro quando a lei estabelecer, de forma expressa, prazo próprio para a Defensoria Pública".

228 Há precedente do Superior Tribunal de Justiça nesse sentido: "Processo Civil. Recurso Adesivo de pessoa jurídica de direito público que goza de prazo em dobro para interposição de qualquer recurso. Art. 188, CPC e art. 500, I, CPC, com a redação dada pela Lei nº 8.950/94. Recepção pela nova ordem Constitucional. Precedentes do Excelso Supremo Tribunal Federal. O art. 188 do Código de Processo Civil é expresso na admissão do prazo recursal em dobro para as pessoas jurídicas de direito público, embora não o faça para apresentação de contra-razões. Na verdade 'adesivo' é a modali-

Retornando ao tema em apreço, em que pese a clareza do dispositivo, algumas questões se colocam na vida prática dos profissionais, a começar pelo alcance do sentido normativo da expressão "Advocacia Pública". Tal termo englobaria toda a administração pública, quer direta quer indireta? Ou haveria alguma limitação na exegese da norma?

Egas Moniz Dirceu de Aragão considera que "a rigor, as duas divisões da Administração Pública, deveriam gozar das mesmas regalias". Contudo, tendo em mira o Decreto-Lei n. 200/67, com as alterações introduzidas pelo Decreto-Lei n. 900/69, que qualifica os órgãos da Administração Pública Indireta, apenas as autarquias – que permanecem com a personalidade de direito público – poderiam ser aquinhoadas com o benefício. As empresas públicas e as sociedades de economia mista, por serem pessoas jurídicas de direito privado, não teriam a mesma prerrogativa.[229] Nelson Nery Junior alcança idêntica conclusão recorrendo ao Decreto-Lei 7.659/45.[230]

À luz do NCPC, o benefício é garantido à União, aos Estados, ao Distrito Federal, aos Municípios e às suas respectivas autarquias e fundações de direito público. Logo, o critério anterior se mostrou correto, de sorte que o prazo ampliado é restrito às pessoas jurídicas de direito público. Por decorrência, as sociedades de economia mista, bem como as empresas públicas, não estão contempladas com a prerrogativa.[231]

6.6.5. Intimação da Advocacia Pública e do Ministério Público

O NCPC preconiza que a intimação da Advocacia Pública e do Ministério Público ocorra de forma pessoal, por carga, remessa ou meio eletrônico. Aparentemente, coloca fim a uma discussão frequente na vigência do Código anterior, qual seja a validade da intimação com recebimento dos autos no serviço administrativo destes órgãos. A questão era: quando começaria a contagem do prazo, da chegada dos autos à sede administrativa ou do efetivo recebimento dos autos pelo órgão do Ministério Público.

---

dade de interposição do recurso, e não uma outra espécie recursal. Por isso, que o recurso do autor Município é 'recurso de apelação', na modalidade 'adesiva', e para sua interposição, como de qualquer outro recurso, goza do privilégio de interposição no prazo dobrado". REsp 171.543/RS, 2ª T., Rel. Min. Nancy Andrighi. DJ: 22.05.2000, p. 97.

[229] Op. cit. p. 109.

[230] *Princípios do Processo Civil na Constituição Federal*, 8. ed. São Paulo: RT, 2004, p. 84.

[231] No Superior Tribunal de Justiça, quanto às empresas públicas: "FGTS. CAIXA ECONÔMICA FEDERAL. ART. 188 DO CPC. INAPLICABILIDADE. 1. A Caixa Econômica Federal, por ser uma empresa pública, não possui a prerrogativa disposta no art. 188 do Código de Processo Civil, segundo o qual deve ser concedido prazo em dobro para recorrer e em quádruplo para contestar quando for parte a Fazenda Pública ou o Ministério Público. 2. Recurso especial improvido". REsp 760.706/RS, 2ª Turma, Rel. Min. João Otávio de Noronha. DJ: 05.12.2006, p. 256. Quanto às sociedades de economia mista: "A sociedade de economia mista, dotada de personalidade jurídica de direito privado, integrante da administração pública indireta, não possui prazo em dobro para recorrer porque não integra o conceito de Fazenda Pública. Inaplicabilidade do art. 188 do CPC". (AgRg no REsp 655497/RS, 1ª Turma, Rel. Min. Denise Arruda. DJ: 14.12.2006, p. 253)

Discorreu sobre o tema o Min. Marco Aurélio: "dizer-se, sem previsão legal – e a tanto não equivale a intimação pessoal extensível ao Defensor Público –, que de nada adianta o recebimento formal do processo pelo setor administrativo do próprio órgão, do Ministério Público, mostra-se um privilégio descabido e, como todo privilégio, odioso, ferindo de morte o tratamento igualitário das partes, a isonomia, com total desprezo aos parâmetros do recurso, às preliminares deste, no que definido como um desdobramento da ação, como ônus processual, ou seja, meio sem o qual não é dado chegar a certo resultado. Assim sendo, o critério da oportunidade possui balizas rígidas inafastáveis pela parte, pouco importando a respeitabilidade de que goze no mundo do foro. Os tempos são outros, estando o Ministério Público suficientemente estruturado para agir a tempo e a modo, sem adoção de mecanismos à margem da ordem jurídica, adotando postura conflitante com o arcabouço normativo, potencializando a conveniência de cada qual dos integrantes, que passam a estabelecer, em drible nada exemplar, a oportunidade de detonação, de dar início ao peremptório – insista-se – prazo recursal. Com isso, o curso da dilação legal – e deixa de sê-lo, ao menos com a força cogente desejável – fica ao sabor da vontade de uma das partes, visão inconcebível, mitigando o objetivo que o justifica, ou seja, a característica de algo voltado à segurança jurídica do cidadão, da própria vida em sociedade. A defesa passa no cartório e fica ciente de que o processo está com vista ao Ministério Público, sem que isso se faça limitado no tempo. É a vista sem sujeição a prazo; é a vista a perder de vista. Não se pode levar a tanto a prerrogativa da intimação pessoal. Esta há de ser considerada como a distinguir-se da ficta, daquela decorrente da simples publicação de um ato no jornal oficial. Atende plenamente à citada prerrogativa a chegada do processo, devidamente formalizada, às dependências do Ministério Público, imaginando-se que o servidor público que passa o competente recibo esteja devidamente autorizado e que, a seguir, seja encaminhado o processo a quem de direito. Eis o enquadramento que mais corresponde aos anseios de justiça, à igualização que deve ser a tônica no tratamento das partes, sem subterfúgios, sem subjetividades acomodadoras, sem 'jeitinhos' que acabem por gerar enfoque contrário à sempre esperada isonomia. Dê-se ao artigo 798 do Código de Processo Penal interpretação consentânea com o sistema processual. Aliás, a intimação prevista na alínea *a* do § 5º desse artigo veio a merecer definição pedagógica com o advento da Lei Orgânica Nacional do Ministério Público. O inciso IV do artigo 41 da Lei nº 8.625/93 dispõe constituir prerrogativa do Ministério Público – e norma alguma encerra privilégio no sentido inadmissível da palavra – 'receber intimação pessoal em qualquer processo e grau de jurisdição, através (leia-se mediante) da entrega dos autos com vista', exatamente o que, na prática, ocorre, mas sem se conferir a finalidade própria. O Ministério Público – e não cabe interferir na organização administrativo-funcional existente – recebe o processo e, mesmo assim, ignora a eficácia do recebimento, armazenando-o para, futuramente, dizer da disposição de examiná-lo e de praticar o ato judicial que defina precise ser praticado".[232]

A orientação passou a ser adotada no Superior Tribunal de Justiça, ao argumento de que a intimação do Ministério Público "dos atos processuais, por meio da entrega dos autos com vista, considera-se realizada no momento do recebimento do processo pelo órgão, quando começa então a fluir o prazo para interposição de recurso, sendo irrelevantes, para esse fim, os trâmites internos aí realizados. Entendimento em sentido diverso, subordinando o início da fluência do prazo à aposição de 'ciente' pelo Promotor/Procurador, importaria deixar ao arbítrio de uma das partes a determinação do termo *a quo* do prazo".[233]

Nas edições anteriores, posicionamo-nos pelo acerto dessa posição, que é fortalecida pela redação do NCPC, art. 183, § 1º.

6.6.6. *Cômputo da tempestividade quando da interposição via fax*

A Lei nº 9.800/99 regula o uso do fax para a prática de atos processuais, incluindo-se dentre esses os recursos. Foi bastante utilizada na década de 2000, perdendo com a paulatina introdução do procedimento eletrônico parte de sua utilidade. No entanto, muitos profissionais ainda dela se valem, especialmente em Comarcas distantes dos tribunais nos quais tramitam os casos de seu interesse.

Parte-se do pressuposto de que o jurisdicionado se torna responsável pela qualidade e fidelidade do material transmitido, e por sua entrega posterior ao órgão judiciário (art. 4º), de forma que, na ausência de perfeita concordância entre o original remetido pelo fac-símile e aquele entregue em juízo, a lei inclusive prevê multa pela litigância de má-fé (art. 4º, parágrafo único).

Sua finalidade pode ser sintetizada pelo voto do Min. Luiz Fux: "a chegada de petições e documentos aos juízos ou tribunais por fax produz desde logo os efeitos que a entrega em cartório produziria, sendo dever dos

---

[232] O precedente assim ficou ementado: "Direito instrumental. Organicidade. As balizas normativas instrumentais implicam segurança jurídica, liberdade em sentido maior. Previstas em textos imperativos, hão de ser respeitadas pelas partes, escapando ao critério da disposição. Intimação pessoal. Configuração. Contrapõe-se à intimação pessoal a intimação ficta, via publicação do ato no jornal oficial, não sendo o mandado judicial a única forma de implementá-la. Processo. Tratamento igualitário das partes. O tratamento igualitário das partes é a medula do devido processo legal, descabendo, na via interpretativa, afastá-lo, elastecendo prerrogativa constitucionalmente aceitável. Recurso. Prazo. Natureza. Os prazos recursais são peremptórios. Recurso. Prazo. Termo Inicial. Ministério Público. A entrega de processo em setor administrativo do Ministério Público, formalizada a carga pelo servidor, configura intimação direta, pessoal, cabendo tomar a data em que ocorrida como a da ciência da decisão judicial. Imprópria é a prática da colocação do processo em prateleira e a retirada à livre discrição do membro do Ministério Público, oportunidade na qual, de forma juridicamente irrelevante, apõe o 'ciente', com a finalidade de, somente então, considerar-se intimado e em curso o prazo recursal. Nova leitura do arcabouço normativo, revisando-se a jurisprudência predominante e observando-se princípios consagradores da paridade de armas". STF – HC 83255/SP, 1ª T., Rel. Min. Marco Aurélio, DJU de 12/03/2004.

[233] REsp 868.881/DF, 1ª T., Rel. Min. Teori Zavascki, DJ: 30.10.2006, p. 262.

auxiliares da Justiça dar andamento ao processo e devendo o juiz realizar os atos que realizaria à vista dos originais (Lei n. 9.800, de 26.5.2001, art. 3º). Se houver um pedido de tutela urgente, será despachado com urgência, sem se esperar pela chegada do original. É indispensável que a transmissão seja de boa qualidade, para ser compreensível, correndo a parte o risco por eventuais defeitos e dificuldades de leitura (tal é o significado da qualidade do material transmitido, exigida no art. 4º da lei especial). Cessa a eficácia dos atos realizados por essa via eletrônica, se não for atendido o requisito do prazo, instituído pelo art. 2º, *caput*, da lei especial, e que termina cinco dias depois do vencimento normal (infra, n. 44). Isso significa que a parte tem o ônus de fazer chegar o original nesse prazo, sob pena de a petição transmitida perder eficácia e, consequentemente, revogar-se o que a propósito se houver decidido. Se a petição transmitida por fax for um recurso, ele se reputará não interposto. Naturalmente, a consolidação da eficácia do ato transmitido eletronicamente dependerá não somente da observância do prazo mas também da fidelidade da transmissão ao original (infra n. 45)".[234]

Alguns debates a respeito da melhor aplicação da lei foram sentidos na comunidade. No que toca à tempestividade, o art. 2º anunciou que "a utilização de sistema de transmissão de dados e imagens não prejudica o cumprimento dos prazos, devendo os originais ser entregues em juízo, necessariamente, até cinco dias da data de seu término". Nesse sentido, decide a jurisprudência que "o prazo de cinco dias determinado pelo artigo 2º da Lei nº 9.800/1999 forma um todo com o prazo próprio do recurso, de modo que os originais devem vir no quinquídio subsequente ao termo final para a interposição do recurso, ainda que não tenha havido expediente forense no dia do seu término".[235]

Mais recentemente, à luz do processo eletrônico, decidiu o Superior Tribunal de Justiça que "os originais do recurso transmitido via fac-smíle serão recebidos e processados exclusivamente de forma eletrônica", com amparo na Resolução n. 14/2013, art. 10.[236]

6.6.7. *A invalidade da intimação na pessoa do estagiário*

Uma das figuras mais presentes no cotidiano forense é certamente o estagiário. Em não raras oportunidades, mercê de seu afinco na formação teórica

[234] AgRg naAR 3.577-PE, j. 13/6/2007.

[235] EDcl no AgRg no AREsp 543.680/MG, 3. T., Rel. Min. Ricardo Villas Boas Cueva, j. 15/10/2015. DJe 20.10.2015.

[236] "AGRAVO REGIMENTAL NO AGRAVO EM RECURSO ESPECIAL. PETIÇÃO ENVIADA VIA FAC-SÍMILE. PETIÇÃO FÍSICA. RECUSA. RESOLUÇÃO/STJ N. 14/2013. ORIGINAIS NÃO APRESENTADOS DE FORMA ELETRÔNICA DENTRO DO PRAZO RECURSAL. INTEMPESTIVIDADE. I – Os originais do recurso transmitido via fac-smíle serão recebidos e processados exclusivamente de forma eletrônica (Resolução n. 14/2013, art. 10). II – Interposta a petição via fac-símile, os originais devem ser protocolados até 05 dias da data final do prazo recursal, sob pena de não conhecimento do recurso por intempestivo. III – Agravo Regimental não conhecido". (AgRg no AREsp 322.526/BA, 1. T., Rel. Min. Regina Helena Costa, j. 05/02/2015. DJe 13/02/2015)

e prática, o estudante da graduação acompanha a tramitação dos processos e inclusive auxilia os profissionais da advocacia na condução dos feitos, bem como os julgadores na elaboração de minutas de decisões. Contando o país com um expressivo número de faculdades de Direito, muitas das quais sem um padrão mínimo de excelência acadêmica, os estagiários também acompanham essa evolução.

Paralelamente a este fenômeno, sabe-se que, no direito processual, todo ato deveria ter uma finalidade. O formalismo prescrito pode ser entendido como um meio seguro de se alcançar o escopo de cada ato, de forma a proteger os jurisdicionados. Em razão desse princípio básico de direito processual, pelo qual se reputa válido o ato, desde que sua finalidade tenha sido conseguida (e desde que não tenha havido agressão às garantias das partes, agregaríamos), desenvolve-se na jurisprudência a teoria da aparência, especialmente quando se debate a comunicação dos atos processuais.

Inicialmente, os precedentes reconheceram a validade da citação quando efetuada na pessoa de funcionário diverso daquele que detém os poderes de representação da empresa, presumindo que o receptor transmita as informações a quem de direito. Paulatinamente, a teoria da aparência foi evoluindo, admitindo-se também como prova de uma "ciência inequívoca" a retirada dos autos em cartório, o protocolo de petição manifestando-se quanto à determinada decisão e outras formas que induziam a convicção no conhecimento dos atos processuais.

Desta forma, muito se debate acerca da intimação realizada na pessoa do estagiário. Estaria ela em consonância com o sistema? E, ainda, a ciência inequívoca poderia brotar de um comportamento adotado pelo estudante que também recebeu poderes da parte? Alguns Tribunais entendem que sim e admitem a relevância jurídica de atos praticados por estagiários, como, por exemplo, praticar a popular "carga rápida", para fazer incidir a teoria da ciência inequívoca.[237]

---

[237] Nesse sentido: "Agravo interno. Decisão Monocrática que negou seguimento ao Recurso de Agravo de Instrumento. Ausência de demonstração de impossibilidade de julgamento monocrático pelo relator. Inteligência do art. 557, *caput*, do CPC. Decisão em consonância com a jurisprudência dominante deste Tribunal. Suficiência. Agravo de Instrumento Intempestivo. Ciência inequívoca da decisão, ante a retirada dos autos em carga. Ato realizado pelo estagiário. Irrelevância. Decisão. Tribunal de Justiça do Estado do Paraná Mantida. Recurso Conhecido e não provido". TJPR – 14ª C.C 941108-5/01 – Maringá – Rel: Celso Jair Mainardi – Unânime J. 22.08.2012; "Processo Civil. Pretensão de ver modificada a decisão monocrática, ratificada em embargos de declaração, que negou seguimento ao recurso de apelação manifestado pelo agravante, por intempestividade. Conclusão de que a retirada dos autos em carga, por estagiário autorizado pelo advogado constituído nos autos, configura ciência inequívoca da sentença e, como tal, hábil ao inicio do cômputo do prazo recursal. Decisão Mantida. Entendimento jurisprudencial pacífico deste Tribunal. Se a retirada dos autos em carga pelo advogado constituído nos autos configura ciência inequívoca da sentença para fins de início docômputo do prazo recursal, diferente não pode ser o entendimento para o estagiário de Direito, que realiza o ato em nome daquele, agindo como se fosse ele próprio. Entendimento em contrário importaria em violar o princípio da isonomia processual, favorecendo uma parte em detrimento da outra. Agravo Inominado conhecido e não provido". TJPR, 14ª C.C 753005-6/03-Goioerê, Rel: Edgard Fernando Barbosa – Unânime J. 15.02.2012.

Data venia, a melhor interpretação deriva do próprio Estatuto da Ordem dos Advogados, o qual apenas autoriza o estagiário a auxiliar o profissional habilitado na prática dos atos. No direito brasileiro, a regra geral é clara no sentido de que não existe a autorização para que o ato processual seja praticado isoladamente pelo acadêmico. A atuação do estagiário se dá em sintonia com o § 2º do art. 3º da Lei 8.906/94, isto é: "em conjunto com o advogado e sob responsabilidade deste".

Ao se admitir a teoria da ciência inequívoca, deveríamos presumir que o advogado responsável pela condução do processo teve ciência do teor da decisão judicial no mesmo dia em que o estagiário extraiu a cópia, o que não parece ser verossímil. Na maior parte das vezes, esta comunicação ocorre alguns dias após, tornando impossível apontar, ao certo, quando ela se deu.

Logo, em nome da segurança jurídica, não deve ser aproveitada a teoria da aparência nessas hipóteses, sob pena de se oferecer ao estagiário um poder que a própria lei lhe veda.[238]

6.7. Adequada motivação (a dialeticidade)

Como visto no capítulo dedicado ao estudo dos princípios do sistema recursal, em linha de princípio, todos os recursos devem ser fundamentados (incidência do princípio da motivação). É que o recurso existe para atender uma exigência da parte sucumbente, mas também para propiciar ao Judiciário controlar a qualidade de seus julgados. O procedimento recursal tem o seu êxito determinado pela adequada discussão quanto à correção dos argumentos trazidos pela decisão recorrida. De um lado, o recorrente irá criticá-lo, induzindo a Corte a preteri-los. De outro, estará o recorrido, esgrimindo as críticas levantadas pela parte sucumbente, na esperança de manter o julgado que lhe foi favorável.

Este contraditório sadio, quanto ao acerto ou equívoco da decisão, é que determina o sucesso da via recursal. Por decorrência, se a motivação do recurso se divorciar da fundamentação do provimento, o trabalho de análise também é comprometido.[239]

---

[238] AgRg no Ag 1297349/SP, 1. T., Rel. Min. Teori Zavascki. DJe: 01/07/2010. No mesmo sentido: "PROCESSUAL CIVIL. RECURSO ESPECIAL. ESTAGIÁRIO. RETIRADA DOS AUTOS. CIÊNCIA INEQUÍVOCA NÃO DEMONSTRADA. PRAZO RECURSAL. 1. Considerando o entendimento do STJ de que os atos praticados por estagiário de direito só são válidos quando realizados em conjunto com advogado regularmente constituído e não demonstrado, de forma inequívoca, que o advogado havia se certificado em cartório do teor da sentença, há de se considerar como termo inicial do prazo para interposição do recurso de apelação a data da publicação da decisão, nos termos do que dispõe o art. 236 do CPC. 2. Recurso especial provido". (REsp 510468/SP, 2ª T., Rel. João Otávio de Noronha. DJ: 07.02.2007, p. 275)

[239] Por ilustração: "Recurso de Apelação Cível. Ação de Consignação em Pagamento. Sentença Extintiva. Ausência de Dialeticidade das razões Recursais. Pressupostos de admissibilidade da regularidade formal não preenchido (art. 514, II, do CPC). Matéria Versada na Inicial. Ofensa ao princípio

No Novo Código de Processo Civil, inúmeros dispositivos registram este pressuposto, aplicável a todos os recursos. Colha-se, por oportuno, o exemplo do art. 932, III, (o Relator não conhecerá de recurso que não tenha impugnado especificamente os fundamentos da decisão recorrida).

Desde as edições anteriores, defendemos a existência desta específica condição de admissibilidade, uma vez que este método de debate propicia que as funções desempenhas pelos recursos no processo sejam atingidas, a saber: (a) permitir ao próprio Estado o controle da qualidade de seus julgados, com a colaboração das partes, (b) melhorar a situação do próprio interessado, com a análise das razões que o levam a insurgir-se frente à decisão, (c) formar a jurisprudência, etc.

A ausência de fundamentação, ou a motivação deficiente, leva ao não conhecimento do recurso, pela incidência de diversos enunciados, como o de nº 284 do Supremo Tribunal Federal: "é inadmissível o recurso extraordinário, quando a deficiência na sua fundamentação não permitir a exata compreensão da controvérsia".[240] Assinala a jurisprudência que não basta a mera crítica vaga da decisão recorrida, tampouco a transcrição de normas legais ou peças processuais pretéritas, reproduzindo-se os argumentos repelidos pelo provimento vesgastado.[241] Situações como essas, conquanto presentes no cotidiano forense, levam ao não conhecimento do recurso, por vício de motivação imputável ao próprio interessado. Reiterada jurisprudência veda

---

da Dialeticidade. Recurso não conhecido. A ausência de *dialeticidade* provoca a impossibilidade de conhecimento do recurso que, em concreto, encontra perfeita adequação, na medida em que a apelação acostada, embora revelando sua intenção pela procedência da ação principal, deixou de evidenciar os fundamentos jurídicos pelos quais a decisão atacada merece reforma, impedindo à instância ad quem presumir suas razões". (TJMT, C.C., Ap 148618/2013, 5ª T., Desa. Cleuci Terezinha Chagas Pereira da Silva, j. 09.04.2014. DJE: 15.04.2014)

[240] Nesse sentido: "Processual civil. Embargos de declaração. Art. 535 do CPC. Ausência dos pressupostos. Alínea a. Deficiência na fundamentação. Impossibilidade da exata compreensão da controvérsia. Aplicação da súmula 284/STF. Embargos de declaração rejeitados. I – Os embargos de declaração devem atender aos seus requisitos, quais sejam, suprir omissão, contradição ou obscuridade, não havendo qualquer um desses pressupostos, rejeitam-se os mesmos. II – A mera alusão ao malferimento de legislação federal, sem particularizar o gravame ou descompasso na sua aplicação, não enseja a abertura da via Especial. Desta forma, inviável a admissão do apelo com base na alínea a. Aplicável, à espécie, o verbete Sumular 284/STF, verbis: 'É inadmissível o recurso extraordinário, quando a deficiência na sua fundamentação não permitir a exata compreensão da controvérsia'. III – Embargos de declaração rejeitados". (STJ, 5ª T., Rel. Min. Gilson Dipp, Edcl no AgRg no Ag 657.201/RJ, j. 04.08.2005. DJ: 29.08.2005, p. 411)

[241] Elucidativo trecho de voto proferido pelo Min. Teori Zavascki no Recurso Especial nº 727.178/PR: "No que toca ao primeiro recurso especial interposto, a recorrente limitou-se a citar os dispositivos legais tidos por violados, sem, contudo, especificar como cada um teria sido ofendido pelo aresto atacado, aspecto que faz incidir, na espécie, o comando da Súmula 284/STF, a seguir transcrito: 'Súmula 284. É inadmissível o recurso extraordinário, quando a deficiência na sua fundamentação não permitir a exata compreensão da controvérsia'. Com efeito, a recorrente apenas indica no cabeçalho de um dos tópicos de sua peça recursal uma série de dispositivos tidos por violados sem, contudo, demonstrar como o acórdão recorrido teria negado vigência ou aplicado equivocadamente seus comandos legais, atendo-se apenas a citar precedentes e transcrever trechos de outros julgados que considera contrários ao entendimento adotado pelo Tribunal *a quo*".

o conhecimento de recursos com fundamentação dissociada, discrepante ou divorciada da decisão vergastada.[242]

Nessa linha, é absolutamente correta a exigência de que as razões do recurso guardem estreita relação com o ato judicial impugnado, pois a própria finalidade dos recursos é permitir ao cidadão criticar os provimentos públicos. Visualizado o procedimento recursal, as razões recursais que transcrevem manifestação pretérita carecem de atualidade, tornando inepta a petição de insurgência.[243] Como ponderou o magistrado Luiz Antonio Bonat, "o princípio da dialeticidade exige que os recursos sejam fundamentados, com a exposição dos motivos de fato e de direito que justificam a reforma da decisão recorrida (...) a mera apresentação de cópia da petição inicial como razões de apelação não atende ao requisito insculpido no art. 514, II, do CPC".[244]

Uma ideia desse espírito é oferecida pelo Enunciado nº 182 do Superior Tribunal de Justiça, quando considera inviável o manejo do agravo previsto no art. 545 do CPC, quando o recorrente "deixa de atacar especificamente os fundamentos da decisão agravada". Em todas essas situações, o recorrente perde uma excelente oportunidade de levar o debate ao órgão *ad quem*, pela sua própria incúria. Por tal motivo, restando prejudicado o debate na instância recursal, correto o juízo negativo de admissibilidade.

6.8. Preparo no novo Código de Processo Civil

Dentro da divisão de responsabilidades para a prestação da poder jurisdicional, cumpre aos cidadãos adiantarem as custas necessárias para o desenvolvimento da relação processual. Ao final, a sentença condenará o su-

---

[242] Nesse sentido: "Agravo de Instrumento. Necessidade de correlação entre as razões do recurso e a decisão agravada. Agravante que não aponta o desacerto praticado pelo magistrado. Ofensa ao princípio da Dialeticidade. Inteligência do art. 524, I e II, DO CPC. Ausência de regularidade formal. Recurso de Agravo de Intrumento que não ser conhece por ser manifestamente inadimissivel 1.Trata-se de Agravo de Instrumento sob nº 1.429.445-0, de Londrina – PR – 7ª Vara Cível, interposto da decisão que nos autos de nº 347/2008 rejeitou a impugnação ao cumprimento de sentença por entender que a matéria nela discutida já está preclusa. O agravante pugna pela reforma da decisão alegando excesso na execução, em razão de que há equívoco no cálculo realizado pelo Contador, homologado pelo Juízo.Requereu concessão de efeito suspensivo". (TJPR, 11. C.C. Rel. Des. Silgurd Roberto Bengtsson, AI 1429445-0, j. 29.09.2015. DJe 02.10.2015).

[243] O Egrégio Tribunal Regional Federal da 4ª Região já se pronunciou no sentido da analogia com o art. 295, CPC, que disciplina a inépcia da petição inicial: "Tributário. Processo civil. Inépcia da petição recursal. Razões de apelo dissociadas da sentença. 1. Em consonância com os ditames trazidos pelo princípio da dialeticidade, todo recurso deve trazer em seu bojo as razões que embasam a oposição à decisão recorrida, o que implica, por conseguinte, o não-conhecimento do recurso se este não contiver os fundamentos do pedido de reforma ou cassação da decisão vergastada. 2. Em não sendo possível colher qualquer impugnação direta à sentença e seus fundamentos, não pode ser admitido o recurso, e isso até mesmo por uma aplicação analógica do artigo 295, parágrafo único, inc. II, do Código de Processo Civil. 3. Recurso de Apelação não conhecido". TRF4, AMS 2005.71.07.006428-5, 1ª T., Relator Joel Ilan Paciornik, DJ 08/11/2006.

[244] TRF4, AMS 2007.72.00.005336-4, 5ª T., Relator Luiz Antonio Bonat, D.E. 05/10/2007.

cumbente a ressarcir o vitorioso. Esta é a regra geral do nosso modelo de custeio do Judiciário.

Àqueles que comprovam impossibilidade de sustento do processo, é oferecido o benefício da Assistência Judiciária Gratuita (Lei 1.060/50), que é uma das inúmeras manifestações do ideal constitucional de livre acesso à justiça. A amplitude da assistência jurídica é bem apreendida na lição do professor Angelo Giannakos "podemos considerar que esta determinação – assistência jurídica – além de estabelecer o ingresso em juízo, propõe também uma assistência preventiva pré-judiciária. A assistência jurídica é o gênero, e a assistência judiciária é parte dela, compreendendo também à assistência pré-judiciária e a extrajudicial ou extrajudiciária. Tanto assim é que a atual Constituição brasileira, em seu art. 5º, inciso LXXIV, prevê que o '*O Estado prestará assistência judiciária...*'. Distingue-se justiça gratuita, que é a dispensa do pagamento das custas e taxa judiciária, e assistência judiciária, sendo esta a prestação gratuita de serviços da advocacia forense. A Constituição Federal garante aos hipossuficientes mais do que justiça gratuita e assistência judiciária que compreende a prestação de outros serviços de advocacia, como consultas, pareceres e assistência jurídica extrajudicial".[245]

Permanece a preocupação do direito com a realização do acesso à justiça no tópico dos recursos. A sua maioria exige preparo. Contudo, não é justo ou lícito que as pessoas tenham de se privar dos recursos necessários para uma sobrevivência digna, para custear a máquina judiciária. Daí a isenção de preparo, derivada da concessão da popular AJG.

Quanto ao preparo, ele foi alvo de novo regramento pelo CPC/2015. Atuamente, é disciplinado no art. 1.007, quando reza: "No ato de interposição do recurso, o recorrente comprovará, quando exigido pela legislação pertinente, o respectivo preparo, inclusive porte de remessa e de retorno, sob pena de deserção. § 1º São dispensados de preparo, inclusive porte de remessa e de retorno, os recursos interpostos pelo Ministério Público, pela União, pelo Distrito Federal, pelos Estados, pelos Municípios, e respectivas autarquias, e pelos que gozam de isenção legal. § 2º A insuficiência no valor do preparo, inclusive porte de remessa e de retorno, implicará deserção se o recorrente, intimado na pessoa de seu advogado, não vier a supri-lo no prazo de 5 (cinco) dias. § 3º É dispensado o recolhimento do porte de remessa e de retorno no processo em autos eletrônicos. § 4º O recorrente que não comprovar, no ato de interposição do recurso, o recolhimento do preparo, inclusive porte de remessa e de retorno, será intimado, na pessoa de seu advogado, para realizar o recolhimento em dobro, sob pena de deserção. § 5º É vedada a complementação se houver insuficiência parcial do preparo, inclusive porte de remessa e de retorno, no recolhimento realizado na forma do § 4º. § 6º Provando o recorrente justo impedimento, o relator relevará a pena de deserção, por decisão irrecorrível, fixando-lhe prazo de 5 (cinco) dias para efetuar o preparo. § 7º O equívoco no preenchimento da guia de custas não implicará a aplicação da pena de

---

[245] *Assistência judiciária no direito brasileiro*, Porto Alegre: Livraria do Advogado, 2008, p. 43.

deserção, cabendo ao relator, na hipótese de dúvida quanto ao recolhimento, intimar o recorrente para sanar o vício no prazo de 5 (cinco) dias".

Em comum, observa-se uma atenuação do formalismo que historicamente envolve a matéria.[246] A alteração merece o nosso aplauso. Trata-se de um alívio para o jurisdicionado e seus procuradores. Em edições anteriores, havíamos alertado para o excesso de formalismo da prática judicial.

Podemos assim sintetizar as seguintes regras a respeito do tema: (1) a advocacia pública está dispensada do preparo, o que é salutar, em nossa visão; (2) quando insuficiente o preparo realizado, inclusive porte de remessa e de retorno, deve o recorrente ser intimado para em 5 dias complementá-lo, sob pena de deserção; (3) não é exigível o recolhimento do porte de remessa e de retorno no processo em autos eletrônicos; (4) mesmo que o recorrente não comprove a realização do preparo no ato de interposição, ele será intimado para realiza-lo em dobro, sob pena de deserção; (5) o benefício da complementação ou da realização em dobro só é oferecido em uma oportunidade; (6) provado "um justo impedimento", deve o magistrado oferecer 5 dias de prazo para a sua realização posterior; (7) meros equívocos no preenchimento de guias de custas não implica a aplicação da pena de deserção, mas sim a correção posterior do vício.

Por fim, uma situação frequente em nossas Cortes ocorre quando a parte, após tomar conhecimento de decisão prejudicial a seus interesses, formula o requerimento de Assistência Judiciária Gratuita nas razões recursais. O tema foi disciplinado no NCPC, em seu art. 99, § 7º: "requerida a concessão de gratuidade da justiça em recurso, o recorrente estará dispensado de comprovar o recolhimento do preparo, incumbindo ao relator, neste caso, apreciar o requerimento e, se indeferi-lo, fixar prazo para realização do recolhimento".

6.9. Regularidade formal (ainda: o recurso sem assinatura do advogado ou interposto por advogado sem procuração nos autos)

Ademais dos pressupostos acima analisados, convivem no sistema de admissibilidade dos recursos cíveis outros requisitos que também devem ser

[246] Por ilustração: "o recolhimento do preparo em guia diversa daquela prevista na resolução em vigor no momento da interposição do recurso conduz ao reconhecimento da deserção" (AgRg no Ag 1.368.559/SC, 4. T., Rel. Min. Raul Araújo, DJe de 21/3/2011; "não se pode considerar cumprido o requisito do art. 511 do CPC se não consta dos autos a guia do efetivo pagamento do porte de remessa e retorno do apelo especial, mas tão somente o comprovante do respectivo agendamento, que traz em si a advertência de que não representa a efetiva quitação da transação" (AgRg no AREsp 162.816, AP, Rel. Min. Sérgio Kukina. Dje: 15.04.2013); "Conforme a Súmula nº 187 do Superior Tribunal de Justiça, "é deserto o recurso interposto para o Superior Tribunal de Justiça quando o recorrente não recolhe, na origem, a importância das despesas de remessa e retorno dos autos". (AgRg no AREsp 630.583/ES, 1. T., Rel. Min. Marga Tessler. DJe 10/04/2015)

observados pela parte. Tarefa difícil, senão impossível, é enumerá-los exaustivamente, uma vez que a rubrica "regularidade formal" abriga extenso rol de condições a serem satisfeitas nos recursos.

Uma das hipóteses mais frequentes é a falta de assinatura do advogado na peça recursal. Historicamente, as Cortes de Brasília resistem a admitir a correção do vício. Como assinala o Min. Roberto Barroso, "o Supremo Tribunal Federal possui jurisprudência pacífica no sentido de considerar inexistente o recurso não assinado pelo procurador do recorrente", ademais "é firme o entendimento desta Corte de que não é aplicável ao recurso extraordinário a norma inscrita no art. 13 do CPC".[247] Não se trata de decisão isolada.[248] Contudo, nem sempre foi assim. O próprio Supremo Tribunal Federal, de seu turno, registrava precedentes autorizando o saneamento, inclusive em grau extraordinário, valorizando os princípios da instrumentalidade e da finalidade (AgRg no AI 519.125; AgRg no RE 363.946).[249]

Na mesma linha, o Superior Tribunal de Justiça admite a correção da irregularidade apenas na instância ordinária, reputando, em contrapartida, inexistente o recurso na via especial (AgRg no Ag 755.154; AgRg no REsp 652.308). Na visão da Corte: 3. Os recursos encaminhados às instâncias extraordinárias sem a devida assinatura são considerados inexistentes, sendo impossível, nesta instância, a abertura de prazo para regularização.[250]

Como já destacado desde a primeira edição desta obra, em nosso sentir, quando inexiste dúvida séria quando à autenticidade da peça, não há razão lógica para se vedar a correção, sob pena de injustificada denegação de jus-

---

247 "AGRAVO REGIMENTAL EM AGRAVO DE INSTRUMENTO. AUSÊNCIA DE ASSINATURA NA PEÇA RECURSAL. AGRAVO REGIMENTAL INEXISTENTE. PRECEDENTES. O Supremo Tribunal Federal possui jurisprudência pacífica no sentido de considerar inexistente o recurso não assinado pelo procurador do recorrente. Precedentes. Ademais, é firme o entendimento desta Corte de que não é aplicável ao recurso extraordinário a norma inscrita no art. 13 do CPC. Precedentes. Agravo regimental não conhecido. STF AI 780441 AgR, 1ª T., Rel. Min. Roberto Barroso, j. 22/10/2013. DJe-228, 19.11.2013, p. 20.11.2013.

248 "Agravo regimental no recurso extraordinário com agravo. Recurso extraordinário. Ausência de assinatura original. Recurso inexistente. Intempestividade. Precedentes. 1. É pacífica a jurisprudência do Supremo Tribunal Federal no sentido de se considerar inexistente o recurso sem a assinatura original do advogado. 2. Não foi observado o prazo de 15 dias para a interposição do recurso extraordinário na origem, conforme estabelece o art. 508 do Código de Processo Civil. 3. É pacífica a jurisprudência do Supremo Tribunal Federal de que a tempestividade do recurso extraordinário deve ser aferida a partir da data de recebimento da petição recursal no protocolo do tribunal competente, sendo irrelevante para esse fim a data da postagem do recurso junto à Empresa Brasileira de Correios e Telégrafos (EBCT). 4. Agravo regimental não provido". (STF, ARE 897577-AgR, 2ª T., Rel. Dias Toffoli, j. 22.09.2015. DJe-210, 20.10.2015, p. 21-10-2015)

249 Ementa: "Agravo Regimental em Agravo de Instrumento. 2. Ausência de assinatura do advogado constituído nos autos. 3. Advogado com procuração nos autos. Inexistência de dúvida quanto à identificação do advogado que vinha atuando no processo. Erro material. 4. Necessidade de revisão de "jurisprudência defensiva". 5. Agravo provido" (AI 519125 AgR, 2. T., Rel. Min. Joaquim Barbosa, Rel. p/ acórdão: Min. Gilmar Mendes, j. 12/04/2005, DJ: 05.08.2005, p. 94, ement. vol. 02199-22 PP-04390 RB v. 17, n. 505, 2005, p. 45)

250 AgRg no AREsp 378.560/RJ, 6ª T., Rel. Min. Rogério Schietti Cruz, j. 01/10/2015. DJe 27/10/2015.

tiça.[251] Consoante o NCPC, o advogado pode postular em juízo, sem procuração, para evitar a preclusão. Já foi assinalado na obra que uma das funções dos recursos é justamente retardar a preclusão, de sorte que a exceção legal milita em favor do recorrente.[252]

O tema ganhou maior importância com a introdução do processo eletrônico, na medida em que os advogados, paulatinamente, vêm se habituando a esta nova técnica, que é idealizada para facilitar (e não perturbar) o acesso à justiça. É correto afirmar que a certificação digital é, atualmente, um meio idôneo para garantir a autenticidade das peças, razão pela qual é de todo conveniente que os advogados dela se utilizem. Ela não se confunde com a assinatura digitalizada.[253]

O problema prático surge a partir do fato de que, até o momento, nem todos os advogados gozam da certificação digital. Muitos causídicos recorrem a conhecidos, com o fim de viabilizar o protocolo de peças eletrônicas. Nesses casos, embora a petição tenha sido redigida pelo advogado que possui procuração nos autos, ela é ao final protocolada pelo colega que não possui. Nesses casos, o Superior Tribunal de Justiça vem exigindo absoluta correspondência, porquanto a certificação digital é ato pessoal e intransferível, reputando assim inadmissíveis os recursos interpostos por profissionais sem procuração nos autos.[254] A situação torna-se ainda mais grave, com a incidên-

---

[251] Correto o seguinte precedente: "AGRAVO REGIMENTAL. ALEGADA AUSÊNCIA DE ASSINATURA, FORMALIDADE ESSENCIAL À EXISTÊNCIA DO RECURSO EXTRAORDINÁRIO. No caso dos autos, as páginas da peça recursal se encontram rubricadas pelo procurador da recorrente. Demais disso, a falta de assinatura do recurso extraordinário ocorreu por evidente erro material. É que a peça foi escrita em papel timbrado do escritório do profissional da advocacia que, desde o início, oficiou no processo. Noutros termos, inexiste dúvida quanto à identificação do advogado que vinha atuando no feito, até mesmo pelo seu particularizado estilo redacional. Precedentes: AI 496.967-AgR, Relator Ministro Marco Aurélio; AI 519.125-AgR, Relator para o acórdão Ministro Gilmar Mendes. Agravo regimental desprovido". STF, RE 363946-AgR, 1ª T., Rel. Min. Carlos Britto, j. 28.11.2006. DJ: 20.04.2007, pp. 93. Ement, v. 2272-02, pp. 408.

[252] Quanto ao ponto, reza o art. 104, NCPC: "O advogado não será admitido a postular em juízo sem procuração, salvo para evitar preclusão, decadência ou prescrição, ou para praticar ato considerado urgente. § 1º Nas hipóteses previstas no caput, o advogado deverá, independentemente de caução, exibir a procuração no prazo de 15 (quinze) dias, prorrogável por igual período por despacho do juiz. § 2º O ato não ratificado será considerado ineficaz relativamente àquele em cujo nome foi praticado, respondendo o advogado pelas despesas e por perdas e danos".

[253] Nesse sentido: "A assinatura digitalizada – ou escaneada –, por se tratar de mera inserção de imagem em documento, não se confunde com a assinatura digital baseada em certificado digital emitido por Autoridade Certificadora credenciada, prevista no art. 1º, § 2º, III, a, da Lei n. 11.419/2006. Com efeito, a inserção de assinatura escaneada em determinado documento, obtida a partir de outro documento original, não confere nenhuma garantia quanto à sua autenticidade em relação ao signatário." (AgRg no AREsp 471037/MG, 4ª T. Rel. Min. Luis Felipe Salomão, j. 27.05.2014. DJe 03/06/2014)

[254] "AGRAVO REGIMENTAL NO AGRAVO (ARTIGO 544 DO CPC) – AÇÃO DE CUMPRIMENTO DE OBRIGAÇÃO DE NÃO FAZER C/C REPARAÇÃO DE DANOS – DECISÃO MONOCRÁTICA NEGANDO SEGUIMENTO AO APELO EXTREMO – INSURGÊNCIA RECURSAL DA AUTORA. 1. A certificação digital é ato pessoal e intransferível, portanto a assinatura digital constante da petição do recurso deve corresponder a advogado com procuração nos autos, sob pena de incidência do enunciado n. 115 da Súmula do STJ. 2. Hipótese em que o advogado titular do certificado digital,

cia da súmula 115 da Corte, a qual reputa inexistente o recurso interposto por advogado sem procuração nos autos, vício que, na visão da Corte, é insanável com a juntada posterior.

Em nosso sentir, trata-se de um formalismo exacerbado e que, neste momento histórico, deveria ser revisto. É fato que os profissionais estão ainda se habituando com o processo eletrônico e, muitas vezes, por não ter o conhecimento de orientações pontuais praticam atos com os olhos voltados aos processos físicos. Esta realidade deveria ser considerada e, a fim de viabilizar o acesso à justiça, é recomendável admitir a correção de vícios, quando estes não se mostrem graves.

A este respeito, o Novo CPC preconiza nos artigos 932, parágrafo único, e 1029, § 3º, o saneamento dos vícios, antes do decreto de inadmissibilidade, razão pela qual consideramos prudente a revisão da jurisprudência das Cortes acerca do destino dos recursos interpostos por advogados sem procuração nos autos ou quando ausente a assinatura.[255]

---

utilizado para assinar a transmissão eletrônica do agravo regimental, não possui instrumento de procuração nos autos. Recurso inexistente. Incidência da Súmula 115 do STJ. Vício não sanável por juntada posterior de mandato ou substabelecimento, uma vez inaplicável o disposto no artigo 13 do CPC na instância extraordinária. Precedentes. 3. Agravo regimental não conhecido". (AgRg no AREsp 286.636/SP, 4. T., Rel. Min. Marco Buzzi, j. 13.10.2015. DJe 21/10/2015)

[255] Art. 932: "Incumbe ao relator: (...) Parágrafo único. Antes de considerar inadmissível o recurso, o relator concederá o prazo de 5 (cinco) dias ao recorrente para que seja sanado vício ou complementada a documentação exigível". Art. 1.029: "O recurso extraordinário e o recurso especial, nos casos previstos na Constituição Federal, serão interpostos perante o presidente ou o vice-presidente do tribunal recorrido, em petições distintas que conterão: (...) § 3º O Supremo Tribunal Federal ou o Superior Tribunal de Justiça poderá desconsiderar vício formal de recurso tempestivo ou determinar sua correção, desde que não o repute grave".

Segunda Parte
Recursos Ordinários

1. Apelação

1.1. Cabimento

Apelação, dentro do sistema brasileiro, é o recurso por excelência. Encontra-se presente tanto nos procedimentos civis, quanto nos criminais e até mesmo nos trabalhistas, embora nesta sede atenda por recurso ordinário.[256] Está presente na maioria dos sistemas de origem *civil law*.

Por ilustração, em um passeio aleatório por três continentes, verifica-se que o Código de Direito Processual da Província de Buenos Aires admite o apelo nos arts. 242-253.[257] O *Code de Procédure Civile et Administrative*

[256] Nesta seara, está previsto no art. 895 da CLT, cumprindo as funções desempenhadas pela apelação no processo civil. Em face das inúmeras semelhanças entre os recursos, qualificada doutrina sugere inclusive que a redação da Consolidação das Leis Trabalhistas seja alterada para incorporar o apelo no rol dos meios de impugnação. A posição de Carlos Henrique Bezerra Leite bem expressa essa corrente: "à luz da teoria geral do processo, pode-se dizer que o recurso ordinário previsto na CLT corresponde ao recurso de apelação tratada no Código de Processo Civil, na medida em que diversos aspectos são comuns a ambos". *Curso de Direito Processual do Trabalho*, 3. ed. São Paulo: LTr, 2005, p. 559.

[257] "Articulo 242°: Procedencia. El recurso de apelación, salvo disposición en contrario procederá solamente respecto de: 1°) Las sentencias definitivas. 2°) Las sentencias interlocutorias. 3°) Las providencias simples que causen un gravamen que no pueda ser reparado por la sentencia definitiva. Articulo 243°: Formas y efectos. El recurso de apelación será concedido libremente o en relación; y en uno u otro caso, en efecto suspensivo o devolutivo. El recurso contra la sentencia definitiva en el juicio ordinario y en el sumario, será concedido libremente. En los demás casos, sólo en relación. Procederá siempre en efecto suspensivo, a menos que la ley disponga que lo sea en el devolutivo. Los recursos concedidos en relación, lo serán, asimismo, en efecto diferido, cuando la ley así lo disponga. Articulo 244°: Plazo. No habiendo disposiciones en contrario, el plazo para apelar, será de 5 días. Articulo 245°: Forma de interposición del recurso (...); Articulo 246°: Apelación en relación (...); Articolo 247°: Efecto diferido. La apelación en efecto diferido se fundará, en los juicios ordinarios y sumarios en la oportunidad del artículo 255°, y en los procesos de ejecución, conjuntamente con la interposición del recurso contra la sentencia. En el primer caso la Cámara lo resolverá con anterioridad a la sentencia definitiva. Articolo 248°: Apelación subsidiaria. Cuando el recurso de apelación se hubiese interpuesto subsidiariamente con el de reposición, no se admitirá ningún escrito para fundar la apelación. Articolo 249°: Constitución de domicilio (...); Articulo 250°: Efecto devolutivo. Si procediere el recurso en efecto devolutivo se observarán las siguientes reglas: 1°) Si la sentencia fuere definitiva, se remitirá el expediente a la Cámara y quedará en el Juzgado copia de lo pertinente, la que deberá ser presentada por el apelante. La providencia que conceda el recurso señalará las piezas que han de copiarse. 2°) Si la sentencia fuere interlocutoria, el apelante presentará copia de lo que señale el expediente y de lo que el Juez estimare necesario. Igual derecho asistirá al

argelino regula a apelação entre os arts. 332-338.[258] Na Itália, o *appello* é previsto nos arts. 339-359.[259] Em face de sua presença quase universal, consideramos

apelado. Dichas copias y los memoriales serán remitidos a la Cámara, salvo que el Juez considerare más expeditivo retenerlo para la prosecución del juicio y remitir el expediente original. 3º) Se declarará desierto el recurso si dentro del quinto día de concedido, el apelante no presentare las copias que se indican en este artículo y que estuvieren a su cargo. Si no lo hiciere el apelado, se prescindirá de ella. Articulo 251º: Remisión del expediente o actuación (...); Articolo 252º: Pago del impuesto. La falta de pago del impuesto o sellado de justicia no impedirá en ningún caso la concesión o trámite del recurso. Articolo 253º: Nulidad. El recurso de apelación comprende el de nulidad por defectos de la sentencia".

258 Muito interessante verificar pontos de aproximação e diferenças entre o regramento argelino: "Art. 332: L'appel vise à faire réformer ou annuler un jugement d'un tribunal; Art. 333: En toutes matières, tout jugement qui tranche tout l'objet du litige, statue sur une exception de procédure, une fin de non-recevoir ou toute autre demande incidente mettant fin à l'instance, peut être frappé d'appel, sauf si la loi en dispose autrement. Art. 334: Les jugements qui statuent sur une partie de l'objet du litige ou ordonnent une mesure d'instruction ou une mesure provisoire, ne peuvent être, sauf dans les cas spécifiés par la loi, frappés d'appel qu'avec le jugement qui tranche tout le principal. L'appel du jugement avant dire-droit et celui du jugement sur le fond, est formé par une seule et même requête d'appel. L'irrecevabilité de l'appel du jugement sur le fond, entraine l'irrecevabilité de l'appel du jugement avant dire-droit. Art. 335. Le droit d'appel appartient à toute personne partie au procès en première instance, ou à ses ayants droit. Peuvent également faire appel, les personnes qui ont été représentées en première instance à raison d'une incapacité, lorsque celle-ci disparaît. L'appel peut également émaner d'une personne qui a agi, en première instance, en qualité d'intervenant principal ou de mis en cause. L'appelant doit avoir intérêt à exercer son appel. Art. 336. Le délai d'appel est d'un (1) mois à compter de la signification à personne de la décision attaquée. Il est de deux (2) mois lorsque la signification est effectuée à domicile réel ou élu. A l'égard des jugements rendus par défaut, le délai d'appel ne court qu'à compter de l'expiration du délai d'opposition. Art. 337. L'intimé peut interjeter appel incident, en tout état de cause, même s'il a signifié la décision sans réserve, et même s'il est forclos pour interjeter appel principal. L'appel incident ne sera pas reçu si l'appel principal n'est pas lui-même recevable. Le désistement de l'appelant principal entraîne l'irrecevabilité de l'appel incident, lorsqu'il intervient après ce désistement. Art. 338. Les personnes qui n'ont été ni parties, ni représentées en première instance, peuvent intervenir en cause d'appel, dès lors qu'elles y ont intérêt. En cas d'indivisibilité ou de solidarité, l'appel formé contre l'une des parties n'est recevable que si toutes sont appelées à l'audience. L'appel de l'une des parties implique, en cas de solidarité ou d'indivisibilité, la mise en cause des autres parties".

259 É extremamente detalhado o procedimento da apelação previsto no Código italiano. Por tal razão, registramos as quatro primeiras normas: "Art. 339. (Appellabilita' delle sentenze) – Possono essere impugnate con appello le sentenze pronunciate in primo grado, purche' l'appello non sia escluso dalla legge o dall'accordo delle parti a norma dell'articolo 360, secondo comma. E' inappellabile la sentenza che il giudice ha pronunciato secondo equita' a norma dell'articolo 114. Le sentenze del giudice di pace pronunciate secondo equita' a norma dell'articolo 113, secondo comma, sono appellabili esclusivamente per violazione delle norme sul procedimento, per violazione di norme costituzionali o comunitarie ovvero dei principi regolatori della materia. Art. 340. (Riserva facoltativa d'appello contro sentenze non definitive) Contro le sentenze previste dall'articolo 278 e dal n. 4 del secondo comma dell'articolo 279, l'appello puo' essere differito, qualora la parte soccombente ne faccia riserva, a pena di decadenza, entro il termine per appellare e, in ogni caso, non oltre la prima udienza dinanzi al giudice istruttore successiva alla comunicazione della sentenza stessa. Quando sia stata fatta la riserva di cui al precedente comma, l'appello deve essere proposto unitamente a quello contro la sentenza che definisce il giudizio o con quello che venga proposto, dalla stessa o da altra parte, contro altra sentenza successiva che non definisca il giudizio. La riserva non può piú farsi, e se già fatta rimane priva di effetto, quando contro la stessa sentenza da alcuna delle parti sia proposto immediatamente appello. Art. 341. (1) (Giudice dell'appello) L'appello contro le sentenze del giudice di pace e del tribunale si propone rispettivamente al tribunale e alla corte di appello nella cui circoscrizione ha sede il giudice che ha pronunciato la sentenza. Art. 342. (1) (Forma dell'appello) L'appello si propone con citazione contenente l'esposizione sommaria dei fatti ed i mo-

o apelo como o símbolo dos recursos, o qual irá viabilizar o segundo grau de jurisdição ao jurisdicionado.

Logicamente, cada sistema possui as suas peculiaridades, de sorte que o apelo lá observado não é idêntico ao brasileiro. Nosso ordenamento, tradicionalmente, limita o cabimento da apelação para enfrentar as sentenças. Na ótica do NCPC, contudo, é correto, em sede de preliminar do recurso, apontar a insurgência em relação às decisões interlocutórias que não foram objeto de agravo de instrumento.

Contudo, o apelo tem lugar sempre que o procedimento perante o primeiro grau de jurisdição é finalizado, através da prolação de sentença. Em linha de princípio, desimporta que a sentença tenha avaliado o mérito da causa, uma vez que também as sentenças meramente terminativas (que se contentam em declarar a inadmissibilidade da tutela jurisdicional de mérito) devem ser impugnadas pela apelação. Por conseguinte, o fato da sentença ter analisado o mérito não é relevante para a caracterização do recurso cabível.

Muito embora a relativa clareza do art. 1.009 ("da sentença cabe apelação"), na prática, existem algumas situações polêmicas. Visualiza-se, em determinados casos, a inaptidão do recurso para responder às exigências do sistema. Desta forma, muito embora algumas decisões tenham a pretensão de definitividade própria da sentença, são ainda agraváveis pela falta da apelação por instrumento. É o caso da eleição do recurso cabível diante do julgamento da exclusão de litisconsorte do processo.[260] Insurgindo-se qualquer das partes com tal decisão, indaga-se qual o recurso cabível.

O Superior Tribunal de Justiça, apreciando o Recurso Especial nº 113.443, acertadamente posicionou-se pelo agravo de instrumento. A Corte entendeu que "o sistema do Código de Processo, calcado no art. 162, conceitua os atos do juiz, a cada ato correspondendo um recurso cabível. A sentença, nesse contexto, se caracteriza como o ato que põe termo ao processo, com ou sem exame do mérito. Se efetivamente houve extinção do processo, sem prosseguimento do feito, foi proferida uma sentença. Se, ao contrário, se ensejou a continuação do processo, resolvida situação incidente, ainda que tenha sido extinto o feito em relação a um dos litisconsortes, ou quando extinta a reconvenção, a decisão tem natureza jurídica de interlocutória, sendo agravável, portanto". Dentro dessas premissas, o Superior Tribunal de Justiça considerou que "o ato pelo qual o juiz exclui um dos participantes do litígio tem natureza jurídica de decisão interlocutória, uma vez que o processo continua no

---

tivi specifici dell'impugnazione nonche' le indicazioni prescritte nell'articolo 163. Tra il giorno della citazione e quello della prima udienza di trattazione devono intercorrere termini liberi non minori di quelli previsti dall'articolo 163-bis".

[260] Corretamente, em favor do "PROCESSO CIVIL. RECONHECIMENTO DA PRESCRIÇÃO COM RELAÇÃO A UM DOS AUTORES. PROSSEGUIMENTO DO FEITO COM RELAÇÃO AO OUTRO. DECISÃO INTERLOCUTÓRIA. RECURSO CABÍVEL. A decisão recorrida, ao extinguir o feito em relação a um dos demandantes, em razão do reconhecimento da prescrição, porque não põe termo definitivo ao processo, tem natureza interlocutória, desafiando, pois, o recurso de agravo de instrumento, nos termos do art. 522 do CPC. Negado Seguimento ao Apelo". AC 70020647517, 10. C.C. , TJRS, Des. Rel. Paulo Antônio Kretzmann, j. 03/11/2009.

tocante às partes remanescentes". Por conseguinte, a irresignação deveria ser manejada através de agravo de instrumento. Em que pese tal entendimento, a Corte admitiu, pela fungibilidade, a interposição de apelação, "uma vez presente dúvida objetiva a respeito do recurso cabível, e também por inocorrer erro grosseiro e má-fé".[261] Atualmente, todavia, prevalece a rigorosa orientação de que seria um erro grosseiro, o que invibiliazaria a aplicação da fungibilidade.[262]

Não obstante a decisão ser definitiva para uma das partes da relação processual (e para as demais também, quanto ao ponto decidido!), a apelação traria o grave inconveniente de sobrestar o processo pela necessidade de os autos subirem para a apreciação do colegiado ou, o que seria pior, o constrangimento do litisconsorte que é retirado da demanda (por acordo, desistência, etc.) aguardar indefinidamente o julgamento do apelo contra tal decisão.

Quanto ao tema, o NCPC se posicionou de forma expressa, autorizando o agravo de instrumento (art. 1015, VII).[263]

Igualmente interessante é a discussão travada acerca do recurso cabível contra a decisão que aprecia parcela da causa. Figure-se o exemplo do "julgamento antecipado frente à parte incontroversa da demanda". Tal ato, *data venia*, deve induzir a formação de coisa julgada material e (por que não?) desfazimento pela via da rescisória. Em face dessa realidade, o talentoso Daniel Mitidiero propõe a revalorização da substância do ato como critério para definir sua natureza e não titubeia em qualificá-lo como uma "sentença parcial de mérito".[264] Em nossa opinião, mesmo que se admita a qualificação como "sentença" deveriam excepcionalmente ser atacados pela via do agravo, justamente pela inaptidão do regime da apelação.[265] O aproveitamento do apelo afrontaria a garantia da efetividade, dada a inconveniência em se suspender o feito perante o juiz instrutor para aguardar o pronunciamento definitivo do Tribunal acerca do ponto fracionadamente julgado. A necessidade de re-

---

[261] REsp 113443/PR, 4ª T., Rel. p/o Ac. Min. Sálvio de Figueiredo Teixeira, DJU: 01.07.2004, p. 195. A questão, contudo, não é pacífica nas Cortes, existindo diversos precedentes pela inadmissão da apelação em casos como o em tela, pela caracterização de erro grosseiro. Nessa linha, REsp 364339/SP, 1ª T. Rel. p/o Ac. Min. Luiz Fux, DJU 21.06.2004, p. 163; AgRg no REsp 554378/MG, 1ª T., Rel. Min. Francisco Falcão, DJ: 15.12.2003, p. 221. Admitindo a fungibilidade, REsp 113.443/PR, 4ª T., Rel. p/o Ac. Sálvio de Figueiredo Teixeira, DJ: 01.07.2004, p. 195.

[262] Ementa: "Agravo Regimenta. Direito Processual Civil. Decisão que exclui Litisconsorte. Recurso cabível. Agravo de instrumento. Interposição de apelação. Erro Grosseiro. 1. É cabível agravo de instrumento – e não apelação – contra decisão que exclui litisconsorte passivo da lide, com extinção parcial do processo. Precedentes. 2. Tal conclusão persiste ainda que, em razão da exclusão de litisconsorte, houver declínio de competência da Justiça Federal para a Estadual (REsp 118.813/SP, Rel. Min. Aldir Passarinho Junior, 4. T. DJ 27/03/2000, p. 106) 3. Agravo regimental não provido". (STJ. AgRg no REsp 1197616/ES, 4ª T., Rel. Min. Luis Felipe Salomão, j. 04.08.2015. DJe: 13.08.2015)

[263] Art. 1.015. Cabe agravo de instrumento contra as decisões interlocutórias que versarem sobre: (...)VII – exclusão de litisconsorte.

[264] Sentenças parciais de mérito e resolução definitiva-fracionada da causa. *Gênesis*, n. 31, janeiro e março de 2004.

[265] Haveria nesses casos, portanto, sentenças agraváveis, por exceção.

messa e posterior retorno dos autos ao Tribunal aniquilaria a expectativa de duração razoável do processo.

Ao menos do ponto de vista acadêmico, há uma tendência em se admitir a resolução fracionada da causa, reservando-se sempre ao interessado um recurso para analisar a validade ou a justiça do provimento. Quanto ao ponto, o NCPC, de forma pragmática, admitiu o agravo de instrumento, por força do art. 356,[266] § 5º, combinado com o art. 1015, II.[267]

De toda sorte, esses e tantos outros temas podem ser enfrentados pelos Tribunais através do princípio da fungibilidade e da valorização do livre acesso à justiça. Caso fique demonstrada a existência de dúvida objetiva acerca de qual o recurso cabível, em face da dificuldade em se classificar o ato impugnado, é de todo conveniente a sua admissibilidade, ainda que com a ressalva da posição pessoal do magistrado. Nos primeiros meses e anos de vigência do NCPC, o mais correto seria existir alguma tolerância em relação aos "erros" cometidos pelos operadores, pois viveremos uma fase natural de adaptação.

De toda sorte, em face da importância da apelação dentro da relação processual, pode-se classificá-la como o recurso por excelência, isto é, aquele mais elaborado e importante para a pretensão das partes.

1.2. A impugnação das interlocutórias mediante a apelação

Uma das principais alterações do NCPC, no regime da apelação, encontra-se no art 1.009, especialmente em seus parágrafos.[268] O artigo deve ser compreendido à luz das novas hipóteses de cabimento do agravo de instrumento, previstas no art 1.015, NCPC.

---

[266] Art. 356: "O juiz decidirá parcialmente o mérito quando um ou mais dos pedidos formulados ou parcela deles: I – mostrar-se incontroverso; II – estiver em condições de imediato julgamento, nos termos do art. 355. § 1º A decisão que julgar parcialmente o mérito poderá reconhecer a existência de obrigação líquida ou ilíquida. § 2º A parte poderá liquidar ou executar, desde logo, a obrigação reconhecida na decisão que julgar parcialmente o mérito, independentemente de caução, ainda que haja recurso contra essa interposto. § 3º Na hipótese do § 2º, se houver trânsito em julgado da decisão, a execução será definitiva. § 4º A liquidação e o cumprimento da decisão que julgar parcialmente o mérito poderão ser processados em autos suplementares, a requerimento da parte ou a critério do juiz. § 5º A decisão proferida com base neste artigo é impugnável por agravo de instrumento".

[267] Art. 1.015. Cabe agravo de instrumento contra as decisões interlocutórias que versarem sobre: (...) II – mérito do processo.

[268] Art. 1.009: "Da sentença cabe apelação. § 1º As questões resolvidas na fase de conhecimento, se a decisão a seu respeito não comportar agravo de instrumento, não são cobertas pela preclusão e devem ser suscitadas em preliminar de apelação, eventualmente interposta contra a decisão final, ou nas contrarrazões. § 2º Se as questões referidas no § 1º forem suscitadas em contrarrazões, o recorrente será intimado para, em 15 (quinze) dias, manifestar-se a respeito delas. § 3º O disposto no caput deste artigo aplica-se mesmo quando as questões mencionadas no art. 1.015 integrarem capítulo da sentença".

De um lado, o NCPC limitou a utilização do agravo, mudando a recorribilidade das interlocutórias. Esta redução ocasionou a elaboração de uma nova forma para atacar as interlocutórias que, portanto, deixaram de desafiar o agravo de instrumento. Daí a previsão do § 1º do art. 1.009: "as questões resolvidas na fase de conhecimento, se a decisão a seu respeito não comportar agravo de instrumento, não são cobertas pela preclusão e devem ser suscitadas em preliminar de apelação, eventualmente interposta contra a decisão final, ou nas contrarrazões".

Ou seja, foi ampliado o efeito devolutivo da apelação, de sorte que o apelante deverá impugnar, além do conteúdo da sentença, também as interlocutórias, destacando uma preliminar ou nas contrarrazões.

Algumas pecualiaridades surgem neste novo rito, especialmente diante da apelação por parte do vencedor. Trata-se de um recurso subordinado e condicionado. O fenômeno é bem explicado por Leonardo Carneiro da Cunha e Fredie Didier Junior: "a apelação do vencedor, neste caso é um recurso *subordinado*. Ela seguirá o destino da apelação do vencido. Caso o vencido desista da apelação interposta ou essa não seja admissível, a apelação do vencedor perde o sentido: por ter sido o vencedor, o interesse recursal somente subsiste se a apelação do vencido for para frente. O sistema passa a ter duas espécies de recurso subordinado. Ao lado do tradicional *recurso adesivo*, regulado pelos parágrafos do art. 997, passa a existir a apelação subordinada interposta pelo vencedor. Estas espécies de recurso subordinado distinguem-se, basicamente, em dois aspectos: a) o recurso adesivo é cabível não apenas na apelação, mas também no recurso extraordinário e no recurso especial (art. 997, § 2º, II, CPC) – o recurso subordinado previsto no § 1º do art. 1.009 é apenas na apelação. b) o recurso adesivo pressupõe que tenha havido a sucumbência recíproca, o que não acontece na hipótese do § 1º do art. 1.009".[269] Agregam os autores: "cumpre destacar a segunda peculiaridade. Além de subordinada, a apelação do vencedor prevista no § 1º do art. 1.009 do CPC é condicionada. Isso significa que somente será examinada se a apelação do vencido for acolhida, afinal, repise-se, quem se vale dela é o vencedor, que somente perderá esta qualidade se a apelação do vencido originário for provida".[270]

Com efeito, haverá um fenômeno curioso, pois o interesse recursal do vencedor apenas surge diante do eventual provimento da apelação do vencido. Qual o melhor procedimento para o julgamento de ambas as irresignações?

Fredie Didier Junior e Leonardo Carneiro da Cunha propõem a seguinte ordem: "é preciso, então, definir o procedimento de votação destes dois recursos. Inicialmente, o tribunal examinará a apelação do vencido. Esta apelação pode ser para reformar ou invalidar a sentença. Se der provimento a

[269] Apelação contra decisão interlocutória não agravável: a apelação do vencido e a apelação subordinada do vencedor: duas novidades do CPC/2015, In *Novo CPC*: doutrina selecionada, v. 6: processos nos tribunais e meios de impugnação às decisões judiciais (Org. Lucas Buril de Macedo *et alli*), Salvador: Juspodivm, 2015, p. 518.

[270] Idem, p. 519.

apelação do vencido para reformar a sentença, o tribunal prosseguirá para examinar a apelação do vencedor. Provida a apelação do vencedor, a decisão sobre a apelação do vencido se resolve: a) a decisão interlocutória impugnada pelo vencedor será invalidada ou reformada pelo tribunal; b) o processo retornará ao momento em que ela havia sido proferida; c) a sentença não será substituída pela decisão que julgou a apelação do vencido, afinal o processo retrocederá a momento anterior a ela. A decisão sobre a apelação do vencido é, nesta hipótese, uma decisão sob condição legal resolutiva: dependerá da decisão que julgar a apelação do vencedor. Se der provimento a apelação do vencido para invalidar a sentença, o tribunal prosseguirá para examinar a apelação do vencedor. Provida a apelação do vencedor: a) a decisão interlocutória impugnada pelo vencedor será invalidada ou reformada pelo tribunal; b) o processo retornará ao momento em que ela havia sido proferida; c) a sentença não será substituída pela decisão que julgou a apelação do vencido, efeito que não decorre da decisão de invalidação. Neste caso, ambas as decisões convivem, mas prevalece, do ponto de vista prático, a decisão sobre a apelação do vencedor, pois se refere à decisão proferida em momento anterior, impondo a retomada do processo desde então".[271]

Outra solução seria adotar um raciocínio hipotético, na linha do vetusto agravo retido condicionado. Isto porque, sob a ótica do vencedor, embora a sentença lhe tenha sido favorável, não há garantia alguma quanto à sua manutenção. Nessas hipóteses, poder-se-ia postular a apreciação de sua inconformidade apenas e tão somente quando a apelação de seu adversário fosse provida. Entretanto, antes de apreciar o mérito da inconformidade do vencedor, o relator – em juízo hipotético – deveria concluir pelo provimento da apelação do vencido.[272] Ou seja, se o Tribunal considerasse a apelação do vencido procedente, então não deveria julgá-la antes de apreciar os argumentos do vencedor em relação às interlocutórias. Mas se a apelação do vencido fosse tida como infundada, então desapareceria o interesse na apreciação das teses do vencedor. Daí a expressão: "apelação condicionada". Uma vantagem desta segunda solução seria evitar a redação de uma parte do acórdão inútil, na medida em que o provimento do apelo do vencido seria inócuo do ponto de vista legal. A sua motivação, no plano fático, poderá ser relevante e até mesmo ser adotada no futuro, em outro pronunciamento. Contudo, sob o ponto de vista teórico, inexistiria vinculação. O risco reside no ponto de vista prático, pois muitos magistrados de primeiro grau, tomando ciência da fundamentação adotada pelo Tribunal para resolver o apelo do vencido, fatalmente adotariam-na, algo que pode ser tido como prejudicial ao contraditório.

[271] Apelação contra decisão interlocutória não agravável: a apelação do vencido e a apelação subordinada do vencedor: duas novidades do CPC/2015, op. cit., p. 521.

[272] Assevera Manuel Caetano Ferreira Filho: "analisa-se se o julgamento da apelação será favorável ao agravante: se o for, prejudicado ficará o agravo; na hipótese contrária, o agravo deverá ser julgado. Se for provido, anulado estará o processo a partir da decisão agravada; se for desprovido, a apelação será julgada, já com a certeza do seu provimento". In *Comentários ao CPC*. São Paulo: RT, 2000, p. 215.

Aguarda-se, nos primeiros anos de vigência do Código, uma posição dos Tribunais a respeito do tema.

1.3. Particularidades da apelação contra as sentenças liminares

No sistema processual brasileiro, existem ao menos duas hipóteses que autorizam o magistrado a dispensar a citação do réu (e o contraditório) e a prolatar imediata sentença, logo no limiar do processo. São as hipóteses de "indeferimento da petição inicial" e de "improcedência liminar do pedido". Em comum, existe a convicção de que o processo, a recém iniciado, não conduzirá ao resultado postulado pelo autor, razão pela qual a marcha deve ser abreviada. Em face de suas peculiaridades, analisaremos separadamente, cada qual.

Com efeito, ao receber a petição inicial, cumpre ao magistrado controlar a sua regularidade formal, o que se dá pela análise dos requisitos impostos pelo art. 319, bem como pela constatação de vícios que impeçam o exame do mérito da causa e o desenrolar do processo. Ou seja, deve o magistrado se certificar que a tutela jurisdicional, naquele caso, será admissível.

Esta primeira posição do magistrado dentro do processo pode ter conteúdo positivo ou negativo. Se deferir a citação, presumivelmente concluiu pela aptidão da exordial. Contudo, detectando empecilhos que coloquem em risco a utilidade da atividade jurisdicional, deve o magistrado ouvir o autor, permitindo a correção da peça. Caso o vício permaneça, então adotará a solução de extinguir o feito.[273]

Nessa hipótese específica, consoante o art. 331: "indeferida a petição inicial, o autor poderá apelar, facultado ao juiz, no prazo de 5 (cinco) dias, retratar-se. § 1º Se não houver retratação, o juiz mandará citar o réu para responder ao recurso. § 2º Sendo a sentença reformada pelo tribunal, o prazo para a contestação começará a correr da intimação do retorno dos autos, observado o disposto no art. 334. § 3º Não interposta a apelação, o réu será intimado do trânsito em julgado da sentença". Trata-se de uma apelação particular, não à toa regulada no art. 331, CPC, ou seja, bem distante das normas gerais previstas nos arts. 1.009 e ss.

Em relação ao Código anterior, observamos as seguintes mudanças: (1) o réu será citado para responder ao recurso (inexistia esta previsão no art. 296,

---

[273] Arrola o art. 330 as seguintes hipóteses que à extinção liminar do processo: "A petição inicial será indeferida quando: I – for inepta; II – a parte for manifestamente ilegítima; III – o autor carecer de interesse processual; IV – não atendidas as prescrições dos arts. 106 e 321. § 1º Considera-se inepta a petição inicial quando: I – lhe faltar pedido ou causa de pedir; II – o pedido for indeterminado, ressalvadas as hipóteses legais em que se permite o pedido genérico; III – da narração dos fatos não decorrer logicamente a conclusão; IV – contiver pedidos incompatíveis entre si. § 2º Nas ações que tenham por objeto a revisão de obrigação decorrente de empréstimo, de financiamento ou de alienação de bens, o autor terá de, sob pena de inépcia, discriminar na petição inicial, dentre as obrigações contratuais, aquelas que pretende controverter, além de quantificar o valor incontroverso do débito. § 3º Na hipótese do § 2º, o valor incontroverso deverá continuar a ser pago no tempo e modo contratados".

CPC/1973); (2) caso provido o apelo, o prazo para a contestação "começará a correr da intimação do retorno dos autos" (no Código anterior, após o provimento, o réu era citado para contestar a demanda); (3) caso não seja interposta a apelação, o réu deverá ser intimado do trânsito em julgado da sentença (o Código anterior era omisso). Nas edições anteriores, sugeríamos, com amparo nos princípios constitucionais da publicidade e do contraditório, a intimação do réu, atualmente positivada.

A outra hipótese legal de julgamento liminar, sem contraditório, reside no art. 332: "nas causas que dispensem a fase instrutória, o juiz, independentemente da citação do réu, julgará liminarmente improcedente o pedido que contrariar: I – enunciado de súmula do Supremo Tribunal Federal ou do Superior Tribunal de Justiça; II – acórdão proferido pelo Supremo Tribunal Federal ou pelo Superior Tribunal de Justiça em julgamento de recursos repetitivos; III – entendimento firmado em incidente de resolução de demandas repetitivas ou de assunção de competência; IV – enunciado de súmula de tribunal de justiça sobre direito local". Agrega o § 1º: "o juiz também poderá julgar liminarmente improcedente o pedido se verificar, desde logo, a ocorrência de decadência ou de prescrição".

O objetivo do instituto é viabilizar a efetiva resolução das demandas cuja chance de êxito do autor é mínima ou insignificante, em face da familiaridade do tema versado e a jurisprudência contrária à sua pretensão. Não haveria razão para se prolongar uma relação processual cujo final é antevisto com boa dose de segurança.[274] Sob este enfoque, consideramos tímida a redação, na medida em que pela *ratio* do instituto também demandas frívolas merecem imediata extinção. Nessa medida, abrevia-se em muito o procedimento, dispensando-se inclusive a citação do réu, com a imediata prolação de sentença de improcedência.

Nesta segunda hipótese, a lei autoriza o juízo de mérito, de sorte que o trânsito em julgado gerará coisa julgada material. De todo conveniente, para efeito de controle da atuação do juiz, será a reprodução do teor das orientações consolidadas nos Tribunais. Compreende-se esta determinação, na medida em que o jurisdicionado tem o direito de entender por quais razões o órgão judicial fez incidir o art. 332, facultando-lhe acesso aos precedentes invocados. A norma relaciona-se intimamente com o princípio da motivação das decisões judiciais, insculpido no art. 93, IX, da Constituição Federal. Ou seja, deve o magistrado explicitar os pontos que aproximam o julgado paradigma do caso em apreço, dentro das balizas do art. 489, NCPC.[275]

---

[274] Ressalta Humberto Theodoro Junior: "para evitar que os inúmeros processos sobre casos análogos forcem o percurso inútil de todo o iter procedimental, para desaguar, longo tempo mais tarde, num resultado já previsto, com total segurança, pelo juiz da causa, desde a propositura da demanda, o art. 285-A, muniu o juiz do poder de, antes da citação do réu, proferir a sentença de improcedência prima facie do pedido traduzido na inicial". *As novas reformas do CPC*, p. 15

[275] Art. 489: "São elementos essenciais da sentença: I – o relatório, que conterá os nomes das partes, a identificação do caso, com a suma do pedido e da contestação, e o registro das principais ocorrências havidas no andamento do processo; II – os fundamentos, em que o juiz analisará as questões de fato e de direito; III – o dispositivo, em que o juiz resolverá as questões principais que as partes lhe

A lei brasileira não desampara, contudo, o autor, que poderá apelar frente a tal provimento. Faculta-se a retratação, no prazo de 5 dias, algo que não é admitido no regime geral da apelação dos arts. 1.009 e seguintes. Se houver retratação, o juiz determinará o prosseguimento do processo, com a citação do réu, conforme § 4º. Quando ela não ocorrer, o juiz determinará a citação do réu para apresentar contrarrazões, no prazo de 15 (quinze) dias. Com tal providência, remetem-se os autos para a apreciação do recurso pelo Tribunal revisor.

Também deve ser salientada a prudência pela qual o julgador da apelação deve enfrentar o recurso. Eventual provimento pela constatação de que a tese desenvolvida pelo juízo inferior é equivocada não pode sufocar o contraditório posterior, uma vez que a defesa propriamente dita ainda não foi apresentada. Logo, poderão ser trazidos argumentos que influenciem o convencimento do julgador de primeiro grau. Daí por que o provimento do apelo, mesmo em relação à matéria jurídica, não deve possuir ares de definitividade (afinal, trata-se ainda de uma decisão provisória, por excelência).

1.4. Procedimento em primeiro grau de jurisdição

No modelo do NCPC, a participação do juiz de primeiro grau no processamento da apelação foi sensivelmente reduzida. Antes, no CPC/73, o juízo de primeiro grau, além de facilitar o acesso à justiça (recebendo o recurso), ainda realizava um primeiro exame (provisório) de admissibilidade. Quando positivo, cumpria-lhe selecionar os efeitos do apelo.

A situação muda com o Novo Código. Inicialmente, exige-se do apelante a interposição perante o juízo *a quo*, em petição na qual se encontrem os seguintes requisitos: (I) os nomes e a qualificação das partes; (II) a exposição do fato e do direito; (III) as razões do pedido de reforma ou de decretação de nulidade; (IV) o pedido de nova decisão (art. 1.010).

Nessa linha, no bojo do recurso, podem ser apontadas duas classes de vícios: de procedimento e de julgamento. O apelante, assim, tanto poderá se

submeterem. § 1º Não se considera fundamentada qualquer decisão judicial, seja ela interlocutória, sentença ou acórdão, que: I – se limitar à indicação, à reprodução ou à paráfrase de ato normativo, sem explicar sua relação com a causa ou a questão decidida; II – empregar conceitos jurídicos indeterminados, sem explicar o motivo concreto de sua incidência no caso; III – invocar motivos que se prestariam a justificar qualquer outra decisão; IV – não enfrentar todos os argumentos deduzidos no processo capazes de, em tese, infirmar a conclusão adotada pelo julgador; V – se limitar a invocar precedente ou enunciado de súmula, sem identificar seus fundamentos determinantes nem demonstrar que o caso sob julgamento se ajusta àqueles fundamentos; VI – deixar de seguir enunciado de súmula, jurisprudência ou precedente invocado pela parte, sem demonstrar a existência de distinção no caso em julgamento ou a superação do entendimento. § 2º No caso de colisão entre normas, o juiz deve justificar o objeto e os critérios gerais da ponderação efetuada, enunciando as razões que autorizam a interferência na norma afastada e as premissas fáticas que fundamentam a conclusão. § 3º A decisão judicial deve ser interpretada a partir da conjugação de todos os seus elementos e em conformidade com o princípio da boa-fé".

insurgir quanto à determinada falha no procedimento que culminou com a prolação da sentença (incluindo-se vício formal no próprio ato impugnado), quanto ao conteúdo meritório do ato. Todos os vícios, quer de injustiça na análise do mérito, quer de equívocos na realização do devido processo legal, são açambarcados pela apelação. Em face dessa liberdade na formatação do recurso, alguns autores afirmam que a apelação é um recurso de "fundamentação livre".

Conforme as razões do recurso, a sentença poderá ser invalidada ou reformada pelo tribunal. Na primeira hipótese, desaparece do mundo jurídico o ato processual, ocasionando a necessidade de sua nova prolação com o retorno dos autos ao primeiro grau ou imediato enfrentamento pelo Tribunal, com a aplicação da teoria da causa madura. Nessa última situação, o Tribunal corrige os vícios e brinda as partes com um provimento definitivo, como será visto em tópico subsequente.

Ato contínuo à interposição, o apelado é intimado para apresentar contrarrazões no prazo de 15 (quinze) dias, admitindo-se a apelação adesiva, hipótese na qual o juiz intimará o apelante para apresentar contrarrazões (§§ 1º e 2º).

Entretanto, no NCPC, conforme o § 3º do art. 1.010, foi suprimido o primeiro exame de admissibilidade, pois "após as formalidades previstas nos §§ 1º e 2º, os autos serão remetidos ao tribunal pelo juiz, independentemente de juízo de admissibilidade".

Trata-se de uma alteração polêmica, afinal os recursos inadmissíveis serão igualmente dirigidos ao Tribunal. Contudo, ao ser dispensado este primeiro exame, sobrará mais tempo para o órgão *a quo* atender outros processos, o que é salutar. Aguarda-se a veriricação, na prática, do acerto desta escolha legislativa.

1.5. O efeito suspensivo da apelação (art. 1.012)

O tema relativo ao efeito suspensivo da apelação é sempre tormentoso. Permanece inquietante a sábia lição de José Carlos Barbosa Moreira. Simplesmente, retirar do apelo o efeito suspensivo teria a "óbvia vantagem de tornar mais pronta a satisfação", porém, de outro lado, "aumentaria o risco de causar ao vencido detrimento que se mostrará injusto se depois se vier a verificar que o juízo *a quo* decidira mal". Em face desse eterno conflito (segurança *x* efetividade), seria conveniente a elaboração de um estudo estatístico sério, a fim de se "apurar a percentagem de sentenças que os tribunais, no julgamento da apelação, reformam ou anulam". Constatado resultado toleravelmente baixo, mostrar-se-ia útil a mudança legislativa. Contudo, caso demonstrado um alto número de reformas das decisões, retirar o efeito suspensivo do apelo em nada contribuiria para o aperfeiçoamento do sistema: "sem essa averiguação prévia, alteração radical do regime assemelhar-se-á a um tiro no escuro: pode até ser que atinja o alvo sem provocar dano indesejável, mas por mero acaso (...)".[276]

Após amplo debate, foi sancionado o NCPC consagrando o efeito suspensivo da apelação. Houve intensa alteração no Congresso Nacional, quanto ao ponto, durante a sua tramitação. Ao final, manteve-se a orientação do Código anterior, com pontuais alterações.

Efetivamente, o NCPC não se filiou à orientação de outros diplomas recentes, que estabeleceram a sensível limitação do efeito suspensivo. Dentre eles, se encontra o Estatuto da Criança e do Adolescente, quando, em seu art. 198, dispõe que o apelo possui apenas efeito devolutivo, porém autoriza o juiz, "sempre que houver perigo de dano irreparável ou de difícil reparação", a agregar efeito suspensivo em caráter excepcional. Esta norma está afinada com a evolução do direito brasileiro, que vem outorgando cada vez mais poder ao magistrado para mergulhar no caso concreto. Também é o caso dos "minissistemas" que se encarregaram em municiar a sociedade com remédios destinados à tutela dos bens que lhe são mais caros: meio ambiente, patrimônio histórico e cultural, consumidores, erário. Dois desses exemplos são encontrados no Código de Defesa do Consumidor e na lei que regula a Ação Civil Pública. A Lei da Ação Civil Pública (7.347/85) dispõe, em seu art. 14, que compete ao juiz conferir efeito suspensivo aos recursos "para evitar dano irreparável a parte". Observa-se a quebra de um paradigma do Código de Processo, afinal, neste, o efeito suspensivo brota da própria lei. Já na tutela coletiva, a ideia é conceder ao juiz um espaço para analisar se, naquele caso concreto, o efeito suspensivo é ou não aconselhável com vista à satisfação dos direitos que gravitam no processo. Caso o magistrado conclua que a pronta execução da sentença é medida que se impõe, a fim de preservar os bens jurídicos protegidos, deixará de receber o recurso com o efeito suspensivo. Contudo, se a execução do julgado mostrar-se inadequada, em face da alta possibilidade de reforma ou pelo dano ocasionado ao destinatário, poderá ser concedido o efeito suspensivo.[277]

---

[276] Eis a prudente e sempre oportuna lição do mestre carioca: "está em marcha, visivelmente, processo evolutivo que talvez acabe por transformar a exceção em regra, e vice-versa, ou, em possível alternativa, deixe ao órgão judicial resolver sobre a suspensão ou não dos efeitos da sentença – sentido em que aponta a nova redação dada ao art. 558, parágrafo único, pela Lei nº 9.139, privar a apelação do efeito suspensivo, sic et simpliciter, teria para o vencedor em primeiro grau a óbvia vantagem de tornar mais pronta a satisfação, por outro lado, aumentaria o risco de causar ao vencido detrimento que se mostrará injusto se depois se vier a verificar que o juízo a quo decidira mal. A aceleração tem seu preço e, para saber se no caso, ele é razoável ou excessivo, cumpriria apurar a percentagem de sentenças que os tribunais, no julgamento da apelação, reformam ou anulam. Sendo baixa, valerá a pena pagar o preço. Sendo alta, convirá pensar duas vezes, ou mais, antes de consumar a reforma. Sem essa averiguação prévia, alteração radical do regime assemelhar-se-á a um tiro no escuro: pode até ser que atinja o alvo sem provocar dano indesejável, mas por mero acaso...". *Comentários ao Código de Processo Civil*, 12. ed. Rio de Janeiro: Forense, 2005, p. 473.

[277] Rodolfo de Camargo Mancuso ressalta o avanço: "assim como o juiz concede ou não a tutela cautelar desde que, ao seu prudente arbítrio (= discricionaridade) estejam presentes certas circunstâncias (o fumus boni juris, o periculum in mora, o receio do dano irreparável à parte, a preocupação em assegurar a utilidade do provimento definitivo), também na Lei 7.347/85 o juiz receberá a apelação apenas no efeito devolutivo, quando sentir que só assim procedendo assegurará tutela eficaz

De toda sorte, retornando ao NCPC, inicialmente, o *caput* do art. 1.012 afirma que "a apelação terá efeito suspensivo". O efeito suspensivo, pois, decorre da lei. Após, são arroladas seis hipóteses nas quais a sentença produz efeito imediato, quando ela: (I) homologa divisão ou demarcação de terras; (II) condena a pagar alimentos; (III) extingue sem resolução do mérito ou julga improcedentes os embargos do executado; (IV) julga procedente o pedido de instituição de arbitragem; (V) confirma, concede ou revoga tutela provisória; (VI) decreta a interdição. Não se trata de um rol exausito, pois o próprio caput assinala a existência de "outras hipóteses previstas em lei". Algumas dessas hipóteses são justificadas pela urgência do caso. Outras, pela alta probabilidade de manutenção do julgado.

O exemplo dos alimentos é emblemático. Aduzindo necessidade, o alimentando não possui condições de sobrevivência digna pelos seus próprios meios. Esta é a razão pela qual ingressou em juízo. Se confirmar as suas alegações, e se demonstrar um vínculo jurídico que justifique a prestação pelo réu, terá a sua demanda acolhida. Em casos tais, prefere o ordenamento garantir, desde logo, a satisfação do autor a proteger o patrimônio do demandado, ainda que sempre exista a probabilidade de reversão da sentença. Os riscos são balanceados e alcança-se uma solução abstratamente mais razoável, presumindo-se que, na colisão entre os direitos, deva prevalecer o do pretensamente mais necessitado.

Nesse sentido, nada impedirá que os alimentos concedidos em processo com ações cumuladas sejam atacados por recurso sem efeito suspensivo, e outros capítulos da sentença tenham a sua eficácia suspensa pela interposição de idêntico recurso. Frequente, nessa linha, o julgamento procedente de investigações de paternidade e pedido de alimentos. Enquanto o primeiro tópico da decisão aguardará a confirmação pelo Tribunal, o segundo bem jurídico será desde logo usufruído.[278]

Com base nesses contornos, indaga-se frequentemente se deveria ser aplicado idêntico raciocínio à sentença que exonera o autor de prestar os alimentos? A apelação que ataca sentença proferida em ação exoneratória deve ser recebida apenas no efeito devolutivo, por analogia, ou seria conveniente

---

ao interesse metaindividual objetivado". *Ação Civil Pública*, 9. ed. São Paulo: RT, 2004, p. 384. Prossegue: "ao bem exercer a faculdade concedida pelo citado art. 14, o juiz atende, a um tempo, dois interesses relevantes: a) o próprio valor social objetivado na ação, que ficará desprotegido, se a tutela dada pela sentença não pudesse ser desde logo implementada, ante o efeito suspensivo do recurso; b) torna remota a possibilidade do mandado de segurança, já que a própria norma em pauta confere ao julgador a escolha entre duas alternativas – efeito suspensivo ou efeito devolutivo – o que parece neutralizar a possível alegação de arbitrariedade em tal decisão". Op. cit., p. 386. Concordamos com a valorização do papel judicial na escolha dos efeitos recursais adequados. Contudo, ressalvamos nossa opinião pessoal pelo descabimento do mandado de segurança em aludida hipótese.

[278] Nessa linha: "Agravo de Instrumento. Investigação de Paternidade c/c alimentos. Procedência. Apelação. Efeito devolutivo. Art. 520, inciso II, CPC. Recurso Improvido. Em havendo condenação alimentar, o recurso de apelação será recebido, apenas, no efeito devolutivo (inciso II do art. 520 do CPC)". (TJMT, AI 37951/2002, 2ª C.Cív., Rel. Des. Benedito Pereira do Nascimento, j. 15.04.2003)

outorgar o efeito suspensivo? A jurisprudência ainda se divide, especialmente nos tribunais inferiores, encontrando-se julgados em um e outro sentido.[279]

O Tribunal de Justiça de Pernambuco já diagnosticou a "incongruência em se manter a parte exonerada no dever de pagar alimentos, a despeito de possuir sentença favorável". Tal opção "traria sensíveis prejuízos ao mesmo, mormente porque os alimentos, como é cediço, são irrestituíveis".[280] Em sentido diverso, o Tribunal de Justiça do Rio Grande do Sul, a fim de proteger a parte teoricamente vulnerável, afirma em seus acórdãos: "majorados os alimentos deve ser o recurso recebido no duplo efeito",[281] bem como "o recurso de apelação interposto pelo alimentando contra sentença que, em ação de revisão de alimentos, reduz o valor da pensão alimentícia, deve ser recebido no efeito devolutivo e suspensivo".[282]

---

[279] No plano doutrinário, posicionam-se Gilberto Gomes Bruschi e Márcio Maidame no sentido de que a aplicação analógica deveria ser repudidada: "O inciso II do art. 1.012 do NCPC, em perfeita simetria com o inciso II do art. 520 do CPC/73 prevê que a sentença que 'condena a pagar alimentos' não é desafiada por recurso de apelação dotado de duplo efeito. Tratando-se de exceção que deve ser sempre interpretada restritivamente, somente a sentença condenatória à prestação de alimentos se enquadra no tipo legal, sendo que as demais alusivas à ação de alimentos não." Novo CPC doutrina selecionada, v.6: processos nos tribunais e meios de impugnação às decisões judiciais – Coordenador Geral JR, Fredie Didier – O Efeito Suspensivo e o Recurso de Apelação – do CPC/1973 ao Novo CPC, p. 527. Salvador: Juspodivm, 2015. O tema é complexo. Em sentido diferente: "Processual Civil. Agravo Regimental no Recurso Especial. Família. Ação Revisional de alimentos. Sentença. Apelação. Efeito devolutivo. Art. 520, II, CPC. Ausência de comprovação do dissídio jurisprudencial. Decisão mantida. 1. A apelação interposta de sentença que condena à prestação de alimentos será recebida apenas no efeito devolutivo (art. 520, II, do CPC) 2. "A jurisprudência da Seção de Direito Privado pacificou-se no sentido de atribuir efeito devolutivo à apelação não importando se houve redução ou majoração dos alimentos" (AgRg nos EREsp n.1.138.898/PR, Rel. Ministro JOÃO OTÁVIO DE NORONHA, Segunda Seção, julgado em 25/05/2011, DJe 02/06/2011). 3. No caso, o Tribunal de origem entendeu que não foram comprovados os requisitos previstos no art. 558 do CPC a justificar a atribuição de efeito suspensivo em caráter excepcional. 4. O conhecimento do recurso especial interposto com fundamento na alínea "c" do permissivo constitucional exige a demonstração da similitude fática entre os acórdãos confrontados. 5. Agravo regimental a que se nega provimento. (STJ – AgRg no REsp 1236324/SP, Rel. Min. Antônio Carlos Ferreira, 4ª T., j. 11/11/2014, DJe 14/11/2014)

[280] Nesse sentido: "Processo Civil Apelação contra sentença que decreta a exoneração da prestação alimentícia. Efeitos. Art. 13 e 14 da Lei de Alimentos. Necessidade de se emprestar efeito meramente devolutivo. Incongruência em se manter a parte exonerada no dever de pagar alimentos, a despeito de possuir sentença favorável. Agravo improvido à unanimidade de votos". (TJPE, AI 102317-0, Rel. Des. Eloy D'Almeida Lins, DJPE 14.07.2004); "Agravo de Instrumento. Exoneração de alimentos. Mulher jovem e sem filhos. Recurso. Efeito meramente devolutivo. O recurso de Apelação aforado contra sentença que exonera o varão da obrigação de pensionar a ex-mulher, jovem e sem filhos, deve ser recebido apenas no efeito devolutivo. Recebendo o recurso em ambos os efeitos, estaríamos condenando o Alimentante Vencedor a continuar pagando os alimentos até o julgamento final do recurso, o que traria sensíveis prejuízos ao mesmo, mormente porque os alimentos, como é cediço, são irrestituíveis. Recurso improvido. Decisão por maioria". (TJPE – AI 67808-2 – Rel. Des. Eloy D'Almeida Lins – DJPE 05.12.2003)

[281] TJRS, 7. C.C. Agravo nº 70062096649, Rel. Des. Liselena Schifino Robles Ribeiro, j. 14/10/2014

[282] TJRS, 7. C.C., AI 70063173611, Rel. Des. Liselena Schifino Robles Ribeiro, j. 09.01.2015. Em sentido diverso: "AGRAVO DE INSTRUMENTO. AÇÃO DE EXONERAÇÃO DE ALIMENTOS. SENTENÇA DE PARCIAL PROCEDÊNCIA APELADA. EFEITOS DA APELAÇÃO.EFEITO SUSPENSIVO. DESCABIMENTO. Devido ao posicionamento defendido nesta Câmara, reconsidero o entendimento anterior, e concluo que da sentença que exonera em parte os alimentos cabe recurso ape-

A jurisprudência histórica do Superior Tribunal de Justiça, de seu turno, embora reconhecendo "bons argumentos em contrário", externava posição no sentido de que, segundo o CPC/73 (art. 520, II, e Lei 5.478/68, art. 14), "a apelação que impugna sentença exonerativa de alimentos deve ser recebida em ambos os efeitos".[283] Em determinados julgados, a Corte afirmava que "a orientação jurisprudencial que prevalece nesta Corte é no sentido de que a apelação contra a sentença que determina a redução dos alimentos deve ser recebida também no efeito suspensivo, em obséquio ao princípio que privilegia o interesse dos menores em detrimento do direito dos adultos".[284]

Contudo, em outros julgados, o próprio Superior Tribunal de Justiça admitiram a recepção tão só no efeito devolutivo da apelação contra sentenças proferidas em ações revisionais e mesmo exonerativas, com o fim de valorizar a "convicção do juiz que, mais próximo das provas produzidas, pode avaliar com maior precisão as necessidades do alimentando conjugadas às possibilidades do alimentante, para uma adequada fixação ou até mesmo exoneração do encargo". A medida – de transferência da fonte do efeito suspensivo (*ex legis* para *ex judicius*) – evita a "potencial probabilidade de duplo dano ao alimentante", a saber: "(i) dano patrimonial, por continuar pagando a pensão alimentícia que a sentença reconhece por indevida e por não ter direito à devolução da quantia despendida, caso a sentença de redução do valor do pensionamento seja mantida, em razão do postulado da irrepetibilidade e (ii) dano pessoal, pois o provável inadimplemento ditado pela ausência de condições financeiras poderá levar o alimentante à prisão".[285]

Noutro caminho, julgados afirmam que "a jurisprudência desta Corte é pacífica no sentido de que a apelação deve ser recebida apenas no efeito devolutivo, quer tenha sido interposta contra sentença que determinou a majoração, redução ou exoneração de obrigação alimentícia".[286] No mesmo sentido, a Segunda Seção do Superior Tribunal de Justiça em importante precedente de 2011, fixou a tese pela qual deveria ser atribuído apenas o efeito devolutivo à apelação, não importando se houve redução ou majoração.[287]

---

nas no efeito devolutivo, isso porque, alimentos fixados em sentença são provenientes do juízo de certeza, a partir de cognição plena. Deram provimento ao agravo de instrumento". (TJRS. A.I nº 70064802929, 8ª C. C., Rel: Alzir Felippe Schmitz, j. 16/07/2015)

[283] STJ, Recurso Especial nº 9393/SP, 4ª T., Rel. Min. Sálvio de Figueiredo Teixeira, j. 18.06.1991, DJ: 25.11.1991, p. 17079.

[284] AgRg no REsp 332.897/SP, 4ª T., Rel. Min. Sálvio de Figueiredo Teixeira, j. 23.04.2002. DJ: 12.08.2002, p. 216.

[285] REsp 595.209/MG, 3ª T., Rel. Min. Nancy Andrighi. DJ: 02.04.2007, p. 263.

[286] AgRg no REsp 1138898/PR, 3ª T. Rel. Min. Sidnei Beneti. DJe: 25.11.2009.

[287] "PROCESSUAL CIVIL. EMBARGOS DE DIVERGÊNCIA. AGRAVO REGIMENTAL. AUSÊNCIA DE DEMONSTRAÇÃO DA DIVERGÊNCIA. COTEJO ANALÍTICO NÃO REALIZADO. 1. A divergência jurisprudencial deve ser demonstrada na forma preceituada pelo CPC e RISTJ, com a realização do cotejo analítico dos arestos em confronto. 2. A jurisprudência da Seção de Direito Privado pacificou-se no sentido de atribuir efeito devolutivo à apelação não importando se houve redução ou majoração dos alimentos. Incidência da Súmula n. 168/STJ. 3. Agravo regimental desprovido". (AgRg nos EREsp 1138898/PR, 2. S., Rel. Min. João Otávio de Noronha, j. 25/05/2011, DJe 02/06/2011)

Essa última orientação do Superior Tribunal de Justiça vai ao encontro da posição adotada desde a primeira edição desta obra, quando destacamos a necessidade do magistrado da causa eleger os efeitos em que recebe o recurso. Afirmavamos que a melhor solução consistiria em aproveitar a possibilidade de antecipação da tutela recursal. Com base no NCPC, consideramos que a sentença terá imediata eficácia. Contudo, competirá ao Relator ordenar o feito, estabelecendo, em caráter excepcional, pela técnica da antecipação da tutela recursal e do efeito suspensivo, conceder medidas provisórias, com vigência até o momento da apreciação do apelo pelo colegiado. Caso nesse exame superficial, o magistrado natural para o julgamento do recurso se convença da verossimilhança da tese recursal, então poderá outorgar medidas provisórias.

Quer isto dizer que a aplicação do direito no ponto não se esgota na simples e mecânica incidência do inciso II do art. 1.011 para as ações de exoneração ou revisão de alimentos, pela inadequada simplificação de uma complexa realidade. Recomendável, portanto, a avaliação judicial dos efeitos projetados pela sentença na realidade concreta das partes, bem como as chances de êxito recursal.

Retornando às demais exceções previstas, observa-se a conveniência pela execução provisória quando extintos/improcedentes os embargos à execução. Nem haveria sentido em regramento distinto, pois atualmente os próprios embargos à execução, como regra, não geram a sua automática suspensão. Nesse contexto, condenar o provável credor a aguardar pela realização do duplo grau significaria privá-lo de parcela significativa de suas legítimas esperanças. Observe-se que não se estará de modo algum constrangendo a parte a executar a decisão, apenas se conservará tal possibilidade, caso o interessado entenda por bem.

Outra hipótese incompatível com a outorga de efeito suspensivo decorre das situações urgentes normadas pela sentença. Daí a previsão do inciso V ("confirma, concede ou revoga tutela provisória"), que deve ser interpretado teleologicamente, a partir da premissa que eventualmente o direito deve ser realizado ou acautelado no curso do processo, sob pena de ofensa ao livre e efetivo acesso prometido pela Constituição. O tema era bastante controverso no Código anterior, pois o vetusto art. 520 apenas aludia à sentença que confirmava a antecipação. A jurisprudência, contudo, já utilizava uma interpretação sistemática (assinalou o Min. Luiz Fux: "é que não se concilia com a ideia de efetividade, autoexecutoriedade e mandamentalidade das decisões judiciais, a sustação do comando que as mesmas encerram, posto presumiram situação de urgência a reclamar satisfatividade imediata").[288] Com efeito, de nada adiantaria ao autor ter o seu direito reconhecido na sentença, se o apelo do adversário automaticamente fosse capaz de suspender o capítulo da sentença que versava sobre a tutela antecipada.[289]

---

[288] REsp 514409/SP, 1ª T. Rel. Luiz Fux. DJ: 09.12.2003, p. 228.

[289] Correto, a este respeito, o alvitre de Gustavo Vaz Salgado e José Henrique Mouta Araújo: "era, de fato, paradoxal admitir que uma medida antecipatória, que admite execução imediata (sujeita ao regime do art. 588 do CPC – execução provisória) tivesse a sua eficácia obstada pela simples in-

À luz do arcabouço legal, consideramos que qualquer dessas orientações pode ceder no caso concreto, a fim de preservar a efetividade da tutela jurisdicional. Ou seja, o Poder Judiciário estará autorizado, de forma excepcional, a emprestar efeito suspensivo ou retirá-lo, ainda que em sentido oposto ao prezado pela norma apontada. Nessas hipóteses, deve ser valorizado o princípio constitucional do livre e útil acesso à justiça, na medida em que o jurisdicionado tem o direito de conservar sua esfera jurídica e a fruição do direito que lhe será reconhecido no futuro. Realizada a ponderação dos direitos conflitantes no caso concreto, em circunstâncias excepcionais, apreciará o relator o caso concreto, através de juízos de probabilidade de êxito recursal (análise da verossimilhança) e, principalmente, pelo resultado concreto da decisão (risco de dano grave e de difícil reparação).[290] A preocupação, em casos tais, será facilitar, e não restringir, o acesso da parte à justiça.

O NCPC apresenta os §§ 3º e 4º para regular o fenômeno: "§ 3º O pedido de concessão de efeito suspensivo nas hipóteses do § 1º poderá ser formulado por requerimento dirigido ao: I – tribunal, no período compreendido entre a interposição da apelação e sua distribuição, ficando o relator designado para seu exame prevento para julgá-la; II – relator, se já distribuída a apelação; § 4º Nas hipóteses do § 1º, a eficácia da sentença poderá ser suspensa pelo relator se o apelante demonstrar a probabilidade de provimento do recurso ou se, sendo relevante a fundamentação, houver risco de dano grave ou de difícil reparação".[291]

O fenômeno é bem explicado por Gilberto Bruschi e Márcio Manuel Maidame: "Assim, o NCPC regula, no próprio art. 1.012, quais os mecanismos de busca do efeito suspensivo *ope iudicis,* predispostos a tutelar o inte-

---

terposição do recurso de apelação. Isso acabava a tornando inócua com a simples apresentação do recurso de apelação. Corrigindo esse equívoco, o legislador da reforma retirou o efeito suspensivo da sentença que confirma a tutela antecipada, permitindo que a liminar que a veiculou prossiga gerando seus efeitos jurídicos para além da sentença que a confirmou, resguardando o vencedor dos deletérios efeitos que se poderiam operar durante a tramitação do recurso de apelação". *Recursos Cíveis*, Curitiba: Juruá, 2005, p. 60.

[290] Aderbal Amorim também critica a orientação de parcela da doutrina que não admite ao magistrado dispor em sentido contrário ao prezado pelo art. 520. Sustenta seu raciocínio o gaúcho, no "poder cautelar geral do juiz" (CPC, art. 798). In *Recursos Cíveis Ordinários*, Porto Alegre: Livraria do Advogado, 2005, p. 91.

[291] Ensina Cristiana Pinto Ribeiro: "Nos casos excepcionais em que a apelação não possui efeito suspensivo, os §§ 3º e 4º do art. 1.012 preveem a possibilidade de o apelante formular pedido de concessão de efeito suspensivo diretamente no tribunal, por meio de petição autônoma. A eficácia da sentença poderá ser suspensa pelo relator se o apelante demonstrar a probabilidade de provimento do recurso (evidência), ou, sendo relevante a fundamentação, houver risco de dano grave ou de difícil reparação (urgência). Esse dispositivo está em consonância com o parágrafo único do art. 995 atinente a todas as modalidades recursais. O pedido de concessão de efeito suspensivo será dirigido ao tribunal, no período compreendido entra a interposição da apelação e a sua distribuição, ficando o relator designado para seu exame prevento para julgá-la, ou ao relator, quando já distribuída a apelação. Assim, compete exclusivamente ao tribunal a apreciação do pedido de concessão de efeito suspensivo nos casos em que a apelação não detém, em que pese a apelação seja interposta perante o juízo de primeiro grau". *Novo Código de Processo Civil Anotado* – Anotações aos artigos. 1.012 a 1.014, Porto Alegre: OAB/RS, 2015, p. 784.

resse daquele que pretende impedir a execução provisória da sentença. No NCPC, tendo em vista que os procedimentos cautelares foram abolidos no NCPC, grande novidade, traz o §3º do art. 1.012 do NCPC, no tocante aos meios de obtenção do efeito suspensivo por força judicial, em hipóteses que a lei impõe somente efeito devolutivo ao recurso de apelação, o recorrente tem dois caminhos processuais a seguir. Na fase inicial de recepção do recurso de apelação, de acordo com o inc. I do § 3º do art. 1.012 do CPC, está previsto que o recorrente deverá formular pedido de efeito suspensivo diretamente ao 'tribunal, no período compreendido entre a interposição da apelação e sua distribuição'. Estabelece, ainda, o inc. I do § 3º do art. 1.012 do NCPC que o relator designado para o exame de efeito suspensivo, torna-se prevento para julgar a própria apelação, posteriormente. No caso da apelação já ter sido distribuída, aplica-se o inc. II do § 3º do art. 1.012 do NCPC, ou seja, o pedido será formulado ao próprio relator, como já era o adequado sob a égide do CPC/73. De acordo com a novel regulamentação, não há mais possibilidade de ser requerida tal providência na própria peça do recurso de apelação, pois o pleito não encontrará veículo para imediata apreciação (impossibilidade prática). Ainda que se articule, em sede de recurso de apelação, argumentação favorável à concessão de efeito suspensivo, o pleito – na técnica do NCPC – deve ser apresentado em petição apartada, (i) quer o recurso já esteja distribuído na corte ou, (ii) quer em trâmite na instância inferior, apesar de não mais haver juízo prévio de admissibilidade".[292]

Trata-se de inovação, quer em relação à competência (que será sempre do *juízo ad quem*),[293] quer em relação aos critérios que devem ser abordados para a concessão, uma vez que o regramento do Código não contemplava norma específica no capítulo da apelação (por analogia, aplicava-se o vetusto art. 558 referente ao agravo de instrumento).

1.6. Efeito devolutivo (art. 1013)

Como regra geral, apenas a matéria objeto da impugnação específica será analisada no julgamento do apelo. É o que decorre da interpretação do

---

[292] O efeito suspensivo e o recurso de apelação – do CPC/1973 ao Novo CPC, p. 536-537. In Novo CPC doutrina selecionada, v. 6: processos nos tribunais e meios de impugnação às decisões judiciais. (Coord. Fredie Didier Jr.; Org. Lucas Buril de Macêdo et alli), Salvador: JusPodvm, 2015.

[293] Correta a posição de Gilberto Bruschi e Márcio Manuel Maidame: "tais tutelas provisórias, cuja apreciação serão exclusivamente do relator do recurso, que, também, acabará julgando-o por prevenção, impõem a tarefa de visualizar, mediante cognição sumária, a possibilidade de ser dado provimento ao recurso de apelação, o que, aliado ao perigo de dano ao recorrente, em virtude da demora no julgamento, tornar viável a concessão do efeito suspensivo originalmente inexistente". O efeito suspensivo e o recurso de apelação – do CPC/1973 ao Novo CPC, p. 537. In *Novo CPC doutrina selecionada*, v. 6: processos nos tribunais e meios de impugnação às decisões judiciais. (Coord. Fredie Didier Jr.; Org. Lucas Buril de Macêdo, Ravi Peixoto, Alexandre Freire *et alli*), Salvador: Juspodvm, 2015.

princípio de que "a apelação devolverá ao tribunal o conhecimento da matéria impugnada", inscrito no art. 1.013, *caput*, CPC.

Há, entretanto, uma série de exceções a esta regra geral. Já foi observado, em tópico anterior, que também as decisões interlocutórias podem ser alvo do apelo, no NCPC. Também nessa linha de ampliação, agrega o § 1º do art. 1.013, NCPC: "serão, porém, objeto de apreciação e julgamento pelo tribunal todas as questões suscitadas e discutidas no processo, ainda que não tenham sido solucionadas, desde que relativas ao capítulo impugnado".

Outrossim, existem matérias que o próprio direito impõe conhecimento oficioso, na medida em que não se sujeitam à livre disposição das partes (pressupostos processuais, condições da ação, etc.).[294] No sistema brasileiro, as matérias passíveis de consideração de ofício, em tese, não precluem para os magistrados, especialmente os de segundo grau, que podem reapreciá-las independentemente do pedido da parte interessada.[295]

O tema era bem explicado pela Ministra Nancy Andrighi, sob a égide do CPC/73: "entende-se a apelação, no sistema processual civil pátrio, como sendo o recurso por excelência, dotado de ampla cognição, possibilitando ao tribunal *ad quem* o reexame de toda a prova produzida no processo e a impugnação de ilegalidades ou injustiças na sentença, corrigindo-se *errores in judicando* e *errores in procedendo* porventura existentes. Ordinariamente a apelação, nos termos do art. 520 do CPC, é dotada de duplo efeito: devolutivo e suspensivo, podendo este último ter sua eficácia suspensa quando a lei expressamente assim dispuser. Dos efeitos da apelação, previstos no mencionado dispositivo, insurgem-se as recorrentes quanto à extensão conferida ao efeito devolutivo. A devolutividade, na teoria dos recursos, importa em dizer que a matéria impugnada, e somente ela, será levada à nova apreciação pelo tribunal *ad quem*, ou seja, pode a corte revisora julgar apenas o que estiver contido nas razões da apelação interposta, obedecendo aos limites impostos no pedido de nova decisão (*tantum devolutum quantum appellatum)*, vez que tal efeito deriva do princípio dispositivo consubstanciado no art. 128 do CPC.

---

[294] Daí o acerto da posição adotada pelo Min. Arnaldo Esteves Lima: "nos termos do art. 515 do CPC, a extensão do pedido devolutivo se mede pela impugnação feita pela parte nas razões do recurso. Em se tratando de matérias apreciáveis de ofício pelo juiz (condições da ação, pressupostos processuais, perempção, litispendência e coisa julgada – arts. 267, § 3º, e 301, § 4º, do CPC), mesmo que a parte não tenha provocado sua discussão na petição inicial ou na contestação (conforme se trate de autor ou de réu), podem tais matérias ser examinadas na segunda instância". (REsp 316.269/SP, 5ª T., Rel. Min. Arnaldo Esteves Lima. DJ: 09.10.2006, p. 337)

[295] Distinta, no ponto, a orientação italiana, como dá conta Francesco Paolo Luiso: "la necessità di riproporre le eccezioni e domande non accolte vale anche per le questioni rilevabili d'ufficio: queste, una volta che il guidice le abbia decise, non sono più rilevabili d'ufficio; se non sono riproposte al giudice dell'impugnazione, su di esse si forma il giudicato (..) la rilevabilità d'ufficio dele questioni di rito o di mérito va quindi limitata ala prima rilevazione; una volta rilevata, la questione rilevabiled'ufficio è decisa: essa perde così la sua caratteristica di rilevabilità d'ufficio e diventa un punto della sentenza di cui il giudice dell'impugnazione deve essere reinvestito: se non ne viene reinvestito, si forma il giudicato". *Diritto Processuale Civile*: Il processo di Cognizione, p. 363. 3. Ed. Giuffrè Editore: Milano, 2000, p. 363. LUISO, Francesco P. *Diritto Processuale Civile*: Il processo di Cognizione. 3. ed. Giuffrè Editore: Milano, 2000.

Entrementes, embora não identificados de forma expressa no texto legal, a moderna teoria processual identifica, ainda, outros efeitos decorrentes da atividade recursal. São eles os efeitos expansivo, translativo e substitutivo dos recursos. Interessa-nos, apenas, tecer considerações acerca do efeito translativo na causa ora em apreço. Cediço que, conforme expressa o brocardo *tantum devolutum quantum appellatum*, é permitido ao tribunal recursal apreciar somente as questões que forem ventiladas nas razões recursais ou nas contra-razões ao apelo, sendo-lhe defeso apreciar matérias não impugnadas. Entretanto, devido ao caráter excepcional de determinadas matérias, como por exemplo as constantes do arts. 267, § 3º, e 301, § 4º, do CPC, pode o tribunal transcender à matéria constante nas razões recursais e nas contra-razões, não se falando em julgamento *infra, ultra* ou *extra petita.* Sendo as matérias de ordem pública isentas de preclusão e podendo, inclusive, serem conhecidas de ofício pelo magistrado, admite-se que o tribunal possa sobre elas emitir juízo de valor, ainda que não tenham sido trazidas nas razões de apelação".[296]

Contudo, tendo em vista a importância prática do recurso aludido, que combate a sentença e não raro define o litígio, permitindo ao órgão colegiado amplo reexame dos fatos e do direito, o próprio ordenamento admite que a Corte possa conhecer de "todas as questões suscitadas e debatidas no processo, ainda que a sentença não as tenha julgado por inteiro", como meio de aproximar o provimento judicial da realidade concreta do litígio.

Analisando tal expressão, o Superior Tribunal de Justiça, em voto proferido pelo Min. Castro Meira, admitiu que "em função do efeito devolutivo do recurso de apelação, o conhecimento do tribunal não se cinge às questões efetivamente resolvidas na instância inferior: abrange também as que poderiam tê-lo sidos como, por exemplo, aquelas que, não sendo examináveis de ofício, deixaram de ser apreciadas, a despeito de haverem sido suscitadas e discutidas pelas partes".[297]

Outra hipótese tradicional de alargamento do efeito devolutivo diz respeito à possibilidade de o Tribunal conhecer todos os fundamentos da demanda e da defesa, ainda que o juiz tenha acolhido parcela deles e silenciado quanto aos demais. Esta permissão tranquiliza a parte recorrida, a qual sabe que, muito embora a decisão tenha acolhido um dos fundamentos levantados no curso do processo, caso o tribunal entenda que o resultado deva ser mantido por outro fundamento, esta postura será lícita. Nesse sentido, reza o § 2º do art. 1.013: "quando o pedido ou a defesa tiver mais de um fundamento e o juiz acolher apenas um deles, a apelação devolverá ao tribunal o conhecimento dos demais".

A redação dos parágrafos do art. 1.013 induzem a conclusão de que o efeito devolutivo do apelo é enorme. Cumpre ao apelante, especialmente,

---

296 Trecho do voto proferido no Recurso Especial nº REsp 655479/RS, julgado pela 2ª T., DJ: 31.05.2006, p. 248.

297 REsp n. 710.039/SP.

precisar o pedido recursal.[298] Poderá o Tribunal, dentre outras potencialidades, (a) corrigir a motivação da sentença; (b) considerar todos os temas passíveis de conhecimento de ofício ou que foram tempestivamente pelo apelado; (c) valorar todos os fundamentos da ação e da defesa, para a tutela do recorrido, uma vez que ele não possui interesse recursal, etc.

De toda sorte, essa "profundidade" não deve servir de justificativa para a deficiência na redação do apelo ou para o renascimento de questões preclusas dentro do processo pelo comportamento anterior das partes.

1.7. Do procedimento perante o segundo grau de jurisdição

De acordo com o art 1.011: "recebido o recurso de apelação no tribunal e distribuído imediatamente, o relator: I – decidi-lo-á monocraticamente apenas nas hipóteses do art. 932, incisos III a V; II – se não for o caso de decisão monocrática, elaborará seu voto para julgamento do recurso pelo órgão colegiado".

Como se observa, o artigo merece análise conjunta com o art. 932, o qual versa sobre as incumbências do Relator: "art. 932. Incumbe ao relator: I – dirigir e ordenar o processo no tribunal, inclusive em relação à produção de prova, bem como, quando for o caso, homologar autocomposição das partes; II – apreciar o pedido de tutela provisória nos recursos e nos processos de competência originária do tribunal; III – não conhecer de recurso inadmissível, prejudicado ou que não tenha impugnado especificamente os fundamentos da decisão recorrida; IV – negar provimento a recurso que for contrário a: a) súmula do Supremo Tribunal Federal, do Superior Tribunal de Justiça ou do próprio tribunal; b) acórdão proferido pelo Supremo Tribunal Federal ou pelo Superior Tribunal de Justiça em julgamento de recursos repetitivos; c) entendimento firmado em incidente de resolução de demandas repetitivas ou de assunção de competência; V – depois de facultada a apresentação de contrarrazões, dar provimento ao recurso se a decisão recorrida for contrária a: a) súmula do Supremo Tribunal Federal, do Superior Tribunal de Justiça ou do próprio tribunal; b) acórdão proferido pelo Supremo Tribunal Federal ou pelo Superior Tribunal de Justiça em julgamento de recursos repetitivos; c) entendimento firmado em incidente de resolução de demandas repetitivas ou de assunção de competência; VI – decidir o incidente de desconsideração da personalidade jurídica, quando este for instaurado originariamente perante o tribunal; VII – determinar a intimação do Ministério Público, quando

---

[298] Como observa Sandro Kozikoski: "há que se ressalvar que o órgão *ad quem* pode examinar todas as questões que foram suscitadas e debatidas perante o juízo *a quo* (CPC, art. 515, § 1º), mas não pode se pronunciar quando da elaboração do seu julgado, com respeito àquilo que não foi objeto do pedido de nova decisão". Manual dos Recursos Cíveis, p. 92.

for o caso; VIII – exercer outras atribuições estabelecidas no regimento interno do tribunal".[299]

Conforme a opção do NCPC, a monocrática no apelo tem cabimento diante da incidência dos incisos III a V, do art. 932. São as hipóteses, acima narradas, de: (a) inadmissibilidade (tais como: recurso prejudicado ou que não tenha impugnado especificamente os fundamentos da decisão recorrida); (b) negativa de provimento, diante da tese recursal colidir com súmula do STF, STJ ou do próprio tribunal, bem como acórdãos proferidos pelo STF ou pelo STJ em julgamento de recursos repetitivos e, ainda, entendimentos firmados em incidente de resolução de demandas repetitivas ou de assunção de competência. Em qualquer das hipóteses acima, o provimento monocrática vem em desfavor do recorrente.

Apenas na terceira hipótese de julgamento monocrático, prevista no art. 932, V, a pretensão recursal é acolhida. Neste caso, também compete ao Relator comparar a jurisprudência com a sentença. O provimento será outorgado, quando a sentença contrastar com: (a) súmula do STF, STJ ou do próprio tribunal; (b) acórdão proferido pelo STF ou pelo STJ, em julgamento de recursos repetitivos e (c) entendimento firmado em incidente de resolução de demandas repetitivas ou de assunção de competência.

Nessas situações, o Relator atua na qualidade de "porta-voz" do órgão colegiado. Primeiro, verificará a superação de todos os pressupostos de admissibilidade, ainda que de forma provisória (sujeita, portanto, à ulterior deliberação em sentido contrário), à luz do art. 932, III, NCPC. Poderá, ainda, com o escopo de afastar dano grave ou de difícil reparação, conceder tutelas provisórias. A concessão dessas medidas irá depender, basicamente, do preenchimento de dois requisitos: (a) fundado receio de dano grave e de difícil reparação, diante do imediato cumprimento da decisão agravada e (b) relevância da fundamentação do apelante.

Qualquer que seja a decisão monocrática, terá cabimento o agravo interno, a ser manejado pela parte sucumbente, a ser interposto em 15 dias, como estudaremos em capítulo posterior. Ressalte-se que a conveniência deste agravo sempre foi discutida pela doutrina.[300]

---

[299] Agrega o parágrafo único: "Antes de considerar inadmissível o recurso, o relator concederá o prazo de 5 (cinco) dias ao recorrente para que seja sanado vício ou complementada a documentação exigível".

[300] Em nossa prática, não observamos a consecução de tal objetivo dada a altíssima freqüência do agravo interno. Concordamos com a visão de Sérgio Cruz Arenhart: "se, todavia, esta foi, certamente, a primitiva ideia do legislador ao conceber aquela lei, dificilmente se poderá dizer que atingiu o resultado esperado. Observando a praxe forense, nota-se claramente que as reformas introduzidas – especialmente no que concerne ao tema aqui pesquisado – vêm sendo compreendidas como a introdução de mais um estágio na linha recursal, autorizando, agora, um primeiro recurso examinado pelo relator da impugnação e, posteriormente, pelo colegiado a quem, originária e anteriormente, tocaria conhecer do tempo. Neste contexto, e considerada a atual visão emprestada do instituto, conclui-se pela timidez da abrangência da inovação, a pôr em dúvida sua utilidade". *A nova postura do relator no julgamento dos recursos*, p. 37.

Apenas quando ultrapassada esta fase introdutória, será o caso de aferir a existência de jurisprudência consolidada quanto ao tema para, ato contínuo, negar seguimento ou prover monocraticamente o recurso.

Não sendo o caso de julgamento monocrático, será colocado o recurso em pauta, a qual deve ser publicada com pelo menos 5 dias de antecedência, consoante o art. 935, NCPC.[301]

1.8. Da aplicação da teoria da causa madura (art. 1.013, § 3°, NCPC)

Depara-se frequentemente o Tribunal com sentenças que merecem invalidação. Enquanto algumas Cortes irão simplesmente desconstituir a sentença e determinar o retorno dos autos para que outra seja proferida, outras preferirão aproveitar a sessão de julgamento e analisar o mérito da causa, ainda que o primeiro grau não o tenha feito. Trata-se da chamada "teoria da causa madura", expressão cunhada em importante precedente do Superior Tribunal de Justiça.[302]

Esta situação sempre mereceu atenção da doutrina. Informa Cândido Rangel Dinamarco que já nas Ordenações do Reino encontrava-se semelhante questão: "e se for appellado de sentença interlocutória, e acharem que foi bem appellado, e que o appellante foi agravado pelo juiz, que assim o determinem; e não mandem o feito ao Juiz, de que foi appellado, mas vão por elle em diante, e o determinem finalmente, como acharem por Direito, salvo se o appellante e o appellado ambos o requererem, que se torne o feito á terra perante o juiz, de que foi appellado, porque então se tornará, e será assinado termo, a que vão lá seguir".[303]

Uma minirreforma realizada pela Lei 10.352/2001 introduzira um novo parágrafo ao art. 515 do CPC/73, com uma redação dúbia. Conforme o § 3°

---

301 Art. 935, NCPC: "Entre a data de publicação da pauta e a da sessão de julgamento decorrerá, pelo menos, o prazo de 5 (cinco) dias, incluindo-se em nova pauta os processos que não tenham sido julgados, salvo aqueles cujo julgamento tiver sido expressamente adiado para a primeira sessão seguinte. § 1° Às partes será permitida vista dos autos em cartório após a publicação da pauta de julgamento. § 2° Afixar-se-á a pauta na entrada da sala em que se realizar a sessão de julgamento".

302 "Processo Civil. Prescrição afastada no 2° grau. Exame das demais questões no mesmo julgamento. Possibilidade, desde suficientemente debatida e instruída a causa. Divergência doutrinária e jurisprudencial. Exegese do art. 515, CPC. Precedentes do Tribunal de do Supremo Tribunal Federal. Lei n. 10.352/2001. Introdução do 3° do art. 515. Embargos Rejeitados. I – Reformando o tribunal a sentença que acolhera a preliminar de prescrição, não pode o mesmo ingressar no mérito propriamente dito, salvo quando suficientemente debatida e instruída a causa.II – Nesse caso, encontrando-se 'madura' a causa, é permitido ao órgão ad quem adentrar o mérito da controvérsia, julgando as demais questões, ainda que não apreciadas diretamente em primeiro grau. II – Nos termos do 3° do art. 515, CPC, introduzido pela Lei n.10.352/2001, 'o tribunal pode julgar desde logo a lide, se a causa versar questão exclusivamente de direito e estiver em condições de imediato julgamento'". EREsp. 89.240/RJ Rel. Min. Sálvio de Figueiredo Teixeira, DJe 10.03.2003.

303 O efeito devolutivo da apelação e de outros recursos. In *A nova era do processo civil brasileiro.* São Paulo: Malheiros, 2003, p. 161.

daquele artigo "nos casos de extinção do processo sem julgamento do mérito (art. 267), o Tribunal pode julgar desde logo a lide, se a causa versar exclusivamente questão de direito e estiver em condições de exato julgamento".

A partir de uma interpretação sistemática, defendíamos que o Tribunal estava autorizado a julgar o mérito da causa sempre que, em tese, pudesse também o juízo singular fazê-lo, sem a necessidade de outras providências, como a prática de distintos atos processuais (produção de provas, citação de litisconsortes, etc.). Desta forma, constatado que, quando do retorno dos autos pela invalidação da sentença, não restaria outra alternativa ao juízo *a quo* que não a de julgar o feito, deveria o Tribunal decidir a causa no próprio julgamento da apelação, evitando-se, assim, inútil protelação.[304]

Todavia, a redação da norma não era lapidar. Dentre outros problemas hermenêuticos, discutia-se o sentido da "causa exclusivamente de direito"[305] e a possibilidade de se aplicar o artigo de ofício.

Sobre o tema, de um lado, Flávio Cheim Jorge considerava que os parágrafos do art. 515 deveriam "obedecer ao *caput*", o qual fixa a máxima do *tantum devolutum quantum appellatum*. Assim, o pedido do apelante para que o Tribunal julgue o mérito da causa seria um requisito intransponível. Concluía que "a melhor interpretação a que se chega é aquela que somente admite a incidência do julgamento do mérito (§ 3º) quando haja impugnação específica (*caput* do art. 515)".[306] Também na seara trabalhista, havia adeptos desse pronunciamento.[307]

Em sentido diverso, Rafael Severo de Lemos: "o que ocorre é que o tribunal decide originariamente sobre a ação, e se a representação já se encontra

---

[304] Explica o fenômeno Cândido Rangel Dinamarco: "a decomposição analítica das pretensões do autor (pretensão ao julgamento do mérito, pretensão ao bem da vida) permite perceber que ocorre uma supressão de grau jurisdicional sempre que o tribunal destinatário da apelação interposta contra sentença terminativa (que se limitou a apreciar a primeira das pretensões, não se pronunciando sobre a segunda), reformar essa sentença e, dando um passo mais adiante, decidir também a segunda, que não fora objeto de julgamento pelo juiz (a pretensão ao bem da vida). Tradicionalmente, em casos assim cumpria ao tribunal, ao reformar a sentença terminativa, e, portanto, afirmar o direito do autor ao julgamento de meritis, devolver o processo ao grau inferior, para que sobre este se pronunciasse o juiz. Sempre foi assim no processo civil brasileiro de dois Códigos, assim é no processo penal do país e tal era um ditame do princípio do duplo grau de jurisdição, dogmaticamente plantado em todo o sistema – mas que agora a Reforma da Reforma ousa desafiar". O efeito devolutivo da apelação e de outros recursos. In *A nova era do processo civil brasileiro*. São Paulo: Malheiros, 2003, p. 156.

[305] Novamente com razão Cândido Rangel Dinamarco: "não foi feliz o legislador ao dar a impressão de formular mais uma exigência para a aplicação do novo parágrafo, qual seja a de que a causa verse questão exclusivamente de direito. Se imposta sem atenção ao sistema do Código de Processo Civil, essa aparente restrição poderia comprometer a utilidade da inovação, ao impedir o julgamento pelo tribunal quando houvesse questões de fato no processo, mas já estivessem elas suficientemente dirimidas pela prova produzida". Op. cit., p. 165.

[306] *A Nova Reforma Processual*, p. 148.

[307] Por ilustração Carlos Henrique Bezerra Leite considerava violado o princípio da inércia da jurisdição (e o princípio dispositivo) quando o tribunal aprecia o mérito da causa em recurso manejado contra a sentença meramente terminativa. Seria fundamental o pedido expresso do recorrente para salvaguardar tais princípios. *Curso de Direito Processual do Trabalho*, 3. ed. 4 tiragem. São Paulo: LTr, 2005, p. 575.

formulada na inicial, e refutada na contestação, não se faz necessário qualquer pedido das partes para aplicação da regra do art. 515, §3° do CPC. Se o recorrente tem o conhecimento do preceito, deve prevenir-se para a possibilidade de sua aplicação, nem que seja para dizer que não é possível a aplicação do dispositivo no caso dos autos, por exemplo, por precisar de prova necessária não produzida. Mas permitir que o recorrente restrinja a possibilidade de sua aplicação vai de encontro ao objetivo da regra".[308] Subscreve a orientação Aderbal Torres de Amorim.[309] Era nesse sentido que a jurisprudência majoritária se orientava.[310]

Defendíamos, nesse contexto, que a grande exigência para a aplicação do § 3° deve ser o esgotamento da atividade instrutória do primeiro grau. Se, mesmo versando sobre fatos e direito, já foram produzidas as provas suficientes para aclarar a matéria fática, não há razão para se retroceder na marcha processual.[311] Portanto, a expressão "causa exclusivamente de direito" deve ser lida com tempero, com os olhos voltados para a finalidade da inovação.[312] Apontávamos, igualmente, para a conveniência de que ambas as partes fossem ouvidas previamente à aplicação do § 3°, a fim de que possam eventualmente convencer o julgador, evitando-se assim o temível "fator surpresa".

Desta forma, estariam preservados os dois centros de interesse da discussão judicial: (a) o interesse privado dos litigantes, através do respeito ao contraditório, bem como (b) o interesse público materializado na prestação jurisdicional efetiva e sem dilações indevidas. Obviamente, como em todos os ramos da ciência jurídica, também no ponto haverá espaço para contestação da escolha tomada pelo órgão judicial, a ser dirimida pela interposição de outro recurso pelo interessado.

---

308 A teoria da causa madura e o artigo 515, § 3°, do Código de Processo Civil de 1973, p. 112. São Paulo/SP- Ed. Ixtlan, 2014.

309 Afirma o autor: "o novo preceito que estabelece competência ao tribunal para julgar a causa não julgada no grau inferior não está adstrito à pretensão do recorrente, mas a outro interesse inspirador da efetividade do processo". Op. cit., p. 86.

310 Por ilustração: "AGRAVO REGIMENTAL. JULGAMENTO DE MÉRITO DA CAUSA PELO TRIBUNAL LOCAL. POSSIBILIDADE. ART. 515, § 3°, DO CPC. - O Tribunal revisor, ao reformar a sentença que extingue o processo sem exame do mérito, tem o dever-poder de julgar imediatamente o mérito do litígio, quando o feito encontrar-se em condições de pronto julgamento". (STJ – AgRg no Ag: 836287 DF, 3. T., Rel. Min. Humberto Gomes de Barros, j. 18.10.2007. DJe 31.10.2007)

311 Em interessante julgado (RMS 17220/RJ), a Ministra Eliana Calmon traçou, na própria ementa, as linhas de aplicação do dispositivo: "tratando os autos de questão eminentemente de direito, devidamente instruída pela prova pré-constituída juntada na inicial do mandamus, deve ser aplicada à espécie a Teoria da Causa Madura, consagrada no art. 515, § 3°, do CPC, prestigiando-se, assim, os princípios da celeridade, da economia processual e da efetividade do processo, informadores do Direito Processual Civil Moderno".

312 Também Luiz Augusto e Tereza Wambier com Garcia Medina ressaltam o interesse público no tópico: "não nos parece seja necessário pedido da parte para que incida o art. 515, § 3°. Pensamos que a agilidade e a celeridade dos processos é, sobretudo, de interesse público, e as partes devem, ao interpor a apelação, contar com essa possibilidade, que, de qualquer modo, lhes traria benefícios, já que não há interesse legítimo em que os processos sejam morosos!". *Breves Comentários à Nova Sistemática Processual Civil*, p. 271-2.

O Novo Código tomou partido em seu art. 1.013, § 3º, ao dispor: "se o processo estiver em condições de imediato julgamento, o tribunal deve decidir desde logo o mérito quando: I – reformar sentença fundada no art. 485; II – decretar a nulidade da sentença por não ser ela congruente com os limites do pedido ou da causa de pedir; III – constatar a omissão no exame de um dos pedidos, hipótese em que poderá julgá-lo; IV – decretar a nulidade de sentença por falta de fundamentação. § 4º Quando reformar sentença que reconheça a decadência ou a prescrição, o tribunal, se possível, julgará o mérito, examinando as demais questões, sem determinar o retorno do processo ao juízo de primeiro grau".

O Tribunal, portanto, deve apreciar o mérito da causa. Trata-se de um artigo voltado para a celeridade processual, razão pela qual ratificamos a posição de que é uma imposição e não uma mera possibilidade. Dispensa-se, assim, o requerimento da parte.

Quanto ao contraditório, pela incidência analógica do art. 10, consideramos prudente a oitiva prévia das partes acerca da aplicação do art. 1.013, § 3º, por ato do Relator. O Código, nesse aspecto, reforça no plano legislativo a valorização do contraditório.

1.9. Do saneamento de nulidades através de diligências prévias ao julgamento e da instrução probatória no Tribunal (arts. 932 e 938, NCPC)

A experiência demonstra inúmeros casos nos quais a ocorrência de vícios sanáveis somente é detectada quando do julgamento da causa em grau de apelação. Essas situações prejudicam a marcha normal do feito, pois os erros que deveriam ter sido consertados anteriormente agora impedem o Tribunal do exame final do litígio.

Impossível catalogar todas as nulidades passíveis de ocorrência no processo judicial. Algumas são graves, outras nem tanto. Pela frequência, destacam-se a preterição do litisconsorte necessário, a não realização de prova fundamental para o desate do processo, ausência de intimação para contrarrazões de determinado recurso, peças sem assinatura, etc.

Para regular essas situações, o Novo CPC preconiza que o Relator dirija e ordene o processo no Tribunal, em especial em relação à produção de prova.[313] Consoante o art. 932, I, incumbe ao relator "dirigir e ordenar o processo

[313] O CPC/73 preconizava que o Relator, "constatando a ocorrência de nulidade sanável", determinasse a realização ou a renovação do ato processual. Cumprida a diligência, prosseguiria o julgamento da apelação (515, § 4º, CPC). Ressaltava Humberto Theodoro Junior: "as nulidades sanáveis de que cogita o novo § 4º do art. 515 tanto podem ser suscitadas pela parte como conhecidas de ofício pelo tribunal. O que importa é a sua sanabilidade, a tempo de salvar a sentença, para seu reexame no julgamento do recurso que já alcançou o tribunal". *As novas reformas do CPC*, p. 10.

no tribunal, inclusive em relação à produção de prova, bem como, quando for o caso, homologar autocomposição das partes".

Complementa a matéria, os parágrafos do art. 938, NCPC, os quais expressamente autorizam o Relator (e o órgão competente) a sanar vícios, mediante a realização ou a renovação de atos, bem como converter o julgamento em diligências para a produção de prova necessária à correta apreciação da causa.[314]

Com efeito, muitas vezes, dúvidas podem ser facilmente dirimidas. Considerando que o escopo do processo não é apenas oferecer qualquer resposta jurisdicional, mas sim viabilizar a realização do direito, é conveniente, na ponderação dos princípios constitucionais, que o Relator conte com a possibilidade de espancar as suas dúvidas, convertendo o julgamento em diligência com o fim de melhor aplicar o direito.[315]

A norma objetiva viabilizar o julgamento da causa pelo Tribunal, após a correção dos vícios ou a melhor instrução do feito, colaborando assim com a celeridade processual e a com a adequada aplicação do direito, tão almejadas pelas partes e pelo NCPC.

---

[314] Reza o art. 938: "A questão preliminar suscitada no julgamento será decidida antes do mérito, deste não se conhecendo caso seja incompatível com a decisão. § 1º Constatada a ocorrência de vício sanável, inclusive aquele que possa ser conhecido de ofício, o relator determinará a realização ou a renovação do ato processual, no próprio tribunal ou em primeiro grau de jurisdição, intimadas as partes. § 2º Cumprida a diligência de que trata o § 1º, o relator, sempre que possível, prosseguirá no julgamento do recurso. § 3º Reconhecida a necessidade de produção de prova, o relator converterá o julgamento em diligência, que se realizará no tribunal ou em primeiro grau de jurisdição, decidindo-se o recurso após a conclusão da instrução. § 4º Quando não determinadas pelo relator, as providências indicadas nos §§ 1º e 3º poderão ser determinadas pelo órgão competente para julgamento do recurso".

[315] Por ilustração: Apelação Cível. Direito Público não especificado. Direito Administrativo. Ação Demolitória. Edificação Irregular. Construção que desrespeitaria recuos previstos no plano diretor. Alteração dos parâmetros legais. Vigência de novo plano diretor (Lei Municipal nº 1.111/2008) no curso da ação. Necessidade de Conversão do Julgamento em diligência. Dúvida quanto à localização da edificação irregular e quanto à prova de que os recuos e a edificação passaram a atender às diretrizes do plano diretor vigente. 1. Hipótese em que o Município demandante pretende, via ação demolitória, obter ordem judicial de demolição de edificação situada na esquina da Avenida Atlântida com a Avenida Paraguassú, em Xangri-la, devido à suposta irregularidade nas metragens dos recuos, as quais estariam em desacordo com o Plano Diretor estabelecido pela Lei Municipal nº 1.529/79. 2. Contudo, no curso da ação, entrou vigor novo Plano Diretor, estabelecido pela Lei Municipal nº 1.111/2008, que revogou a Lei Municipal nº 1.529/79. Posteriormente, a Lei Municipal nº 1.282/2010 trouxe novas alterações à Lei Municipal nº 1.111/2008, estabelecendo novas metragens para os recuos no setor onde o imóvel estaria situado. 3. Tendo em vista a mudança da legislação no curso da lide, modificando metragens para os recuos das edificações no Município, bem como a incerteza quanto à localização da edificação irregular e a qual setor pertence, necessário converter o julgamento em diligência para elaboração de croqui, indicando a localização e os parâmetros legais de recuo aplicáveis à situação concreta. Julgamento convertido em diligência". (TJRS, AC 70067085316, 2ª C C, Rel. Des. Ricardo Torres Hermann, j. 16.12.2015)

2. Agravo de Instrumento

2.1. A recorribilidade das interlocutórias

Como sabemos, ao longo do procedimento, são praticados diversos atos pelo magistrado. Alguns, por não recepcionar conteúdo decisório relevante (despachos), pouco interesse despertam às partes. Outros, pelo fato de oferecerem vantagem para um dos litigantes – e naturalmente prejuízo ao concorrente – merecem maior atenção (interlocutórias e sentenças). Nesse sentido, atento ao interesse privado das partes, mas sem olvidar da necessidade de se alcançar um processo efetivo, o Direito enfrenta um dilema: ou se limitam os recursos, intentando-se maior efetividade, embora aceitando um risco maior de erro, ou se permite a ampla impugnação como medida de maior justiça, admitindo-se o risco de prejuízo ao ideal da duração razoável.

De um lado, a elaboração de um processo mais concentrado reduziria a propagação de decisões interlocutórias, uma vez que, em tese, do magistrado exigir-se-ia mais no ato de sentenciar, quando, então, apreciaria todas as questões relevantes. É o que ocorre no modelo do Juizado Especial, no qual, após a realização de uma audiência de conciliação e outra para a instrução da causa, sobrevém sentença. De outra banda, caso o modelo processual preveja maior atuação judicial na condução do feito, com a prolação de decisões provisórias e outras destinadas a prevenir ou corrigir irregularidades, haverá uma tendência a se tolerar interlocutórias e, por decorrência, os meios de sua impugnação. Daí se afirmar que o sistema recursal, em grande medida, reflete o espírito da cultura processual, valendo, no ponto, a precisa metáfora de José Carlos Barbosa Moreira: "a copa da árvore sempre revela algo do solo em que mergulham as raízes".[316]

Cada sistema processual realiza as suas escolhas. A professora Ana Laura González Poittevin realizou amplo estudo comparativo com o modelo uruguaio, italiano e espanhol.[317] O direito uruguaio, ilustrativamente, admite a prolação de "sentencias interlocutorias" e "sentencias definitivas". As primeiras resolvem questões conexas ou vinculadas à questão principal. Já a segunda espécie define a causa. Qualquer delas é passível de recurso, pois

---

[316] *Comentários*, p. 488.

[317] *Recorribilidade das decisões interlocutórias*: uma comparação do direito brasileiro com outros ordenamentos. Curitiba: Juruá, 2008.

"a regra geral do direito uruguaio é a impugnação das decisões".[318] O recurso de "reposición" é interposto perante o próprio juízo *a quo*, para a revisão de erros "de menor transcendência, sem a necessidade de complexa tramitação ou intervenção de órgãos superiores".[319] Já o recurso de "apelación", cabível contra as sentenças definitivas de primeira instância e as sentenças interlocutórias, provoca a atuação imediata do juízo *ad quem*. Na prática, o segundo é o mais utilizado. Todavia, no modelo francês, como informa o mestre Eduardo Chemale Selistre Peña, a regra é inversa: "na realidade, em França, não há recurso generalizado para decisões interlocutórias. Em princípio, estas se apresentam irrecorríveis".[320]

Enfim, os modelos processuais respondem às exigências culturais. Nosso sistema também tomou posição, a partir do confronto de argumentos distintos. Durante a maior parte da vigência do CPC/73, a regra era a ampla recorribilidade das interlocutórias, através de agravo. No plano abstrato, todas as decisões proferidas pelo juízo singular desafiavam o agravo, o qual possuía duas espécies: o de instrumento e o retido, este último banido pelo CPC/2015.

Entretanto, na realidade, já se sentia a necessidade de limitar a utilização do agravo de instrumento. Por isso, em especial a partir de 1995, houve uma série de reformas, que mudaram os contornos "dos agravos" então existentes, sem oferecer uma resposta que a Comissão responsável pela edição do Novo CPC tenha julgado satisfatória.[321] Não à toa, o doutrinador Heitor Vitor Sica comparava o agravo ao mito de Prometeu, visto que ele, embora ameaçado, sempre ressurgia.[322]

Há vantagens decorrentes da limitação da recorribilidade das decisões interlocutórias. Em primeiro lugar, o processo deixa de ser perturbado, com a abertura de uma nova fase (procedimento recursal). Por decorrência, sem tais obstruções, em tese, alcançar-se-ia a solução definitiva da causa em espaço de

[318] Op. cit., p. 70.

[319] Op. cit., p. 76.

[320] *O Recurso de Agravo como meio de impugnação das decisões interlocutórias de primeiro grau*, Porto Alegre: Livraria do Advogado, 2008, p. 36.

[321] A voracidade da atuação do legislador em sede recursal é impressionante. Muito interessante a observação da professora Teresa Arruda Alvim Wambier a este respeito: "pois bem: dos 72 artigos, se nossas contas estão corretas, só 30 (menos da metde, portanto) – os arts. 499, 501, 502, 503, 504, 505, 507, 509, 510, 512, 513, 515, 517, 520, 530, 534, 547, 548, 549, 552, 553, 554, 555, 556, 559, 560, 561, 562, 564 e 565 – conservam o teor original; todos os restantes foram atingidos, em tal ou qual medida, e alguns mais de uma vez, pelas sucessivas modificações que o texto codificados sofreu, a partir da Lei 8.038, de 28.05.1990. Em nenhum outro título do estatuto processual se concentrou com tanta intensidade o fogo da artilharia reformadora". WAMBIER, Teresa Arruda Alvim. O novo recurso, na perspectiva do amplo acesso à justiça, garantido pela Constituição Federal. In *Processo e Constituição*: Estudos em Homenagem ao Professor José Carlos Barbosa Moreira. São Paulo: RT, 2006, p. 1080.

[322] Interessantes apontamentos históricos são observados no texto de Heitor Vitor de Sica, cujo título é sugestivo: O agravo e o mito de Prometeu: considerações obre a Lei 11.187/2005. In *Aspectos polêmicos e atuais dos recursos cíveis*, série 9. São Paulo: RT, 2006.

tempo mais razoável. Alega-se, igualmente, que inúmeros recursos inúteis seriam evitados, uma vez que a parte prejudicada por uma decisão pontual poderia, ao fim, ter sua pretensão acolhida. Haveria, portanto, maximização do uso da máquina estatal, com a desejável outorga do bem da vida mais rapidamente. Essas vantagens, concretas por certo, são especialmente valorizadas na justiça trabalhista[323] e em alguma medida foram recepcionadas pelo Novo CPC.

Todavia, tais argumentos, conquanto corretos do ponto de vista abstrato, podem ser contestados. Basta considerar a real possibilidade de uma decisão interlocutória produzir dano grave e de difícil reparação ao litigante que, ao final do processo, poderá ser considerado merecedor da tutela. Lesões desse naipe ofuscariam o ideal de livre e efetivo acesso à Justiça. As nulidades, ao invés de serem apreciadas e prontamente sanadas, manter-se-iam íntegras, ameaçando todo o trabalho realizado pelos sujeitos: processos seriam instruídos perante juízos incompetentes, o direito de ouvir testemunhas seria definitivamente analisado após a sentença, a parte postergaria o exercício da denunciação da lide, etc.

Dentro desses dois polos, situa-se a discussão acerca da conveniência em se admitir a impugnação das decisões interlocutórias. Restringi-la, em nome da efetividade ou maior celeridade do feito, ou admiti-la, resguardando a segurança?

No modelo do Novo CPC, ao contrário do anterior, consagra-se o princípio de que as interlocutórias são irrecorríveis. Isto porque nem todas as interlocutórias admitem imediato enfrentamento recursal. Na realidade, a maior parte das decisões apenas poderá ser atacada, após a prolação da futura sentença, caso a parte prejudicada, em momento futuro, assim deseje.

O Novo CPC, rompendo com a tradição, não recepcionou o agravo retido. Apenas admitiu a interposição de Agravo de Instrumento, em hipóteses expressamente previstas em lei. A contrapartida para a eliminação do agravo retido é a ausência de preclusão para as decisões interlocutórias, pois as questões resolvidas por outras decisões interlocutórias proferidas antes da sentença não ficam acobertadas pela preclusão podendo ser impugnadas pela parte, em preliminar, nas razões ou nas contrarrazões de apelação.

A este respeito, vale a pena transcrever trecho da "exposição de motivos", elaborada pela Comissão, acerca do papel do "novo agravo" no sistema: "desapareceu o agravo retido, tendo, correlatamente, alterado-se o regime das preclusões. Todas as decisões anteriores à sentença podem ser impugnadas na apelação. Ressalte-se que, na verdade, o que se modificou, nesse particular, foi exclusivamente o momento da impugnação, pois essas decisões,

[323] As Dras. Mariângela Miglioranza, Gabriela André e Fernanda dos Santos Macedo debruçam-se com afinco ao estudo da recorribilidade na justiça trabalhista, valendo citar dois de seus textos: Novas observações sobre o princípio da irrecorribilidade das decisões interlocutórias na justiça do trabalho. *Justiça do Trabalho*, v. 27, n. 321, p. 40-47, set., 2010; A (in)constitucionalidade da irrecorribilidade das decisões interlocutórias na justiça do trabalho. *Justiça do Trabalho*, v. 27, n. 218, p. 52-63, jun. 2010.

de que se recorria, no sistema anterior, por meio de agravo retido, só eram mesmo alteradas ou mantidas quando o agravo era julgado, como preliminar de apelação. Com o novo regime, o momento de julgamento será o mesmo; não o da impugnação. O agravo de instrumento ficou mantido para as hipóteses de concessão, ou não, de tutela de urgência; para as interlocutórias de mérito, para as interlocutórias proferidas na execução (e no cumprimento de sentença) e para todos os demais casos a respeito dos quais houver previsão legal expressa".[324] Em edições anteriores, assinalamos a conveniência do jurisdicionado apontar a sua inconformidade, desde logo, embora o NCPC nada diga a respeito. Na versão final do NCPC, nada foi dito a respeito, razão pela qual, em face da omissão legal, não reputamos acolhido o dito "protesto anti-preclusivo" ou qualquer instituto análogo.

No presente capítulo, discutiremos o regramento do agravo de instrumento, o qual é dirigido ao Tribunal de Justiça ou ao Tribunal Regional Federal, de sorte que o seu processamento, "em tese", não impede a continuação do feito em primeiro grau.[325]

2.2. Hipóteses de cabimento do agravo no NCPC

Sob a égide do Código anterior, o jurisdicionado poderia manejar o agravo de instrumento sempre que acreditasse que a decisão interlocutória pudesse lhe causar um dano grave e de difícil reparação. Caso o Relator não concordasse com a sua opinião, então o instrumento era convertido em agravo retido, o qual foi abolido pelo Novo CPC.

Nessa linha, o Novo CPC apresenta um rol de hipóteses que autorizam o manejo do agravo de instrumento, em seu art. 1.015. Vale transcrever o dispositivo para a melhor colocação do tema:

> Art. 1.015. Cabe agravo de instrumento contra as decisões interlocutórias que versarem sobre:
> I – tutelas provisórias;
> II – mérito do processo;
> III – rejeição da alegação de convenção de arbitragem;
> IV – incidente de desconsideração da personalidade jurídica;
> V – rejeição do pedido de gratuidade da justiça ou acolhimento do pedido de sua revogação;
> VI – exibição ou posse de documento ou coisa;
> VII – exclusão de litisconsorte;

---

[324] Disponível em <http://www.senado.gov.br/senado/novocpc/pdf/Anteprojeto.pdf>. Acesso em 25.01.2011.

[325] Tal utopia, porém, é diuturnamente desmentida pela prática, que comprova a reticência do órgão judicial em prosseguir na marcha do feito enquanto o recurso não é definitivamente apreciado.

VIII – rejeição do pedido de limitação do litisconsórcio;

X – admissão ou inadmissão de intervenção de terceiros;

X – concessão, modificação ou revogação do efeito suspensivo aos embargos à execução;

XI – redistribuição do ônus da prova nos termos do art. 373, § 1º;

XII – (VETADO);

XIII – outros casos expressamente referidos em lei.

Parágrafo único. Também caberá agravo de instrumento contra decisões interlocutórias proferidas na fase de liquidação de sentença ou de cumprimento de sentença, no processo de execução e no processo de inventário.

Ou seja, deve o jurisdicionado encaixar o seu recurso em uma destas hipóteses de cabimento, sob pena de seu agravo não ser recebido pelo Relator. Quanto à natureza do rol, asseveram Marco Felix Jobim e Fabrício de Farias Carvalho: "considerando a opção do legislador pela remoção da chamada 'cláusula de abertura' do artigo 522 contida no CPC/73, que permite a recorribilidade de qualquer decisão interlocutória, desde que demonstrada a sua potencialidade para causar à parte lesão grave e de difícil reparação, como já defendido acima, acredita-se que o rol trazido pelo NCPC é taxativo, *numerus clausus*, resgatando, dessa forma, a sistemática adotada pelo CPC/1939 e claramente objetivando a limitação do número destes recursos em tramitação nos tribunais".[326]

Trata-se de uma mudança significativa, porquanto se oferece maior destaque à fonte legislativa em detrimento da fonte jurisprudencial, o que – na nossa visão – não deixa de ser curioso, à luz da premissa do Novo CPC de valorizar o papel dos Tribunais.

A redação final é certamente polêmica. Outras máterias, quem sabe, mereceriam imediata impugnação. Fernando Rubin, por ilustração, pondera que o ato de indeferimento de provas deveria ter sido contemplado: "diante do cenário processo-constitucional em que se visualiza o direito fundamental da parte de provar, entendemos equivocada a versão final conferida ao agravo de instrumento no art. 1.015 da Lei nº 13.105/2015, desestimulando inclusive para que se desenvolva uma cultura no meio jurídico pátrio e na magistratura brasileira de que a prova é importante para todos os participantes na relação jurídica processual (a prova não é destinada exclusivamente ao juiz!), sendo que o seu indeferimento deve ser medida absolutamente excepcional e sujeita à célere revisão – até para que não se crie problemas procedimentais sérios na hipótese de indeferimento de meio de prova que venha a ser reformado pelo Tribunal em momento muito remoto".[327]

---

[326] A disciplina dos agravos no Novo Código de Processo Civil, In *Novo CPC doutrina selecionada*, v. 6: processos nos tribunais e meios de impugnação às decisões judiciais. (Coord. Fredie Didier Jr.; Org. Lucas Buril de Macêdo, Ravi Peixoto, Alexandre Freire *et alli*), Salvador: JusPodvm, 2015, p. 638.

[327] Cabimento do agravo de instrumento em matéria probatória: crítica ao texto final do Novo CPC (Lei nº 13.015/2015, art. 1.015), Idem, p. 623.

Os primeiros anos se encarregarão de demonstrar o acerto (ou o equívoco) desta opção legislativa, bem como os meios que serão autorizados pelos Tribunais para ultrapassar um rol que se mostra exaustivo, mas que, pela riqueza da vida, aparentemente, não será capaz de oferecer resposta para todos os problemas que a prática colocará.[328]

Fatalmente, será tolerado o mandado de segurança (ou outro remédio jurídico semelhante) para propiciar imediata atuação do Tribunal, diante de decisões que se mostrem irrecorríveis e que gerem riscos concretos de dano grave e de difícil reparação. Pelo menos, as ditas decisões teratológicas serão revistas com a utilização do *mandamus*.

2.3. Formas de interposição do agravo (art. 1017, § 2º, NCPC)

O § 2º do art. 1017, NCPC, explicita meios de interposição do agravo. Reza o dispositivo:

No prazo do recurso, o agravo será interposto por:

I – protocolo realizado diretamente no tribunal competente para julgá-lo;

II – protocolo realizado na própria comarca, seção ou subseção judiciárias;

III – postagem, sob registro, com aviso de recebimento;

IV – transmissão de dados tipo fac-símile, nos termos da lei;

V – outra forma prevista em lei.

Fora de qualquer dúvida, quer pela utilização do procedimento eletrônico, quer pelo hábito dos operadores, a normal interposição do recurso ocorre diretamente no Tribunal. Isto também se justifica pelo fato de que a maior parte das decisões agravadas, ao menos do plano hipotético, ocasionar risco de dano ao agravante, o que lhe leva a postular a sua revisão de uma maneira mais expedita.

A principal novidade, em nossa opinião, reside no segundo inciso, quando autoriza ao agravante interpor o recurso na própria comarca, contando com o Poder Judiciário para a remessa ao Tribunal. Trata-se de uma medida sadia, em nome do acesso à justiça e que beneficiará os litigantes que residem longe da sede dos Tribunais. Alguns Estados da Federação, a estrutura do Judiciário já permite o protocolo integrado. Em outros, será necessário rever procedimentos.

Quando interposto via correio, conforme expressa autorização legal, o correto é considerar como data de interposição a de postagem e não de efetivo protocolo na Secretaria do Tribunal. Incide no ponto o art. 1003, § 4º, NCPC

---

[328] A experiência recente demonstrou que o mito da completude da legislação não vingou e o desenvolvimento do direito sempre contou, em maior ou menor escala, com a colaboração de outras fontes jurígenas. Vivemos a época do pluralismo de fontes, de sorte que certamente o próprio recurso de agravo receberá a configuração final pela influência da doutrina, da jurisprudência e da praxe.

("para aferição da tempestividade do recurso remetido pelo correio, será considerada como data de interposição a data de postagem").[329] De toda sorte, com a progressiva informatização do processo judicial, a interposição via correio tende a ser menos observada na prática.

Assinale-se que, uma vez interposto por fax, considera o Superior Tribunal de Justiça suficiente a indicação dos documentos que serão remetidos via correio. Não é necessário transmiti-los todos, via fac-símile. O argumento é sintetizado pela Min. Nancy Andrighi que "a Lei 9.800/99 não disciplina nem o dever nem a faculdade do advogado, ao usar o protocolo via fac-simile, transmitir, além da petição de razões do recurso, cópia dos documentos que o instruem. Por isso a aplicação da nova lei exige interpretação que deve ser orientada pelas diretrizes que levaram o legislador a editá-la, agregando-lhe os princípios gerais do direito. Observados os motivos e a finalidade da referida lei, que devem ser preservados acima de tudo, apontam-se as seguintes razões que justificam a desnecessidade da petição do recurso vir acompanhada de todos os documentos, que chegarão ao Tribunal na forma original: primeiro, não há prejuízo para a defesa do recorrido, porque só será intimado para contra-arrazoar após a juntada dos originais aos autos; segundo, o recurso remetido por fac-simile deverá indicar o rol dos documentos que o acompanham e é vedado ao recorrente fazer qualquer alteração ao juntar os originais; terceiro, evita-se um congestionamento no trabalho da secretaria dos gabinetes nos fóruns e tribunais, que terão de disponibilizar um funcionário para montar os autos do recurso, especialmente quando o recurso vier acompanhado de muitos documentos; quarto, evita-se discussão de disparidade de documentos enviados, com documentos recebidos; quinto, evita-se o congestionamento nos próprios aparelhos de fax disponíveis para recepção do protocolo; sexto e principal argumento: é vedado ao intérprete da lei editada para facilitar o acesso ao Judiciário, fixar restrições, criar obstáculos, eleger modos que dificultem sua aplicação".[330]

---

[329] Em edições anteriores, criticamos decisões que exigiam a chegada do recurso ao Tribunal destinatário, dentro do prazo legal, sob pena de inadmissibilidade. *Data venia*, essa posição pecava justamente por ofender o contraditório que a parte tem direito, afinal o jurisdicionado via seu prazo reduzido (de 10 dias no Código anterior ou de 15, no atual) para, quem sabe, 4 ou 5 dias, na medida em que tinha de postar o recurso com suficiente antecedência. Isso sem falar na ilegal assunção do risco de falha no serviço, que lhe acarretaria fracasso. Nesse sentido: REsp 636.272/SP. DJ: 28.02.2005, p. 226. Na mesma linha: "é tempestivo o agravo de instrumento postado no correio sob registro com aviso de recebimento, dentro do prazo legal (art. 525, § 2º, do CPC)". REsp 716.173/SP, 4ª T., Rel. Min. Barros Monteiro. DJ: 24.10.2005, p. 345.

[330] Corte Especial, REsp 901556/SP, Rel. Min. Nancy Andrighi. DJE: 03.11.2008. No mesmo sentido: "AGRAVO REGIMENTAL EM RECURSO ESPECIAL. PROCESSUAL CIVIL. AGRAVO INTERPOSTO POR FAC-SÍMILE SEM AS PEÇAS QUE FORMAM O INSTRUMENTO. POSTERIOR APRESENTAÇÃO DAS CÓPIAS, COM O ORIGINAL DA PETIÇÃO. POSSIBILIDADE. AGRAVO REGIMENTAL NÃO PROVIDO. 1. Em se tratando de agravo de instrumento, não é necessário que a petição recursal transmitida via fax venha acompanhada das peças destinadas à instrução do recurso, sendo possível a juntada de tais peças quando do protocolo da petição original. 2. Agravo regimental não provido". (AgRg no REsp 1341562/RN, 2. T., Rel. Min. Mauro Campbell Marques. DJe 24.10.2012)

2.4. Dos documentos que devem instruir o Agravo

O Novo CPC amplia o rol dos documentos que, obrigatoriamente, devem instruir o agravo. De acordo com o art. 1.017, a petição de agravo de instrumento será instruída, necessariamente, com as seguintes cópias: (1) petição inicial; (2) contestação; (3) petição que ensejou a decisão agravada; (4) a própria decisão agravada; (5) certidão da respectiva intimação ou outro documento oficial que comprove a tempestividade e (6) das procurações outorgadas aos advogados do agravante e do agravado.[331]

Em nossa opinião, inclusive alguns destes documentos podem ser dispensados, quando a sua "finalidade essencial" for atingida. É a hipótese da dispensa da certidão de intimação naqueles casos em que é manifesta a tempestividade do recurso, v. g. quando transcorrido menos de 15 dias entre a prolação da interlocutória e a apresentação do recurso.[332]

Autoriza o Novo CPC a declaração de inexistência de qualquer dos documentos referidos no inciso I, feita pelo advogado do agravante, sob pena de sua responsabilidade pessoal, valorizando a classe dos advogados e reduzindo a burocracia.

No regime do Novo CPC, ao contrário do Código anterior, o descumprimento do preceito não gera o automático não conhecimento do recurso. Havia, até 2016, intenso prestígio do formalismo em relação ao agravo. Olvidava-se a célebre metáfora de Rudolf von Jhering, pela qual "o formalismo é o irmão gêmeo da liberdade e o inimigo jurado do arbítrio". Fora dessas premissas, o formalismo presente no direito processual tende a tornar-se anacrônico, não raro sinônimo de opressão, ao afastar o jurisdicionado ilegitimamente da Justiça.

A este respeito, comemora Alexandre Freitas Câmara o combate do NCPC à jurisprudência defensiva de alguns Tribunais: "o que se percebe é uma nítida tendência à formalização, isto é, ao combate ao formalismo exarcebado. E isto é perfeitamente compatível com a tradição do direito processual brasileiro, o qual há muito tempo acolhe, sem qualquer divergência acerca

---

331 No ponto, a jurisprudência do Superior Tribunal de Justiça é rigorosa, com a exigência da juntada da "cadeia de substabelecimentos": "EMBARGOS DE DIVERGÊNCIA - PROCESSUAL CIVIL - AGRAVO DE INSTRUMENTO DO ART. 525 DO CPC - AUSÊNCIA DE PEÇA OBRIGATÓRIA: CÓPIA DA CADEIA DE SUBSTABELECIMENTOS - NÃO CONHECIMENTO DO RECURSO. 1. A jurisprudência desta Corte é pacífica no sentido de que a ausência das peças obrigatórias de que trata o art. 525, I do CPC (dentre as quais se inclui a cópia da cadeia de substabelecimentos) importa em não conhecimento do recurso. 2. Embargos de divergência providos". EREsp 1056295/RJ, Corte Especial, Rel. Min. Eliana Calmon. DJe: 25/08/2010.

332 Solução contrária privilegiaria irracionalmente a forma, valendo no ponto a correta advertência de Carlos Alberto Alvaro de Oliveira: "há de ser rejeitado com veemência o formalismo oco e vazio, que desconhece o concreto e deixa de fazer justiça. A organização do processo e sua ordem, por sua vez, também não são destituídos de conteúdo. Ordem pela ordem não tem significado. Assim, se o juiz preservar as garantias das partes, vedado não lhe é adotar um ponto de vista mais maleável, adaptando o direito e o sistema ao caso, quando necessário, para vencer o formalismo, obstaculizador da justiça na hipótese concreta". Op. cit., p. 213.

do ponto, o assim chamado 'princípio da instrumentalidade das formas'. E a grande vantagem que se pode extrair do novo sistema é que ele inviabiliza a chamada 'jurisprudência defensiva', a qual se manifesta através da criação, pelos tribunais, de exigências e requisitos formais para a admissibilidade do recurso, em verdadeiro – e constitucionalmente ilegítimo – exercício de função legislativa pelos órgãos jurisdicionais. Basta lembrar a tendência, que durante algum tempo predominou nos tribunais, de se decidir pela inadmissibilidade de agravo de instrumento no caso em que o agravante deixasse de juntar peça que, não sendo obrigatória, o relator reputasse indispensável para a compreensão do caso, sem que se desse oportunidade ao recorrente de corrigir o vício. É, pois, bastante positivo o fato de que o novo CPC abraça essa tendência à instrumentalidade das formas e à maximização das oportunidades de resolução do mérito".[333]

Nesse sentido, a partir da vigência do Novo CPC, autoriza-se que a parte seja intimada para complementar a documentação obrigatória. Consoante o art. 1.017, § 3º, "na falta da cópia de qualquer peça ou no caso de algum outro vício que comprometa a admissibilidade do agravo de instrumento, deve o relator aplicar o disposto no art. 932, parágrafo único". Esta opção é muito mais coerente com o ideal de livre e efetivo acesso à justiça.

Ultrapassados os documentos tidos como "obrigatórios", a lei ainda aponta que o recurso poderá ser "facultativamente" instruído "com outras peças que o agravante entender úteis". Quanto ao ponto, é ainda mais latente a possibilidade de posterior complementação, pois o que parece útil à parte nem sempre o é para o julgador.[334]

Por fim, deve ser registrado, quanto às cópias exigidas, que a paulatina introdução do processo eletrônico eliminará a sua necessidade, pois o próprio sistema operacional ajudará o jurisdicionado. Na medida em que todos os Tribunais contarem com o "e-proc", a tendência é a norma cair em desuso.

2.5. Poderes do Relator

Após regular sorteio, o Relator deve se posicionar quanto ao destino a ser oferecido ao recurso. O Código abre algumas possibilidades, a começar pela negativa de seguimento. O fenômeno é inicialmente descrito no art. 1.019, NCPC:

---

333 Do agravo de instrumento no novo Código de Processo Civil, In *Desvendando o Novo CPC*. (Org. Darci Guimarães Ribeiro, Marco Félix Jobim *et alli*), Porto Alegre: Livraria do Advogado, 2015, p. 11-12.

334 Procede a crítica de José Carlos Barbosa Moreira: "é pouco razoável exigir do agravante que preveja in totum as eventuais dúvidas do relator ou do órgão julgador, para juntar todas as peças que aquele ou este, por seu turno, venha acaso a reputar úteis ou mesmo acessórias. Afinal de contas, a facilidade de compreensão varia enormemente de uma para outra pessoa". Sobre o tema: *Restrições ilegítimas ao conhecimento dos recursos*, p. 49.

Art. 1.019. Recebido o agravo de instrumento no tribunal e distribuído imediatamente, se não for o caso de aplicação do art. 932, incisos III e IV, o relator, no prazo de 5 (cinco) dias:

I – poderá atribuir efeito suspensivo ao recurso ou deferir, em antecipação de tutela, total ou parcialmente, a pretensão recursal, comunicando ao juiz sua decisão;

II – ordenará a intimação do agravado pessoalmente, por carta com aviso de recebimento, quando não tiver procurador constituído, ou pelo Diário da Justiça ou por carta com aviso de recebimento dirigida ao seu advogado, para que responda no prazo de 15 (quinze) dias, facultando-lhe juntar a documentação que entender necessária ao julgamento do recurso;

III – determinará a intimação do Ministério Público, preferencialmente por meio eletrônico, quando for o caso de sua intervenção, para que se manifeste no prazo de 15 (quinze) dias.

Como expressamente referido, o artigo merece análise conjunta com o art. 932, o qual versa sobre as incumbências do Relator:

Art. 932. Incumbe ao relator:

I – dirigir e ordenar o processo no tribunal, inclusive em relação à produção de prova, bem como, quando for o caso, homologar autocomposição das partes;

II – apreciar o pedido de tutela provisória nos recursos e nos processos de competência originária do tribunal;

III – não conhecer de recurso inadmissível, prejudicado ou que não tenha impugnado especificamente os fundamentos da decisão recorrida;

IV – negar provimento a recurso que for contrário a:

a) súmula do Supremo Tribunal Federal, do Superior Tribunal de Justiça ou do próprio tribunal;

b) acórdão proferido pelo Supremo Tribunal Federal ou pelo Superior Tribunal de Justiça em julgamento de recursos repetitivos;

c) entendimento firmado em incidente de resolução de demandas repetitivas ou de assunção de competência;

V – depois de facultada a apresentação de contrarrazões, dar provimento ao recurso se a decisão recorrida for contrária a:

a) súmula do Supremo Tribunal Federal, do Superior Tribunal de Justiça ou do próprio tribunal;

b) acórdão proferido pelo Supremo Tribunal Federal ou pelo Superior Tribunal de Justiça em julgamento de recursos repetitivos;

c) entendimento firmado em incidente de resolução de demandas repetitivas ou de assunção de competência;

VI – decidir o incidente de desconsideração da personalidade jurídica, quando este for instaurado originariamente perante o tribunal;

VII – determinar a intimação do Ministério Público, quando for o caso;

VIII – exercer outras atribuições estabelecidas no regimento interno do tribunal.

Parágrafo único. Antes de considerar inadmissível o recurso, o relator concederá o prazo de 5 (cinco) dias ao recorrente para que seja sanado vício ou complementada a documentação exigível.

De forma sistemática, consideramos que, inicialmente, deve o Relator, na qualidade de "porta-voz" do órgão colegiado, aferir se, efetivamente, estava presente uma hipótese de cabimento. Não há sentido em se apreciar o mérito ou conceder qualquer tutela provisória, quando estiverem ausentes os permissivos do art. 1.015. Primeiro, devem ser analisados os pressupostos de admissibilidade, ainda que de forma provisória (sujeita, portanto, à ulterior deliberação em sentido contrário), à luz do art. 932, III, NCPC.

Caso ultrapassada esta fase introdutória, então deve ser ponderado se existe alguma chance razoável de provimento do agravo. Nesse momento, devem ser comparadas as teses esboçadas pelo agravante com os precedentes sobre o tema, à luz do art. 932, IV, NCPC. Valorizam-se, aqui, os enunciados da súmula do Supremo Tribunal Federal, do Superior Tribunal de Justiça ou do próprio tribunal; acórdãos proferidos pelo Supremo Tribunal Federal ou pelo Superior Tribunal de Justiça em julgamento de recursos repetitivos e os entendimentos firmados em incidentes de resolução de demandas repetitivas ou de assunção de competência. Não se trata, contudo, de aferir, com segurança, o provimento futuro do recurso, mas simplesmente abreviar a marcha recursal quando restar evidenciado que ele não será posteriormente conhecido ou provido. A decisão monocrática, quanto ao ponto, está expressamente autorizada.

Se vencidas as situações anteriormente descritas, então deverá o relator pronunciar-se sobre eventual pedido de tutela provisória, atribuindo, se for o caso, efeito suspensivo ou a antecipação da tutela recursal. A concessão dessas medidas irá depender, basicamente, do preenchimento de dois requisitos: (a) fundado receio de dano grave e de difícil reparação, diante do imediato cumprimento da decisão agravada e (b) relevância da fundamentação do recorrente.

Após ter afastado o risco de dano, ordenará o Relator a intimação da parte agravada para que responda no prazo de 15 dias, facultando-lhe juntar a documentação que entender necessária ao julgamento do recurso. Quando houver razão que justifique a participação do Ministério Público, então deverá ser intimado o seu presentante, para que se manifeste ao julgamento do recurso.

Apenas depois de facultada a apresentação de contrarrazões, compete ao Relator dar provimento ao recurso se a decisão recorrida for contrária a: (a) súmula do Supremo Tribunal Federal, do Superior Tribunal de Justiça ou do próprio tribunal; (b) acórdão proferido pelo Supremo Tribunal Federal ou pelo Superior Tribunal de Justiça em julgamento de recursos repetitivos; (c) entendimento firmado em incidente de resolução de demandas repetitivas ou de assunção de competência.

O Novo Código encerra uma polêmica jurisprudencial e doutrinária, quanto ao ponto. Reza o art. 932, V: "depois de facultada a apresentação de contrarrazões, dar provimento ao recurso". Prestigia-se o contraditório preventivo, evitando que a parte agravada seja surpreendida pela decisão judicial que lhe é desfavorável, sem ter a mínima chance de influenciar concretamente o convencimento do Relator.

Na identificação desta solução adotada pelo Código, teve grande mérito o Min. Teori Zavascki. É dele a orientação sufragada pelo Superior Tribunal de Justiça, na década de 2000, pela prévia intimação do agravado em relação à decisão monocrática. Assinalava o professor Teori Zavascki, em importante precedente: "é que a intimação do recorrido para apresentar contra-razões está incorporada ao nosso sistema como procedimento padrão em qualquer recurso, inclusive no de agravo de instrumento (CPC, art. 527, V). Trata-se de procedimento natural de preservação do princípio do contraditório, cuja dispensa não pode ser admitida sem uma causa justificável. Observe-se que a norma processual não dispensa essa intimação, a não ser na hipótese do *caput* do art. 557 do CPC, ou seja, quando o relator liminarmente nega seguimento ao recurso (art. 527, I). Mas para essa hipótese, há uma óbvia razão justificadora: a parte recorrida fica beneficiada com a decisão. O mesmo, todavia, não ocorre quando o relator acolhe o recurso, dando-lhe provimento (art. 557, § 1º-A). Aqui, não há como justificar a falta de intimação e, consequentemente, o comprometimento do princípio do contraditório, em prejuízo do agravado. Nem mesmo a alegação de urgência justifica a falta. Para circunstâncias urgentes o relator dispõe de meios específicos e mais apropriados, que preservam os direitos constitucionais dos litigantes: 'atribuir efeito suspensivo ao recurso (art. 558), ou deferir, em antecipação da tutela, total ou parcialmente, a pretensão recursal' (CPC, art. 525, III)".[335]

O CPC/73 era omisso em relação ao ponto, o que determinava a atuação da doutrina para colmatar a lacuna. Ana Laura Gonzalez Poittevin assim se manifestava: "note-se que para negar seguimento liminar ao agravo, não precisa ter sido estabelecido o contraditório ainda. De outra banda, o art. 557, § 1º-A, do CPC permite que o relator dê provimento ao recurso se a decisão

---

[335] "PROCESSUAL CIVIL. AGRAVO DE INSTRUMENTO. DECISÃO DO RELATOR. ART. 557, § 1º-A, DO CPC. AUSÊNCIA DE INTIMAÇÃO DA PARTE AGRAVADA PARA RESPOSTA. VIOLAÇÃO AO PRINCÍPIO DO CONTRADITÓRIO. 1. A intimação do recorrido para apresentar contra-razões é o procedimento natural de preservação do *princípio do contraditório*, previsto em qualquer recurso, inclusive no de agravo de instrumento (CPC, art. 527, V). Justifica-se a sua dispensa quando o relator nega seguimento ao agravo (art. 527, I), já que a decisão vem em benefício do agravado. Todavia, a intimação para a resposta é condição de validade da decisão monocrática que vem em prejuízo do agravado, ou seja, quando o relator acolhe o recurso, dando-lhe provimento (art. 557, § 1º-A). Nem a urgência justifica a sua falta: para situações urgentes há meios específicos e mais apropriados, de 'atribuir efeito suspensivo ao recurso (art. 558), ou deferir, em antecipação da tutela, total ou parcialmente, a pretensão recursal' (CPC, art. 525, III). 2. Recurso especial a que se dá provimento". REsp 892320 / RS, 1ª T., Rel. Min. Teori Albino Zavascki. DJ 23.04.2007, p. 240. No mesmo sentido: EREsp nº 1.038.844/PR, Relator Ministro Teori Albino Zavascki, Primeira Seção, in DJe 20/10/2008). 3. Recurso especial provido. STJ 2ª T., Rel. Ministra ELIANA CALMON. J. 13/08/2013 Dje. 20/08/2013.

recorrida estiver em manifesto confronto com súmula ou com jurisprudência dominante do Supremo Tribunal Federal, ou de Tribunal Superior. Entretanto, não poderá fazê-lo sem que tenha havido resposta do agravado".[336] Na mesma linha, o enfoque de Luis Henrique Franzé: "mas, no segundo caso, isto é, se o relator estiver inclinado a dar provimento ao recurso – isoladamente –, deverá ouvir previamente a parte adversa, sob pena de violação do contraditório".[337]

Nas edições anteriores, manifestamo-nos a favor da posição adotada pelo NCPC, aplaudindo os autores acima citados.

Ultimadas estas providências, restaria incluir o agravo em pauta, para a deliberação do Colegiado, o que, conforme o art 1.020, deveria ocorrer "em prazo não superior a 1 (um) mês da intimação do agravado".[338]

2.6. Juízo de retratação e a exegese do art. 1018, NCPC

O agravo de instrumento faculta a retratação por parte do juízo *ad quo*. Para instrumentalizá-la, cumpre ao agravante, no prazo de três dias a contar da interposição, informá-lo da interposição do recurso. Nesta oportunidade, deve ser juntada, aos autos do processo, cópia da petição do agravo de instrumento e do comprovante de sua interposição, assim como a relação dos documentos que instruíram o recurso (art. 1018, NCPC). Não há necessidade de juntada de todas as peças que instruíram o recurso, pela razão de que elas já se encontram nos autos. Contenta-se o sistema com a mera indicação.[339]

Dirige-se a imposição para tutelar duas situações. Primeiramente, serve para a retratação do magistrado. Se ela ocorre, o agravo é declarado prejudicado, podendo o outrora recorrido agravar da nova decisão. Outra função do aviso é facilitar o acesso do agravado às razões recursais, evitando que ele tenha de se dirigir ao Tribunal. Presume-se que o recorrido esteja mais próximo do juízo *ad quo*, onde poderá se cientificar dos termos do recurso. Quando

---

336 *Recorribilidade das Decisões Interlocutórias*, p. 40.

337 *Agravo – Frente aos Pronunciamentos de Primeiro Grau no Processo Civil*. 6. ed. Curitiba: Juruá, 2009.

338 Não consideramos recomendável que a lei estipule este tipo de prazo para os juízes, especialmente diante do quadro atual, em que cada magistrado aprecie milhares de recursos ao ano. É lamentável que o sistema processual brasileiro ainda não tenha encontrado meios efetivos de racionalizar a administração da Justiça, em especial com o emprego das tutelas coletivas e formas de composição extrajudicial dos litígios. Oxalá, mude esta situação nas próximas décadas.

339 Já era assim no regime do Código anterior: "O art. 526 do CPC exige apenas que a parte junte, em primeiro grau, cópia do agravo de instrumento interposto e da respectiva relação de documentos. A juntada de cópia das peças que acompanharam o recurso não é disposta em lei e, portanto, não pode ser exigida pelo intérprete. O processo civil deve ser visto como sistema que favoreça, na maior medida possível, um julgamento quanto ao mérito da causa, sempre respeitado o princípio da paridade de armas. Assim, o intérprete deve evitar a criação de óbices que não estejam dispostos expressamente em lei. A decretação de nulidades processuais deve ser excepcional". REsp 944040/RS, 3ª T., Rel. Min. Nancy Andrighi, DJe: 07/06/2010.

os autos são eletrônicos, o Novo Código dispensa o agravante de postular a juntada, na medida em que é garantido o acesso on line a todos os atos do processo.

Muito se discutiu acerca das consequências pelo descumprimento da norma.[340] Não foram raros os Tribunais que passaram a analisar de ofício o tema, considerando inadmissível o recurso. Entretanto, já na égide do Código anterior, a jurisprudência, à luz da redação do vetusto art. 526, considerava que o descumprimento deveria ser arguido e adequadamente comprovado pelo agravado, no prazo das contrarrazões.[341] Quando silente o agravado, ocorria a preclusão.[342] Esta posição é correta e, aparentemente, foi mantida pelo NCPC. Como a juntada do agravo visa precipuamente à retratação e ao acesso ao recurso, é da parte prejudicada o ônus de levantar a discussão, e não do próprio magistrado.

Quanto ao ponto, assim preconiza o Novo CPC: "Art. 1.018. O agravante poderá requerer a juntada, aos autos do processo, de cópia da petição do agravo de instrumento, do comprovante de sua interposição e da relação dos documentos que instruíram o recurso. § 1° Se o juiz comunicar que reformou inteiramente a decisão, o relator considerará prejudicado o agravo de instrumento. § 2° Não sendo eletrônicos os autos, o agravante tomará a providência prevista no caput, no prazo de 3 (três) dias a contar da interposição do agravo de instrumento. § 3° O descumprimento da exigência de que trata o § 2°, desde que arguido e provado pelo agravado, importa inadmissibilidade do agravo de instrumento".

---

340 Alexandre Freitas Câmara, por ilustração, considera que o prejuízo ao agravado deve ser demonstrado, adotando posição que facilita o acesso à justiça por parte do agravante: "Tenho para mim que se mantém válida posição que sustento, há muitos anos, em relação à interpretação do disposto no art. 526, e seu parágrafo único, do Código de Processo Civil de 1973. É que, a meu juízo, não bastará ao agravado alegar e provar que a comunicação a que se refere o art. 1.015 do texto projetado não foi feita. Será, também, necessária a prova de que isso tenha causado ao recorrido algum prejuízo, isto é, que se tenha dificultado o exercício, pelo recorrido, de seu direito de defesa. É que aqui se está diante de um vício formal que não pode ser reconhecido de ofício, o que – a meu sentir – atrai o disposto no 280, §1°, do novo CPC. Assim, tendo sido o recorrido capaz de apresentar, sem qualquer prejuízo, suas contrarrazões, não haverá motivo para que se reconheça a irregularidade de forma do agravo de instrumento, ainda que não tenha sido comunicado ao juízo de primeiro grau que o recurso havia sido interposto". Do agravo de instrumento no novo Código de Processo Civil, In *Desvendando o Novo CPC*. (Org. Darci Guimarães Ribeiro, Marco Félix Jobim *et alli*), Porto Alegre: Livraria do Advogado, 2015, p. 13.

341 Muito bem lançada a posição de Ana Laura Gonzalez Poittevin: "note-se que é o agravado quem deve arguir e provar que o agravante preencheu os requisitos, não podendo o juiz fazê-lo de ofício. Na falta de previsão expressa da lei, o agravado deverá alegar o descumprimento do art. 526 em sua resposta ao agravo, pois é a única oportunidade que o Tribunal lhe abre para falar nos autos". *Recorribilidade das Decisões Interlocutórias*, p. 38.

342 Nesse sentido: "Processual civil. Recurso Especial. Agravo de instrumento. Artigo 526, parágrafo único, CPC. Lei n° 10.352/01. Faculdade. Agravado. Exercício. Prazo para resposta. Conclusão. A faculdade concedida à parte agravada no art. 526, parágrafo único, do Código de Processo Civil, deve ser exercida quando do oferecimento da contra-minuta ao agravo de instrumento, sob pena de preclusão. Recurso não-conhecido". REsp 595.649/SC, 5ª T., Rel. Min. Felix Fischer, j. 18.03.2004. No mesmo sentido, REsp 594.930/SP, Rel. Massami Uyeda, j. 09.10.2007.

De forma contraditória, o *caput* indica uma mera possibilidade ("o agravante poderá requerer a juntada"). Entretanto, o § 3º assinala que o "descumprimento da exigência de que trata o § 2º, desde que arguido e provado pelo agravado, importa inadmissibilidade do agravo de instrumento". Ou seja, aparentemente, há um ônus, porquanto o descumprimento pode levar à inadmissibilidade do recurso.

Esta contradição foi percebida pela doutrina. Quanto ao tema, destaca o mestre Marco Félix Jobim: "até o momento está-se falando do artigo 1.018 e § 1º e 2º, sendo que parece que o legislador escorregou ao redigir o § 3º do referido artigo e explica-se a razão: I. no *caput* do artigo 1.018 usa o verbo poder e não dever do agravante em juntar os documentos para o juízo de retratação para, após, no § 3º, afirmar que é uma exigência e o não cumprimento acarreta em inadmissibilidade do recurso e II. Contraria o disposto no artigo 932, parágrafo único, do NCPC e ao próprio espírito que norteia o texto processual de não sobrevalorizar as formalidades, preferindo-se, quando der, o resultado do mérito das questões levantas em juízo".[343]

Comentando o texto legal, posiciona-se o professor Artur Torres pela aplicação da regra dos parágrafos: "tramitando, de outro giro, o agravo de instrumento pela via física (não eletrônica), a juntada aos autos (em que a decisão atacada fora prolatada) dos documentos acima referidos, deixa de figurar como mera faculdade do agravante, que, no prazo de três dias, a contar da interposição do recurso, obriga-se, pena de, arguida e provada (pelo agravado) sua inércia no concernente, vê-lo inadmitido".[344]

Desta forma, enquanto não sobrevier reforma legislativa do texto, aguarda-se a pronúncia da jurisprudência acerca da interpretação conjunta do caput com o terceiro parágrado do art. 1.018, NCPC. Convém aos operadores, para evitar surpresas, adotar o mesmo comportamento do Código anterior, isto é, informar o primeiro grau acerca dos agravos interpostos, com a juntada do comprovante de interposição e da relação dos documentos que instruíram o recurso, quando os autos do processo forem físicos.

---

[343] JOBIM, Marco Félix. *Novo Código de Processo Civil Anotado*: Anotações aos artigos 1.015 a 1.020. Porto Alegre: OAB/RS, 2015, p. 794.

[344] Iniciação aos recursos cíveis. Disponível na *web*. Acesso em 10.02.2016.

3. Agravo Interno

3.1. Cabimento e função do Agravo Interno (art. 1.021, NCPC)

Foi observado que o ordenamento brasileiro tolera e em certa medida até mesmo entusiasma a atuação monocrática dos relatores, perseguindo o objetivo da celeridadade processual. Quando identificado um recurso manifestamente inadmissível, improcedente ou mesmo que mereça ser provido, a partir do confronto com a jurisprudência consolidada, o art. 932, NCPC, preconiza a decisão unipessoal.

Entretanto, o mesmo Código que autoriza a monocrática igualmente prevê um novo "recurso" contra estas decisões. Trata-se do agravo interno, o qual é dirigido ao órgão competente para a análise do recurso, cujo trânsito foi obstruído pela atuação monocrática. Historicamente, muitos Tribunais ainda o denominam regimental, em alusão à sua eventual regulação nos regimentos internos. Os advogados, de seu turno, não raro de valem das expressões "agravo legal" ou, popularmente, "agravinho". Enfim, qualquer que seja a nomenclatura no ponto utilizada, o fenômeno é específico: um meio de impugnar a decisão unipessoal do relator que, na visão da parte, possui vícios.

Pela singeleza de seu regramento, este agravo interno, interposto no prazo de 15 dias, *data venia*, mais parece um meio de se ressuscitar o recurso anterior do que propriamente uma nova irresignação. Nesse ponto, é correta a posição de Sérgio Cruz Arenhart: "o presente agravo constitui apenas maneira de devolver ao colegiado competência que originalmente sempre lhe pertenceu, por isso mesmo, não pode constituir recurso novo, assemelhando-se, neste ponto, substancialmente ao agravo do que trata o art. 544. De fato, tanto numa espécie quanto na outra, o que se tem é um recurso destinado a certo órgão, cujo seguimento se vê obstado pela intervenção de alguém (o relator, no caso aqui investigado, ou o presidente do tribunal *a quo*, no outro caso). Em ambos os casos, o agravo apenas desobstrui a via normal do recurso, permitindo a fluência adequada da irresignação. A figura, portanto, não se apresenta como medida recursal nova, mas como singelo meio de fazer retornar ao órgão plúrimo atribuição que já era sua – dado que não era lícito ao relator julgar, naquela espécie, isoladamente o recurso".[345]

[345] Op. cit., p. 52.

Na prática, nos juízos de segundo grau, apresenta-se extremamente raro o seu provimento, de sorte que os advogados dele se valem na maior parte das vezes para esgotar a instância ordinária e viabilizar o acesso à instância especial. Entretanto, em determinadas situações, o seu provimento é decisivo para corrigir falhas de julgamento. Não é raro encontrar casos, nos Tribunais de Apelação e nos Tribunais Superiores, de manifestas injustiças corrigidas pelo agravo interno.

De seu turno, o procedimento também é peculiar. No regime do Código revogado, nem mesmo eram toleradas as contrarrazões, circunstância que foi modificada no Novo CPC, em favor do princípio constitucional do contraditório. Tampouco costuma ser admitida a sustentação oral, a qual seria autorizada, caso o recurso de apelação, extraordinário ou especial tivesse apreciação colegiada.

Ciente de sua importância no cotidiano forense, o NCPC contemplou o agravo interno, em seu art. 1.021:

> Contra decisão proferida pelo relator caberá agravo interno para o respectivo órgão colegiado, observadas, quanto ao processamento, as regras do regimento interno do tribunal.
>
> § 1º Na petição de agravo interno, o recorrente impugnará especificadamente os fundamentos da decisão agravada.
>
> § 2º O agravo será dirigido ao relator, que intimará o agravado para manifestar-se sobre o recurso no prazo de 15 (quinze) dias, ao final do qual, não havendo retratação, o relator levá-lo-á a julgamento pelo órgão colegiado, com inclusão em pauta.
>
> § 3º É vedado ao relator limitar-se à reprodução dos fundamentos da decisão agravada para julgar improcedente o agravo interno.
>
> § 4º Quando o agravo interno for declarado manifestamente inadmissível ou improcedente em votação unânime, o órgão colegiado, em decisão fundamentada, condenará o agravante a pagar ao agravado multa fixada entre um e cinco por cento do valor atualizado da causa.
>
> § 5º A interposição de qualquer outro recurso está condicionada ao depósito prévio do valor da multa prevista no § 4º, à exceção da Fazenda Pública e do beneficiário de gratuidade da justiça, que farão o pagamento ao final.

Em que pese estar regulado em apenas um artigo, dando a entender que seria uma matéria singela, o procedimento para o julgamento deste recurso ainda registra pontos importantes, assinalados no próximo tópico.

3.2. Abordagem do procedimento do Agravo Interno

Como os demais recursos, o agravo interno é deduzido segundo o juízo de conveniência da parte que se depara com uma decisão monocrática contrária aos seus interesses. Ao contrário do Código anterior, que indicava o prazo de 5 dias para a sua interposição, em face da uniformização prevista no NCPC, admite-se a insurgência em 15 dias.

De outra banda, a simples irresignação do recorrente não é suficiente para instrumentalizar a atuação do colegiado ("agravo interno"). Cumpre ao recorrente, nesse passo, na petição de agravo interno impugnar especificadamente os fundamentos da decisão agravada, de sorte que o seu principal ônus será criticar o provimento monocrático. Em face do princípio da dialeticidade, cumpre ao agravante destacar argumentos fáticos e jurídicos que demonstrem o equívoco da decisão unipessoal, abordando todos os fundamentos que a embasam. Igual responsabilidade pesará sobre o Relator, o qual, segundo o § 3º do art. 1.021, NCPC, não poderá simplesmente reproduzir o teor da decisão monocrática, ainda que para "evitar a tautologia" (afirma-se no artigo: "é vedado ao relator limitar-se à reprodução dos fundamentos da decisão agravada para julgar improcedente o agravo interno").

Uma vez recebido o agravo, ao contrário do CPC/73, preconiza o § 2º da norma em comento que o agravado seja intimado para se manifestar sobre o recurso no prazo de 15 (quinze) dias, ao final do qual, não havendo retratação, o relator levá-lo-á a julgamento pelo órgão colegiado, com inclusão em pauta. As contrarrazões são positivas, na nossa visão, quer por viabilizar o conhecimento dos autos do processo pelo agravado e a sua efetiva possibilidade de participar da formação do provimento jurisdicional, quer por uniformizar o procedimento dos recursos.

Outra positiva inovação do NCPC reside na necessidade deste recurso ser incluído em pauta, permitindo que os interessados, em especial as partes e os seus procuradores possam presenciar a sessão de julgamento. À luz do Código anterior, em face da omissão quanto ao tema, alguns Tribunais simplesmente colocavam o recurso "em mesa" para julgamento, inviabilizando a presença dos interessados, em face da ausência de um mínimo de antecedência. Aplaude-se o Novo CPC, quanto ao ponto.

Discute-se, por fim, o efeito do provimento deste agravo. Seria mais razoável avançar e julgar o mérito do recurso cujo seguimento foi negado? Ou simplesmente determinar o trânsito daquele e o futuro ingresso na pauta de julgamentos? Há argumentos razoáveis em favor de ambas as respostas.

De um lado, poderíamos afirmar que a avaliação imediata do recurso cujo trânsito foi indevidamente negado colabora com a celeridade do processo. Aproveitar-se-ia uma sessão de julgamento, com a mesma composição, para se tratar de ambos os recursos. De outro, poderia ser aventado que a retomada do procedimento padrão do recurso por equívoco apreciado monocraticamente melhor conserva as expectativas das partes, em especial diante da previsão de sustentação oral em determinados casos.

O Novo CPC tenta harmonizar as pretensões envolvidas, admitindo a técnica da decisão monocrática, almejando a celeridade. Diante da relevância do caso em análise, poderia o Tribunal admitir a sustentação, aplicando por analogia a previsão do art. 1.042, 5º: "o agravo poderá ser julgado, conforme o caso, conjuntamente com o recurso especial ou extraordinário, assegurada, neste caso, sustentação oral, observando-se, ainda, o disposto no regimento interno do tribunal respectivo".

3.3. Um tema delicado: a multa pelo agravo interno manifestamente inadmissível ou improcedente

O Novo CPC também admite que, diante de um julgamento unânime, o agravante seja apenado com uma multa, amparada no § 4º: "quando o agravo interno for declarado manifestamente inadmissível ou improcedente em votação unânime, o órgão colegiado, em decisão fundamentada, condenará o agravante a pagar ao agravado multa fixada entre um e cinco por cento do valor atualizado da causa". Ademais, conforme o § 5º, "a interposição de qualquer outro recurso está condicionada ao depósito prévio do valor da multa prevista no § 4º, à exceção da Fazenda Pública e do beneficiário de gratuidade da justiça, que farão o pagamento ao final".

De um lado, é de ser elogiada a pequena alteração do texto, dando conta da exigência de decisão unânime.[346] Em edições anteriores, ainda sob o enfoque do CPC/73, o qual era omisso quanto ao ponto, assinalamos a incoerência de ser imputada multa pela litigância temerária em decisões por maioria. Se algum dos julgadores não está convicto do intuito temerário do agravante, o ordenamento deveria admitir a presunção de boa fé da parte, e não o contrário. Em boa hora, portanto, houve a modificação legal.

[346] A mudança foi percebida pela mestre Roberta Scalzilli: "outra alteração relevante situa-se no § 4º do artigo 1.021 do Novo CPC 2015 e diz respeito à condenação do agravante pelo órgão colegiado, em decisão fundamentada, ao pagamento de uma multa fixada entre um e cinco por cento do valor atualizado da causa ao agravado, quando o agravo interno for declarado manifestamente inadmissível ou improcedente em votação unânime. No regramento anterior está multa já existia, sendo, no entanto, pouco utilizada, agora a nova redação impõe a exigência de votação unânime." Código de Processo Civil Anotado – *Anotações aos artigos. 1.021*, Porto Alegre: OAB/RS, 2015, p. 796.

4. Embargos de Declaração

4.1. Natureza e finalidade dos embargos de declaração

Muito embora os Embargos de Declaração se encontrem arrolados dentre os recursos cíveis (art. 994, IV, NCPC) e disciplinados em capítulo específico deste mesmo título (arts. 1022 a 1026),[347] fundadas razões criticam a técnica utilizada pelo legislador, uma vez que tal "meio de impugnação" possui algumas peculiaridades que o distinguem, nitidamente, de um recurso comum.

Com efeito, o objetivo precípuo dos recursos é propiciar a reforma das decisões. Quem interpõe um recurso, busca a reapreciação dos provimentos não com a finalidade de colaborar com a evolução do sistema jurídico, mas sim de obter uma solução que melhor atenda ao seu próprio interesse. Entretanto, ao menos em tese, esse raciocínio não é perfeitamente aplicável ao regime dos declaratórios, pois a sua finalidade é purificar o julgado, através da sanação de vícios que comprometem a sua inteligibilidade, e não rejulgar a causa em favor do embargante.[348] Por tal razão, afirmamos que os aclaratórios objetivam garantir a integral resposta jurisdicional às partes, isenta de vícios, pela autorização ao próprio órgão julgador de aprimorar a sua decisão.

Trata-se do chamado efeito integrativo, bem explicado na precisa lição do Min. José Delgado, "os embargos de declaração não constituem a via adequada para a rediscussão dos fundamentos apresentados por ocasião do

---

[347] NCPC, art. 994: "São cabíveis os seguintes recursos: (...) IV – embargos de declaração".

[348] Dentre farta jurisprudência: "Embargos de declaração em embargos de declaração. Interposição com o objetivo de obter novo julgamento da questão decidida. Inexistência dos vícios insertos no art. 535, do CPC. Embargos rejeitados". TJMS, ED 0024208-21.2012.8.12.0001, 3ª Câmara Cível, Rel. Des. Eduardo Machado Rocha, j. 31.03.2015. Data de Registro: 01/04/2015; "EMBARGOS DE DECLARAÇÃO OPOSTOS CONTRA ACÓRDÃO PROFERIDO EM APELAÇÃO CÍVEL APONTANDO VÍCIOS. INTENÇÃO DE REDISCUTIR MATÉRIA CONSTANTE DA DECISÃO EMBARGADA – IMPOSSIBILIDADE – PREQUESTIONAMENTO – EMBARGOS REJEITADOS. "Os embargos de declaração não constituem a via adequada para a rediscussão dos fundamentos apresentados por ocasião do julgamento do recurso. A função dos aclaratórios é integrativa, tendo por escopo afastar do decisum qualquer omissão prejudicial à solução da lide, não permitir a obscuridade identificada e extinguir contradição entre a premissa argumentada e a conclusão assumida. Não é ambiente para revisitação do mérito da decisão, resumindo-se em complementá-la, afastando-lhe vícios de compreensão," TJBA, ED 0004649-17.2007.8.05.0141, 2ª Câmara Cível, Rel. Desa. Lisbete M. Teixeira Almeida Cézar Santos , j. 18.02.2014. Data de Registro 20.02.2014.

julgamento do recurso. A função dos aclaratórios é integrativa, tendo por escopo afastar do *decisum* qualquer omissão prejudicial à solução da lide, não permitir a obscuridade identificada e extinguir contradição entre a premissa argumentada e a conclusão assumida. Não é ambiente para a revisitação do mérito da decisão, resumindo-se em complementá-la, afastando-lhe vícios de compreensão".[349]

O direito comparado possui mecanismos semelhantes para aprimorar a decisão judicial. No Uruguai, são admitidos os recursos de "aclaración" e de "ampliación". Ambos semelhantes aos declaratórios brasileiros. O art. 244, 1, o admite serve para "aclarar algun concepto oscuro o palabras dudosas" do provimento judicial. Com o "recurso de ampliación", pronuncia-se o magistrado sobre "algun punto esencial que se hubiere omitido". Ambas as impugnações podem ser oferecidas verbalmente, quando formuladas em audiência ou diligência específica (p. ex. inspeção judicial). Como se observa, em que pese a diversidade linguística, há identidade quanto aos objetivos dos recursos lá e cá.

O direito alemão, de seu turno, faculta a parte formular um "pedido de retificação", a fim de que o juiz repare erros materiais, de escrita (*schreibfehler*), de cálculo (*rechenfehler*), obscuridade (*unrichtigkeiten des Tatbestands*) e omissões (*auslassungen*). Admite-se, inclusive, que seja proferida sentença complementar (*ergänzungsurteil*), segundo lição de Othmar Jauernig e Friedrich Lent. A jurisprudência, entretanto, conserva aos demais interessados o direito de se manifestarem quanto ao mérito do pedido, se houver o risco de alteração substancial no provimento, além da mera retificação de formas.[350] Com tal regramento, vai admitida a modificação (*änderung*) e a complementação-integração (*ergänzung*) do julgado.

Em face dessa realidade, contesta-se a natureza recursal dos embargos.[351]

Nosso Código preferiu admiti-la, arrolando os declaratórios no art. 994, IV. Bem poderia tê-lo feito em capítulo distinto, como naquele dedicado à sentença, como, aliás, discretamente consta no art. 494.[352] Expressamente, inquinou o meio de recurso. A discussão, desta forma, perde muito de sua

---

349 EDcl no REsp 715804/RS, DJ 19.09.2005, p. 211.

350 Anotam os Lent e Jauernig: "vor seinem Erlass ist den Parteien rechtliches Gehör zu gewähren, sofern die Berichtigung nicht reine Formalien wie Schreibfehler betrifft" – *BverfGE* 34,7 e ss. *Zivilprozessrecht*, p. 228. 26 auflage.

351 O debate acerca da natureza dos declaratórios também é verificado no Uruguay, como se vê da lição de Eduardo Couture: "el legislador no ha instituido la aclaración ni la ampliación como recursos. Pero Gallinal, en una conclusion verdaderamente feliz, considera que estas dos situciones de los arts. 486 y 487 sob verdaderos recursos. En este sentido, la aclaración tiende a corregir la oscuridad de la sentencia. El legislador ha querido que la sentencia sea clara, que sea intelegible. Se la sentencia no lo es, se ha dictado por medios distintos de los queridos por el legislador y permite que la parte pida la aclaración corrigiendo el vicio. En cuanto a la ampliación (art. 487) tiende a corregir la omisión de la sentencia por acto del mismo juez". *Primer Curso*, v. III, p. 876.

352 Art. 494, CPC: "Publicada a sentença, o juiz só poderá alterá-la: I – para corrigir-lhe, de ofício ou a requerimento da parte, inexatidões materiais ou erros de cálculo; II – por meio de embargos de declaração. Publicada a sentença, o juiz só poderá alterá-la: I – para lhe corrigir, de ofício ou a reque-

utilidade, embora conserve importância acadêmica. Fica a nossa conclusão, entretanto, que o mais correto seria apenas se utilizar do termo *recurso* quando efetivamente se objetivasse a melhora da situação da parte, e não nas hipóteses clássicas de manejo dos embargos, as quais, em tese, não se destinam a alterar a substância do julgado, mas integrá-lo em homenagem à adequada motivação e a completa prestação jurisdicional.[353]

4.2. Decisões passíveis de embargos de declaração

O Novo CPC encerrou celeuma existente sob a égide do CPC/73, acerca do cabimento dos embargos de declaração em relação às decisões interlocutórias e outras unipessoais. Como é sabido, o CPC/73, em seu art. 535, apenas admitia o cabimento frente às sentenças e aos acórdãos.

Essa orientação literal, contudo, era criticável à luz do direito fundamental do cidadão de receber do Estado uma prestação jurisdicional adequada. Com razão, a Constituição assegura a fundamentação das decisões (art. 93, IX), o que se dá com a apreciação clara e integral dos pontos colocados ao conhecimento judicial, em homenagem ao devido processo legal. No Novo CPC, existe uma grande preocupação em garantir ao jurisdicionado uma motivação constitucionalmente adequada (art. 489, NCPC). Como, então, conciliar esse direito fundamental com o regramento dos declaratórios?

Não se pode negar que as dúvidas surjam a partir da visualização de obscuridades, contradições e mesmo omissões, em todo e qualquer ato decisório. A realidade atesta que também as interlocutórias e os julgados monocráticos frequentemente portam tais vícios, a despeito da boa intenção e da qualidade do magistrado prolator. Se tais decisões não pudessem ser corrigidas, o ordenamento infraconstitucional estaria limitando o alcance dos

rimento da parte, inexatidões materiais, ou lhe retificar erros de cálculo; II – por meio de embargos de declaração".

353 Cândido Rangel Dinamarco editou interessante trabalho sobre o tema, com o sugestivo título: "Embargos de Declaração como Recurso". *In Nova Era do Processo Civil*. São Paulo: Malheiros. Nessa linha: "(...) 2. O embargante entende haver omissão no julgado, pois não teria sido analisada a conduta negligente da empresa ao aceitar cheque de estelionatário sem adoção das cautelas necessárias. 3. A presente espécie recursal possui hipótese de cabimento especificamente vinculada à finalidade integrativa de aperfeiçoamento das decisões judiciais, com expressa previsão no art. 535 do CPC. Entretanto, os embargos declaratórios em apreço retratam tão somente a inconformidade do recorrente em relação ao decisum alvejado, sem, contudo, apresentar razões que justifiquem a interposição recursal. 4. Incidência da Súmula 18 do TJCE: "São indevidos os embargos de declaração que têm por única finalidade o reexame da controvérsia jurídica já apreciada." 5. No caso, não se vislumbra nenhuma omissão na decisão vergastada, pois a circunstância descrita pelo embargante foi devidamente analisada, tendo o órgão julgador adotado a conclusão de que não houve negligência da empresa promovida, pois esta adotou todas as cautelas inerentes à prática comercial; sendo o dano imputável exclusivamente à instituição financeira que devolveu o título com base em alínea equivocada. 6. Embargos de Declaração conhecidos, porém improvidos". (TJCE, ED 0476134-61.2000.8.06.0001, 4. C.C., Rel. Des. Heráclito Vieira de Sousa Neto, j. 16.12.2015. Data de registro: 16.12.2015)

princípios constitucionais do processo, frustrando o cidadão de receber uma prestação jurisdicional inteligível e completa. Quaisquer decisões, ponham ou não fim ao processo, podem ser embargadas. Em sede doutrinária, assim se pronunciava José Carlos Barbosa Moreira, sob a égide do Código anterior: "na realidade, tanto antes quanto depois da reforma, qualquer decisão judicial comporta embargos de declaração: é inconcebível que fiquem sem remédio a obscuridade, a contradição ou a omissão existente no pronunciamento, não raro a comprometer até a possibilidade prática de cumpri-lo".[354]

No plano jurisprudencial, como bem asseverou o Min. Sálvio de Figueiredo Teixeira, no julgado que pacificou a questão no seio do Superior Tribunal de Justiça, a interpretação literal do antigo art. 535, CPC, atritava "com a sistemática que deriva do próprio ordenamento processual", frustrando a legítima expectativa do jurisdicionado em obter um provimento claro e completo.[355] Dessa forma, todas as decisões judiciais são passíveis de embargos, a fim de se consagrar a fundamentação constitucionalmente tutelado, pois é direito da parte livrar o provimento de omissões denegatórias de justiça, bem como obscuridades e contradições que desacreditam a prestação jurisdicional. Daí a valia da admissão dos embargos contra todos os atos judiciais.[356]

Como dito, o NCPC autorizou os embargos de declaração "contra qualquer decisão judicial", consoante o art. 1.022. Excepcionamente, o art 1.026, § 4º, impede o conhecimento de embargos, quando os dois anteriormente interpostos são tidos por protelatórios.[357]

Por decorrência, espera-se que os Tribunais revisem as suas orientações que colidem com o novo texto, muito especialmente em relação ao cabimento dos embargos de declaração contra as decisões que analisam a admissibilidade de recursos extraordinários e especiais.[358]

---

354 *Comentários ao Código de Processo Civil.* v. 5, 8. ed. Rio de Janeiro: Forense, 1999, p. 535.

355 EREsp nº 159317/DF, Rel. Min. Sálvio de Figueiredo Teixeira, DJ de 26.04.1999.

356 Nesse sentido: "a regra estabelecida no art. 535 do Código de Processo Civil deve ser interpretada de maneira ampla, buscando atender à finalidade do processo e a efetiva prestação da jurisdição, preservados o contraditório e a ampla defesa. Assim, em havendo obscuridade, omissão ou contradição em provimento jurisdicional, ainda que por via de decisão singular interlocutória, são cabíveis os embargos de declaração, que objetivam expungir da decisão os vícios que eventualmente impeçam ou prejudiquem a sua perfeita aplicação". REsp 788597/MG, 1. T., Rel. Min. José Delgado. DJ: 22/05/2006, p. 168.

357 Reza o paragráfo quarto: "não serão admitidos novos embargos de declaração se os 2 (dois) anteriores houverem sido considerados protelatórios".

358 "Agravo Regimental em Agravo de Instrumento. Decisão que não admite o recurso extraordinário. Oposição de embargos de declaração. Recurso incabível. Agravo de instrumento intempestivo. I – Não cabem embargos de declaração da decisão que não admite o recurso extraordinário. II – Recurso incabível não tem o efeito de suspender o prazo recursal. III – Agravo regimental improvido". STF; AgRg no AI 588.190-1/RJ, Rel. Min. Ricardo Lewandowski. DJ: 08.06.2007. No STJ: "Agravo regimental nos embargos de declaração no agravo em recurso especial. Processual civil. Decisão de admissibilidade do recurso especial. Pedido de reconsideração. Não interrupção do prazo para interposição do agravo do art. 544 do CPC. Intempestividade. Agravo não provido. 1. É entendimento desta Corte Superior que o agravo é o único recurso cabível contra decisão que nega seguimento a recursos excepcionais. 2. Consoante a jurisprudência sedimentada nesta Corte, o pedido de reconsi-

4.3. Os quatro fundamentos do Novo Código de Processo Civil

É sabido que os embargos de declaração não podem abrigar toda e qualquer fundamentação. Ao contrário, sua admissibilidade depende da alegada ocorrência de um dos quatro vícios apontados pelo art. 1.022: omissão, contradição, obscuridade e também o erro material. Sua motivação é vinculada, portanto.

Em comum, todas as situações transmitem a dúvida ao leitor. Interpretando a decisão, não se consegue formar uma conclusão segura daquilo que fora decidido, de sorte que a efetivação do direito é ameaçada. Quer pela omissão de um ponto importante, quer pela ocorrência de obscuridade ou de contradição interna, o julgado não cumpre adequadamente sua missão, ocasionando perplexidade no jurisdicionado. É essa perplexidade que deve ser dissipada pelo acolhimento dos declaratórios.

Em face dessa realidade, nosso ordenamento previa a interposição dos embargos também na hipótese de dúvida. Contudo, tendo em vista que a dúvida se apresentava como um resultado da ocorrência dos demais vícios, optou o legislador por suprimi-la das hipóteses de cabimento.[359] Essa postura, em nosso sentir, não impede que a dúvida seja enfrentada pelos embargos, desde que o embargante demonstre concretamente sua causa, apontando, então, a obscuridade, contradição, erro material ou ausência de provimento explícito quanto a tema necessário ao julgamento.

Obscuridade transmite a ideia de pouca clareza na exposição das ideias. O provimento, em face da incorreção, mostra-se obscuro, dificultando (ou impossibilitando) o trabalho de interpretação. A decisão obscura deve ser aclarada para permitir que todas as partes e outros magistrados que atuarão no processo consigam identificar o seu resultado concreto, bem como as razões que lhe determinaram.

De seu turno, a omissão diz respeito ao dever estatal de oferecer a integral prestação jurisdicional. Cumprindo ao magistrado enfrentar os pedidos e requerimentos formulados pelas partes, a prestação jurisdicional somente será efetiva quando fundamentadamente acolhidos ou afastados os argumentos trazidos pelos jurisdicionados. É direito do cidadão receber uma resposta integral do Estado em face dos argumentos expendidos, mormente porque

---

deração nem interrompe nem suspende o prazo para a interposição do recurso cabível. 3. É intempestivo o agravo em recurso especial interposto fora do prazo legal de 10 dias previsto no art. 544 do Código de Processo Civil. 4. Agravo regimental a que se nega provimento". (AgRg nos EDcl no AREsp 638.013/RJ, 4. T., Rel. Min. Raul Araújo, j. 06/10/2015, DJe 27/10/2015) No mesmo sentido: AgRg no AREsp 269.123/DF, 1ª T., Rel. Min. Olindo Menezes, j. 10/11/2015. DJe 20/11/2015.

[359] O CPC/73, ao lado das três hipóteses de cabimento, trazia ainda uma quarta: a dúvida. Esta última foi suprimida pela Lei 8.950, acertadamente. Ensina José Carlos Barbosa Moreira: "a dúvida que pode ocorrer estará em quem, ouvindo ou lendo o teor da decisão, não logre apreender-lhe bem o sentido. Mas isso acontecerá quando o órgão judicial não haja expressado em termos inequívocos o seu pensamento. Logo, a dúvida será uma conseqüência da obscuridade ou da contradição que se observe no julgado". *Comentários*, p. 537.

o provimento irá afetar sua esfera de direitos. Caso ao juiz fosse dado silenciar sobre as questões relevantes trazidas pelas partes, a garantia constitucional do contraditório tornar-se-ia sem qualquer valia. Assim, identificado um ponto omisso no julgado, caberão os declaratórios para supri-lo, colaborando inclusive para a pronta sanação da nulidade.

Como salientou o Min. José Delgado, apreciando o Recurso Especial nº 702.528/PI, "embora seja correto afirmar que o juiz não está obrigado a responder a questionários jurídicos", o art. 535 do CPC/73 protegia o cidadão frente à "reviravolta da situação que estava a seu favor". Por isso, "constitui obrigação do julgador, quer em sede monocrática, quer em sede colegiada, motivar explicitamente as razões que determinam o julgamento imposto, examinando todas as questões essenciais suscitadas pelas partes para determinação da conclusão sentencial. Ocorre entrega da prestação jurisdicional imperfeita quando o julgado que recusou-se a emitir pronunciamento acerca de questões importantes invocadas pelo recorrente na análise de relação jurídica envolvendo pedido de exceção por ausência de título executivo judicial".

Já com a ideia de contradição, o Código imagina preservar a decisão de argumentos ou resultados contraditórios ou, na correta expressão de José Carlos Barbosa Moreira, de "proposições entre si inconciliáveis". A contradição, para contaminar o julgado, deve-se dar internamente à decisão. Isto é, da leitura do próprio julgado se conclui que ele é contraditório, não guardando uma linha reta de raciocínio. Não se trata de contraditar o julgado frente à prova dos autos, ou argumentos ignorados pelo decisor, mas sim de demonstrar que a própria decisão carece de lógica, pois, da exposição dos motivos, não decorre conclusão segura.[360]

Daí a propriedade da expressão "contradição interna", ou seja, o vício que é identificado apenas e tão somente com a leitura do julgado, e não com sua eventual comparação a outros atos (como determinada prova coligida, cujo resultado discrepa do julgamento, ou mesmo sólidos argumentos dando conta do equívoco judicial), pois para corrigir essas situações, haverá outro recurso cabível.[361] Nessa linha, atesta a jurisprudência: "a interposição de Aclaratórios fundados na existência de contradição ou obscuridade reclama

[360] Nesse sentido, dentre farta jurisprudência: "EMBARGOS DECLARATÓRIOS. SUPOSTA OMISSÃO. INEXISTÊNCIA. REDISCUSSÃO DA MATÉRIA. IMPOSSIBILIDADE. ACLARATÓRIOS CONHECIDOS E NÃO PROVIDOS. 1. Como se sabe, os embargos de declaração constituem recurso de fundamentação vinculada, uma vez que seu provimento condiciona-se à presença obrigatória, na decisão recorrida, de omissão, obscuridade ou contradição, vícios apontados no artigo 535 do CPC. 2. No caso, manifesta a inexistência das omissões apontadas pelo recorrente, porquanto as questões a elas relacionadas foram devidamente apreciadas no acórdão embargado. 3. Inviável a reapreciação da lide por meio de aclaratórios. 4. Embargos conhecidos e desprovidos." (TJCE ED. 0707603-44.2000.8.06.0001, 3ª C.C., Rel. Des. Antônio Abelardo Benevides Moraes, Dje. 25.11.2010).

[361] Nesse sentido: "A contradição que autoriza o manejo dos embargos é somente a interna ao acórdão, verificada entre os fundamentos que o alicerçam e a conclusão. A contradição externa, observada entre o julgado recorrido e dispositivo legal, não satisfaz a exigência do art. 535 do CPC para efeito de acolhimento dos aclaratórios." (TJAC – ED 0001169-38.2011.8.01.0000, Tribunal Pleno, Comarca de Rio Branco, Rel. Desa. Eva Evangelista de Araujo Souza, Dje 26/11/2011)

que tais vícios sejam internos na decisão ou acórdão e, não para com elementos externos".[362]

Por fim, o novo Código contempla o erro material, o qual já vinha sendo admitido na prática para a correção de *errores in procedendo*, aplicação indevida de súmulas,[363] premissas equivocadas que poderiam gerar posterior tumulto processual.[364] Ou seja, sob a rubrica dos erros materiais, eram corrigidos erros de julgamento que se mostravam graves, na ótica dos julgadores.

Dentro desse contexto é que se dá o manejo dos embargos.

4.4. Pedido de reconsideração

Em que pese a ausência de previsão legal, a prática registra inúmeros "pedidos de reconsideração". Muitos são os motivos que levam a parte a fazer uso desse expediente. Alguns plenamente justificáveis (p. ex. formação tardia do contraditório, aporte aos autos de documentos novos, etc.), outros nem tanto (idealização sem amparo legal de novo juízo de mérito, forma alternativa de retardar o processo, etc.).

Contudo, ainda que presente na prática, o pedido de reconsideração não se confunde com os embargos de declaração, os quais são manejados de acordo com a expressa previsão do Código. A parte que pretere o caminho dos embargos, por mais nobre que seja sua intenção, não poderá contar com os benefícios que a sua interposição lhe ensejaria, a começar pela interrupção do prazo para outros recursos.[365] O prazo para se deduzir o recurso conta-se da intimação da decisão que poderia ter sido embargada, e não do pronunciamento que deixa de conhecer do pedido de reconsideração.

Nem sequer o princípio da fungibilidade é aceito nessas situações.[366] Decidiu o Supremo Tribunal Federal, nos Edcl no AgRg no Ag nº 335.512/SP, pelo voto da Ministra Ellen Gracie Northfleet, que a "apresentação de 'pedi-

---

362 EDcl no AgRg nos EREsp 1191598/DF, CE, Rel. Min. Napoleão Maia Filho, j. 04.11.2015. DJe 20.11.2015.

363 EDcl no AgRg no Ag 1424462/BA, 1. T., Rel. Min. Regina Helena Costa, j. 07.04.2015. DJe 13/04/2015.

364 EDcl na PET no AREsp 377.518/PE, 4. T, Rel. Min. Raúl Araújo, j. 01.12.2015, DJe 16/12/2015.

365 A correta orientação é observada no Superior Tribunal de Justiça, merecendo registro a posição do Min. Hamilton Carvalhido: "em que pese a prática reiterada dos 'pedidos de reconsideração', à ausência de previsão legal expressa, não há como apreciá-los como sucedâneo recursal, cabendo, como cabe, à parte, querendo impugnar a decisão, valer-se do recurso previsto em lei". RCDESP no Ag 679672/SP, DJ 12.09.2005, p. 388.

366 Nesse sentido: "PEDIDO DE RECONSIDERAÇÃO. EMBARGOS DE DECLARAÇÃO NO AGRAVO REGIMENTAL NO AGRAVO EM RECURSO ESPECIAL. INTERPOSIÇÃO CONTRA ACÓRDÃO. NÃO CABIMENTO. PRINCÍPIO DA FUNGIBILIDADE. IMPOSSIBILIDADE DE APLICAÇÃO. ERRO GROSSEIRO. NÃO CONHECIMENTO. 1. Nos termos da jurisprudência do Superior Tribunal de Justiça, é incabível a interposição de pedido de reconsideração contra decisão colegiada em virtude da ausência de previsão legal e regimental. 2. Pedido não conhecido". RCD

do de reconsideração', conforme denominado pela agravante, contra acórdão proferido por Turma não tem amparo legal, configurando equívoco inescusável da parte, a inviabilizar a aplicação do princípio da fungibilidade recursal".[367]

Dentro desse panorama, caberia indagar até que ponto um pedido de reconsideração vincula o destinatário a alguma satisfação. *Data venia*, a única resposta possível à questão é categoricamente isentar o magistrado do dever de apreciá-lo, em face da ausência de previsão legal. Quando muito, o fato de o magistrado ignorar o pedido será uma demonstração de deselegância, mas que de modo algum pode ser validamente censurada à luz do Direito, que conserva às partes outros caminhos para a rediscussão do julgado.

Considerando a existência de pedidos de reconsideração travestidos de embargos de declaração, afirmou-se uma orientação na jurisprudência no sentido de afastar o benefício da interrupção do prazo.[368]

Em face do risco projetado por este entendimento, consideramos que ele deva ser aplicado com a máxima cautela. Na dúvida, o julgador não deve conhecer da petição recursal como um mero pedido de reconsideração, mas sim apreciá-la enquanto embargos de declaração.

De toda sorte, tais razões demonstram a rara utilidade do pedido de reconsideração, recomendando-se todo cuidado em seu manejo, especialmente com o fito de não ser ultrapassado o prazo para a interposição do recurso corretamente previsto em lei.

4.5. Questões procedimentais

Ao contrário dos demais recursos, que são interpostos em 15 dias, os embargos devem ser manejados dentro do exíguo prazo de 5 dias, a contar da ciência da decisão embargada. São dirigidos ao próprio prolator da decisão, independendo de preparo, consoante a norma prevista no art. 1.023, NCPC.

---

nos EDcl no AgRg no AREsp 736.118/RJ, 4. T., Rel. Min. Maria Isabel Gallotti, j. 03.11.2015. DJe: 06.11.2015.

[367] "1. A apresentação de 'pedido de reconsideração', conforme denominado pela agravante, contra acórdão proferido por Turma não tem amparo legal, configurando equívoco inescusável da parte, a inviablizar a aplicação do princípio da fungibilidade recursal. 2. Embargos de declaração conhecidos como agravo regimental, ao qual se nega provimento". AI 335512 AgR-ED, 1. T., Rel. Min. Ellen Gracie, j. 08.10.2002. DJ: 08.11.2002.

[368] Nesse sentido: "PROCESSUAL CIVIL. EMBARGOS DE DECLARAÇÃO. PEDIDO DE RECONSIDERAÇÃO CARACTERIZADO. INTERRUPÇÃO DO PRAZO PARA INTERPOSIÇÃO DE RECURSOS. NÃO OCORRÊNCIA. PRECEDENTES DESTA CORTE. 1. 'A jurisprudência do STJ firmou-se no sentido de que, opostos os embargos declaratórios com a finalidade de se obter a reconsideração da decisão recorrida, esses não interrompem o prazo para interposição de outros recursos' (AgRg no REsp 1.505.346/SP, Rel. Min. Marco Aurélio Bellizze, Terceira Turma, DJe 16/06/2015). 2. Agravo regimental a que se nega provimento". (AgRg no AREsp 709.854/RS, 2. T., Rel. Min. Og Fernandes, j. 04.08.2015. DJe 19.08.2015)

A petição deve indicar com precisão o fundamento do recurso, se omissão, contrariedade, contradição ou erro material, sob pena de inépcia.

A interposição se dá pela forma escrita, muito embora diplomas mais modernos admitam a interposição oral (p. ex.. art. 49 da Lei dos Juizados Especiais Cíveis). Seria, aliás, conveniente admitir a interposição oral, em especial quando manejado contra decisões proferidas em audiências. O Código de Processo do nosso vizinho Uruguay, por exemplo, admite o "recurso de aclaración" para suprir omissões, bem como aclarar "conceptos oscuros o palabras dudosas". A interposição do recurso é admitida "a petición verbal de cualquiera de las partes formulada en audiencia o diligencia en que se pronuncie la providencia", na linha do art. 244.1.

Inexiste previsão para contraditório em sede de embargos, uma vez que a unilateralidade do procedimento não acarreta prejuízo ao embargado, dada a impossibilidade de alteração substancial no julgado. Entretanto, como será observado em tópico posterior, o contraditório deverá ser garantido diante de risco na alteração do resultado.

Sugere o Código, no art. 1.024, § 1°, que os aclaratórios sejam rapidamente apreciados, instando o relator a colocá-lo na pauta da sessão subsequente. Mostra a experiência, contudo, que o excesso de volume de trabalho imposto aos magistrados impede o cumprimento desses prazos. Como se sabe, não por má vontade, mas sim pela absoluta impossibilidade de atender toda a demanda jurisdicional, muitos julgadores não conseguem vencer os prazos estabelecidos no ordenamento. Com os declaratórios, não é diferente.

Essa preocupação com a celeridade vem motivando a apreciação monocrática dos declaratórios que são interpostos contra decisões dos colegiados.[369]

---

[369] O problema inverso também existe, isto é, órgãos colegiados apreciando embargos opostos contra decisões unipessoais, o que gera uma série de problemas práticos: "PROCESSUAL CIVIL. RECURSO ESPECIAL. AGRAVO REGIMENTAL. EMBARGOS DE DECLARAÇÃO OPOSTOS CONTRA DECISÃO MONOCRÁTICA JULGADOS COLEGIADAMENTE. ERRO DE PROCEDIMENTO. NULIDADE RELATIVA. EFETIVA DEMONSTRAÇÃO DO PREJUÍZO. ALTERNATIVAS PROCESSUAIS EXISTENTES NO PRÓPRIO ORDENAMENTO JURÍDICO. 1. O julgamento colegiado de aclaratórios opostos contra decisão monocrática configura erro de procedimento, fato que gera nulidade apenas relativa do processo, devendo a parte que se sentir prejudicada demonstrar, efetivamente, o prejuízo. 2. A nulidade não é absoluta, porque, via de regra, há solução processual adequada no próprio ordenamento jurídico. 3. Nos termos do art. 538 do CPC, "os embargos de declaração interrompem o prazo para a interposição de outros recursos, por qualquer das partes". Assim, publicado o acórdão que julga os embargos, reinicia-se o prazo para impugnar a decisão monocrática embargada, que continua sujeita a agravo regimental. 4. Quando o órgão colegiado aprecia embargos de declaração opostos contra decisão monocrática, em verdade, não examina a controvérsia, mas apenas afere a presença, ou não, de um dos vícios indicados no art. 535, I e II, do CPC. Por conseguinte, o fato de existir decisão colegiada não impede nem inibe a subsequente interposição de agravo regimental, este sim, apto a levar ao órgão coletivo o exame da questão controvertida. Precedentes de todas as Turmas da Corte. 5. Há, também, outra solução processual no ordenamento jurídico. Julgados colegiadamente os embargos de declaração opostos contra decisão monocrática de relator, deve a parte interessada opor novos aclaratórios, sob a alegação de erro no procedimento, viabilizando, assim, a interposição do recurso especial para que seja analisada, exclusivamente, a nulidade do julgado por ofensa ao art. 557 do CPC. 6. No caso, a ora agravante interpôs, diretamente, o recurso especial para discutir o próprio mérito da controvérsia, apreciado, exclusivamente, na decisão monocrática do relator. Não se tendo valido das alternativas processuais

Isto é, reputando-os manifestamente inadmissíveis ou improcedentes, relatores atuam como porta-vozes do seu órgão fracionário, imaginando colaborar com os seus colegas. No entanto, esta prática é extremamente discutida sob o enfoque de sua legalidade.[370] Em verdade, quando os declaratórios são apreciados monocraticamente, pelos Tribunais, de regra, é cabível o recurso de agravo para que o órgão fracionário se pronuncie. Por decorrência, enquanto cabível recurso no Tribunal de Origem, a jurisdição ordinária não terá sido esgotada, razão pela qual será inadmissível eventual recurso extraordinário ou recurso especial. É a razão pela qual julgados do Superior Tribunal de Justiça reputam inadmissível a via especial, sem a interposição prévia do agravo ao colegiado, como didaticamente refere o Min. Mauro Campbell Marques: "se o julgamento dos embargos de declaração foi monocrático, caberá agravo regimental para fins de esgotamento de instância; se o julgamento dos aclaratórios for colegiado, cabível o manejo direto dos recurso extraordinários (em sentido amplo)".[371]

O Novo CPC toma partido e assim determina no § 2º, do art. 1.024: "quando os embargos de declaração forem opostos contra decisão de relator ou outra decisão unipessoal proferida em tribunal, o órgão prolator da decisão embargada decidi-los-á monocraticamente". Ou seja, o relator apenas poderá julgar monocraticamente os embargos, quando tiver ocorrido a decisão unipessoal, pois será do colegiado a competência para a apreciação dos declaratórios contra os seus provimentos.[372]

Outra questão interessante reside na possibilidade dos declaratórios serem conhecidos como agravo interno. O CPC/73 era omisso. Entretanto, alguns Tribunais adotavam a prática, como o Superior Tribunal de Justiça, o

---

ofertadas pelo próprio sistema jurídico para debelar o erro de procedimento, nem tendo alegado, ou demonstrado, impedimento em fazê-lo, deve-se manter a decisão agravada, que negou seguimento ao recurso especial por ausência de exaurimento de instância. 7. Agravo regimental não provido". AgRg no REsp 1231070/ES, CE, Rel. Min. Castro Meira, j. 03/10/2012, DJe: 10/10/2012.

[370] O Superior Tribunal de Justiça, em discutível orientação, considera admissível a prática: "na assentada do dia 16.6.2010, a Corte Especial do STJ, no julgamento REsp 1.049.974/SP, de relatoria do Min. Luiz Fux, DJ 3.8.2010, submetido ao rito dos recursos repetitivos, consolidou o entendimento segundo o qual é possível a rejeição, monocrática pelo relator, dos embargos de declaração opostos contra decisão de órgão colegiado" (AgRg no REsp 1195301/SP, 2ª T., Rel. Min. Humberto Martins, j. 24/08/2010. DJe 08/09/2010); (AgRg no AREsp 328.648/RJ, 4ª T., Rel. Min. Luis Felipe Salomão, j. 05/11/2015. DJe 10/11/2015)

[371] EDcl no AgRg no Ag 1269074/RJ, 2. T., Rel. Min. Mauro Campbell Marques. DJe 06/10/2010.

[372] Nesse sentido: "EMBARGOS DE DECLARAÇÃO OPOSTOS CONTRA DECISÃO SINGULAR E JULGADOS NO ÂMBITO DA TURMA. 1. A competência para julgar embargos de declaração contra decisão do relator é deste, e não do órgão colegiado, sob pena de afastar-se a possibilidade de exame do próprio mérito da decisão (EREsp 332655/MA, Rel. Ministro Carlos Alberto Menezes Direito, Corte Especial, julgado em 16/03/2005). 2. Questão de ordem suscitada, para chamar o feito a ordem e tornar sem efeito o acórdão proferido às fls. 1060 a 1073, determinando o retorno destes autos para nova apreciação dos embargos de declaração e julgar prejudicado o AgRg de fls. 1096/110". EDcl no AREsp 23.916/SP, 1ª T., Rel. Min. Benedito Gonçalves, j. 08.05.2012. DJe: 14.05.2012.

que gerava críticas por parte da advocacia.[373] Tentando viabilizar o fenômeno, para colaborar com a celeridade dos processos, sem descurar das garantias das partes, o Novo CPC autorizou a conversão, desde que o recorrente seja previamente intimado para complementar a sua fundamentação, no prazo de cinco dias, conforme art. 1.024, § 3º.[374]

Inexiste óbice para que a decisão dos embargos seja, de seu turno, embargada. Infelizmente, não há garantia alguma de que o novo provimento esteja isento de vícios. Tendo em vista a garantia constitucional de adequada fundamentação dos atos judiciais, não se há como vedar a repropositura de embargos, para suprir as deficiências do julgamento dos embargos pretéritos. A hipótese é possível, conquanto excepcional, tendo sido sufragada pelo Pretório Excelso, no julgamento do Recurso Extraordinário nº 115.911.[375]

Quanto ao resultado, os embargos poderão ser conhecidos ou não, caso invocados pelo embargante os permissivos. Se conhecidos, poderão ser acolhidos, caso os magistrados se convençam da efetiva presença dos vícios elencados, ou desacolhidos, quando tal premissa não se confirmar.

4.6. Ausência de efeito suspensivo

O CPC/73 era omisso em relação ao efeito suspensivo dos declaratórios, o que motivava debates acadêmicos. Doutrinadores da melhor cepa, por todos José Carlos Barbosa Moreira, consideravam que "como os recursos em

---

[373] Por ilustração: "EMBARGOS DE DECLARAÇÃO NOS EMBARGOS DE DECLARAÇÃO NO AGRAVO REGIMENTAL NOS EMBARGOS DE DECLARAÇÃO NO AGRAVO DE INSTRUMENTO. OMISSÃO, CONTRADIÇÃO E OBSCURIDADE NÃO VERIFICADAS. 1. Ausentes quaisquer dos vícios ensejadores dos declaratórios, afigura-se patente o intuito infringente da irresignação, que objetiva não suprimir omissão, afastar obscuridade ou eliminar contradição, mas, sim, reformar o julgado por via inadequada. 2. A Corte Especial deste Tribunal Superior já pacificou o entendimento de que os embargos de declaração opostos a decisão monocrática devem ser julgados de maneira unipessoal pelo próprio relator, salvo se forem recebidos como agravo regimental, e se opostos a acórdão, devem ser julgados pelo órgão colegiado. 3. Os embargos de declaração sempre interrompem o prazo para interposição de outros recursos, a menos que seja reconhecida a sua intempestividade. Isso porque o julgamento dos declaratórios, independentemente de haverem sido opostos pela mesma parte ou pela parte adversa, tenha ele ou não efeito modificativo, complementa e integra a decisão embargada, formando um todo indissociável (art. 538 do CPC). 4. Embargos de declaração rejeitados". EDcl nos EDcl no AgRg nos EDcl no Ag 1270856/RJ, 3. T., Rel. Min. Ricardo Villas Boas Cueva, j. 26/05/2015, DJe 02/06/2015.

[374] Art. 1.024. O juiz julgará os embargos em 5 (cinco) dias. § 3º O órgão julgador conhecerá dos embargos de declaração como agravo interno se entender ser este o recurso cabível, desde que determine previamente a intimação do recorrente para, no prazo de 5 (cinco) dias, complementar as razões recursais, de modo a ajustá-las às exigências do art. 1.021, § 1º.

[375] Ementa: "Processual civil. Embargos de declaração. Cabíveis são embargos declaratórios de acórdão prolatado em idêntico recurso, se nele se aponta omissao, dúvida ou contradição. A rejeição pura e simples, por considerá-lo inadmissível, nega prestação jurisdicional. Recurso conhecido e provido". (STF, 2. T., RE 115911/SP, Rel. Carlos Madeira, data de julgamento: 10.05.1988, data de publicação: DJ: 03.06.1988).

geral, salvo exceção expressa, os embargos de declaração mantêm em suspenso a eficácia da decisão recorrida".[376] Não sensibiliza tal corrente o fato da previsão do efeito suspensivo entusiasmar a litigância temerária, com o oferecimento de inúmeros embargos destituídos de fundamento, pois para coibir tais condutas o ordenamento prevê expressamente a possibilidade da multa.[377]

Do ponto de vista científico (e abstrato), a solução não merecia críticas, afinal conserva coerência ímpar. Todavia, no plano concreto da vida, sua aplicação poderia prejudicar a aplicação do direito, pois haverá centenas de hipóteses nas quais a inefetivação do provimento prejudicará o direito do embargado. Imagine o dano gerado diante uma interlocutória que ordene a internação hospitalar de um paciente, quando o cumprimento é postergado para após o julgamento dos declaratórios?

O Novo CPC, em seu art. 1.026, afastou o efeito suspensivo.[378] Entretanto, autoriou, através do § 1º, que a eficácia da decisão monocrática ou colegiada poderá ser suspensa pelo respectivo juiz ou relator se demonstrada a probabilidade de provimento do recurso ou, sendo relevante a fundamentação, se houver risco de dano grave ou de difícil reparação.

A norma é bastante útil perante os Tribunais, pois, na prática, entre a oposição dos embargos de declaração e o seu efetivo julgamento, podem transcorrer alguns meses. Conveniente, assim, que o próprio relator outorgue o efeito suspensivo, quando presentes os requisitos legais.[379]

4.7. Efeito interruptivo para a interposição de futuro recurso

Segundo o art. 1.026, CPC, a interposição dos embargos declaratórios interrompe o prazo para a interposição de outros recursos.[380] O benefício se

[376] *Comentários ao CPC*, v. 5, 12. ed., p. 563. Mais enfático é Manuel Caetano Ferreira Filho: "a interposição de embargos declaratórios suspende a eficácia da decisão embargada, mesmo que o recurso dela cabível não seja dotado do efeito suspensivo. Sucede que nenhuma regra existe que retire deste recurso o efeito suspensivo. Como sempre que a lei silencie ao recurso deve ser conferido o efeito suspensivo', a conclusão não pode ser outra que não a de que os embargos suspendem a eficácia da decisão embargada até que sejam julgados". *Comentários ao CPC*, v. 7, São Paulo: RT, 2000, p. 316.

[377] O contraponto ao pensamento é realizado pela talentosa pena de Aderbal Torres de Amorim: "ao contrário do que respeitável doutrina afirma, nem sempre os embargos de declaração se processam no efeito suspensivo". Em nota de rodapé, arremata: "com o maior respeito que merecem os notáveis juristas, equivocam-se". *Recursos Cíveis Ordinários*, p. 189.

[378] Art. 1.026, *caput*: "Os embargos de declaração não possuem efeito suspensivo e interrompem o prazo para a interposição de recurso".

[379] Excepcionamente, o art 1.026, § 4º, impede o conhecimento de embargos, quando os dois anteriormente interpostos são tidos por protelatórios.

[380] Art. 1.026: "Os embargos de declaração não possuem efeito suspensivo e interrompem o prazo para a interposição de recurso".

estende a ambas as partes, uma vez que, com o seu julgamento, poderá ocorrer mudança na fundamentação e eventualmente no resultado do julgado.

A norma não deixa dúvidas de que se trata de uma hipótese de interrupção do prazo recursal, e não de suspensão. Desta forma, uma vez julgados os embargos e intimadas as partes de seu teor, o prazo para a interposição de outro recurso contará integralmente, desimportando quantos dias tenham transcorrido até a oposição dos embargos.

Outro ponto importante diz respeito à irrelevância dos embargos terem ou não sido conhecidos. A mera interposição já gera o efeito interruptivo.[381] Tampouco será lícito retirar do jurisdicionado o benefício legal na hipótese dos declaratórios atacarem apenas parcela da decisão (capítulos). Ainda assim, o prazo terá sido interrompido, pela incidência da norma legal.

Esta é a regra geral do sistema.

Da análise da jurisprudência atual, observam-se casos em que o efeito interruptivo é retirado. É o caso da apresentação intempestiva dos embargos.[382] É que, nessa hipótese, caso admitida a reabertura do prazo, jamais haveria como transitar uma decisão em julgado, uma vez que, em tese, a todo momento, seria possível ao interessado opor embargos, livrando-se da preclusão operada. A intempestividade do recurso, portanto, em linha de princípio, impede o benefício do efeito interruptivo.[383] Quem dá causa a esta consequência é a própria parte, que negligencia na proteção do seu direito.

Contudo, mesmo na hipótese da intempestividade dos embargos, alguns julgados protegem o cidadão, oferecendo-lhe o benefício da interrupção. É o que ocorre quando há séria dúvida quanto à tempestividade dos aclaratórios ou quando é a parte contrária que figura como embargante. Argumenta-se, corretamente, que, nesta última hipótese, o embargado não tem meios de identificar a intempestividade do recurso alheio, de sorte que merece a proteção jurisdicional. Correta a ponderação do Min. Sidnei Beneti, quando destaca que "quanto ao embargante, os embargos de declaração intempes-

---

[381] Dentre farta jurisprudência, Recurso Especial nº 711.954/MG, Rel. Min. Castro Meira: "Processual Civil. Embargos de declaração. Prazo para interposição de recurso. Interrupção. Art. 538 do CPC. 1. A Corte Especial pacificou o entendimento no sentido de que os embargos de declaração, independentemente do resultado de seu julgamento, interrompem o prazo para oposição de recurso (EREsp 159.317/DF). 2. Recurso especial conhecido e provido".

[382] Sobre o tema: "Esta Corte já pacificou o entendimento de que os embargos declaratórios, quando manifestamente intempestivos, não interrompem o prazo para a interposição de outros recursos". AgRg no Ag n. 586.430/RS, 2. T., Rel. Min. Franciulli Netto. DJ: 02.05.2005; "Embargos de declaração considerados intempestivos não interrompem o prazo para interposição de outros recursos". AgRg no Ag 720251/RR, 1. T., Rel. Min. Francisco Falcão. DJ 04/05/2006, p. 139.

[383] "PROCESSUAL CIVIL. AGRAVO NOS EMBARGOS DE DECLARAÇÃO EM RECURSO ESPECIAL. EMBARGOS DECLARATÓRIOS. INTEMPESTIVIDADE. NÃO INTERRUPÇÃO DO PRAZO RECURSAL. 1. Os embargos de declaração, quando não conhecidos por intempestividade, não interrompem o prazo para a interposição de qualquer outro recurso (AgRg nos EDcl no AgRE no RE nos EDcl no REsp 760.216/PA, Corte Especial, Rel. Min. Ari Pargendler, DJe 06/08/2010). 2. Agravo regimental não conhecido". AgRg nos EDcl no REsp 1526574/SP, 2. T., Rel. Min. Mauro Campbell Marques, j. 17.12.2015. DJe 18.12.2015. No mesmo sentido: AgRg no Ag 1336539/BA, 2. T., Rel. Min. Castro Meira. DJE: 28/10/2010.

tivos não interrompem o prazo para a interposição de novos recursos, mas interrompem, quanto ao embargado, que não tem como verificar de plano a referida intempestividade.[384]

4.8. Coibição do intuito protelatório através da aplicação de multa

Lamentavelmente, a possibilidade de toda e qualquer decisão judicial ser embargada, evitando-se com isso a preclusão da matéria e obstando-se por vezes a eficácia do provimento, leva ao oferecimento de inúmeros embargos sem qualquer fundamento. O jurisdicionado, interessado em outros objetivos que não a integração do julgado, se vale do recurso como um meio extraordinário para alcançar fins anômalos (procrastinação do feito, rejulgamento da causa, suspensão da eficácia da decisão, etc.).

Esta realidade determinou a previsão legislativa no sentido de que, quando manifestamente protelatórios os embargos, deve o julgador aplicar uma multa, cuja base legal no CPC/73 era tida como tímida, pelo baixo patamar.[385]

A conceituação do intuito "manifestamente protelatório" apresenta dificuldades, a começar pela necessidade de se perquirir o ânimo do recorrente. Em nosso sentir, é a partir da conduta objetiva do recorrente que o magistrado deve fundamentar sua decisão. É imperioso que a decisão sancionadora indique, fundamentadamente, as razões pelas quais, em cada caso concreto, estaria caracterizada o intuito de procrastinar o feito. Este é, aliás, o pressuposto para a sua incidência. Recorde-se que quem protela adia, desnecessária e ilicitamente, a resolução do processo. Quando não houver este efeito, logicamente, não haverá espaço para a multa.

Uma hipótese típica nas Cortes ocorre quando a parte traveste uma apelação nas roupas dos declaratórios, objetivando a reforma dos provimentos. Nesses casos, é remansosa a jurisprudência que aplica a multa, ao fundamento de que "a tentativa de estremecer os fundamentos da decisão embargada, com vistas a obter decisão mais favorável aos seus interesses por meio deste recurso, demonstra o intuito procrastinatório da parte, o que impõe a multa

---

384 "PROCESSUAL CIVIL. RECURSOS. PRESSUPOSTOS RECURSAIS. EMBARGOS DE DECLARAÇÃO INTEMPESTIVOS. INTERRUPÇÃO DO PRAZO PARA INTERPOSIÇÃO DE NOVOS RECURSOS. I – Quanto ao embargante, os embargos de declaração intempestivos não interrompem o prazo para a interposição de novos recursos, mas interrompem, quanto ao embargado, que não tem como verificar de plano a referida intempestividade. II – Recurso Especial provido". (REsp 869.366/PR, 3. T., Rel. Min. Sidnei Beneti, , j. 17.06.2010. DJe 30.06.2010)

385 Art. 538, parágrafo único, CPC: "Quando manifestamente protelatórios os embargos, o juiz ou o tribunal, declarando que o são, condenará o embargante a pagar ao embargado multa não excedente de um por cento sobre o valor da causa. Na reiteração de embargos protelatórios, a multa é elevada a até dez por cento, ficando condicionada a interposição de qualquer outro recurso ao depósito do valor respectivo".

prevista no art. 538, parágrafo único, do CPC, em 1% (um por cento) sobre o valor da causa".[386]

Situação diversa ocorre com os embargos manejados com o único propósito de prequestionar matéria que será objeto de recursos extraordinários. Sensibilizado pela necessidade de a parte esgotar as instâncias ordinárias, bem como demonstrar cabalmente o prequestionamento, o Superior Tribunal de Justiça editou o verbete nº 98, livrando os embargantes "com notório propósito de prequestionamento" da espada de Dâmocles.

No Novo CPC, preconizam os §§ 2º e 3º a aplicação da sanção, nos seguintes termos: "quando manifestamente protelatórios os embargos de declaração, o juiz ou o tribunal, em decisão fundamentada, condenará o embargante a pagar ao embargado multa não excedente a dois por cento sobre o valor atualizado da causa"; "na reiteração de embargos de declaração manifestamente protelatórios, a multa será elevada a até dez por cento sobre o valor atualizado da causa, e a interposição de qualquer recurso ficará condicionada ao depósito prévio do valor da multa, à exceção da Fazenda Pública e do beneficiário de gratuidade da justiça, que a recolherão ao final".

Como se vê, a multa deve ser fixada em valor equivalente a até dois por cento "sobre o valor atualizado da causa". Embora em algumas situações ela seja insuficiente, quando aplicada de forma responsável, desempenha um papel pedagógico importante, afinal o litigante sério não deseja receber a pecha de ímprobo.

Vai nessa linha o alvitre de Marcelo Garcia da Cunha: "a condenação do embargante ao pagamento de multa devido à oposição de embargos declaratórios com manifesto intuito de procrastinação do processo encontra previsão no parágrafo único do artigo 538 do CPC de 1973. A multa, de acordo com o texto legal, não pode exceder a um por cento do valor da causa. Trata-se de medida tendente a chamar a atenção da parte para seu dever de atuar com boa-fé processual, princípio segundo o qual, conforme Fernando Pereira Rodrigues,[387] devem as partes pautar seus atos como pessoas de bem, com correção e lealdade e com respeito aos demais princípios do processo. Essa regra ressoa com maior intensidade no âmbito dos tribunais, aplicada para fazer frente ao ímpeto recursal do jurisdicionado, em que pese com escasso efeito prático em razão da insignificância, no comum dos casos, de sua quantificação monetária. Note-se que além do percentual da penalidade ser mínimo, a base de sua incidência revela-se defasada com o passar do tempo. O artigo 1.026, § 2º, do Novo CPC mostra-se mais consentâneo com a realidade e por isso imprime maior efetividade À multa, ao elevar seu limite para dois

---

386 EDcl nos EDcl nos EDcl no REsp 1129538/PA, Rel. Min. Maria Isabel Gallotti, 4. T., j. 28/09/2010. DJe: 14/10/2010.

387 RODRIGUES, Fernando Pereira. *O novo processo civil*: os princípios estruturantes. Coimbra: Almedina, 2013, p. 247.

por cento e ao estabelecer sua incidência não mais sobre o valor histórico, mas sobre o valor atualizado da causa".[388]

A reiteração de embargos protelatórios induz aplicação de nova multa, agora com o teto de 10%, dada a reincidência, sendo que "a interposição de qualquer recurso ficará condicionada ao depósito prévio do valor da multa, à exceção da Fazenda Pública e do beneficiário de gratuidade da justiça, que a recolherão ao final".

Outro tema polêmico reside na consideração dos embargos procrastinatórios para o fim de interromper o prazo para a interposição de outros recursos. Embora caracterizado o intuito protelatório e aplicada a multa, não se pode retirar do embargante o benefício da interrupção do prazo para outros recursos. Solução em sentido contrário, por mais atraente, atualmente não encontra abrigo no ordenamento legal.

Quanto ao levantamento judicial pelo embargado, ele pode ocorrer de forma imediata, caso o embargante não devolva a matéria relativa à penalização em recurso próprio. Se tal ocorrer, o mais conveniente é aguardar o trânsito em julgado do tema, salvo se apresentar o embargado garantia suficiente para prevenir o dano ao embargante, em virtude de eventual reforma no provimento anterior.[389]

4.9. Embargos prequestionadores

A praxe brasileira identificou uma figura típica dos declaratórios, quando destinados a viabilizar a futura atuação das Cortes Superiores, nos chamados "recursos extraordinários". A rubrica "embargos prequestionadores" explica esta classe de aclaratórios, a qual almeja instar a Corte de Origem a emitir juízo de valor quanto às normas legais que serão trabalhadas no recurso especial, extraordinário ou de revista.

Com efeito, é frequente que a parte, insatisfeita com o resultado desfavorável nas chamadas instâncias ordinárias, aspire melhor sorte nos Tribunais de Brasília. Em outros termos, diante da aspiração pretensamente democrática de nossa Constituição de facultar a qualquer do povo o livre acesso aos Tribunais Superiores, surge o direito do cidadão recorrer até tais Cortes, buscando a inversão de sua sorte processual.

Com o esgotamento da atividade dos Tribunais de Revisão, a atenção do recorrente se volta ao risco de incidência das Súmulas 356 ("O ponto omisso da decisão, sobre o qual não foram opostos embargos declaratórios, não pode ser objeto de recurso extraordinário, por faltar o requisito do prequestiona-

---

[388] CUNHA, Marcelo Garcia da. *Código de Processo Civil Anotado* – Anotações aos artigos 1.022 1.026, Porto Alegre: OAB/RS, 201, p. 804 e 805.

[389] Nesse sentido, pela espera do trânsito em julgado, a posição do professor Fabio Milman. *Improbidade processual*, Rio de Janeiro: Forense, 2007, p. 235.

mento") e 282 ("é inadmissível o recurso extraordinário quando não ventilada, na decisão recorrida, a questão federal suscitada") do Supremo Tribunal Federal, bem como a de nº 211 do Superior Tribunal de Justiça ("inadmissível recurso especial quanto à questão que, a despeito da oposição de embargos declaratórios, não foi apreciada pelo tribunal *a quo*").

E para evitar a incidência de tais enunciados é que são manejados os declaratórios, muitas vezes inclusive com intuito meramente acautelatório (o prequestionamento explicíto é sempre mais confortante do que o dito "implicíto", cujos riscos desanimam os recorrentes). Daí a conveniência dos "embargos prequestionadores".

Se, por um lado, o acolhimento dos aclaratórios reconforta o embargante, é certo afirmar que o seu não conhecimento ameaça o alcance dos Tribunais Superiores. Nessa segunda hipótese, duas serão as alternativas do interessado. Ou apresenta novos declaratórios ou oferece o recurso especial, alegando que a Corte de Origem, ao não conhecer de seu recurso prequestionador, malferiu o art. 1.022, afinal esta norma garante o cabimento e o conhecimento dos embargos, diante de omissões relevantes. Tal iniciativa era corrente no regime do Código revogado, registrando a jurisprudência do Superior Tribunal de Justiça inúmeros reconhecimentos de violação ao art. 535, CPC/73, quando os Tribunais de Origem deixam de conhecer os aclaratórios que visavam à expressa manifestação quanto a pontos suscitados em tempo oportuno pelo jurisdicionado.[390] Sob o correto argumento de que "ao órgão judicial pronunciar-se sobre todos os pontos, de fato e de direito, relevantes para o deslinde da causa, sendo-lhe vedado discriminar qualquer deles, optando por manifestar-se a respeito de alguns e quedando-se silente acerca de outros",[391] o Superior fiscaliza a atividade de Cortes Regionais.

Há julgados do Supremo Tribunal Federal que trilham orientação mais coerente, em nosso sentir, permitindo a atuação da Corte quando, a despeito da oposição dos declaratórios, a instância ordinária permanece silente.[392] Trata-se do "prequestionamento ficto". Com efeito, se o cidadão cumpre com o seu papel, e apenas não consegue o prequestionamento pelo erro estatal, em linha de princípio não haveria razão para prejudicá-lo ainda mais, constrangendo-o a perda do processo ou a aguardar pela nova atuação do juízo inferior.[393]

---

[390] "Processual Civil. Administrativo. Aposentadoria. Acumulação de Vantagens. Arts. 180 e 184 da Lei nº 1.711/52. Embargos de Declaração. Omissão. Ofensa Ao Art. 535, II, do CPC. Ocorrência. Deixando o v. acórdão de se manifestar sobre questões relevantes para o deslinde da controvérsia e rejeitando os embargos declaratórios, insistindo na omissão, incorre em violação ao art. 535, II, do CPC (Precedentes). Recurso provido". REsp. 627.096/RJ, 5ª T., Rel. Felix Fischer, DJ: 08.11.2004, p. 283.

[391] REsp 417.013/RS, Rel. Min. Jorge Scartezzini, DJU: 11.11.2002.

[392] RE 210.638-1/SP, Rel. Min. Sepúlveda Pertence, DJU: 19.06.1998.

[393] Interessantes referências jurisprudenciais são apresentadas em texto de Maria Cristina da Rosa Martinez, publicado na RJ 347, p. 65. Prequestionamento e Embargos de Declaração.

O Novo CPC, aparentemente, consagrou o prequestionamento ficto, em seu art. 1.025, livrando o jurisdicionado do pesado encargo de suportar o custo pela falha do próprio Poder Judiciário: "consideram-se incluídos no acórdão os elementos que o embargante suscitou, para fins de pré-questionamento, ainda que os embargos de declaração sejam inadmitidos ou rejeitados, caso o tribunal superior considere existentes erro, omissão, contradição ou obscuridade".

No mesmo sentido, é a posição de José Miguel Garcia Medina: "o CPC /2015, assim, dentre as concepções possíveis de prequestionamento, adotou aquela então, preponderante no STF, por muito chamados de prequestionamento *ficto*. Resta, portanto, superado o entendimento retratado na Sumula 211 do STJ. É necessário, no entanto, que se reconheça que os embargos de declaração deveriam ter sido admitidos e providos, isso é, que o Tribunal *a quo*, ao não conhecer ou ao negar provimento aos embargos de declaração, errou, violando o art. 1.022 do CPC/2015".[394]

Por fim, para livrar o jurisdicionado da ameaça da multa prevista no art. 1.026, NCPC, o Superior Tribunal de Justiça considera, na linha da Súmula 98, que "embargos de declaração com notório propósito de prequestionamento não têm caráter protelatório". Desde que não sirva de escudo para proteger a chicana dentro do processo, o enunciado é salutar, na medida em que evita coação indevida ao embargante imbuído de propósitos lícitos.

4.10. Efeitos modificativos e a garantia do contraditório

Já se observou que o acolhimento dos embargos de declaração preenche a lacuna na decisão ou afasta a obscuridade ou contradição detectadas, sem, no entanto, afetar a conclusão do julgamento, que se mantém. Tal é o efeito integrativo, que permite ao julgador sanar seu próprio provimento, identificando os três vícios autorizadores do manejo do recurso (contradição, omissão ou obscuridade).

Todavia, em algumas oportunidades, o acolhimento do recurso pode afetar a própria conclusão do *decisum*, de modo que ele também deve ser alterado. Tal hipótese é excepcional, merecendo especial cautela do órgão judicial. Muito embora a regra seja o efeito integrativo, inexiste óbice para o aproveitamento, em casos especiais, do chamado efeito modificativo (ou infringente). Como bem salientou o Min. Sálvio de Figueiredo Teixeira, "a modificação de acórdão embargado, com efeito infringente do julgado, pressupõe o acolhimento do recurso em face de um dos vícios que ensejam a sua interposição".[395] Tal orientação colabora para a sanação dos vícios existentes nos julgados. Apresenta-se, portanto, salutar.[396]

---

394 Direito Processual Civil Moderno, p. 1.251. São Paulo: RT, 2015.

395 EDcl no AgRg no AG 327.262/MG, Rel. Min. Sálvio de Figueiredo Teixeira, 4ª T., DJ: 04.02.2002, p. 388.

Com razão, a jurisprudência registra diversos precedentes, nos quais, a partir do afastamento dos vícios sinalizados nos embargos, houve a necessidade de se alterar o resultado do julgado.[397] O exemplo clássico surge da omissão acerca da apreciação de uma preliminar de admissibilidade da tutela jurisdicional. Silenciando o órgão judicial acerca da existência dos pressupostos processuais (ou condições da ação, etc.), o provimento futuro que visa a eliminar tal omissão poderá importar na mudança do julgamento, caso seja confirmada a inadmissibilidade do juízo de mérito antes formulado. Imagine-se o exemplo no qual a Câmara tenha dado provimento à apelação, descurando a análise de sua tempestividade, expressamente requerida em contrarrazões. Eventual acolhimento de declaratórios sinalizadores de tal vício fatalmente alterará o resultado do julgamento. Suprindo a omissão, o relator deverá cambiar o *decisum*, mantendo a sentença, pelo não conhecimento do recurso, que antes, por engano, fora conhecido e provido.

No entanto, a jurisprudência, a par dessas hipóteses mais clássicas de outorga de efeito infringente aos declaratórios (reconhecimento de prescrição ou decadência, preliminares, etc.), vem ampliando o cabimento do recurso para corrigir erros graves de julgamento ou injustiças manifestas. No conflito entre a materialização da injustiça e a sua correção, observa-se tendência para ampliar o cabimento dos declaratórios, contribuindo para uma melhor administração da justiça. Servem os declaratórios, nessa linha, para a extirpação de vícios graves.[398]

---

[396] No mesmo sentido: "Embargos de declaração no agravo regimental no agravo em recurso especial. Processual civil. Preparo. Ausência da GRU. Comprovação do pagamento por meio de guia de depósito do Banco do Brasil com todos os elementos de identificação do processo. Possibilidade. Deserção afastada. Embargos declaratórios acolhidos, com efeitos modificativos, para afastar a deserção anteriormente decretada. 1. Constatada a efetiva ocorrência de contradição e de error in procedendo que, uma vez sanado, leva à alteração das premissas do julgado, é possível a concessão do pretendido efeito infringente. 2. Comprovado o pagamento do preparo no ato de interposição do recurso, o só fato de não ter sido feito mediante guia denominada GRU é insuficiente para a aplicação da pena de deserção. 3. Embargos Declaratórios acolhidos, com efeitos modificativos". (EDcl no AgRg no AREsp 211.961/RJ, 1. T., Rel. Min. Sérgio Kukina, Rel. p/ Acórdão Min. Napoleão Nunes Maia Filho, j. 03.10.2013. DJe 19.12.2013)

[397] Também na seara trabalhista admite-se o efeito modificativo, como se vê da Súmula nº 278 do TST: "Embargos de Declaração. Omissão no Julgado. (mantida). Res. 121/2003, DJ 19, 20 e 21.11.2003. A natureza da omissão suprida pelo julgamento de embargos declaratórios pode ocasionar efeito modificativo no julgado".

[398] Nesse sentido: "Embargos Declaratórios. Contradição. Ocorrência de erro de fato. Efeito modificativo. 1. A contradição que viabiliza o uso de embargos declaratórios (CPC, art. 535, I) pode resultar da ocorrência de erro de fato, como tal entendido o resultante de decisão que, contra prova incontroversa, admite fato inexistente, ou considera inexistente fato efetivamente ocorrido, o que justifica inclusive juízo rescisório (CPC, art. 485, IX, § 1º). 2. Em tal situação, os embargos declaratórios não ataca o fundamento de fato utilizado pela decisão, o que caracterizaria mero pedido de reexame – portanto, envolvendo verdade material, ou mérito extraído de fato pelo julgador – mas ataca o erro de fato gerador de uma contradição com a verdade formal do processo. 3. Embargos de declaração acolhidos, com efeito infringente". EMD 70000845974, 1ª C.C., TJRS, Rel. Des. Irineu Mariani, j. 26.04.2000.

É natural que essa atuação desagrade ao embargado, antes vitorioso. Contudo, como o processo cumpre função pública, para além da tutela das partes, em tese tal solução não repugna ao sistema.

Analisando o risco de o acolhimento dos embargos surpreender o jurisdicionado, Humberto Thedoro Junior historicamente enfatizou a incidência da garantia do contraditório. Embora admitindo a constitucionalidade do processamento unilateral dos embargos, quando o julgamento "mantiver-se no plano da pura aclaração da decisão embargada, sem nada acrescentar e nada diminuir", identificando possibilidade de ser afetado o resultado anterior e, por decorrência, prejuízo à parte antes vitoriosa, o autor exige o contraditório prévio. Com razão, se o "órgão judicante entender que para suprir a omissão ou eliminar a contradição terá de rejulgar questão já decidida, será indispensável a observância do pleno contraditório". Conclui seu raciocínio, sugerindo que os declaratórios, nessas hipóteses, sejam "recebidos simplesmente para proclamar que o julgado padece do vício acusado pelo embargante. Daí em diante o processamento do feito será reaberto para que o julgamento se dê com observância do procedimento em contraditório comum. Por exemplo: em razão de omissão (erro material) um recurso não foi conhecido. Demonstrado o equívoco pelo recorrente, o Tribunal acolherá os embargos de declaração para invalidar o julgamento errôneo e determinará que, em seguida seja o recurso, antes não conhecido, processado em regular contraditório a fim de ser examinado e julgado pelo mérito. O que não será correto, em face da garantia do contraditório, será no próprio julgamento unilateral dos embargos de declaração prosseguir no suprimento do erro ou omissão, julgando desde logo, dentro dos declaratórios, a matéria do recurso antes não conhecido".[399]

É absoluta correta a posição do professor mineiro. Efetivamente, quando vislumbrada pelo órgão julgador a chance do acolhimento dos embargos modificar o julgado, deve ser assegurada para a parte embargada a possibilidade de se manifestar previamente ao julgamento. A garantia do contraditório deve incidir antes da tomada de decisão, como meio de diálogo entre as partes e o julgador, ou seja, um verdadeiro método de trabalho que ultrapassa a visão tradicional do contraditório, enquanto mera ciência de atos do processo e possibilidade de reação. Desta forma, o embargado auxilia o magistrado, alertando-o para a inadmissibilidade do "recurso", bem como para a ausência dos vícios nele apontados e qualquer outro tema que mereça ser levado em consideração. As partes, nessa linha, colaboram com a formação de um provimento mais legítimo.

Portanto, admitidas, excepcionalmente, as contrarrazões em sede de embargos de declaração, poderá a Corte reapreciar a causa, proferindo nova e diversa decisão. O importante, então, é alertar o embargado para o inesperado risco de alteração no julgado, a fim de que este, através de saudável contraditório, ilumine o debate com mais um ponto de vista. Desta forma,

---

[399] Sentença. Impugnação e Aperfeiçoamento. Disponível no *site* do Tribunal de Justiça de Rondônia <www.tj.ro.gov.br>. Acesso em 20.10.2005.

sob o influxo de ambos os litigantes, com a devida prudência e o bom-senso, poderá a Corte atuar.

A prática vem sendo adotada no Supremo Tribunal Federal, em homenagem ao contraditório e ao devido processo legal. Importante precedente a este respeito é observado no Recurso Extraordinário nº 250.396-7/RJ. O Min. Celso de Mello bem apreendeu a importância do tema, ao assinalar que "a legislação processual nada dispõe sobre a necessidade da prévia audiência do embargado, em caso de embargos de declaração com efeito modificativo. Essa providência, no entanto, impõe-se por efeito do princípio do devido processo legal. E é com fundamento neste postulado que o Supremo Tribunal Federal tem proclamado ser indispensável a prévia manifestação da parte embargada sobre os embargos de declaração, quando opostos com efeito modificativo".

Na mesma linha, foi o voto condutor, proferido pelo Ministro Marco Aurélio. Bastante didática sua colocação, ora reproduzida: "reiterados são os pronunciamentos desta Corte no sentido de exigir-se a abertura de vista à parte contrária quando os embargos interpostos veiculem pedido de eficácia modificativa. No caso dos autos, o acórdão proferido por força do especial mostrou-se favorável ao ora recorrente, que alcançou o acolhimento do pleito visando a anular o processo por vício de atividade. Pois bem, protocolizados os embargos declaratórios de folha 681 a 687, buscando-se a reversão do quadro, não foi aberta vista ao ora recorrente e, aí, o Colegiado veio a acolhê-los para transformar o conhecimento e provimento do Especial em não conhecimento. O ora recorrente foi surpreendido com a decisão. Tinha a seu favor o pronunciamento primeiro, resultante do julgamento do recurso especial, quando recebeu a notícia da modificação. No particular, afigura-se passível de conhecimento este extraordinário, ante a colocação em plano secundário do preceito constitucional que dando amplitude maior ao princípio do contraditório, resultou na fixação de entendimento no sentido de, conduzindo os embargos declaratórios pedido de eficácia modificativa, cumpre sempre ouvir o embargado".

O Novo CPC consagra, no plano legislativo, esta orientação, asseverando no art. 1.024, § 4º: "Caso o acolhimento dos embargos de declaração implique modificação da decisão embargada, o embargado que já tiver interposto outro recurso contra a decisão originária tem o direito de complementar ou alterar suas razões, nos exatos limites da modificação, no prazo de 15 (quinze) dias, contado da intimação da decisão dos embargos de declaração".

Terceira Parte

Dos Recursos ao Supremo Tribunal Federal e ao Superior Tribunal de Justiça

1. Sobre a Nomenclatura "Recursos Extraordinários"

Muito embora doutrina qualificada entenda inexistir qualquer relevância prática ou teórica na tradicional classificação dos recursos entre ordinários e extraordinários, em nosso sentir, essa dicotomia, além de didática, permite a identificação de características e requisitos comuns às espécies de recursos que se filiam a cada gênero.[400]

Com efeito, os recursos dirigidos aos Tribunais Superiores, logicamente, são interpostos por pessoas animadas pelo desejo de ver reconhecido algum direito. Isso é inegável. Contudo, esses recursos são idealizados no sistema com fins específicos. Pode ocorrer – e certamente ocorre – que muitos requisitos de admissibilidade ou regras de julgamento dos recursos tradicionalmente ordinários sejam observados quando da apreciação dos recursos dirigidos aos Tribunais Superiores. Todavia, há traços que lhes permitem agrupar em categoria diversa da generalidade dos recursos previstos nos graus ordinários de jurisdição, pois, são, em realidade, recursos de natureza extraordinária, ou seja, somente serão admitidos frente a circunstâncias que vão para além da alegação de justiça ou de injustiça da decisão.

A existência dos recursos extraordinários, portanto, não é justificada apenas à luz do interesse das partes, daí a jurisprudência e a doutrina terem solidificado a máxima, pela qual tais recursos não se prestam ao mero rejulgamento da causa e/ou à revisão, em linha de princípio, os fatos soberanamente acertados. Prestar-se-iam, ao contrário, para a harmonização do direito na federação, mediante a adoção de julgamentos paradigmáticos. Serviriam, nesse sentido, como meio de valorização da norma jurisprudencial e do ideal federativo, permitindo que os operadores conheçam e analisem os

---

[400] José Carlos Barbosa Moreira, após comparar os sistemas recursais brasileiros e europeus, demonstrando que em outros países (p. ex. Portugal e Itália) a dicotomia possui valor científico, conclui que "diversa é a sistemática do ordenamento brasileiro, no qual a mencionada distinção não tem relevância teórica nem prática. Merece ela, em nossa opinião, ser arquivada para todo o sempre, além do mais, pelos equívocos que é capaz de gerar, e de fato tem gerado, mercê da constante e notável flutuação dos critérios doutrinariamente sugeridos para fundamentá-la". *Comentários...*, 12. ed. Rio de Janeiro: Forense, 2005, p. 255.

seus julgados e possam aplicá-los nos seus Estados, com a certeza de que a última palavra será dada pela Corte Superior.

Os Tribunais de Cassação, conquanto justificados pela Revolução Francesa pelo escopo de garantir a "verdadeira vontade da lei" e pela natural desconfiança para com os juízes do *Ancien Régime*, foram assumindo no mundo ocidental um papel muito ativo na construção do Direito, especialmente pelas interpretações desenvolvidas em prol da fixação do sentido normativo das fontes abstratas.[401]

Inicialmente, como o próprio nome indica, *Cour de Cassation* limitava-se a cassar decisões,[402] uma vez que, ligada ao Poder Legislativo, não poderia assumir a jurisdição da causa.[403] Na Constituição Francesa de 1791, fora displinada no "Chapitre V – Du Pouvoir Judiciaire", cujo art. 19 assim dispunha: "Il y aura pour tout le royaume un seul tribunal de cassation, établi auprès du Corps législatif. Il aura pour fonctions de prononcer – sur les demandes en cassation contre les jugements rendus en derniers ressort par les tribunaux; sur les demandes en renvoi d'un tribunal à un autre, pour cause de suspicion légitime; sur les règlements de juges et les prises à partie contre un tribunal entier".

Nessa concepção, competia a Corte prestar contas de sua atuação ao Poder Legislativo. Preconizava o art. 22, dessa Constituição, que anualmente uma delegação de 8 membros da Corte comparecesse perante o Poder Legislativo para apresentar as decisões tomadas, com o resumo dos casos e da lei que justificava a decisão.[404]

Como bem observa o professor Angel Latorre, em linha de princípio, esses Tribunais deveriam julgar apenas as questões de direito, uma vez que sua finalidade era justamente impedir que os Tribunais inferiores alterassem o genuíno sentido da lei, garantindo desta forma a aplicação uniforme no território nacional. Nesse ensino, ensina Yves Chartier que a sua principal missão

---

[401] É tradicionalmente destacado pela doutrina que "la Cassazione ha un'origine storica ben precisa; con le leggi rivoluzionare francesi si volle istituire un organo, al di fuori dell'ordinamento giudiziario e partecipante del potere legislativo, attraverso il quale controllare l'esatta interpretazione ed aplicazione, da parte del giudice, delle leggi emanate da fonti normative parlamentari". LUISO, Francesco P. *Diritto Processuale Civile*: Il processo di Cognizione. 3. ed. Milano: Guiffrè, 2000, p. 393.

[402] Elucidativo a este respeito o art. 20, da Constituição de 1791: "En matière de cassation, le tribunal de cassation ne pourra jamais connaître du fond des affaires ; mais après avoir cassé le jugement qui aura été rendu sur une procédure dans laquelle les formes auront été violées, ou qui contiendra une contravention expresse à la loi, il renverra le fond du procès au tribunal qui doit en connaître".

[403] "L'origine storica faceva sí che le pronunce del tribunale di Cassazione (si chiamava cosi quando fu istituito) non avendo in origine natura di provvedimenti guirisdizionali, potevano avere solo un effetto annullatorio delle sentenze impugnate. La Corte di cassazione, lo dice il nome stesso, poteva 'cassare' le sentenze, non poteva in nessuna maniera sostituirle, ne incidere sull'attività guirisdizionale, perché era un organo al di fuori del potere guirisdizionale". LUISO, Francesco P. *Diritto Processuale Civile*: Il processo di Cognizione. 3. ed. Milano: Giuffrè, 2000, p. 393.

[404] Dispunha o art. 22: «Chaque année, le tribunal de cassation sera tenu d'envoyer à la barre du Corps législatif une députation de huit de ses membres, qui lui présenteront l'état des jugements rendus, à côté de chacun desquels seront la notice abrégée de l'affaire et le texte de la loi qui aura déterminé la décision».

foi, desde a origem : uniformizar a jurisprudência: "par rapport aux autres juridictions du même ordre, tribunaux et cours d'apple, la Cour de cassation présente deux originalitiés essentielles. D'une part, elle est unique: 'Il y a, pour toute la République, une seule Cour de cassation'. Ce caractère est essentiel: il répond à sa principale mission, qui a été, dès l'origine, une mission d'unification de la jurisprudence, persllèlement à l' uniformisation du droit à laquelle procédait le législateur révolutionnaire. D'autre part, elle ne juge pas le parties au procès, mais les 'jugements', autrement dit decisions en dernier ressort. Elle est en effter appelée non à trancher les litiges, mais à dire si l'arrêt ou le jugement qui est l'objet d'une voie de recours 'extraordinaire' (qualifiée de 'pourvoi') devant elle, fait ou ne fait pas une exacte application de la loi: dans le premier cas, elle rejette le pourvoi, alors que, dans le second, elle casse la décision attaqué. Et, dans cette dernière hypothèse, sauf si exceptionnellement la cassation intervient sans renvoi, l'affaire doit alors âtre à nouveau jugée, et, à cet effet, soumise à l'examen d'autres juges. C'est en ce sens qu'il est habituel de dire que la Cour de cassation n'est pas un troisième degré de juridiction. Elle trouve son origine dans une loi des 27 novembrel décembre 1790. Celle-ci a en effeter institué un 'Tribunal de cassation', ayant pour mission 'd'annuler toutes procédures dans lesquelle les formes auront été violées et tout jugement qui contiendra une contravention expresse au texte de la loi'. C'est ce tribunal qui, em vertu d'un sénatus-consulte du 28 floréal na XII, est devenu la Cour de cassation".[405]

A ideia central era criar um órgão "estabilizador do Direito", pois a uniformização da jurisprudência traria uma série de benefícios. Daí a postura conservadora de seus membros, como diagnostica Yves Chartier: "la prudence a son prolongement dans um autre trait: *la constance*. Les magistrats de la Cour de cassation, qui sont des 'conservateurs' – les conservateurs de la loi – raisonnent naturellement dans une optique de confinuité, et non de rupture. À cette considération fondamentale s'en ajoute une autre, apparemment plus modeste, mais non moins importante en pratique: une jurisprudence mouvante crée l'incertitude chez les parties et leurs conseils. Elle insinue dans leurs esprits moins l'idée qu'ils ne sont pas certains de perdre, que celle qu'ils ont unde chance de gagner: même en présence d'une interpretation contraire d'un texte, les mauvais plaideurs sont dés lors prêts à forcer le destin parce qu'ils pensent qu'il peut se modifier. Laisser l'instabilité – qu'il faut distinguer de la notion d'évolution de la jurisprudence, et, a *fortiori*, de celle de revirement- s'instaurer, ce serairt encourager les recours, aggraver l'engorgement de la Cour de cassation, et par lá même aussi affecter la qualité dês arrêts, et par conséquent leur autorité. La spirale serair sans fin".[406]

Contudo, tanto na França, quanto na Espanha e nos demais países, com o passar do tempo, o Tribunal Supremo serviu não apenas para "estabilizar o direito", mas para desenvolvê-lo, haurindo das exigências sociais, a orienta-

[405] *La Cour de Cassation*, 2. ed. Paris: Dalloz, 2001, p. 3.

[406] Idem, p. 117.

ção para a formação da jurisprudência.[407] É interessante notar que o Superior Tribunal de Justiça se auto-denomina um "Tribunal da Cidadania".

Com razão, a previsão de uma Alta Corte com a missão de "dar a última palavra" em matéria constitucional (STF) ou infraconstitucional (STJ, TST, TSE), além de permitir o controle da atividade exercida pelos inúmeros Tribunais Regionais, solidifica a jurisprudência como fonte material do direito brasileiro. Quanto utilizadas com cautela e sapiência, as orientações traçadas pelos Tribunais Superiores, quer na forma de precedentes, quer na rigidez dos enunciados da súmula, findam por invadir todos os ramos do Direito, colaborando para o seu desenvolvimento e a sua aplicação uniforme em todo o território nacional.

De outra banda, repugna ao ideal federativo que cada Estado, aplicando normas dirigidas a todos os brasileiros – provenientes da Constituição e de leis elaboradas pela União – ofereça a casos semelhantes soluções discrepantes, o que desacredita a administração da justiça à luz das expectativas sociais. O cidadão, quer pernambucano, quer catarinense, quer estrangeiro em solo nacional, deveria contar com a isonomia de tratamento do Estado brasileiro, especialmente na aplicação do Direito pelo Poder Judiciário. Soa, no mínimo, estranho que determinado Estado da Federação, p. ex., considere inconstitucional determinada norma enquanto outro, debruçado sobre idêntica questão, alcance resultado distinto. Para superar essas questões, ponderando as diferentes soluções adotadas pelos Tribunais, sempre com o intuito de oferecer à comunidade geral um tratamento isonômico e constitucionalmente devido, é que se legitimam os Tribunais Superiores. E tal desiderato é perseguido pelos recursos de índole extraordinária.

O ideal de isonomia também se relaciona com a previsibilidade da resposta jurisdicional. A própria segurança jurídica seria atingida caso os juízes reiteradamente se afastassem das orientações jurisprudenciais. Sobre o tema, ensina a professora Marília Zanella Prates, à luz dos sistemas da *Common Law* que "um dos institutos mais importante é o *stare decisis*, ou a doutrina do precedente judicial. Basicamente, o instituto do *stare decisis* assegura que uma corte deve preservar e respeitar suas decisões prévias e as da corte hierarquicamente superior. O objetivo deste instituto é uniformizar o entendimento jurisprudencial, de forma a tratar igualmente as pessoas. Assim, em casos análogos faticamente a questão de direito deve ser aplicada como em casos

---

[407] Refere Angel Latorre que "(...) cuando bajo la Revolución Francesa se creó el 'Tribunal de Cassation', que es el antecedente inmediato de nuestro Tribunal Supremo y de los órganos análogos de otros países, se trataba de impedir alterar el genuíno sentido de la ley, es decir, como un médio de asegurar que la ley sería aplicada literalmente por igual en toda Francia. Por ello estos tribunales juzgan solo de las cuestiones de derecho, y solo puede recurrirse a ellos, tanto en Francia como en Espana, pretextando que los tribunales inferiores han vulnerado la ley o (em Espana) su interpretación jurisprudencial, no para discutir los hechos. La Idea era, por tanto, crear un órgano estabilizador del derecho. Pero tanto en Francia como en Espana y los demás paises, el Tribunal Supremo o su análogo han servido por fortuna para hacer evolucionar el Derecho al compás de las exigências sociales, y su mision unificadora la ha cumplido no solo y no tanto manteniendo la unidad em la aplicación de la ley, como imponiendo una orientación unitária al desarollo de la jurisprudencia." *Introducción al Derecho*, 16. ed. Barcelona: Ariel, 2000, p. 82.

anteriores, mesmo que com partes totalmente diversas. A doutrina do *stare decisis* é explicada com base na exigências de previsibilidade das relações jurídicas e de uniformidade da interpretação do Direito. Existem, no entanto, limites à aplicação do *stare decisis*. Em primeiro lugar, apenas as questões de direito decididas pela corte que tenham sido realmente necessárias para o julgamento de uma causa poderão ser precedentes para casos análogos futuros. Quais quer outras informações sobre aplicação de determinada lei não terão força de *stare decisis*. Ademais, a doutrina do *stare decisis*, tal como aplicado nos Estados Unidos, é bem mais flexível do que na Inglaterra, flexibilidade essa que decorre da estrutura federativa dos Estados Unidos".[408]

Até poderia ser objetado que todo e qualquer tribunal tem a preocupação de construir jurisprudência firme e oferecer tratamento isonômico a todos os cidadãos. Todavia, seja pelas diferenças regionais (que obviamente influenciam também os juízes), seja pela necessidade de oferecer pronta e justa resposta às partes, sói acontecer que as preocupações retro expostas sejam observadas com menor intensidade nos Tribunais Regionais, pois seu ângulo de análise é distinto. No mais das vezes, os Tribunais Regionais têm os olhos voltados para a sua própria região, o que é absolutamente compreensível. Por isso, surge a previsão de uma Corte suprarregional apta a tomar conhecimento de todos os pontos de vistas exarados pelas diversas regiões do país e chancelar aqueles posicionamentos que, por conveniência, devem ser adotados harmonicamente em todo o território nacional.

Nesse sentido, justificam-se os recursos que ostentam a missão de desenvolver o próprio Direito, tolhendo do cenário as decisões que com ele conflitem. Essa é uma das principais funções dos Tribunais Superiores, realizada a partir da análise dos recursos que até lá chegam.

---

[408] A coisa julgada no direito comparado: Brasil Estados Unidos, p. 32. São Paulo: Juspodivm, 2013.

2. A "fungibilidade" entre o recurso extraordinário e o recurso especial

Nessa toada, o antigo recurso extraordinário pode ser tido como um pai (ou um irmão) do recurso especial. E não raro, por força da transversalidade dos temas jurídicos, a matéria enfrentada em um recurso à luz da força normativa da Constituição Federal poderia igualmente ser abordada sob o enfoque da legislação infraconstitucional.

Pense-se a respeito das normas constitucionais que tutelam a família e a desapropriação, as quais nem sempre encontram correspondência com a legislação infraconstitucional. Nessas e em tantas outras questões, muitas vezes os Tribunais Inferiores dispõem de relativa autonomia para escolher as normas aplicáveis para a resolução dos casos, o que gera algumas questões práticas importantes.

Tradicionalmente, o jurisdicionado sucumbente interpõe simultaneamente o recurso especial e o recurso extraordinário, imaginando reduzir o risco de não conhecimento de suas impugnações. Desta forma, bastará que uma Corte de Brasília considere que a sua competência foi corretamente acionada, para conhecer do recurso. Entretanto, não raro, há uma divergência entre os Tribunais, de sorte que o STJ considera que a matéria de fundo é de índole constitucional e se dá por incompetente. Já o STF reputa o tema de caráter infraconstitucional e tampouco admite julgar o mérito do extraordinário.

Em casos tais, o NCPC oferece importante inovação, quais sejam os arts. 1.032 e 1.033, os quais anunciam uma espécie de fungibilidade entre os recursos nos seguintes termos:

> Art. 1.032. Se o relator, no Superior Tribunal de Justiça, entender que o recurso especial versa sobre questão constitucional, deverá conceder prazo de 15 (quinze) dias para que o recorrente demonstre a existência de repercussão geral e se manifeste sobre a questão constitucional.
> Parágrafo único. Cumprida a diligência de que trata o *caput*, o relator remeterá o recurso ao Supremo Tribunal Federal, que, em juízo de admissibilidade, poderá devolvê-lo ao Superior Tribunal de Justiça.
>
> Art. 1.033. Se o Supremo Tribunal Federal considerar como reflexa a ofensa à Constituição afirmada no recurso extraordinário, por pressupor a revisão da interpretação de lei federal ou de tratado, remetê-lo-á ao Superior Tribunal de Justiça para julgamento como recurso especial.

Com esse regramento, em tese, o jurisdicionado estará protegido, pois, na hipótese de o Relator considerar que o fenômeno deveria ser apreciado à luz de normas que escapam de sua competência, antes de declarar inadmissível o recurso, deverá oportunizar a sua correção.

O fenômeno é bem apreendido por José Tadeu Neves Xavier: "cada uma das espécies de recursos excepcionais possui objeto específico. Porém nem sempre a decisão recorrida expõe com clareza a sua fundamentação normativa, em especial nos casos em que a matéria constitucional – sabidamente ampla e às vezes até difusa – é também apontada na fundamentação. Esta realidade se fez sentir na vigência do sistema do CPC de 1973, nas hipóteses em que ambas as Cortes Superiores eram chamadas para julgarem os recursos excepcionais interposto simultaneamente em relação à mesma decisão, dando oportunidade para que o STJ recusasse o recebimento do recurso especial, entendo ser caso de recurso extraordinário, sob o fundamento não ter havido violação direta de texto constitucional. Esta realidade, em última análise, representava negativa de prestação jurisdicional, o que é inadmissível em um Estado de Direito. Na sistemática recursal inserida pelo NCPC foi inserido mecanismo apto a evitar esta nefasta situação, permitindo a conversão do recurso especial em recurso extraordinário e vice-versa. Se o Relator no STJ entender que o recurso especial versa sobre questão constitucional, deverá oportunizar que o recorrente demonstre a existência de repercussão geral e se manifeste sobre a questão constitucional, encaminhado-o posteriormente para o STF, que em juízo de admissibilidade poderá devolvê-lo ao STJ. Na mesma linha, se o STF considerar como reflexa a ofensa à Constituição, por pressupor a revisão da interpretação de lei federal ou de tratado, remeterá o recurso extraordinário do STJ, para ser julgado como recurso especial".[409]

Aplaudem a orientação do Novo CPC, Daniel Mitidiero, Luiz Guilherme Marinoni e Sérgio Cruz Arenhart. Segundo os eminentes autores, o Novo CPC "inova ao instituir *livre trânsito de recursos* entre o Supremo Tribunal Federal e o Superior Tribunal de Justiça. Se a pronúncia das Cortes Supremas justifica-se a fim de que se outorgue *unidade ao direito*, com o que a sua legitimidade está coarctada ao exercício da função de adequada interpretação do direito constitucional ou do direito federal, *não há sentido algum em se deixar de conhecer recurso que efetivamente veicula questão que merece ser resolvida apenas porque foi endereçado equivocadamente.* Por essa razão, refere o art. 1.032 que "se o relator, no Superior Tribunal de Justiça, entender que o recurso especial versa sobre questão constitucional, deverá conceder prazo de 15 (quinze) dias para que o recorrente demonstre a existência de repercussão geral e se manifeste sobre a questão constitucional". Cumprida a diligência, deve o relator remeter o recurso ao Supremo Tribunal Federal, que, em juízo de admissibilidade, poderá devolvê-lo ao Superior Tribunal de Justiça. E na mesma linha consta do art. 1.033 que "se o Supremo Tribu-

---

[409] Código de Processo Civil Anotado – *Anotações aos artigos. 1.029 1.034* – Porto Alegre: OAB RS, 2015, p. 812-813.

nal Federal considerar como reflexa a ofensa à Constituição afirmada no recurso extraordinário, por pressupor a revisão da interpretação da lei federal ou de tratado, remetê-lo-á ao Superior Tribunal de Justiça para julgamento como recurso especial".[410]

Novamente aqui o Código de Processo Civil inova, merecendo atenção da comunidade as manifestações dos Tribunais Superiores a respeito do tema.

[410] MARINONI, Luiz Guilherme; Arenhart, Sérgio Cruz; MITIDIERO, Daniel. *Novo curso de processo civil: tutela dos direitos mediante procedimento comum*. v. 2. São Paulo: Revista dos Tribunais, 2015, p. 549.

3. Dos Pressupostos Específicos de Admissibilidade

Tanto o Recurso Extraordinário, quanto o Recurso Especial, possuem alguns requisitos específicos de admissibilidade. Neste ponto, destaca-se o "prequestionamento", bem como o "esgotamento de instância" com a "matéria decidida".

3.1. Prequestionamento

O requisito "prequestionamento", já consagrado na experiência jurídica brasileira, impõe que as questões levantadas pelo recorrente, em grau extraordinário de jurisdição, tenham sido adequadamente discutidas pela instância ordinária previamente. E mais: que tenham sido enfrentadas pela decisão recorrida. A apresentação de novos pontos de vistas, bem como alegações inéditas dentro do processo, é, em linha de princípio, inviabilizada perante as Cortes Superiores, como medida de prestígio ao princípio do contraditório.[411] Os Tribunais Superiores, historicamente, resistem em admitir a inovação recursal.

Justifica-se tal exigência a partir de um critério lógico. Se o Tribunal Superior deve analisar o entendimento da Corte Regional, para, em um segundo momento, invalidá-lo, referendá-lo ou reforma-lo, é imprescindível que os fundamentos que permitiram o alcance da conclusão sejam conhecidos por todos os operadores. Do contrário, difícil – ou indesejável – será a tarefa de analisar o acerto na escolha do melhor direito a aplicar ao caso concreto.

Fora de qualquer dúvida, o ideal é que a norma tenha sido expressamente enfrentada no acórdão. Contudo, pode acontecer – e quiçá seja até o mais comum na prática – que o sentido normativo do dispositivo legal tenha sido debatido sem sua expresa menção. Nessas hipóteses, há evidente análise de normas, tornando acessível a via extraordinária. Daí surgir a interessante figura do "prequestionamento implícito" para viabilizar a atuação da Corte Superior.[412]

[411] Outro é o tema da aplicação do art. 462, CPC, com a missão de adequar o provimento jurisdicional à realidade social. Tal medida, de todo salutar, pode muito bem ser harmonizada com o contraditório constitucionalmente assegurado.

[412] É bem verdade que o Superior Tribunal de Justiça se mostra mais sensível ao prequestionamento implícito, como se vê de precedente: "o prequestionamento pode ser implícito, e é reconhecido sem-

Portanto, a parte, desde o nascedouro do processo, deve indicar à Corte os fundamentos, fáticos e jurídicos, de sua argumentação, no intuito de convencê-la de que o bom direito lhe socorre. Cada litigante, no mais das vezes com interesses distintos, oferece um ponto de vista para o julgador, o qual, embora não adstrito a tais conclusões, é frequentemente auxiliado pelo contraditório realizado entre os contendores, pois cada qual se encarrega de criticar a argumentação alheia, trazendo informações sobre os temas discutidos. Dentro desse contexto, não soa absurdo considerar a parte como uma colaboradora do Estado-juiz, pois seu trabalho repercute diretamente na melhor administração da justiça.

O prequestionamento entusiasma o litigante a apresentar todos os seus argumentos, instando o pronunciamento de todos os juízes que com o caso tomam contato. Como é dever do magistrado apreciar os requerimentos de todos os sujeitos, eventual omissão no enfrentamento do tema suscitado autoriza o manejo dos embargos de declaração para complementar o julgado. A boa fundamentação da resposta jurisdicional, além de consagrar o Estado de Direito (função pública), é uma garantia constitucional oferecida à parte de pelo menos descobrir a forma como foi desenvolvido o convencimento judicial, servindo, para num momento posterior, contestá-lo (função privada da motivação). No NCPC, ela é especialmente valorizada.

Como regra, caso o ponto levantado no recurso especial não tenha sido apreciado pela instância ordinária, inviável será a atuação da Corte Superior, por faltar o prequestionamento. Daí que, na dúvida, de todo conveniente a interposição prévia de Embargos Declaratórios para suprir o requisito, sob pena de aplicação da máxima do Min. Soares Munhoz, no julgamento do AI 83629/AgR/SP: "pouco importa o entendimento que o recorrente possa ter do mencionado requisito. O que lhe cabia fazer, e não fez, era sanar a pretendida omissão do acórdão, mediante a interposição de embargos de declaratórios".[413]

Ao menos dois enunciados aprovados em 1963 versam sobre o prequestionamento do recurso extraordinário, sendo diuturnamente aplicados, inclusive pelo Superior Tribunal de Justiça.[414] Prescreve o verbete nº 282 ser "inadmissível o recurso extraordinário, quando não ventilada, na decisão recorrida, a questão federal suscitada". Complementa a orientação o enunciado nº 356 quando assinala que o "o ponto omisso da decisão, sobre o qual não foram opostos embargos declaratórios, não pode ser objeto de recurso extraordinário, por faltar o requisito do prequestionamento".

Com efeito, como dito, quando o acórdão recorrido é omisso no enfrentamento do ponto constitucional que motivará a apresentação do extra-

---

pre que as questões decididas na causa remetam o Tribunal às normas legais que o recurso especial diz contrariado". (REsp 330.200/MG, 3ª T., Rel. Min. Ari Pargendler. DJ: 01.10.2001, p. 213)

413 DJ: 11.09.1981, p. 8790, ement. v. 1225-02, p. 656.

414 Por ilustração: "O tema inserto no artigo 4º da Lei nº 4.595/64 não foi debatido pelo Tribunal a quo, deixando a recorrente de manejar embargos de declaração na origem para suprimir eventual omissão, o que atrai o impedimento das Súmulas nºs 282 e 356 do STF". AgRg no REsp 660253/RS, 2ª Turma, Rel. Min. Castro Meira, DJ 13.02.2006, p. 746.

ordinário cumpre ao recorrente opor embargos de declaração, requerendo o suprimento do vício. Uma vez sanada a omissão, então haverá espaço para o extraordinário. Contudo, caso o Tribunal de origem persista no erro, deixando de prestar jurisdição, enfrentava o jurisdicionado uma séria dificuldade sob a égide do CPC/73. Exigia-se, especialmente o Superior Tribunal de Justiça, a interposição de um recurso no qual se discutisse a nulidade da decisão por falta de fundamentação. Somente após a correção deste vício e com o prequestionamento expresso estaria autorizada a discussão da matéria de fundo, em outro recurso. O ônus era pesado.[415]

Nesse contexto, ainda existe o enunciado 211, da Súmula do STJ, o qual afirma: "inadmissível recurso especial quanto à questão que, a despeito da oposição de embargos declaratórios, não foi apreciada pelo Tribunal *a quo*". Para o STJ, em sua visão tradicional, o fenômeno do "prequestionamento implícito" é distinto do "prequestionamento ficto". No primeiro, o conteúdo normativo do dispositivo legal apontado como violado é apreciado pelo acórdão recorrido, embora não tenha ocorrido a sua indicação numérica. Já em relação ao segundo, a Corte local silencia, deixando de conhecer dos declaratórios, quando em tese a omissão estava presente.[416]

---

[415] Por ilustração: "EMBARGOS DE DECLARAÇÃO. AGRAVO REGIMENTAL. RECURSO ESPECIAL. ADMINISTRATIVO. JUÍZO DE RETRATAÇÃO. REPERCUSSÃO GERAL. ARTIGO 543-B, § 3º, CPC. RE 604.482/RN. CONCURSO PÚBLICO. TEORIA DO FATO CONSUMADO. INAPLICABILIDADE. ALEGAÇÃO DE VIOLAÇÃO DO ART. 535 DO CPC NÃO ANALISADA NO JULGAMENTO DO RECURSO ESPECIAL, EXISTÊNCIA DE OMISSÃO. RETORNO DOS AUTOS AO TRIBUNAL *A QUO*. 1. Com o julgamento do RE n. 604.482/RN pelo Supremo Tribunal Federal, os autos foram devolvidos pela Vice-Presidência do STJ a esta relatoria em atenção ao disposto no § 3º do art. 543-B do Código de Processo Civil, diante da necessidade de adequação do julgamento ao entendimento firmado pelo Supremo Tribunal Federal. 2. A Quinta Turma desta Corte Superior havia decidido pela aplicação da 'Teoria do Fato Consumado' ao presente caso, uma vez que a recorrente encontrava-se no cargo de Procuradora Federal há mais de 10 anos (desde 2010), na época em que proferida a referida decisão. 3. Ocorre que a questão foi posta ao exame do Plenário do Supremo Tribunal Federal que, reconhecendo a repercussão geral da matéria, apreciou e julgou o RE 604.482/RN, de relatoria do Min. Teori Zavascki, ocasião em que decidiu ofender a ordem constitucional vigente, relativamente ao acesso aos cargos públicos, a permanência de candidato não aprovado no certame público que tomou posse em razão de decisão liminar ou antecipatória da tutela, a qual foi posteriormente revogada ou alterada. 4. No caso concreto, o Tribunal de origem, mesmo com a interposição dos embargos de declaração, não se manifestou acerca dos referidos pontos suscitados. Desse modo, ao rejeitar os embargos declaratórios, deixando, contudo, de se pronunciar sobre as questões de fato neles suscitadas, o Tribunal de origem acabou por violar o art. 535 do Código de Processo Civil. 5. Embargos de declaração acolhidos, com efeitos infringentes, para afastar a aplicação da 'Teoria do Fato Consumado', em razão do juízo de retratação oportunizado pelo art. 543-B, § 3º, do CPC. Porém, como na análise do recurso especial, apresentado por Simone Maciel Saqueto, não foi decidida a questão referente à violação do art. 535 do CPC, dou provimento ao recurso especial para decretar a nulidade do acórdão referente aos embargos declaratórios, determinando-se o retorno dos autos ao Tribunal de origem". (EDcl no AgRg no AgRg no REsp 1182102/RJ, Rel. Min. Reynaldo Soares da Fonseca, j. 03/12/2015. DJe 10/12/2015)

[416] Didático acórdão a respeito desta histórica distinção: "AGRAVO REGIMENTAL NO AGRAVO EM RECURSO ESPECIAL. BRASIL TELECOM. CONTRATO DE PARTICIPAÇÃO FINANCEIRA. OFERTA PÚBLICA. VIOLAÇÃO ART. 884 DO CÓDIGO CIVIL. AUSÊNCIA DE PREQUESTIONAMENTO. 1. A jurisprudência desta Corte Superior tem admitido a ocorrência do chamado 'prequestionamento implícito' quando o conteúdo normativo do dispositivo legal apontado como violado tenha sido apreciado e decidido pelo acórdão recorrido, ainda que não haja a indicação numérica do

Em sentido oposto, o NCPC subscreve a tese do prequestionamento ficto, em seu art. 1.025: "consideram-se incluídos no acórdão os elementos que o embargante suscitou, para fins de pré-questionamento, ainda que os embargos de declaração sejam inadmitidos ou rejeitados, caso o tribunal superior considere existentes erro, omissão, contradição ou obscuridade".

Como assinalado no capítulo dedicado aos embargos de declaração, esperamos a revisão deste enunciado 211, diante da nova legislação.

Por fim, digno de nota que, ao contrário do CPC/73, o NCPC contempla o termo "pré-questionamento" em dois artigos. Inicialmente, o art. 941, § 3º, admite a caracterização do pré-questionamento no voto vencido, tornando necessário o cancelamento da súmula 320/STJ.[417] Após, o art. 1.025, antes lembrado, também invoca o instituto, diante dos embargos de declaração.

3.2. Causa definitivamente julgada

A Constituição Federal somente admite a apreciação dos recursos extraordinários pelos Tribunais Superiores caso a atividade jurisdicional dos Tribunais locais tenha sido esgotada. A parte, antes de ascender às Cortes Superiores, deve rediscutir as decisões na instância ordinária, por todos os meios autorizados pelo Direito. Em outras palavras, a competência recursal dos Tribunais Superiores começa quando se encerra a das Cortes inferiores, ao menos em relação à matéria discutida.

A dicção constitucional não deixa dúvidas. Tanto no regramento do recurso extraordinário (art. 102, III), quanto no especial (art. 105, III), a redação é idêntica: "causas decididas em única ou última instância". Enquanto não preenchido este requisito, a irresignação deve-se ater à jurisdição ordinária.

O fundamental é que não exista possibilidade de se manejar outro recurso para atacar a decisão, de sorte que a matéria nela enfrentada tenha sido "definitivamente julgada". Não há a figura do "recurso *per saltum*", e disso decorre que, caso ainda seja possível impugná-la por recurso ordinário (v. g. agravo interno), primeiro deve a parte esgotar a instância, para, após, se valer dos recursos extraordinários.

---

referido artigo legal. 2. Coisa diversa é o chamado 'prequestionamento ficto', segundo o qual se considera prequestionada a matéria que apesar de não analisada pelo acórdão foi objeto da petição dos embargos de declaração interpostos, ainda que eles sejam rejeitados sem qualquer exame da tese, bastando constar da petição dos referidos declaratórios. 3. O Superior Tribunal de Justiça não admite o chamado 'prequestionamento ficto', ou seja, aquele segundo o qual, a oposição de embargos de declaração é suficiente ao suprimento do requisito do prequestionamento. 4. Agravo regimental não provido, com aplicação de multa". (AgRg no AREsp 385.897/RS, 4. T., Rel. Min. Luis Felipe Salomão, j. 10.12.2013. DJe 18.12.2013)

[417] Reza o art. 941, § 3º: "O voto vencido será necessariamente declarado e considerado parte integrante do acórdão para todos os fins legais, inclusive de pré-questionamento". Esta redação ocasiona a necessidade de ser revista a súmula 320: "a questão federal somente ventilada no voto vencido não atende o requisito do prequestionamento."

Ainda quanto à necessidade de exaustão da causa, situação idêntica é observada quando o recorrente objetiva reapreciação de decisão do Superior Tribunal de Justiça através de Recurso Extraordinário ao Supremo Tribunal Federal. Nessas hipóteses, é fundamental que todo o *iter* recursal do Superior tenha sido esgotado, sob pena de não conhecimento do Extraordinário. No tópico, ressalta-se a existência de julgados do Supremo Tribunal Federal vedando a interposição simultânea de Embargos de Divergência ao Superior e Extraordinário ao Supremo, uma vez que a parte deveria, necessariamente, aguardar o exaurimento da atuação do Superior, o que se daria com o julgamento dos Embargos, para cumprir com o requisito constitucional da decisão de "última instância".[418]

Um tema atual que diz respeito ao esgotamento de instância é a interposição de recurso especial ou de extraordinário antes de julgados ou mesmo opostos os declaratórios pela parte contrária. O fenômeno é corriqueiro, uma vez que, como muitas vezes os prazos para as partes não são comuns (veja o exemplo da Fazenda Pública, Ministério Público, etc.), não raro um litigante deve interpor seu Extraordinário antes mesmo que o prazo de seu adversário para a oposição dos aclaratórios esteja vencido. Nessas situações, inicialmente o Supremo, e após o Superior, vem considerando que o Extraordinário e o Especial devem ser ratificados imediatamente ao julgamento dos declaratórios, sob pena de não ultrapassarem o requisito constitucional.[419]

Em face da importância prática do tema, ele será desenvolvido em tópico autônomo.

3.3. Uma questão polêmica: a ilegal exigência de ratificação adotada pelas Cortes Superiores

Sob a égide do CPC/73, um dos temas mais polêmicos era a exigência, arquitetada pelos Tribunais Superiores, de ratificação dos recursos interpostos antes da publicação do acórdão dos embargos de declaração opostos pelo adversário.

Com efeito, na década de 2000, os operadores foram surpreendidos, com uma interpretação alternativa realizada pelas Cortes Superiores. Em síntese, o debate gravitou em torno das consequências da interposição de um

---

[418] Nesse sentido: "Agravo Regimental em Agravo de Instrumento. Princípio da Unicidade dos Recursos. Interposição de Recurso Extraordinário antes do julgamento dos Embargos de Divergência. Impossibilidade (...) Embargos de divergência e recurso extraordinário. Interposição contra uma mesma decisão. Impossibilidade. Enquanto não apreciados os embargos opostos pela parte interessada não se pode afirmar que o juízo a quo tenha esgotado a prestação jurisdicional, nem que se trata de decisão de única ou última instância. Pressuposto constitucional de cabimento do extraordinário. Agravo regimental não provido". AI 563505, AgR/MS, Rel. Min. Eros Grau. DJ: 04.11.2005, p. 21.

[419] Dentre fartos precedentes do Supremo, apontam-se AgRg no RE 447.090, AgRg no AG 601.837, AgRg no AG 502.004.

recurso especial ou extraordinário, antes de que a instância ordinária fosse definitivamente esgotada com o julgamento e a publicação do acórdão dos declaratórios interpostos pela parte contrária. Nessas condições, deveria ser reconhecida a tempestividade ao apelo extremo ou o recorrente necessitaria adotar outra medida para garantir o conhecimento de seu recurso, o qual muitas vezes era interposto sem a ciência de que a parte contrária embargara o mesmo acórdão recorrido?

A despeito de algumas decisões no sentido de que, quando inalterado o provimento atacado, deveria existir uma presunção de manutenção do interesse recursal, venceu por muitos anos corrente oposta. Os corretos argumentos dos Ministros Ari Pargendler e Teori Zavascki não sensibilizaram a maior parte dos julgadores da Corte. Considerava Pargendler que "a técnica do recurso especial não pode ser levada a tanta sofisticação, a ponto de chegarmos a não conhecer de nenhum recurso. A meu Juízo, a questão é simples: publicado o acórdão, a parte que não tiver o propósito de opor embargos de declaração já tem o direito de interpor o recurso. Ora, se a outra parte opuser embargos de declaração, duas situações se põem: primeiro, não há modificação do julgado; nesse caso, não há necessidade de reiteração, figura não prevista no código. Se houver a modificação, estará prejudicado o recurso, se não for interposto outro". De seu turno, o Min. Teori Zavascki identificava o problema gerado pela adoção de solução diversa: "na essência, uma parte vai ser prejudicada porque a outra precisou de esclarecimento e ela se deu por esclarecida. Então, ela ofereceu o seu recurso especial. E a outra, que precisava ainda se esclarecer, ofereceu embargos de declaração. Então, se entendemos que o recurso especial de quem interpôs em primeiro lugar, e tem necessidade de um esclarecimento, fica considerado intempestivo porque os embargos de declaração da outra parte ainda não foram julgados, isso é o mesmo que imputar a uma parte o prejuízo causado pela outra. Então, cada parte cuida do seu recurso; se não há necessidade de a outra parte aguardar o esclarecimento de que a outra pleiteou tanto que ela se encontra plenamente esclarecida, por isso que recorreu, não se pode considerar o seu recurso intempestivo".[420]

Contudo, a maioria da Corte avalizou o voto do Min. Cesar Asfor Rocha, no sentido de que "a abertura da via eleita exige o exaurimento da via ordinária, prescrevendo a Carta Magna, em seu art. 105, inciso III, o cabimento do recurso especial em causas decididas em 'última instância'. Como cediço, no julgamento dos embargos declaratórios é possível a alteração do julgado pelo reconhecimento de omissão, como o caso dos autos, ou erro material e, ainda que não haja tal modificação, o acórdão dos aclaratórios passa a integrar o aresto embargado, formando, assim, a decisão de última instância, prevista

[420] Voto vencido nos Embargos de Divergência, cuja ementa assim restou redigida: "PROCESSUAL CIVIL. RECURSO ESPECIAL. PREMATURO. ESGOTAMENTO DA INSTÂNCIA ORDINÁRIA. NÃO CONHECIMENTO. É prematura a interposição de recurso especial antes do julgamento dos embargos de declaração, momento em que ainda não esgotada a instância ordinária e que se encontra interrompido o lapso recursal. Recurso especial não conhecido". REsp 776265/SC, CE, Rel. p/acórdão Min. Cesar Asfor Rocha. DJ: 06.08.2007, p. 445.

na Constituição Federal. Não se pode, por isso, ter por oportuno o recurso especial interposto contra acórdão que foi desafiado por embargos de declaração, mesmo que veiculado pela parte contrária".

Tampouco sensibilizou o Superior Tribunal de Justiça o fato de que, em geral, o acolhimento dos declaratórios não altera substancialmente a decisão recorrida: "também não vislumbro a possibilidade de se adotar entendimento condicionado à existência ou não de alteração do acórdão com o julgamento dos embargos, tampouco condicionado à parte que veicula os aclaratórios, se o recorrente ou o recorrido. A definição deve ser se o recurso especial interposto antes do julgamento dos embargos declaratórios, quando suspenso o prazo para outros recursos, é ou não prematuro. Em sendo, deve ele ser reiterado ou ratificado no prazo recursal".

Os julgamentos sucessivos mantiveram a orientação no sentido de que "o recurso especial interposto antes do julgamento dos embargos de declaração ou dos embargos infringentes opostos junto ao Tribunal de origem deve ser ratificado no momento oportuno, sob pena de ser considerado intempestivo";[421] "interposto o especial antes do julgamento dos embargos de declaração, opostos no Tribunal de origem, há de ser aquele recurso ratificado, sob pena de não conhecimento";[422] "o recurso especial interposto antes do julgamento dos embargos de declaração ou dos embargos infringentes opostos junto ao Tribunal de origem deve ser ratificado no momento oportuno, sob pena de ser considerado intempestivo".[423]

Esta posição foi cristalizada na Súmula 418, que afirma ser "inadmissível o recurso especial interposto antes da publicação do acórdão dos embargos de declaração, sem posterior ratificação". Era imperioso, portanto, que o recorrente ratifique o recurso interposto, fazendo prova categórica da manutenção de seu interesse recursal, qualquer que tenha sido o resultado do julgamento dos declaratórios.

Esta "ratificação" a ser exigida era uma mera petição. Não se pode, sob o enfoque da súmula 418, exigir que novo recurso seja interposto ou que qualquer de seus pressupostos de admissibilidade seja novamente comprovado (p. ex. novo pagamento de custas).[424] Entretanto, caso o jurisdicionado opte

---

421 AgRg no Ag 1161358/RS, Corte Especial, Rel. Min. Eliana Calmon. DJe: 26/04/2010.

422 EREsp 933438/SP, Corte Especial, Rel. para acórdão Min. Fernando Gonçalves. DJe: 30/10/2008.

423 REsp 661650/RJ, 2ª T., Rel. Min. Eliana Calmon. DJe: 06/08/2008.

424 "PROCESSUAL CIVIL. EMBARGOS DE DECLARAÇÃO. ALEGAÇÃO DE DESERÇÃO. INOCORRÊNCIA. COMPROVAÇÃO DO RECOLHIMENTO DAS CUSTAS. RECURSO ESPECIAL. RATIFICAÇÃO. 1. Acórdão embargado que não se manifestou sobre o alegado nas contrarrazões do recurso especial acerca da suposta ausência de preparo do apelo. 2. 'É inadmissível o recurso especial interposto antes da publicação do acórdão dos embargos de declaração, sem posterior ratificação' – Súmula n. 418/STJ. 3. A petição de ratificação apenas reitera as razões consignadas no recurso interposto, não havendo necessidade de recolhimento de novas custas ou de comprovação do preparo já efetuado quando da interposição do recurso. 4. Embargos de declaração acolhidos somente para esclarecer a decisão embargada sem, contudo, modificar o julgado". EDcl no REsp 1097930/RS, 4ª T., Rel. Min. João Otávio de Noronha. DJe: 01/07/2010.

por nova interposição, entendemos que não há qualquer irregularidade nesse procedimento, em face do princípio do acesso à justiça.

Nas edições anteriores desta obra, criticamos o excesso de formalismo desta orientação, aduzindo que o correto seria exigir a ratificação apenas quando houvesse o acolhimento dos declaratórios e a modificação – ainda que parcial – do julgado, pois é natural que o interesse persista se desacolhidos ou não conhecidos os aclaratórios. Não era justo penalizar uma parte por obrar com zelo, especialmente quando seu prazo de recurso extremo é finalizado antes de ultimado o do adversário para os declaratórios. Afirmamos igualmente que a consagração de um processo civil coerente à luz do acesso à justiça e da realização dos direitos fundamentais, era inadmissível que a desatenção a formas destituídas de fundamentos importassem automaticamente na perda do direito discutido.

A crítica de Marco Felix Jobim tem aqui plena procedência: "algumas teorias jurídicas que têm tomado forma hoje nas academias estão sendo criadas pelo método recionalista, para que sejam depois experimentadas, sendo que, sem olharem para o horizonte fático no qual devem ser aplicadas, ou seja, o dia a dia forense, acabam nascendo para o esquecimento. No chão do Foro, as coisas chegam a patamares inimagináveis de descaso e afronta, em especial, àquilo que não poderia ser alvo de desrespeito: os princípios constitucionais".[425]

Em face desse excessivo rigor, surgiram, inicialmente em casos penais, decisões isoladas, afastando os óbices ao conhecimento dos recursos prematuramente interpostos. Ganhou muita repercussão na mídia pronúncia da 1ª Turma, do Supremo Tribunal Federal, atestando o equívoco da orientação da Súmula 418. Trata-se do Recurso Extraordinário n. 680.371. O Relator Min. Luiz Fux foi muito feliz ao arrolar fundamentos favoráveis ao conhecimento de recursos interpostos antes do julgamento dos declaratórios da parte contrária: (a) os institutos jurídicos devem ser interpretados "do modo mais favorável ao acesso à justiça (art. 5º, XXXV, CRFB) e à efetividade dos direitos materiais"; (b) "a forma, se imposta rigidamente, sem dúvidas conduz ao perigo do arbítrio das leis, nos moldes do velho brocardo *dura lex, sed lex*"; (c) "as preclusões se destinam a permitir o regular e célere desenvolvimento do feito, por isso que não é possível penalizar a parte que age de boa-fé e contribui para o progresso da marcha processual com o não conhecimento do recurso, arriscando conferir o direito à parte que não faz jus em razão de um purismo formal injustificado"; (d) o formalismo desmesurado ignora a boa-fé processual que se exige de todos os sujeitos do processo, inclusive, e com maior razão, do Estado-Juiz, bem como se afasta da visão neoconstitucionalista do direito, cuja teoria proscreve o legicentrismo e o formalismo interpretativo na análise do sistema jurídico, desenvolvendo mecanismos para a efetividade dos princípios constitucionais que abarcam os valores mais caros à nossa sociedade"; (e) "a finalidade da publicação do acórdão de julgamento

---

425 JOBIM, Marco Felix. *Cultura, escolas e fases metodológicas do processo*, 2. ed. Porto Alegre: Livraria do Advogado, 2014, p. 131.

é dar ciência à parte do teor da decisão, de modo que a interposição anterior do recurso denota que o referido propósito foi atingido por outros meios. Penalizar a parte diligente, que contribuiu para a celeridade do processo, é contrariar a própria razão de ser dos prazos processuais e das preclusões: evitar que o processo se transforme em um retrocesso, sujeito a delongas desnecessárias", etc.[426]

No âmbito civil, a questão foi também enfrentada pelo Pretório Excelso, como dá conta o Informativo de Jurisprudência n. 710, que circulou em junho de 2013. Nele, foi anunciada uma mudança de posicionamento da Corte. Conforme a redação do informativo, no julgamento do Recurso Extraordinário n. 680.371, "reputou-se que a parte poderia, no primeiro dia do prazo para a interposição do extraordinário, protocolizar este recurso, independentemente da interposição dos embargos declaratórios pela parte contrária. Afirmou-se ser desnecessária a ratificação do apelo extremo. Concluiu-se pela tempestividade do extraordinário".

Irrepreensível a ementa lavrada pelo Min. Marco Aurélio Mello: "Recurso extraordinário. Embargos declaratórios. Pendência. Oportunidade. O recurso extraordinário surge oportuno ainda que pendentes embargos declaratórios interpostos pela parte contrária, ficando a problemática no campo da prejudicialidade se esses últimos forem providos com modificação de objeto".[427]

Também no seio do STJ já se observavam críticas a Súmula 418: "considerando-se a interpretação teleológica e a hermenêutica processual, sempre em busca de conferir concretude aos princípios da justiça e do bem comum, é mais razoável e consentâneo com os ditames atuais o entendimento que busca privilegiar o mérito do recurso, o acesso à Justiça (CF, art. 5º, XXXV), dando prevalência à solução do direito material em litígio, atendendo a melhor dogmática na apreciação dos requisitos de admissibilidade recursais, afastando o formalismo interpretativo para conferir efetividade aos princípios constitucionais responsáveis pelos valores mais caros à sociedade" (...) "a única interpretação cabível para o enunciado da Súmula 418 do STJ é aquela que prevê o ônus da ratificação do recurso interposto na pendência de embargos declaratórios apenas quando houver alteração na conclusão do julgamento anterior".[428]

Nesse contexto, em muito boa hora, surge o NCPC, com a previsão inserta no art. 1.024, § 5º: "se os embargos de declaração forem rejeitados ou

---

[426] É interessante observar notícia publicada no site do STJ em 05.03.2010, dando conta: "proposta do ministro Luiz Fux aprovada por unanimidade pela Corte Especial do Superior Tribunal de Justiça tornou-se a Súmula 418 do STJ". Tal documento sintetiza o entendimento do Tribunal sobre o assunto. Diz o enunciado: "É inadmissível o recurso especial interposto antes da publicação do acórdão dos embargos de declaração, sem posterior ratificação". Disponível em <http://www.stj.jus.br/portal_stj/publicacao/engine.wsp?tmp.area=398&tmp.texto=96190>.

[427] STF. RE 680371 AgR, Rel.: Min. Dias Toffoli, Relator(a) p/ Acórdão: Min. Marco Aurélio, 1ª T., j. 11.06.2013, acórdão eletrônico. DJe-181, divulg. 13.09.2013, p. 16.09.2013.

[428] REsp 1129215/DF, CE, Rel. Min. Luis Felipe Salomão, j. 16.09.2015. DJe 03.11.2015.

não alterarem a conclusão do julgamento anterior, o recurso interposto pela outra parte antes da publicação do julgamento dos embargos de declaração será processado e julgado independentemente de ratificação".

Portanto, apenas nas raras hipóteses de alteração substancial do julgamento anterior, pelo acolhimento dos declaratórios, é que se poderá aventar a necessidade de ratificação, a partir da vigência do NCPC.

Não há sentido, portanto, na manutenção da Súmula 418/STJ.

4. Características Comuns

4.1. Procedimento padrão

Tanto o recurso especial, quanto o extraordinário, são interpostos perante o presidente ou o vice-presidente do tribunal recorrido. As petições de interposição, além de comprovar a ultrapassagem de todos os requisitos de admissibilidade, devem conter, à luz do art. 1.029, CPC, "a exposição do fato e do direito", "a demonstração do cabimento do recurso interposto" e "as razões do pedido de reforma ou de invalidação da decisão recorrida".

O recurso, como dito, é interposto no Tribunal de Origem. Recebida a petição, é determinada a intimação do recorrido, abrindo-se-lhe vista para apresentar contrarrazões. Findo o prazo de 15 dias, com ou sem manifestação do recorrido, os autos seguem conclusos à Presidência ou Vice-Presidência para análise da admissão do recurso.

Durante a tramitação do Projeto Novo CPC, fora retirado este primeiro filtro de admissibilidade. E o Novo CPC chegou a ser sancionado, dispondo que o recurso extraordinário e o recurso especial deveriam ser dirigidos a Brasília independetemente de análise de admissibilidade.[429] Contudo, houve reforma do texto legal, antes mesmo de sua entrada em vigor, atendendo-se a postulações dos próprios Tribunais Superiores.

Houve, entretanto, uma sistematização do trabalho a ser desenvolvido pelos juízos de origem, com a redação do art. 1.030:

> Art. 1.030. Recebida a petição do recurso pela secretaria do tribunal, o recorrido será intimado para apresentar contrarrazões no prazo de 15 (quinze) dias, findo o qual os autos serão conclusos ao presidente ou ao vice-presidente do tribunal recorrido, que deverá:
>
> I – negar seguimento:
>
> a) a recurso extraordinário que discuta questão constitucional à qual o Supremo Tribunal Federal não tenha reconhecido a existência de repercussão geral ou a recurso extraordinário interposto contra acórdão que

---

[429] Foi sancionado em março de 2015 o art. 1.030, com a seguinte redação (posteriormente alterada radicalmente): "Recebida a petição do recurso pela secretaria do tribunal, o recorrido será intimado para apresentar contrarrazões no prazo de 15 (quinze) dias, findo o qual os autos serão remetidos ao respectivo tribunal superior. Parágrafo único. A remessa de que trata o caput dar-se-á independentemente de juízo de admissibilidade".

esteja em conformidade com entendimento do Supremo Tribunal Federal exarado no regime de repercussão geral;

b) a recurso extraordinário ou a recurso especial interposto contra acórdão que esteja em conformidade com entendimento do Supremo Tribunal Federal ou do Superior Tribunal de Justiça, respectivamente, exarado no regime de julgamento de recursos repetitivos;

II – encaminhar o processo ao órgão julgador para realização do juízo de retratação, se o acórdão recorrido divergir do entendimento do Supremo Tribunal Federal ou do Superior Tribunal de Justiça exarado, conforme o caso, nos regimes de repercussão geral ou de recursos repetitivos;

III – sobrestar o recurso que versar sobre controvérsia de caráter repetitivo ainda não decidida pelo Supremo Tribunal Federal ou pelo Superior Tribunal de Justiça, conforme se trate de matéria constitucional ou infraconstitucional;

IV – selecionar o recurso como representativo de controvérsia constitucional ou infraconstitucional, nos termos do § 6º do art. 1.036;

V – realizar o juízo de admissibilidade e, se positivo, remeter o feito ao Supremo Tribunal Federal ou ao Superior Tribunal de Justiça, desde que:

a) o recurso ainda não tenha sido submetido ao regime de repercussão geral ou de julgamento de recursos repetitivos;

b) o recurso tenha sido selecionado como representativo da controvérsia; ou

c) o tribunal recorrido tenha refutado o juízo de retratação.

§ 1º Da decisão de inadmissibilidade proferida com fundamento no inciso V caberá agravo ao tribunal superior, nos termos do art. 1.042.

§ 2º Da decisão proferida com fundamento nos incisos I e III caberá agravo interno, nos termos do art. 1.021.

Como se vê do próprio texto, exige-se que o Tribunal de Origem afira se a jurisprudência do Tribunal Superior já não se encontra pacificada quanto ao tema suscitado pelo recorrente, evitando a remessa, caso já tenha ocorrido a uniformização. Nesses casos, ao invés de ser aplicada a tese pela Corte Superior, deverá o próprio Tribunal de Origem, quer pela negativa de seguimento do recurso estrito, quer pela via da retratação, que deveria ocorrer. Apenas quando resistente a Corte Local deverá, em caráter excepcional, ser remetido a Brasília o recurso para provável provimento.

Desta forma, quanto ao procedimento bipartido de análise da admissibilidade, observa-se a sua manutenção. Se o resultado desta análise é positivo, então a insurgência é remetida à Brasília. Contudo, se não se observa a concorrência dos pressupostos legais, a subida do recurso é evitada. Em face desta particularidade, afirma-se que o Brasil adota um modelo bipartido de controle de admissibilidade, pois tanto a corte de origem, quanto o próprio Supremo ou Superior, analisam o preenchimento dos requisitos de conhecimento.

Digno de nota que o Superior ou o Supremo não estão vinculados ao juízo emitido pelo tribunal local. Ou seja, o recorrente não tem a garantia de que seu recurso será conhecido, mesmo que o Tribunal de Origem tenha lhe admitido. Isto porque Supremo e Superior realizarão novo exame de admissibilidade, a fim de comprovar a concorrência dos pressupostos de admissibilidade do recurso (matéria de ordem pública). Preserva-se, assim, o juízo natural. É pacífico o entendimento no sentido de que "sendo provisório o juízo de admissibilidade do recurso especial realizado pelo Tribunal de origem, nada impede que venha esta instância a concluir pela ausência de prequestionamento de matéria a cujo respeito se manifestara positivamente aquele Juízo"[430] e que "no STJ, todos os requisitos de admissibilidade são novamente verificados".[431]

Como dito, tal orientação, ao garantir a última palavra quanto à admissibilidade a Corte Superior, conserva o princípio do juiz natural.

De seu turno, a admissão do Extraordinário ou do Especial por um fundamento não inibe a Corte de conhecer das demais questões suscitadas, justamente pelo princípio do juiz natural. Em razão disso, apresenta-se suficiente o trabalho empreendido pelo tribunal local, a fim de visualizar o trânsito por qualquer das alíneas elencadas pelo recorrente, deixando inclusive de se pronunciar quanto as demais, uma vez que é irrelevante a admissão por todos ou por apenas alguns dos fundamentos. O fato é que o Tribunal Superior poderá conhecer por todos os demais invocados pelo recorrente e não apreciados pela Corte local ou mesmo reputar inadmissível o recurso, revisando a decisão do juízo *a quo*. Incide o verbete nº 528 do Supremo, pelo qual "se a decisão contiver partes autônomas, a admissão parcial, pelo presidente do tribunal *a quo*, de recurso extraordinário que, sobre qualquer delas se manifestar, não limitará a apreciação de todas pelo Supremo Tribunal Federal, independentemente de interposição de agravo de instrumento".[432]

Caso haja a não admissão do recurso pelo tribunal local, poderá a parte se valer de agravo de admissão, previsto no art. 1.042: "Cabe agravo contra decisão do presidente ou do vice-presidente do tribunal recorrido que inadmitir recurso extraordinário ou recurso especial, salvo quando fundada na aplicação de entendimento firmado em regime de repercussão geral ou em julgamento de recursos repetitivos".

Na égide do Código anterior, o prazo para a interposição deste recurso era de 10 dias. No Novo CPC, com a unificação dos prazos, foi ampliado para 15 dias. Como será observado em capítulo próprio, a fundamentação

---

[430] EDcl no REsp 140.750/RJ, 4ª T., Rel. Min. Sálvio de Figueiredo Teixeira. DJ: 15.03.1999, p. 230.

[431] AgRg no Ag 692.283/RS, 4ª T., Rel. Min. Aldir Passarinho Junior. DJ: 24.10.2005, p. 343.

[432] Há orientação sumulada pelo TST no mesmo sentido. Súmula nº 285: "Recurso de Revista. Admissibilidade Parcial pelo Juiz Presidente do Tribunal Regional do Trabalho. Efeito. (mantida) – Res. 121/2003, DJ 19, 20 e 21.11.2003. O fato de o juízo primeiro de admissibilidade do recurso de revista entendê-lo cabível apenas quanto a parte das matérias veiculadas não impede a apreciação integral pela Turma do Tribunal Superior do Trabalho, sendo imprópria a interposição de agravo de instrumento".

deste recurso deverá corresponder ao que foi decidido. Tradicionalmente, postula-se nova análise da admissibilidade do Extraordinário ou do Especial denegado.

Este agravo é interposto ainda perante a instância de origem e de lá trasladado ao tribunal superior para julgamento, já na forma eletrônica. O trabalho do tribunal local limita-se à autuação do agravo, com a remessa à Brasília. Não lhe compete analisar a admissibilidade, e muito menos o mérito, do agravo, sob pena de subversão do sistema recursal.[433] A eventual usurpação de competência realizada pelo Tribunal de Origem, por mais nobres que sejam os motivos, rende reclamação ao Superior Tribunal de Justiça ou ao Supremo Tribunal Federal, conforme o caso, para o fim de conservar sua autoridade e sua competência constitucional.[434]

Uma particularidade que merece destaque é a desnecessidade de a parte atacar todos os capítulos da decisão que nega seguimento ao recurso, quando existem múltiplos fundamentos. O reconhecimento da viabilidade do Extraordinário ou do Especial por uma alínea permite que o Tribunal Superior analise as demais (quando desenvolvidas nas razões recursais, evidentemente). Isto é, se o Superior Tribunal de Justiça ou se o Pretório Excelso der provimento ao agravo para determinar a subida do Especial ou do Extraordinário, quando do julgamento destes recursos poderão as Cortes analisar todos os seus fundamentos, ainda que o agravo tenha se dirigido a um ou outro. Poderá, ainda, concluir a turma pelo não conhecimento, a despeito do provimento ao agravo.

O tema foi didaticamente explorado no voto da Ministra Eliana Calmon: "o recurso especial dos agravados foi interposto com base nas alíneas 'a' e 'c' do permissivo constitucional, tendo que o Tribunal de origem não o admitiu em ambas as alíneas. Do agravo de instrumento manejado, atacaram os agravantes apenas o fundamento referente à alínea 'a'. Ora, o fundamento atacado foi suficiente para que se desse provimento ao agravo de instrumento, determinando a subida do especial. Desnecessária, portanto, a impugnação do outro fundamento como pressuposto de admissibilidade do agravo de instrumento, por serem razões independentes entre si. Ademais, não há risco de dano para a agravante, pois, com a subida dos autos, novo juízo de admissibilidade será aqui exercido, aferindo-se a presença desse pressuposto recursal".[435]

Ao apreciar o agravo, o relator do Superior ou Supremo poderá negar provimento ao recurso, mantendo assim a decisão da Corte de origem ou provê-lo para determinar a subida do recurso travado. Na prática, é frequente a decisão do relator no sentido de converter o agravo em recurso especial

---

433 "Reclamação. Agravo de Instrumento. Ausência de remessa ao Supremo. O agravo visando à subida de recurso extraordinário, pouco importando defeito que apresente, há de ser encaminhado ao Supremo, para o exame cabível". Rcl 2826/RS, Rel. Min. Marco Aurélio Mello. DJ: 14.11.2007.

434 Sobre a impossibilidade do Tribunal de Origem obstar o trânsito do agravo, ainda que deficientemente instruído, ver Rcl 1453/PE, 2ª Seção, Rel. Min. Fernando Gonçalves, j. 26.09.2007.

435 AgRg no Ag 863.773/DF, j. 14.08.2007.

para, a seguir, julgá-lo, quando num exame provisório conclui-se pela admissibilidade da tese.

Mais comum ainda é a decisão monocrática que lhe nega provimento, a partir da aplicação da jurisprudência dominante na Corte Superior. Este procedimento, na correta visão do Min. Cezar Peluso, "desvela o grau da autoridade que o ordenamento jurídico atribui, em nome da segurança jurídica, às súmulas e, posto que não sumulada, à jurisprudência dominante, sobretudo desta Corte, as quais não podem ser desrespeitadas nem controvertidas sem graves razões jurídicas capazes de lhes autorizar revisão ou reconsideração. De modo que o inconformismo sistemático, manifestado em recurso carente de fundamentos novos, não pode deixar de ser visto senão como abuso do poder recursal".[436]

Por fim, em tese, qualquer que seja o teor da decisão monocrática, caberá ainda agravo, a ser deduzido pela parte sucumbente, a fim de estar a manifestação do colegiado competente para o julgamento do recurso. Este agravo, popularmente conhecido como regimental, permite que o colegiado controle o pronunciamento monocrático do relator, devendo conter, por isso, crítica precisa aos equívocos da decisão unipessoal, sob pena de ser tido como abusivo e protelatório. Veja-se a propósito observação do Min. Cezar Peluso no julgado acima citado: "recursos como este roubam à Corte, já notoriamente sobrecarregada, tempo precioso para cuidar de assuntos graves. A litigância de má-fé não é ofensiva apenas à parte adversa, mas também à dignidade do Tribunal e à alta função pública do processo".

4.2. Julgamento de recursos repetitivos

A fim de racionalizar o julgamento de recursos repetitivos, o NCPC dedica uma subseção ao julgamento dos Recursos Extraordinário e Especial Repetitivos (arts. 1.036-1.041). Este regramento é extremamente importante, pois disciplina a formação dos precedentes que deverão pautar as decisões de milhões de processos. Ao invés de se colocar em pauta milhares de recursos obre o mesmo tema de direito, o Judiciário encarrega-se de identificar aqueles que melhor representam a controvérsia de fundo. A decisão tomada tende a ser aplicada nos demais processos.

O desafio central deste procedimento é viabilizar a uniformização dos entendimentos divergentes sobre a mesma questão de direito, sem ferir o norte constitucional do contraditório. Como conciliar o respeito ao princípio do contraditório, constitucionalmente assegurado, nesses julgamentos coletivos? Aí reside uma missão que o Novo CPC deve solucionar.

Um primeiro momento de suma importância reside na eleição do recurso paradigma, pois eventual incorreção nesta tarefa inibirá já no início o

[436] Trecho do voto proferido no julgamento do AgRg no AI 558.923, j. 03.10.2006.

sucesso do procedimento. Por isto, o § 6º, do art. 1.036, prescreve: "somente podem ser selecionados recursos admissíveis que contenham abrangente argumentação e discussão a respeito da questão a ser decidida".

Inicialmente, tendo em conta que os recursos extraordinário e especial ainda são interpostos nos Estados de Origem, autoriza a lei, em seu § 1º, que o presidente ou o vice-presidente de Tribunal de Justiça ou de Tribunal Regional Federal selecione 2 (dois) ou mais recursos representativos da controvérsia, para encaminhamento à Corte de Brasília, para fins de afetação, determinando a suspensão do trâmite de todos os processos pendentes, individuais ou coletivos, que tramitem no Estado ou na Região. Já neste momento observa-se uma inovação, pois o NCPC determina a suspensão dos processos na região sob jurisdição do Tribunal inferior até que a Corte de Brasília referende a sua posição.[437] Não há espaço, em nossa visão, para juízo discricionário.

Entretanto, "a escolha feita pelo presidente ou vice-presidente do tribunal de justiça ou do tribunal regional federal não vinculará o relator no tribunal superior, que poderá selecionar outros recursos representativos da controvérsia", consoante o § 4º. Por suposto, ocupando a cúpula do Judiciário, os Ministros possuem plenas condições de avaliar recursos oriundos de todo o território nacional, conhecendo assim pontos de vista de diversos sujeitos.[438]

A decisão de afetação proferida pelo relator, no tribunal superior (art. 1.037) tem o condão de suspender o processamento de todos os processos pendentes, individuais ou coletivos, que versem sobre a questão e tramitem no território nacional. Espera o Novo Código de Processo Civil que os julgamentos ocorram em até um ano, a contar da afetação.[439]

Todas as partes envolvidas nos processos que serão sobrestados devem ser intimadas da decisão, a qual será proferida pelo juízo onde a causa se encontre.[440] Poderá a parte invocar distinção entre a questão a ser decidida no processo e aquela a ser julgada no recurso especial ou extraordinário afeta-

---

[437] Caso a Corte de Brasília não reconheça a multiplicidade, incidirá o art. 1.037, § 1º: "Se, após receber os recursos selecionados pelo presidente ou pelo vice-presidente de tribunal de justiça ou de tribunal regional federal, não se proceder à afetação, o relator, no tribunal superior, comunicará o fato ao presidente ou ao vice-presidente que os houver enviado, para que seja revogada a decisão de suspensão referida no art. 1.036, § 1º".

[438] Art. 1.036, § 5º: "o relator em tribunal superior também poderá selecionar 2 (dois) ou mais recursos representativos da controvérsia para julgamento da questão de direito independentemente da iniciativa do presidente ou do vice-presidente do tribunal de origem".

[439] O arcabouço legal encontra-se no art. 1.037, § 4º: "Os recursos afetados deverão ser julgados no prazo de 1 (um) ano e terão preferência sobre os demais feitos, ressalvados os que envolvam réu preso e os pedidos de habeas corpus"; § 6º: "Ocorrendo a hipótese do § 5º, é permitido a outro relator do respectivo tribunal superior afetar 2 (dois) ou mais recursos representativos da controvérsia na forma do art. 1.036".

[440] Art. 1.037, § 8º: "As partes deverão ser intimadas da decisão de suspensão de seu processo, a ser proferida pelo respectivo juiz ou relator quando informado da decisão a que se refere o inciso II do *caput*".

do, requererendo o prosseguimento do seu processo.[441] Trata-se de uma das manifestações da técnica da distinção.[442] Dito requerimento será dirigido: "(I) – ao juiz, se o processo sobrestado estiver em primeiro grau; (II) ao relator, se o processo sobrestado estiver no tribunal de origem; (III) ao relator do acórdão recorrido, se for sobrestado recurso especial ou recurso extraordinário no tribunal de origem; (IV) ao relator, no tribunal superior, de recurso especial ou de recurso extraordinário cujo processamento houver sido sobrestado".[443] É direito da outra parte se manifestar quanto a este requerimento.[444] Prevê o § 12, uma vez reconhecida a distinção no caso o prosseguimento do processo.[445] Autoriza, ainda, o novo diploma agravo contra a decisão que resolver o requerimento, na modalidade de instrumento, se o processo estiver em primeiro grau ou interno, se a decisão for de relator.[446]

---

[441] Art. 1.037, § 9º: "Demonstrando distinção entre a questão a ser decidida no processo e aquela a ser julgada no recurso especial ou extraordinário afetado, a parte poderá requerer o prosseguimento do seu processo".

[442] Trata-se do instituto da distinção, trabalhado em sede doutrinária à luz do *distinguishing* "após a decisão de afetação, as partes deverão ser intimadas (art. 1.037, § 8º) da suspensão de seu processo. Neste ponto, o Novo CPC traz importante novidade que vem corrigir um enorme defeito do sistema atual, pelo qual lutamos desde a tramitação do anteprojeto para ser incorporada ao sistema, e que foi absorvida durante sua tramitação na Câmara dos Deputados: o *distinguishing*. Se alguma das partes não concordar com a vinculação do seu caso àquela hipótese, terão agora um mecanismo de distinção: o § 9º do art. 1.037 prevê que a parte poderá requerer o prosseguimento do seu processo ao demonstrar distinção entre a questão a ser decidida no processo e aquela a ser julgada no recurso especial ou extraordinário afetado. O § 10 do art. 1.037 dispõe sobre o órgão competente para receber o requerimento: o juiz, se o processo sobrestado estiver em primeiro grau; o relator do TJ ou do TRF, se o processo sobrestado estiver no tribunal de origem; o relator do acórdão recorrido, também do TJ ou do TRF, se for sobrestado, no tribunal de origem, recurso especial ou extraordinário; o relator do recurso especial ou extraordinário, no tribunal superior, cujo processamento houver sido sobrestado. Se for reconhecida a 'distinção', o próprio juiz/relator do caso dará prosseguimento ao processo, ou, se o caso sobrestado no tribunal de origem for um recurso extraordinário ou recurso especial, 'o relator comunicará a decisão ao presidente ou ao vice-presidente que houver determinado o sobrestamento, para que o recurso especial ou o recurso extraordinário seja encaminhado ao respectivo tribunal superior, na forma do art. 1.030, parágrafo único' (§ 12 do art. 1.037)". JÚNIOR, Humberto Theodoro; NUNES, Dierle; BAHIA, Alexandre Melo Franco; PEDRON, Flávio Quinaud. *Novo CPC – Fundamentos e sistematização*. 2. ed. rev., atual. e ampl. Rio de Janeiro: Forense, 2015, p. 375.

[443] Art. 1.037, § 10: "O requerimento a que se refere o § 9º será dirigido: I – ao juiz, se o processo sobrestado estiver em primeiro grau; II – ao relator, se o processo sobrestado estiver no tribunal de origem; III – ao relator do acórdão recorrido, se for sobrestado recurso especial ou recurso extraordinário no tribunal de origem; IV – ao relator, no tribunal superior, de recurso especial ou de recurso extraordinário cujo processamento houver sido sobrestado".

[444] Art. 1.037, § 11: "A outra parte deverá ser ouvida sobre o requerimento a que se refere o § 9º, no prazo de 5 (cinco) dias".

[445] Art. 1.037, § 12: "Reconhecida a distinção no caso: I – dos incisos I, II e IV do § 10, o próprio juiz ou relator dará prosseguimento ao processo; II – do inciso III do § 10, o relator comunicará a decisão ao presidente ou ao vice-presidente que houver determinado o sobrestamento, para que o recurso especial ou o recurso extraordinário seja encaminhado ao respectivo tribunal superior, na forma do art. 1.030, parágrafo único".

[446] Art. 1.037, § 13: "Da decisão que resolver o requerimento a que se refere o § 9º caberá: I – agravo de instrumento, se o processo estiver em primeiro grau; II – agravo interno, se a decisão for de relator".

Nesse contexto, cumpre ao relator identificar com precisão a questão a ser submetida a julgamento, trabalho que se revela de suma importância, na medida em que os demais Tribunais da Federação deverão dar cumprimento ao que for decidido, sobrestando milhões de processos. Ademais, será vedado ao órgão colegiado decidir questão não delimitada na decisão de afetação.

Ultrapassada esta fase de seleção do paradigma e identificação da questão a ser enfrentada pela Corte, surge outro momento delicado, qual seja o de sua instrução e julgamento. Não será adequado limitar o debate às razões das partes dos processos selecionados. É conveniente que a sociedade civil dele participe. Como dito, o procedimento deverá permitir a participação dos cidadãos na construção do paradigma. Essa é a grande missão que o operador hoje encontra, instado pelos profissionais que reiteradamente se queixam da dificuldade de levar suas teses, tidas por inéditas, para a análise da Corte. Os meios de democratização do procedimento estão hoje previstos nos três incisos art. 1.038.[447]

Nesse cenário, uma primeira forma de se resguardar o ideal democrático é a utilização da figura do *amicus curiae*. Compete à sociedade civil organizar-se, para, a partir de associações, sindicatos, federações, postular seu ingresso nos procedimentos em tramitação. O Relator, tal como a lei determina, admitirá a participação dessas instituições, desde que sérias e respeitadas pelo corpo social. Novos pontos de vista, inéditos nos autos, muitas vezes antagônicos, serão trazidos para consideração, permitindo a compreensão globalizada da controvérsia.

Outra boa sugestão invocada pela doutrina é a realização de audiência pública: "outra contribuição, para a maior amplitude de análise, será a de o relator determinar a realização de audiência pública para oitiva de depoimentos de pessoas com experiência e conhecimento da matéria. Esta possibilidade, utilizada discretamente na atualidade no STF e STJ, vem permitindo aos magistrados a otimização dos julgamentos dentro do lema: julgar bem, desde a primeira vez, para que se evitem rejulgamentos de casos idênticos em face da omissão na análise de argumentos. Em face dessas mudanças seria conveniente a adoção das sugestões empreendidas em outra sede criação de centros de estudo e pesquisas, compostos de comissões temática de todas de especialistas preenchidas por assessores (por estudiosos e, até, por estagiários), com o objetivo de estudo de todos os fundamentos a serem considerados, inclusive com uma análise exaustiva de todos os julgados (desde o *leading case)* que feriram a(s) temática(s). A ideia seria de criação de verdadeiros relatórios (*reports*) a facilitar o trabalho de todas as assessorias, julgadores e, mesmo, advogados que trabalharão nos julgamentos. Em assim

[447] Reza o art. 1.038: "O relator poderá: I – solicitar ou admitir manifestação de pessoas, órgãos ou entidades com interesse na controvérsia, considerando a relevância da matéria e consoante dispuser o regimento interno; II – fixar data para, em audiência pública, ouvir depoimentos de pessoas com experiência e conhecimento na matéria, com a finalidade de instruir o procedimento; III – requisitar informações aos tribunais inferiores a respeito da controvérsia e, cumprida a diligência, intimará o Ministério Público para manifestar-se".

sendo, existiram subsídios especializados para cada grande matéria em debate, inclusive para promover críticas e aprimoramento das decisões".[448]

Nessas coordenadas, o acórdão paradigma almeja atingir toda a população e, em especial os recursos sobrestados. Nesse sentido, prevê o NCPC a aplicação da tese sufragada, com a sua imediata aplicação quando do julgamento dos processos pendentes, com a inadmissão dos recursos que contrariarem-na ou a retratação dos órgãos inferiores, diante dos recursos sobrestados. [449]

Assim dispõe o art. 1.040:

Publicado o acórdão paradigma:

I – o presidente ou o vice-presidente do tribunal de origem negará seguimento aos recursos especiais ou extraordinários sobrestados na origem, se o acórdão recorrido coincidir com a orientação do tribunal superior;

II – o órgão que proferiu o acórdão recorrido, na origem, reexaminará o processo de competência originária, a remessa necessária ou o recurso anteriormente julgado, se o acórdão recorrido contrariar a orientação do tribunal superior;

III – os processos suspensos em primeiro e segundo graus de jurisdição retomarão o curso para julgamento e aplicação da tese firmada pelo tribunal superior;

IV – se os recursos versarem sobre questão relativa a prestação de serviço público objeto de concessão, permissão ou autorização, o resultado do julgamento será comunicado ao órgão, ao ente ou à agência reguladora competente para fiscalização da efetiva aplicação, por parte dos entes sujeitos a regulação, da tese adotada.

§ 1º A parte poderá desistir da ação em curso no primeiro grau de jurisdição, antes de proferida a sentença, se a questão nela discutida for idêntica à resolvida pelo recurso representativo da controvérsia.

§ 2º Se a desistência ocorrer antes de oferecida contestação, a parte ficará isenta do pagamento de custas e de honorários de sucumbência.

§ 3º A desistência apresentada nos termos do § 1º independe de consentimento do réu, ainda que apresentada contestação.

Observa-se o objetivo de padronizar a resposta jurisdicional oferecida às pessoas que se encontram em semelhantes relações de direito material. Vai além o Código oferecendo à Administração Pública oportunidade de rever os seus atos, consoante o quarto inciso, moldando a sua atuação ao que foi decidido.

---

[448] NUNES, Dierle. *Breves Comentários ao Novo Código de Processo Civil*, (Coord. Teresa Arruda Alvim Wambier *et alli*). São Paulo: RT, 2015, p. 2334-2335.

[449] Dispõe o art. 1.039: "Decididos os recursos afetados, os órgãos colegiados declararão prejudicados os demais recursos versando sobre idêntica controvérsia ou os decidirão aplicando a tese firmada. Parágrafo único. Negada a existência de repercussão geral no recurso extraordinário afetado, serão considerados automaticamente inadmitidos os recursos extraordinários cujo processamento tenha sido sobrestado".

A eventual rebeldia do Tribunal inferior, na adoção da tese sufragada pelo Superior Tribunal de Justiça, determina o processamento de alguns dos milhares de recursos especiais e extraordinário interpostos, os quais serão remetidos para Brasília, a fim de serem providos. Permite-se, assim, que as Cortes Superiores, no futuro, revisem e adaptem as suas posições à luz das novas exigências sociais.

De toda sorte, estes são apenas alguns dos aspectos suscitados pelo procedimento para julgamento de recursos especiais repetitivos. Restam em aberto outros pontos, como, por ilustração, a Resoluções que serão editadas pelos Tribunais para regular a matéria e a relativa complexidade do procedimento idealizado, que podem afastar o ideal de acesso efetivo à justiça. Daí a redobrada cautela que exige de todos os operadores nesses primeiros anos de vigência do novo Código.

4.3. Ausência de efeito suspensivo

No Código de Processo Civil de 1973, havia previsão legal expressa, dando conta de que o recurso extraordinário e especial deveriam ser recebidos apenas no efeito devolutivo, consoante o art. 542, § 2º, o que permitia a parte interessada executar provisoriamente o julgado recorrido.[450] A prática registrava, contudo, dificuldades para se levar adiante uma execução provisória, razão pela a maior dos operadores aguardava o desfecho pelo trânsito em julgado.

Entretanto, em casos igualmente numerosos era promovida a execução provisória, o que gerava algumas questões interessantes. Uma delas residia na obtenção do efeito suspensivo, o qual se mostrava em determinadas situações imprescindível para garantir a efetividade do processo em favor do recorrente, bem como a utilidade da jurisdição. Desta forma, constatando que o cumprimento do acórdão, na pendência de julgamento do extraordinário ou especial, poderia acarretar danos sérios e de difícil reparação ao recorrente, a jurisprudência dos Tribunais Superiores passou, paulatinamente, a admitir o ajuizamento de medidas cautelares, com o fim de outorgar efeito suspensivo a tais recursos, inclusive, em hipóteses excepcionais, quando ainda não interposto o recurso especial.[451]

---

[450] Rezava o art. 542: "Recebida a petição pela secretaria do tribunal, será intimado o recorrido, abrindo-se-lhe vista, para apresentar contra-razões. §1º Findo esse prazo, serão os autos conclusos para admissão ou não do recurso, no prazo de 15 (quinze) dias, em decisão fundamentada. §2º Os recursos extraordinário e especial serão recebidos no efeito devolutivo. §3º O recurso extraordinário, ou o recurso especial, quando interpostos contra decisão interlocutória em processo de conhecimento, cautelar, ou embargos à execução ficará retido nos autos e somente será processado se o reiterar a parte, no prazo para a interposição do recurso contra a decisão final, ou para as contra-razões".

[451] Por ilustração: "PROCESSUAL CIVIL. AGRAVO REGIMENTAL. MEDIDA CAUTELAR QUE OBJETIVA A ATRIBUIÇÃO DE EFEITO SUSPENSIVO A RECURSO ESPECIAL AINDA NÃO INTERPOSTO. AUSÊNCIA DE PEÇAS INDISPENSÁVEIS À APRECIAÇÃO DO PEDIDO. 1. A ju-

A questão motivou sérios debates, alguns deles ainda vivos pela atualidade do tema.[452] Conciliar a expectativa do jurisdicionado de enfim fruir do direito reconhecido por órgão colegiado, com o respeito ao devido processo legal do adversário era o grande desafio, afinal de nada adiantará em muitos casos ver provido o seu recurso quando já consumado um dano grave e de difícil reparação. A questão assumia especial relevo diante das questões massificadas que aguardavam posição definitiva da jurisprudência.

Diante da omissão do CPC/73, quando ao meio alternativo oferecido ao jurisdicionado para suspender a eficácia dos acórdãos, como dito, a jurisprudência consolidou a ação cautelar, com as nuances dos recursos excepcionais. Esta construção erguida sob a égide do CPC/73 foi parcialmente recepcionada pelo Novo Código.

Em julgamento paradigmático, o Min. Celso de Mello havia elencado os pressupostos exigidos pela Corte: "a concessão de medida cautelar, pelo Supremo Tribunal Federal, quando requerida com o objetivo de atribuir eficácia suspensiva a recurso extraordinário, exige, para viabilizar-se, a cumulativa observância dos seguintes pressupostos: (1) instauração da jurisdição cautelar do Supremo Tribunal Federal, motivada pela existência de juízo positivo de admissibilidade do recurso extraordinário, (2) viabilidade processual do recurso extraordinário, caracterizada, dentre outros requisitos, pelas notas da tempestividade, do prequestionamento explícito da matéria constitucional e da ocorrência de ofensa direta e imediata ao texto da Constituição, (3) plausibilidade jurídica da pretensão de direito material deduzida pela parte interessada e (4) ocorrência de situação configuradora de *periculum in mora*".[453]

No mesmo julgado, discorreu quanto às peculiaridades do procedimento perante o Supremo Tribunal de Federal: "a outorga de eficácia suspensiva a recurso extraordinário, em sede de procedimento cautelar, constitui provimento jurisdicional que se exaure em si mesmo, não dependendo, por tal motivo, da ulterior efetivação do ato citatório, posto que incabível, em tal hipótese, o oferecimento de contestação, eis que a providência cautelar em referência não guarda – enquanto mero incidente peculiar ao julgamento do apelo extremo – qualquer vinculação com o litígio subjacente à causa".

---

risprudência desta Corte admite, em situações excepcionais, a atribuição de efeito suspensivo a recursos especiais ainda não interpostos, "desde que amplamente demonstrada a teratologia do aresto impugnado ou a manifesta contrariedade à orientação jurisprudencial pacífica deste Superior Tribunal de Justiça, aliado a um evidente risco de dano de difícil reparação" (AgRg na MC 21.782/RJ, Relator Ministro Marco Buzzi, Quarta Turma, DJe 3/2/2014). 2. No caso em exame, a parte ora agravante não providenciou a juntada das peças indispensáveis à apreciação do pedido. Nesse contexto, não é possível examinar se o decisum proferido pela Corte de origem estaria em manifesto confronto com a jurisprudência do STJ ou, mesmo, se há nele traços de teratologia. 3. Agravo regimental desprovido". (AgRg na MC 22.949/RJ, 1ª T., Rel. Min. Olindo Menezes, j. 10/11/2015. DJe 20/11/2015)

[452] Exatamente este foi o tema da dissertação de mestrado do professor Handel Martins Dias, defendida e aprovada com louvor perante a Universidade Federal do Rio Grande do Sul (UFRGS).

[453] Pet 2.705-QO, Rel. Min. Celso de Mello, DJ 20.05.05.

Sobre o tema, o NCPC toma posição mais informal, dispensando a propositura da ação cautelar e admitindo o requerimento de efeito suspensivo, no seu art. 1.029, § 5º. Ou seja, houve uma facilitação procedimental. Todavia, consideramos que os pressupostos para a concessão da medida permanecem íntegros, de sorte que ela apenas será autorizada quando estiver demonstrado o risco de dano grave, a relevância na fundamentação do recurso, o que também é aferido pela análise de sua probabilidade de provimento.

A inovação do NCPC, na forma como sancionado em março de 2015, quanto ao ponto, residia na fixação de competência para o juízo da cautelar. No regime do Código Anterior havia uma bipartição, a partir da incidência das sumulas 634 e 635 do Supremo Tribunal Federal.[454] A competência para conhecer do pedido era do Tribunal de Origem, caso ainda não tivesse havido o exame de admissibilidade do extraordinário.[455] Entretanto, se tal juízo já tivesse sido realizado, o próprio Supremo Tribunal Federal deliberava sobre a conveniência da cautela. Ambos os enunciados eram aplicados pelo Superior Tribunal de Justiça.[456] Considerando que as Cortes de Brasília são o juízo natural destes recursos, encontravam-se acórdãos concedendo as cautelares mesmo diante da pendência do exame de admissibilidade, em situações excepcionais.[457]

---

[454] Súmula 634/STF: "Não compete ao Supremo Tribunal Federal conceder medida cautelar para dar efeito suspensivo a recurso extraordinário que ainda não foi objeto de juízo de admissibilidade na origem"; Súmula 635/STF: "Cabe ao Presidente do Tribunal de origem decidir o pedido de medida cautelar em recurso extraordinário ainda pendente do seu juízo de admissibilidade".

[455] Preciosos dados históricos, bem como discursos, podem ser facilmente encontrados no *site* do Supremo (www.stf.gov.br). Na literatura recente, Gilmar Mendes oferece competente panorama histórico na obra Jurisdição Constitucional. São Paulo: Saraiva. Sobre a "crise do Supremo" e tentativas de superação, v. Rodolfo de Camargo Mancuso. *Recurso Extraordinário e Recurso Especial*. São Paulo: RT.

[456] Por ilustração: "PROCESSO CIVIL. MEDIDA CAUTELAR. EFEITO SUSPENSIVO. RECURSO ORDINÁRIO EM MANDADO DE SEGURANÇA. JUÍZO DE ADMISSIBILIDADE PENDENTE NA ORIGEM. SÚMULAS 634 E 635/STF. SITUAÇÃO EXCEPCIONAL NÃO CONFIGURADA. 1. Não compete ao STJ o exame de medida cautelar ajuizada com a finalidade de atribuir efeito suspensivo a recurso ordinário em mandado de segurança pendente do juízo de admissibilidade na origem, salvo em situações excepcionalíssimas envolvendo teratologia do julgado recorrido e risco iminente de ineficácia do provimento jurisdicional, caso a tutela cautelar não seja apreciada de imediato. Inteligência das Súmulas 634 e 635 do STF. 2. No caso, inexiste qualquer situação apta a excetuar a aplicação das Súmulas 634 e 635 do STF, tendo em vista que não houve nenhum ato concreto referente à nomeação dos candidatos que optaram pelo procedimento de reclassificação impugnado no recurso ordinário em mandado de segurança, além de que o recorrente ocupa a 173ª colocação no certame que ofertou 23 vagas para o cargo de Procurador do Estado da Bahia, tornando improvável o risco de perecimento de direito, caso a cautelar não seja de logo apreciada por esta Corte Superior. 3. Agravo regimental a que se nega provimento". (AgRg na MC 24.878/BA, 2ª T., Rel. Min. Og Fernandes, j. 27.10.2015. DJe 09.11.2015)

[457] Por ilustração: "AGRAVO REGIMENTAL EM MEDIDA CAUTELAR. PRETENSÃO VOLTADA À ATRIBUIÇÃO DE EFEITO SUSPENSIVO A RECURSO ESPECIAL AINDA NÃO ADMITIDO NO JUÍZO DE ORIGEM. DECISÃO MONOCRÁTICA DEFERINDO, EM PARTE, A MEDIDA CAUTELAR. ATRIBUÍDO EFEITO SUSPENSIVO AO RECURSO ESPECIAL ATÉ O JULGAMENTO DEFINITIVO DO APELO EXTREMO. INSURGÊNCIA RECURSAL DOS REQUERIDOS. 1. Em hipóteses excepcionais, quando verificada a possibilidade de êxito no apelo extremo e for visível o perigo da demora, tem sido admitida a apreciação de medida cautelar, ainda quando pendente o juízo de ad-

Na versão do NCPC sancionada em março de 2015, o critério para se dividir a competência fora alterado, consoante a primitiva redação do art. 1.029, § 5º. Segundo o dispositivo, "o pedido de concessão de efeito suspensivo a recurso extraordinário ou a recurso especial poderá ser formulado por requerimento dirigido: I – ao tribunal superior respectivo, no período compreendido entre a interposição do recurso e sua distribuição, ficando o relator designado para seu exame prevento para julgá-lo; II – ao relator, se já distribuído o recurso; III – ao presidente ou vice-presidente do tribunal local, no caso de o recurso ter sido sobrestado, nos termos do art. 1.037". Como se observa, desde a interposição do recurso extraordinário ou do especial a competência geral passava a ser dos Tribunais de Brasília, salvo nas hipóteses dos recursos sobrestados. Tratava-se de uma previsão importante, pois, à luz do novo sistema, serão milhares de recursos sobrestados diuturnamente pelos Tribunais da Federação, razão pela qual será muito importante a deliberação quanto à manutenção ou suspensão dos efeitos dos acórdãos na pendência de análise dos paradigmas.

Entretanto, a Lei 13.256/2016 alterou o § 5º do art. 1.029, revogando o § 2º, oferecendo a seguinte redação:

> § 5º O pedido de concessão de efeito suspensivo a recurso extraordinário ou a recurso especial poderá ser formulado por requerimento dirigido:
>
> I – ao tribunal superior respectivo, no período compreendido entre a publicação da decisão de admissão do recurso e sua distribuição, ficando o relator designado para seu exame prevento para julgá-lo;
>
> II – ao relator, se já dristribuído o recurso;
>
> III – ao presidente ou ao vice-presidente do tribunal recorrido, no período compreendido entre a interposição do recurso e a publicação da decisão de admissão do recurso, assim como no caso de o recurso ter sido sobrestado, nos termos do art. 1.037.

Aguarda-se, também em relação a este tema, posição dos Tribunais Superiores quanto à melhor interpretação da norma, afinal são eles e não os Tribunais Regionais os juízes naturais dos recursos de estrito direito.

4.4. Peculiaridades da "aplicação do direito à espécie" e da amplitude do efeito devolutivo

Uma das questões mais tormentosas para os operadores é a extensão do efeito devolutivo dos recursos excepcionais. Embora em um primeiro enfoque possa parecer singela, na prática ela se revela muito complexa. Com efei-

missibilidade pelo Tribunal de origem. Precedentes. 2. Em um juízo prévio, restou demonstrado o risco de dano de difícil reparação e o nítido perigo da demora, o que demonstra a excepcionalidade autorizadora da concessão da medida cautelar para atribuir efeito suspensivo ao recurso especial. Precedentes. 3. Agravo regimental desprovido". (AgRg na MC 24.861/GO, 4ª T., Rel. Min. Marco Buzzi, j. 13.10.2015. DJe 21.10.2015).

to, ninguém duvida que, em linha de princípio, são as normas constitucionais ou federais abordadas pelo recorrente que devem ser interpretadas pela Corte Superior. Contudo, existem, ao lado dessas normas, tantas outras que precisam ser apreciadas para se alcançar o melhor julgamento para a causa.

Historicamente, o Supremo Tribunal Federal editou a Súmula 456, a qual reza que "o Supremo Tribunal Federal, conhecendo o recurso extraordinário, *julgará a causa*, aplicando o direito à espécie".[458] Em sentido semelhante, dispõe o art. 257 do Regimento Interno do Superior Tribunal de Justiça que "no julgamento do recurso especial, verificar-se-á, preliminarmente, se o recurso é cabível. Decidida a preliminar pela negativa, a Turma não conhecerá do recurso; se pela afirmativa, julgará a causa, aplicando o direito à espécie".

Qual o alcance dessas previsões?

Para ilustrar o problema, utilizaremos uma situação corriqueira no Foro. A parte recorrente invoca a contrariedade a determinado dispositivo constitucional ou infraconstitucional e, ao analisar o processo, o Ministro-Relator reputa igualmente violadas outras normas, com relação direta com o mérito da causa. Poderia o Relator, apreciando o recurso pela contrariedade ao art. 51, aplicar também outro dispositivo legal, ainda que não citado pelos interessados?

Outra situação recorrente reside na avaliação de processos com distintas causas de pedir. Figure-se o exemplo do pedido de despejo formulado com amparo com duas causas de pedir (inadimplência e uso indevido do imóvel). Procedente o pedido, em face da caracterização do débito, haveria sentido em se admitir uma apelação por parte do autor para se rediscutir o uso? Provavelmente, não. Por isso a ampliação do efeito devultivo do apelo, em favor do apelado, permite que o Tribunal conheça dos fundamentos da ação ou da defesa que eventualmente não tenham sido apreciados na sentença, por falta de utilidade. Garante-se assim a prestação jurisdicional integral. Todavia, supondo-se que o Tribunal mantenha a sentença e nada diga a respeito da segunda causa de pedir, poderá a parte sucumbente interpor Recurso Especial. Dentro desse exemplo didático, qual deveria ser o procedimento do Superior Tribunal de Justiça caso considerasse procedente o Recurso Especial deduzido com o único fundamento da inadimplência? Simplesmente, reformaria o acórdão e julgaria improcedente a demanda. Ou deveria, por algum meio, reconhecer o direito da parte recorrida em ter apreciada a sua segunda causa de pedir: o uso indevido. Este é outro grande drama do debate em torno do efeito devolutivo do Recurso Especial.

---

[458] É correta a análise do professor Teori Zavascki quando pontua que "o verbo conhecer foi empregado, nessa súmula (e assim também na referida norma regimental), com um sentido peculiar, que não corresponde ao comumente adotado em relação aos recursos ordinários. *Conhecer* não significa, ali, apenas superar positivamente os requisitos extrínsecos e intrínsecos de admissibilidade. O verbo é empregado, na verdade, com significado mais abrangente, para agregar também uma importante parcela de exame do próprio mérito recursal: a que diz respeito à existência ou não de violação à norma constitucional (ou, no caso do STJ, à norma federal)". Trecho de seu voto proferido no RE 346736 AgR-ED, 2. T., j. 04.06.2013. DJE: 18.06.2013.

Que o jurisdicionado tenha direito à prestação jurisdicional completa não há dúvidas. A grande questão reside em definir a competência para a conclusão do julgamento, no sentido de identificar qual órgão judicial deva apreciar integralmente a causa, definindo as demais questões. Na lógica de uma Corte de Cassação, o mais correto seria devolver os autos à origem, a fim de que o Tribunal Regional analisasse amplamente as provas e as teses relevantes. Entretanto, não se pode ignorar o enorme preço a ser suportado pelo jurisdicionado, o qual deveria aguardar outros meses ou anos para ter a sua causa definitivamente apreciada. Na maior parte das vezes, os autos poderiam inclusive retornar ao próprio Tribunal Superior, a fim de que ele apreciasse outro recurso especial ou extraordinário interposto contra o novo acórdão proferido pela corte inferior. Assim, tendo em vista que nossos Tribunais Superiores também exercem juízo de revisão, não consideramos equivocada a orientação de alguns precedentes do Superior Tribunal de Justiça que apreciam imediatamente a causa em sua integralidade, permitindo a realização do princípio constitucional da duração razoável a do acesso à justiça.[459]

Outro problema ainda mais frequente reside na possibilidade (ou não) do Tribunal Superior aplicar o direito que lhe pareça mais adequado, a despeito das normas incidentes não terem sido ventiladas no acórdão recorrido ou na argumentação das partes. Estaria preso o órgão julgador aos tradicionais requisitos de admissibilidade, em especial ao prequestionamento? Ou seria o caso de afastá-los para oferecer ao jurisdicionado a "melhor resposta" à luz do sistema jurídico?

Em sede doutrinária, há rico parecer do professor Antonio Dall'Agnol.[460] A sua conclusão, em favor de uma "causa de pedir aberta", no Recurso Extraordinário, a fim de garantir a primazia do direito constitucional, é amparada em argumentos encontrados nos votos dos Ministros da Corte reproduzidos

---

[459] Na linha da vinculação entre a celeridade e o art. 257, do Regimento: "DIREITO PROCESSUAL CIVIL. APLICAÇÃO DO DIREITO À ESPÉCIE. ART. 257 DO RISTJ. CELERIDADE DA PRESTAÇÃO JURISDICIONAL. INEXISTÊNCIA DE SUPRESSÃO DE INSTÂNCIA. PREQUESTIONAMENTO. MITIGAÇÃO. EMBARGOS DE DIVERGÊNCIA NO RECURSO ESPECIAL. HARMONIA ENTRE DECISÃO EMBARGADA E ACÓRDÃOS PARADIGMAS. NÃO CONHECIMENTO. – Superado o juízo de admissibilidade, o recurso especial comporta efeito devolutivo amplo, o que implica o julgamento da causa e a aplicação do direito à espécie, nos termos do art. 257 do RISTJ, que procura dar efetividade à prestação jurisdicional, sem deixar de atender para o devido processo legal. – Na aplicação do direito à espécie o STJ poderá mitigar o requisito do prequestionamento, valendo-se de questões não apreciadas diretamente pelo 1º e 2º grau de jurisdição, tampouco ventiladas no recurso especial. Não há como limitar as funções deste Tribunal aos termos de um modelo restritivo de prestação jurisdicional, compatível apenas com uma eventual Corte de Cassação. A aplicação do direito à espécie também atende os ditames do art. 5º, LXXVIII, da CF, acelerando a outorga da tutela jurisdicional. – Não há como conhecer dos embargos de divergência quando a decisão embargada encontra-se em harmonia com o entendimento contido nos acórdãos alçados a paradigma. Embargos de divergência não conhecidos." (EREsp 41.614/SP, Rel. Min. Nancy Andrighi, 2. S., j. 28.10.2009. DJe: 30.11.2009.)

[460] Ação rescisória. Poderes do relator quanto à admissibilidade da inicial. Extensão e profundidade do efeito devolutivo no recurso especial. Compreensão do conceito dos obter dicta em nosso direito. Revista jurídica, Porto Alegre, v. 60, n. 412, p. 81-114, fev. 2012.

no parecer: "ainda, porém, que se pretenda manter a praxe, o certo é que nem dela decorre que, acaso errôneo o fundamento do acórdão recorrido, atacado no RE, esteja o Supremo Tribunal jungido a dele conhecer e lhe dar provimento, ainda que entenda haver fundamento constitucional para manter-lhe o dispositivo, não obstante a errônea da motivação" (Min. Sepúlveda Pertence); "Senhor Presidente, acompanho o voto do eminente Relator por entender, convictamente, que o Supremo pode decidir com inovação de fundamento. Nada na Constituição, nada na lógica jurídica autoriza a inaplicabilidade do iura novit curia às decisões da Casa, em sede de recurso extraordinário. Não é a extraordinariedade do recurso que vai forçar o Supremo Tribunal Federal a restringir o seu próprio âmbito de apreciação da matéria" (Min. Carlos Ayres Britto); "Considero que interpretação restritiva quanto à profundidade do efeito devolutivo do extraordinário implica duas graves contradições, muito bem percebidas por S. Exa. A primeira é a contradição imediata com a função constitucional precípua do Supremo, que é a de velar pela mesma Constituição, na sua inteireza. Não é possível, sem renúncia a tal função, admitir que esta Corte esteja impedida de reconhecer a incidência de certa norma constitucional, sob o singelo fundamento de que não teria sido invocada nas razões ou nas contra-razões do recurso extraordinário. E a segunda, mais grave que a primeira, que já é gravíssima, parece-me ser a contradição com a ordem jurídica em si, porque não consigo conceber como o Supremo Tribunal Federal possa modificar o conteúdo de uma decisão, com base no argumento de que teria havido ofensa a determinada regra ou princípio constitucional, quando esteja claríssimo, nos autos, que esse mesmo conteúdo decisório deva subsistir pela aplicação de outra norma ou princípio constitucional, incidente sobre os fatos da causa. Noutras palavras, o Supremo Tribunal Federal estaria, em tal conjuntura, modificando o teor da decisão que reconhece estar conforme a Constituição!" (Min. Cezar Peluso); "(...) começamos a atribuir a função de vigência da Constituição pelo Supremo Tribunal Federal a uma vontade da parte, ou a uma conduta dos tribunais inferiores. Se os tribunais inferiores não fundamentaram assim, acabava tendo uma solução nitidamente contrária à Constituição, mas, como não tinha sido o fundamento, etc., terminava lesando aquilo que era a vigência plena da Constituição. E, aí, estamos caminhando para aproximar o recurso extraordinário de um recurso objetivo, como disse o Ministro Gilmar Mendes. Enfim, a questão começa agora. Aqui vem o problema que deve ficar muito claro também. Na medida em que abrimos esse leque, no sentido de podermos conhecer de recursos com fundamentos diversos, darmos provimento ou negarmos provimento, teremos uma função mais efetiva do Supremo no que diz respeito à vigência da Constituição. E o Ministro Carlos Velloso me advertia da avalanche que isso determinaria, o que contra-arrazoava objetivamente, aqui no canto, o nosso Ministro Decano" (Min. Nelson Jobim).

Nesse contexto, Antonio Dall'Agnol considera compreensível a posição majoritária da Corte em favor da aplicação do direito à espécie "afinal, caso o recurso extraordinário não viabilizasse a consideração das teses afastadas ou nem sequer enfrentadas, dada a existência de fundamento suficiente para a adoção da decisão recorrida, necessariamente deveria ser reconhecido interesse recursal à parte vitoriosa na instância ordinária. Tal conclusão, além de ir contra a inteligência do art. 499, CPC, ocasionaria uma *avalanche* (expressão do Ministro Nelson Jobim) de processos dirigidos ao Pretório Excelso".

O prequestionamento desses outros temas deve ser dispensado. Nesse sentido, manifesta-se o doutrinador: "não há sentido exigir-se, dentro desse contexto, o prequestionamento de matérias que apenas não foram enfrentadas expressamente, naquele determinado momento processual, pela ausência de utilidade. Com efeito, o requisito do prequestionamento, nas hipóteses em que o recorrido não possui interesse recursal, merece mitigação, sob pena de ser entusiasmado o manejo de embargos de declaração, para que o Tribunal de origem – já tendo emitido juízo favorável ao embargante – seja constrangido a enfrentar outros fundamentos que conduziriam ao mesmo resultado prático. Além de incoerente com o sistema, esta orientação seria ilegal, pela aplicação dos artigos 515, do CPC, e 257, do Regimento Interno do Superior Tribunal de Justiça. A permissão para o enfrentamento de outros fundamentos, que levam à manutenção do julgado recorrido, é um fato de legitimação da prestação jurisdicional. Afinal, por um lado, oferece a garantia ao recorrido de que, a despeito da inexistência – ocasional – de interesse recursal, as suas legítimas pretensões serão analisadas. Por outro, quiçá ainda mais importante no que toca à administração da justiça, viabiliza a realização da missão constitucional do Superior Tribunal de Justiça, que não é propriamente um Tribunal de Cassação, autorizando-o a aplicar o melhor direito à espécie, o que, a todas as luzes, colabora, inclusive, com a celeridade da prestação jurisdicional. Como se observa, o papel reservado pela Constituição Federal ao recurso especial impõe que, após o seu conhecimento, sejam devolvidas ao Superior Tribunal de Justiça as matérias capazes de manter a decisão recorrida, sob pena de o Tribunal passar a admitir interesse recursal à parte vitoriosa – o que se ostenta absolutamente contraprodutivo, em face do excessivo número de recursos interpostos, além de ilegal pela incidência do art. 499, CPC".

Sob a perspectiva do recurso extraordinário e de sua intrínseca relação com o instituto da repercussão geral, acerta Taís Schilling Ferraz quanto à necessária consideração de todos os fundamentos constitucionais necessários para a formação do paradigma, ainda que não invocados pelo recorrente: "no mínimo o que estes julgamentos sugerem é que a repercussão geral provocou a ampliação dos limites de cognição das questões trazidas à decisão do STF em controle difuso de constitucionalidade, apontando para uma releitura do pressuposto específico do prequestionamento, originado da jurisprudência defensiva do STF no enfrentamento à chamada crise no recurso extraordinário. Mas daí não decorre a possibilidade de que mais recursos extraordinários – que antes eram obstados pela ausência do prequestionamento – tenham acesso à Corte Suprema. A mudança exerce-se muito mais sobre o controle difuso de constitucionalidade, que gradativamente torna-se mais objetivo, do que sobre seu principal veículo – o recurso extraordinário. A ideia, como até agora examinando, não é dar acesso ao STF a mais e mais recursos, mas permitir que, ao decidir questão constitucional, a Corte o faça da forma mais ampla possível, de maneira a gerar preceito largamente aplicável, ainda que, para tanto, ao formar o leading case, seja necessário avançar sobre fundamentos para além dos prequestionados no recurso extraordinário escolhido como paradigma".[461]

Conclui a autora: "já tendo o Supremo Tribunal Federal assentado que a repercussão geral vincula-se à questão constitucional suscitada no recurso e não ao próprio recurso extraordinário, e prevendo a lei que o Relator 'poderá admitir manifestação de pessoas, órgãos ou entidades com interesse na controvérsia', é valido daí extrair que a decisão poderá estar assentada em fundamentos outros que não os trazidos no recurso extraordinário, desde que vinculados à mesma questão constitucional, sendo a amplitude dessa questão e não os limites da argumentação oferecida no recurso individual que informarão a extensão da *ratio decidendi* e dos respectivos efeitos sobre as ações individuais que versem sobre o mesmo tema".[462]

A jurisprudência do Supremo Tribunal Federal registra excelente precedente a este respeito. Trata-se do RE 346736 AGR-ED/DF.[463] Nele, o voto do

---

[461] A abstração da questão constitucional de repercussão geral frente ao recurso extraordinário. *Revista Jurídica*, p. 40, ano 62, nº 439, maio 2014.

[462] Ibidem.

[463] Íntegra da ementa: "PROCESSUAL CIVIL. RECURSO EXTRAORDINÁRIO. NATUREZA REVISIONAL. TÉCNICA DE JULGAMENTO. DEMANDA COM MAIS DE UM FUNDAMENTO. ACOLHIMENTO DO RECURSO PARA AFASTAR UM DELES. INDISPENSABILIDADE DE APRECIAÇÃO DOS DEMAIS. SÚMULA 456/STF. 1. Em nosso sistema processual, o recurso extraordinário tem natureza revisional, e não de cassação, a significar que 'o Supremo Tribunal Federal, conhecendo o recurso extraordinário, julgará a causa, aplicando o direito à espécie' (Súmula 456). Conhecer, na linguagem da Súmula, significa não apenas superar positivamente os requisitos extrínsecos e intrínsecos de admissibilidade, mas também afirmar a existência de violação, pelo acórdão recorrido, da norma constitucional invocada pelo recorrente. 2. Sendo assim, o julgamento do recurso do extraordinário comporta, a rigor, três etapas sucessivas, cada uma delas subordinada à superação positiva da que lhe antecede: (a) a do juízo de admissibilidade, semelhante à dos recursos ordinários; (b) a do juízo sobre a alegação de ofensa a direito constitucional (que na terminologia da Súmula 456/STF também compõe o juízo de conhecimento); e, finalmente, se for o caso, (c) a do julgamento da causa, 'aplicando o direito à espécie'. 3. Esse 'julgamento da causa' consiste na apreciação de outros fundamentos que, invocados nas instâncias ordinárias, não compuseram o objeto do recurso extraordinário, mas que, "'conhecido' o recurso (vale dizer, acolhido o fundamento constitucional nele invocado pelo recorrente), passam a constituir matéria de apreciação inafastável, sob pena de não ficar completa a prestação jurisdicional. Nada impede que, em casos assim, o STF, ao invés de ele próprio desde logo 'julgar a causa, aplicando o direito à espécie', opte por remeter esse julgamento ao juízo recorrido, como frequentemente o faz. 4. No caso, a parte demandada invocou, em contestação, dois fundamentos aptos, cada um deles, a levar a um juízo de improcedência: (a) a inexistência do direito afirmado na inicial e (b) a prescrição da ação. Nas instâncias ordinárias, a improcedência foi reconhecida pelo primeiro fundamento, tornando desnecessário o exame do segundo. Todavia, em recurso extraordinário, o Tribunal afastou o fundamento adotado pelo acórdão recorrido, razão pela qual se impunha que, nos termos da Súmula 456, enfrentasse a questão prescricional, ou, pelo menos, que remetesse o respectivo exame ao tribunal recorrido. A falta dessa providência, que deixou inconclusa a prestação jurisdicional, importou omissão, sanável por embargos declaratórios. 5. Embargos de declaração acolhidos". (RE 346736 AgR-ED, Rel. Min. Min. Teori Zavascki, 2. T., j. 04/06/2013. DJe 18.06.2013).

Ministro Teori Zavascki bem apreende a complexidade do tema e alcança a melhor forma, em nossa visão, de conjugar as várias exigências contrapostas das partes e do sistema brasileiro. Como salientado pelo Relator, "em nosso sistema processual, os recursos extraordinários (o especial para o STJ e o extraordinário para o STF) não são recursos de pura *cassação*, assim considerados os que, quando providos, devolvem o julgamento da causa à instância de origem. Trata-se, sim, de recursos de *revisão*, a significar que o próprio órgão competente para o seu julgamento promoverá, quando for o caso, o julgamento da causa".

Logo, "admitida a sua natureza revisional, o julgamento do recurso do extraordinário (como também, *mutatis mutandis*, o do especial, no STJ) comporta, a rigor, três etapas sucessivas, cada uma delas subordinada à superação positiva da que lhe antecede: (a) a do juízo de admissibilidade, semelhante à dos recursos ordinários; (b) a do juízo sobre a alegação de ofensa a direito constitucional (que na terminologia da Súmula 456/STF compunha, conforme já registrado, o juízo de conhecimento); e, finalmente, se for o caso, (c) a da complementação do julgamento da causa. É técnica semelhante à do julgamento de ações rescisórias, nas quais também há, além do juízo sobre (a) pressupostos e condições da ação, (b) o juízo de rescisão propriamente dito e (c) o novo julgamento da causa, se for o caso (CPC, art. 494)".

Acerta o Ministro Teori Zavascki ao apontar que: "esse 'julgamento da causa' consiste justamente na apreciação de outros fundamentos que, invocados pelas partes – seja para um juízo de procedência, seja para um juízo de improcedência –, não compuseram o objeto do recurso extraordinário, mas que, se 'conhecido' esse recurso (vale dizer, se acolhido o fundamento constitucional nele invocado pelo recorrente), passam a constitui matéria de apreciação inafastável, sob pena de não ficar completa a prestação jurisdicional. Irrelevante, para efeito desse julgamento, que a matéria residual tenha sido ou não prequestionada no acórdão recorrido, ou que tenha sido renovada em contrarrazões. O prequestionamento, com efeito, é requisito a ser demonstrado pelo recorrente, relativamente à questão constitucional posta no recurso. A esse requisito, todavia, não está submetida a parte recorrida, até porque, contra-arrazoar é faculdade, e não ônus processual. Ao direito da parte recorrida de ver apreciada, se for o caso, toda a matéria posta na demanda, corresponde um dever do Tribunal de examiná-la integralmente, mesmo sem provocação em contrarrazões, já que é essa a matéria que compõe o objeto do "julgamento da causa" a que se faz referência a Súmula 456/STF".

Como visto, o precedente dispensa a parte recorrida de agitar o tema em contrarrazões, afinal "contra-arrazoar é faculdade e, não, ônus processual do recorrido. Ora, se o STF, ao julgar o recurso extraordinário, acolher a tese desenvolvida pelo fisco, certamente não poderá, sob pena de deturpação do sistema, deixar em aberto o segundo fundamento da demanda, mesmo que se trate de matéria infraconstitucional ou que não tenha sido prequestionada. É que, tendo acolhido o fundamento constitucional invocado pelo recorrente (ou, no dizer da Súmula 456, tendo "conhecido" o recurso), cumpre ao STF o dever indeclinável de "julgar a causa, aplicando o direito à espécie".

Por decorrência, "alarga-se, portanto, em casos tais, o âmbito horizontal de devolutividade do recurso extraordinário, para abranger todas as questões jurídicas submetidas à cognição do acórdão recorrido, mesmo as que, por desnecessário, não tenham sido por ele examinadas. Aplica-se, aqui, analogicamente, por inafastável imposição do sistema, o disposto no § 2º do art. 515 do CPC".

Na nossa visão, também em face do novo art. 1.034, ganha sustentação jurídica a corrente postula a suavização dos requisitos de admissibilidade, com o fito de viabilizar uma análise mais completa do direito na resolução do caso sub judice, cujo acórdão orientação para a resolução de outros casos semelhantes.[464]

4.5. Extensão da Súmula 735–STF e a recorribilidade das liminares

O Supremo Tribunal Federal, na sessão plenária de 26 de novembro de 2003, aprovou enunciado em sua Súmula no sentido de que "não cabe recurso extraordinário contra acórdão que defere medida liminar".

Há um argumento lógico. Se as decisões interlocutórias devem ser recorridas em sede extraordinária pela forma retida, naturalmente os recursos aportarão ao Supremo e ao Superior quando já proferidas as sentenças (art. 542, § 3º, CPC), de forma que não haverá utilidade no pronunciamento da Corte quando versar o recurso sobre liminar cuja duração perdura até a sentença (já proferida). Contudo, esse raciocínio levaria à conclusão de que a norma do art. 542, § 3º, CPC, que determina a recorribilidade retida, não admite exceção alguma, o que contraria a própria essência da ideia de harmonização do Direito.

Os precedentes, contudo, apontam outras razões. Esclarecedora sobre o tema a posição do Min. Sepúlveda Pertence no RE 263.038/PE: "há muitas décadas é firme no tribunal a admissibilidade do recurso extraordinário contra decisões interlocutórias nas quais, entretanto, se contenha, por força da preclusão consequente, a decisão definitiva da questão federal nas instâncias ordinárias (...) cuida-se, porém, de admissibilidade subordinada – como resulta da invariável jurisprudência de priscas eras e dos mestres recordados – à eficácia preclusiva da interlocutória relativamente à questão federal, constitucional ou ordinária, da qual se cogite. Ao contrário, se a puder rever a instância a quo no mesmo processo em que proferida – seja ele de que na-

[464] Reza o art. 1.034: "Admitido o recurso extraordinário ou o recurso especial, o Supremo Tribunal Federal ou o Superior Tribunal de Justiça julgará o processo, aplicando o direito. Parágrafo único. Admitido o recurso extraordinário ou o recurso especial por um fundamento, devolve-se ao tribunal superior o conhecimento dos demais fundamentos para a solução do capítulo impugnado".

tureza for – dela não caberá recurso extraordinário, nem recurso especial, não porque seja interlocutória, mas por não ser definitiva (...) Falta, pois, à decisão recorrida – ao menos no tópico em que a impugna o recurso extraordinário – a qualificação da definitividade, que a faz susceptível de recurso extraordinário".

Na mesma linha, explica o Min. Marco Aurélio (AgrAg 245.703-2/SP): "a razão é muito simples: respeitado o preceito, o recurso extraordinário interposto, uma vez julgada a própria ação cautelar, ficará prejudicado. Por isso, declarei-o inadequado à espécie. A prevalecer a óptica da agravante e presente o predicado utilidade' determinar-se-á, de imediato, e, se for o caso, do recurso extraordinário. A liminar é decisão precária e efêmera que não desafia a recorribilidade extraordinária".[465]

Esta regra geral permite a solução da grande maioria dos casos. Contudo, deve admitir exceções com o efeito de se harmonizar com a interpretação desenvolvida pelas Cortes Superiores no sentido de que a retenção dos extraordinários contra as interlocutórias pode ser afastada em situações excepcionais em nome da economia processual, acesso à justiça e outros valores significativos do ordenamento.

No ponto, José Miguel Garcia Medina flexibiliza a aplicação do enunciado, a partir de uma interpretação sistemática. Conclui: "a revisão de liminares, assim, é, nos dias de hoje, atividade relevantíssima a ser desempenhada pelas Cortes Superiores, não, evidentemente, para averiguar se os fatos ocorreram de determinado modo (pois o reexame dos fatos não é função dos referidos tribunais, como vimos dizendo), mas para corrigir ou, se for o caso, certificar a correção de um dado entendimento jurídico".[466]

Pondera o professor Daisson Flach: "ao disciplinar a competência recursal do Tribunal, não está o texto constitucional restringido a atuação da corte à revisão de decisões definitivas. Se a Constituição impõe a construção de um processo justo e adequado às necessidades do direito material, determinando a estruturação de um sistema de tutela diferenciada que paulatinamente se afasta do modelo da ordinariedade, ampliando a disponibilidade de provimentos satisfativos ou cautelares fundados em verossimilhança, é evidente que não pode renunciar à principal via de controle dessa atividade, qual seja a fiscalização pelos tribunais superiores do exercício desse ampliado poder decisório. A orientação tomada pelo STJ traz como consequência, no limite, uma preocupante renúncia ao exercício da função paradigmática e construtiva do Tribunal, que consistiria em definir critérios de interpretação e operação do sistema de tutelas de consignação sumária".[467]

---

[465] Obs: o Ministro referia-se ao art. 542, § 3º, CPC/73.

[466] *Variações recentes sobre os recursos extraordinário e especial* – breves considerações, p. 1066. E salienta o risco concreto de perenização das decisões provisórias não corrigidas prontamente.

[467] *A verossimilhança no Processo Civil e sua aplicação prática* – Os juízos de verossimilhança na jurisprudência do STJ: Uma abordagem crítica à aplicação rasa das súmulas 735 do STF e 7 do STJ, São Paulo: RT, 2009, p. 146.

Com efeito, dentro de um cenário forense, no qual proliferam liminares satisfativas, que não raro se tornam definitivas pelo dano irreparável oriundo de sua concessão ou mesmo denegação, parece-nos fundamental admitir a ultrapassagem do enunciado sumular naqueles casos relevantes, nos quais se constate a incorreção na aplicação do direito, ainda que em sede de cognição provisória, para proteger a parte prejudicada. Obviamente, tal solução é de cunho excepcional e deve ser detalhadamente motivada, especialmente à luz do grande objetivo das Cortes Superiores, qual seja, guiar a comunidade para as interpretações – constitucionais ou infra – a serem observadas. É preservada, assim, a competência das Cortes Regionais e Estaduais para a apreciação dos fatos, não havendo o óbice da Súmula 07 do STJ.

Em sentido semelhante ao esposado no texto, manifestou-se o Min. Teori Zavascki: "relativamente ao recurso especial, não se pode afastar, de modo absoluto, a sua aptidão como meio de controle da legitimidade das decisões sobre medidas liminares, notadamente em casos em que o seu deferimento ou indeferimento importa ofensa direta às normas legais que disciplinam tais medidas. É o que ocorre, por exemplo, quando há antecipação de tutela nos casos em que a lei a proíbe ou quando, para o seu deferimento, não tiverem sido observados os procedimentos exigidos pelas normas processuais. Nesses casos, a decisão tem eficácia preclusiva – sendo, portanto, definitiva – quanto àquelas questões federais. Todavia, a exemplo do que ocorre com o recurso extraordinário, o âmbito da revisibilidade dessas decisões, por recurso especial, não pode ser extensivo aos pressupostos específicos da relevância do direito (*fumus boni iuris*) e do risco de dano (*periculum in mora*). Relativamente ao primeiro, porque não há, na decisão liminar, juízo definitivo e conclusivo das instâncias ordinárias sobre a questão federal que dá suporte ao direito afirmado; e relativamente ao segundo, porque há, ademais, a circunstância impeditiva decorrente da Súmula 07/STJ, uma vez que a existência ou não de risco de dano é matéria em geral relacionada com os fatos e as provas da causa. A invocação, por analogia, da súmula 735/STF é, no particular, inteiramente pertinente".[468]

Dentro desses limites, portanto, admissível excepcionar a incidência da súmula 735 do STF.

4.6. Vedação ao simples reexame de provas e ao revolvimento dos fatos

Um dos temas mais delicados do sistema recursal brasileiro reside na oportunidade da consideração dos fatos da causa pelos Tribunais de Cassação. Partindo da premissa de que as Cortes Superiores deveriam se ocupar precipuamente da interpretação do direito, não raro a realidade subjacente

---

[468] REsp 761.456/PR, 1ª T., Rel. Min. Teori Albino Zavascki, DJ: 30.06.2006, p. 176.

ao caso é menosprezada, estabelecendo-se que os Tribunais de Origem é que seriam soberanos para o acertamento da matéria fática. Por decorrência, seria inviável pretender a mera revaloração das provas e a contestação desse acertamento judicial fático.

Não se pode negar que os Tribunais Superiores, historicamente, foram concebidos para formular julgados paradigmáticos, a partir da análise do raciocínio desenvolvido pelas cortes inferiores. Sua função, dentro do sistema, é justamente zelar pela melhor interpretação do direito, comparando as diversas orientações adotadas nos tribunais regionais. Escolhidos os Ministros por seu notório saber jurídico e sua reputação ilibada, nomeados pelo Executivo, após a aprovação pelo Legislativo, seria natural que o serviço público prestado por tais Cortes fosse criteriosamente selecionado.

Essa filosofia vem expressa nos tradicionais enunciados de n°s 279 e 7, do Supremo e do Superior, que rezam, respectivamente: "para simples reexame de prova não cabe recurso extraordinário" e "a pretensão de simples reexame de prova não enseja recurso". Com efeito, do contrário, as Cortes Superiores transformar-se-iam em juízos revisores (de apelação). Contudo, essa vocação para o debate de grandes temas jurídicos – e a inicial chancela do fato acertado pela instância ordinário – deve ser vista com um pouco de reserva, afinal o direito é composto pelo fato, colorido pela incidência valorativa da norma, de sorte que inconveniente uma excessiva abstração com o isolamento do fato.

As ponderações do professor Maurizio Lupoi, dirigidas a Corte de Cassação italiana, servem de alerta ao sistema brasileiro: "il giudice che si sente professore partecipa a questa dinamica di allontanamento dalle constatazioni empiriche; di recente, la giurisprudenza inglese ha cominciato ad assumere connotati professoriali, tuttavia in um contesto culturale radicalmente diverso dal nostro e quindi, in luogo di danni, ha prodotto arrichimenti. Le due sentenze oggetto di queste note mostrano che la vicinanza del giudice ai fatti di causa ha consentito di enunciare regole giuridiche le quali, al tempo stesso, sono tanto fortemente concetualizzate quanto immediatamente percepite come aplicabili a fatti diversi daí fatti di causa. È sperienza comune che le nostre sentenze, anche quelle di merito, lasciano sovente in secondo piano i fatti di causa; il nostro giudice civile raramente guarda in faccia le parti o i testimoni e certamente mai passa giorni alla ricerca della verità, sia pure processuale. Egli scandisce le udienze in termini di mesi una rispetto all'altra, tal volta il giudice che si decide la causa non è neanche quello che ha svolto l'istruttoria. La Cassazione, poi, ritiene che per giudicare le questioni di diritto sia superfluo entrare troppo nel fatto e qui commette un errore che più clamoroso non potrebbe essere. Il diritto è null'altro che il fatto filtrato dal giurista. L'addesione a questa impostazione culturale è, in ultima analise, la ragione per la quale la Common Law è oggi generalmente vista quale vincitrice nell'agone giuridico globale. Filtrando il fatto, il giudice di Common Law scopre la inadeguatezza delle cattegorie giuridiche e l'esigenza di modificarle o di crearle di nuove; cosi si evolve il diritto e cosi il giurista si propone quale soggetto attivo nella società nella quale vive".[469]

Se, como coloca o professor italiano, "il diritto è null'altro che il fatto filtrato dal giurista", já se observa a dificuldade surgida a partir da interpretação literal daqueles enunciados sumulares. Na doutrina brasileira, um dos trabalhos mais interessantes acerca do efetivo alcance da "Súmula 7" possui a assinatura de Danilo Knijnik. O professor sulista considera que a melhor interpretação do enunciado vai no sentido de que "não se conhecerá do Recurso Especial tendo por objeto questões preponderantemente fáticas. As questões mistas, entretanto, poderão ou não ser revisadas in jure, desde que certos requisitos se façam presentes, quais sejam: 1) a existência de dúvida quanto à observância da margem de decisão e 2) a possibilidade, ao ensejo de revisá-la, de proceder-se a um desenvolvimento posterior do direito, circunscrevendo seu âmbito de aplicação. Nessa definição, poderá o intérprete servir-se de critérios indicadores alternativos – efeito exemplificativo, repetibilidade, transcendência e relevância". Esse modelo proposto afina-se com o sistema brasileiro e pode ser adotado sem a necessidade de revisão no enunciado da súmula, uma vez que em sintonia com o papel desempenhado pelos recursos extraordinários.[470]

Sensível ao tema, as próprias Altas Cortes oferecem argumentos para a não incidência da Súmula 7 em determinados grupos de casos, viabilizando o conhecimento de recursos para se corrigir erros de raciocínio porventura observados.[471] Daí a conveniência de se interpretar com tempero a vedação imposta pelas súmulas antes indicadas.

---

[469] *La nozione di 'dishonesty' nelle ultime conquiste dell'equity*, p. 879.

[470] *O Recurso Especial e a revisão da questão de fato pelo Superior Tribunal de Justiça*, Rio de Janeiro: 2005, p. 239.

[471] Como bem pontua Luiz Guilherme Marinoni, há situações nas quais os Tribunais Superiores, em especial o Superior Tribunal de Justiça, devem se debruçar sobre relevantes questões de direito probatório, para proteger o ordenamento. É o caso, exemplificativamente, de debates relativos a: (a) qualificação jurídica de fatos tidos como provados; (b) provas essenciais à validade de atos jurídicos; (c) admissão de provas obtidas por meio ilícito; (d) uso de prova incompatível com determinado tipo de procedimento; (e) determinação de critérios para a redução do módulo probatório e a inversão do ônus; (f) interpretação de dispositivos atinentes aos meios de prova, etc. *Passim Reexame da prova diante do recurso especial*. Gênesis, v. 35, p. 128.

5. Instrumentos Necessários ao Manejo dos Recursos Extraordinários

Como já se viu da exposição, os recursos de natureza extraordinária, como sua própria designação estabelece, possuem natureza especialíssima. Quer isto dizer que devem ser utilizados somente em hipóteses excepcionais. Nesta medida, sua interposição é diversa e mais complexa que a de um apelo ordinário. Tanto é assim que a admissibilidade e o próprio mérito da irresignação passam por rigorosa filtragem. Este joeiramento passa também pela análise do adequado manejo, a partir da concorrência dos requisitos impostos por diversas fontes jurídicas.

Inicialmente, como se espera de um Estado Constitucional, a inconformidade deve se emoldurar nos permissivos constitucionais (arts. 102, III, e 105, III, CF). Ato contínuo, passa-se ao exame dos dispositivos do Código de Processo Civil (arts. 1.029 a 1.044, incluindo-se os Embargos de Divergênca, NCPC), do Regimento Interno e da Súmula de jurisprudência dominante de cada Corte, e mesmo da doutrina, a qual, no direito recursal, possui especial importância. Assim, na idealização e na confecção dos recursos extraordinários, o operador deve proceder com a máxima cautela, no sentido de atender às exigências constitucionais, legais, jurisprudenciais (sumuladas ou não), doutrinárias, enfim a todos aqueles requisitos prezados pelo Direito. Faltando qualquer deles, inexoravelmente, o recurso não será conhecido.

6. Recurso Extraordinário

6.1. Do Supremo Tribunal Federal

6.1.1. Da criação do Supremo

Historicamente, três Cortes ocuparam a cúpula do Poder Judiciário brasileiro. Durante o império, o ofício foi exercido pela "Casa da Suplicação do Brasil", constituída em 10 de maio de 1808 e substituída pelo "Supremo Tribunal de Justiça" em 9 de janeiro de 1829. Após essas duas Casas, desde 28 de fevereiro de 1891, foi instalado o Supremo Tribunal Federal, cuja denominação foi mantida até hoje, salvo durante a curta vigência da Carta de 1934, que o alterava para "Corte Suprema". Logo, em 1937, retomou seu tradicional título.

A este respeito, assinala o Ministro Gilmar Mendes: "No modelo consagrado pela Constituição de 1824, exercia o Imperador não apenas a função de Chefe do Poder Executivo (art.112), mas também o Poder Moderador (art. 98). Essa função deveria ser a chave de toda a organização política, cumprindo-lhe assegurar a independência, o equilíbrio e a harmonia entre os Poderes (art. 98). O Supremo Tribunal, instituído em janeiro de 1829 e formado por dezessete Ministros (Lei de 18-9-1828), tinha competência limitada, que se restringia, fundamentalmente, ao conhecimento de recursos de revista e à competência para julgar os conflitos de jurisdição e as ações penais contra os ocupantes de determinados cargos públicos (art. 164). O Tribunal jamais fez uso da competência para proferir decisões com eficácia *erga omnes,* que lhe outorgava a faculdade de interpretar, de forma autêntica, o direito civil, comercial e penal (Dec. Lei n. 2.684, de 23-10-1875, e Dec. 2.142, de 10-3-1876). A Proclamação da República em 1889 foi decisiva para a introdução do controle de constitucionalidade no Brasil".[472]

Com efeito, o Decreto nº 848, de 11 de outubro de 1890, previu a criação do Pretório Excelso. O ato foi editado pelo então Governo Provisório da República, tendo sido recepcionado na primeira Constituição republicana, nos arts. 55 e 56. Desde este primeiro modelo, o Supremo Tribunal Federal inte-

[472] Jurisdição constitucional: o controle abstrato de normas no Brasil e na Alemanha, p. 54. 6 ed. São Paulo: Saraiva, 2014.

grava o Poder Judicário, situando-se na então Capital da República (o Rio de Janeiro), sendo composto por quinze juízes.[473]

Tal previsão legislativa ganhou corpo em 28 de fevereiro de 1891, quando houve a primeira sessão da Corte. Sob a presidência interina do antigo presidente do Superior Tribunal de Justiça do Império, Sayão Lobato (Visconde de Sabará) foi eleito o ministro baiano Freitas Henriques para dirigir a Corte.

Como dito, na formulação da Constituição Federal de 1891, o Supremo Tribunal Federal compunha-se de 15 ministros. Antes, a Casa de Suplicação do Brasil abrigava 23 magistrados, enquanto o Supremo Tribunal de Justiça do Império contava com 17 juízes. Analisando o século XX, observa-se que a atual Corte já abrigou composição de 16 ministros, em face ao aumento decorrente do Ato Institucional nº 02/1965, referendado pela Constituição de 1967. Todavia, desde a edição do Ato Institucional nº 06/1969, estabilizou-se em 11, sendo esta a orientação constitucional vigente.

Comentando a Constituição de 1891, o saudoso Carlos Maximiliano anunciava a augusta missão incumbida à Corte: "a Constituição tornou una a corte mais alta, afim de lhe assegurar a supremacia, torná-la o symbolo da autoridade niveladora de todos os habitantes do territorio sob o mesmo regimen de igualdade', e prestigiar ao mesmo tempo a tendência universal para uniformizar a jurisprudencia como uma das fontes primordiaes do Direito não incorporado nas leis do paiz".[474]

Rui Barbosa, outra figura bastante representativa da época, justificava o controle de constitucionalidade a partir da realidade brasileira: "em um país onde a lei absolutamente não exprime o consentimento da maioria, onde são as minorias, as oligarquias mais acanhadas, mais impopulares e menos respeitáveis, as que põem, e dispõem, as que mandam, e desmandam em tudo; a saber, em um país, onde verdadeiramente, não há lei, não há moral, política juridicamente falando". E sempre ressaltava a importância de juízes dignos, porque "só a moderação, a inteireza e a equidade, no aplicar das más leis, as poderiam, em certa medida, escoimar da impureza, dureza e maldade, que encerrarem". Era fundamental que existisse uma Justiça para proteger as pessoas frente aos abusos legislativos.

Dentro dessas premissas, justificava-se o controle de constitucionalidade difuso no sistema brasileiro. Na lição de Rui Barbosa: "entre as leis, aqui, entre as leis ordinárias e a lei das leis, é a justiça quem decide, fulminando aquelas, quando com esta colidirem. Soberania tamanha só nas federações de molde norte-americano cabe ao poder judiciário, subordinado aos outros poderes nas demais formas de governo, mas, nesta, superior a todos. Dessas

[473] CF/1891, art 55: "O Poder Judiciário, da União terá por órgãos um Supremo Tribunal Federal, com sede na Capital da República e tantos Juízes e Tribunais Federais, distribuídos pelo País, quantos o Congresso criar.'" Art 56: "O Supremo Tribunal Federal compor-se-á de quinze Juízes, nomeados na forma do art. 48, nº 12, dentre os cidadãos de notável saber e reputação, elegíveis para o Senado".

[474] *Comentários à Constituição de 1891*, p. 550.

democracias, pois, o eixo é a justiça, eixo não abstrato, não supositício, não meramente moral, mas de uma realidade profunda, e tão seriamente implantado no mecanismo do regime, tão praticamente embebido através de todas as suas peças, que, falseando ele ao seu mister, todo o sistema cairá em paralisia, desordem a subversão. Os poderes constitucionais entrarão em conflitos insolúveis, as franquias constitucionais ruirão por terra, e da organização constitucional, do seu caráter, das suas funções, das suas garantias apenas restarão destroços".[475]

A história da Corte fatalmente se confunde com a história republicana brasileira.[476] Incontáveis exemplos podem ser encontrados, tais como a já mencionada ampliação na composição da Corte, por força do AI nº 02/65, e a crise ocasionada pelo Decreto-Lei nº 2.770, de 11 de novembro de 1940, que conferiu à chefia do Executivo nacional prerrogativa de nomear, dentre os ministros da Corte, o Presidente e o Vice-Presidente, em detrimento da harmônica e independente repartição dos Poderes da República.[477]

Enfim, o Supremo Tribunal Federal, órgão fundamental para a adequação do sistema de freios e contrapesos entre os Poderes da República, acompanhou de perto o amadurecimento brasileiro, refletindo em muitos de seus julgados o contexto histórico do país.

6.1.2. O Supremo Tribunal Federal na Constituição de 1988

A Constituição Cidadã de 1988 reservou ao Supremo Tribunal Federal a augusta missão de zelar pela sua integridade e realizar os direitos fundamentais dos jurisdicionados, aproximando-o de uma legítima Corte Constitucional. Realiza, em paralelo, o contrato concentrado e dá a última resposta na fiscalização difusa. Aborda o direito em abstrado, bem como o caso concreto, através de variados mecanismos de proteção da Constituição.

Contudo, também permanece discuntindo questões individuais, pois, ao lado das funções acima, a Carta Constitucional ainda ampliou a sua competência, arrolando, no art. 102, CF, dentre inúmeras outras, o conhecimento de ações criminais contra membros do Congresso, o julgamento de *habeas corpus* contra atos do Presidente da República, *habeas data* contra atos do Tribunal de Contas da União, e tantas outras situações narradas nesse e em outros dispositivos. Em muitos anos, como o de 2014 ou o de 2015, a pauta da Corte,

---

[475] *Oração aos moços*, São Paulo: Martin Claret, 2004, p. 48-50.

[476] Rico escorço da jurisdição constitucional brasileira é oferecido por Gustavo Binenbojm. *A Jurisdição Constitucional Brasileira*. Rio de Janeiro: Renovar, 2004. Lembra o autor, dentre outros fatos históricos relevantes, que durante o Estado Novo, observaram-se Decretos para reafirmar a validade de leis declaradas inconstitucionais pelo Supremo Tribunal Federal.

[477] Preciosos dados históricos, bem como discursos, podem ser facilmente encontrados no *site* do Supremo <www.stf.gov.br>. Na literatura recente, Gilmar Mendes oferece competente panorama histórico na obra Jurisdição Constitucional. São Paulo: Saraiva. Sobre a "crise do Supremo" e tentativas de superação, v. Rodolfo de Camargo Mancuso. *Recurso Extraordinário e Recurso Especial*. São Paulo: RT.

acompanhada de perto pela imprensa e pela sociedade, acaba se dedicando a estes últimos fenômenos, como no caso do "Mensalão" e do "Lava-Jato".

Tal alargamento da competência, todavia, conquanto prejudique, não chega a descaracterizar a Corte como uma legítima guardiã do direito constitucional, afinal o seu escopo central dentro do sistema, certamente, é o de emprestar concretude aos preceitos normativos do texto maior. O grande problema de se admitir a ampla competência do Supremo para questões que apenas indiretamente dizem respeito à vida constitucional brasileira está no congestionamento daí derivado. Ao invés de meditar sobre a força normativa da Constituição – o que já seria uma tarefa árdua – a Corte reiteradamente ainda se ocupa com a análise de milhares de processos "mais singelos".

Isto redunda em uma realidade complexa, com a apreciação de mais de 100.000 processos ao ano. Pondera acertadamente José Carlos Barbosa Moreira: "enquanto as Cortes Constitucionais espalhadas pelo mundo, inclusive a Suprema Corte americana, inspiradora do modelo brasileiro, apreciam algumas centenas de processos por ano, o Supremo Tribunal Federal debate-se em dezenas de milhares de feitos, que desviam a atenção dos Ministros das questões verdadeiramente constitucionais e relevantes".[478]

Em notícia publicada no site da Corte, anunciou o Ministro Ricardo Lewandowski, então Presidente, os números referentes a 2015: "Na sessão de encerramento do Ano Judiciário, nesta sexta-feira (18), o presidente do Supremo Tribunal Federal (STF), ministro Ricardo Lewandowski, divulgou um balanço sobre as atividades da Corte em 2015. Neste ano, ingressaram no STF um total de 86.977 processos, sendo 11.069 originários e 75.908 recursais. 'São números expressivos e que impressionam pela quantidade de feitos que examinamos', disse. Deste total, foram efetivamente distribuídos 73.141 processos, já que alguns foram rejeitados liminarmente, por vícios formais, intempestividade ou ilegitimidade da parte. Neste ano, o Plenário julgou 2.668 feitos, sendo 32 com repercussão geral reconhecida, o que permitiu a liberação, na origem, de 28.411 processos sobrestados. Já o Plenário Virtual finalizou 82 processos, sendo que 39 tiveram reconhecida a repercussão geral, 32 foram rejeitados e, em 11, foi reafirmada a jurisprudência do Supremo. Neste ano, foram aprovadas 16 súmulas vinculantes. As duas Turmas do STF analisaram, no total, 14.968 ações. Decisões monocráticas dos ministros somaram 94.750. Já o número de processos baixados à origem ou arquivados chegou a 90.383 e o de acórdãos publicados, 17.494".[479]

Quanto à estrutura, a Corte é composta por onze Ministros, "escolhidos dentre cidadãos com mais de trinta e cinco e menos de sessenta e cinco anos de idade, de notável saber jurídico e reputação ilibada" (art. 101, CF).[480] O

---

[478] O Poder Judiciário e a efetividade da nova Constituição. *RF* 304/152.

[479] "Presidente do STF faz balanço sobre trabalho da Corte em 2015". Disponível em: <http://www.stf.jus.br/portal/cms/verNoticiaDetalhe.asp?idConteudo=306671>. Acesso em 26.01.2016.

[480] Há projetos de Emendas à Constituição tentando alterar o meio de escolha, reforçando o papel do Judiciário e restringindo a discricionariedade da nomeação.

critério de escolha conta com a participação dos Poderes Legislativo e Executivo, pois a nomeação pelo Presidente da República somente poderá ser realizada após aprovada a indicação pela maioria absoluta do Senado Federal. Cada país possui peculiaridades no procedimento de escolha dos membros. Na Itália, p. ex., os magistrados cumprem um mandato de nove anos, devendo ser escolhidos pelo Presidente da República, pelo Parlamento e pelos tribunais superiores jurisdicionais e administrativos. Afirma-se, ainda, que "i giudici della Corte Costituzionale sono scelti fra i magistrati anche a riposo delle giurisdizione superiori ordinaria ed amministrative, i professori ordinari di università in materie giuridiche e gli avvocati dopo venti anni deserczio".[481]

O modelo brasileiro, inspirado no direito norte-americano, no plano abstrato é interessante, afinal os Poderes Executivo e Legislativo participam do processo de escolha, com o que a legitimação social da indicação é reforçada. O problema é que a vida republicana brasileira não apresenta tantas semelhanças com a americana.

Analisando o ponto, responsavelmente, o renomado Luis Roberto Barroso aduz: "não se deve fugir, por igual, da crítica imperativa ao papel desinteressadamente omisso desempenhado pelo Senado Federal no processo de escolha dos Ministros do Supremo Tribunal Federal. Seguindo a tradição republicana brasileira, moldada no constitucionalismo norte-americano, os Ministros do Supremo Tribunal Federal são nomeados pelo Presidente da República, 'depois de aprovada a escolha pela maioria absoluta do Senado Federal' (art. 101, parágrafo único). Afastando-se, todavia, da tradição americana, o Senado jamais exerceu tal competência com aplicação e interesse, limitando-se a chancelar, acriticamente, o ungido do Presidente. Convertida a nomeação, de fato, em uma competência discricionária unipessoal, a maior ou menor qualidade dos integrantes da Suprema Corte passa a ser tributária da sorte ou da visão de estadista do Presidente da República. Que, como se sabe, nem sempre existe, ou, ao menos, sucumbe eventualmente a circunstâncias da política, da amizade e de outras vicissitudes do crônico patrimonialismo da formação nacional. De um potencial Ministro do Supremo Tribunal é legítimo que o Senado e o povo brasileiro queiram saber, antes de sua nomeação: de onde vem; que experiência tem; que posições doutrinárias sustenta; o que pensa sobre questões institucionais importantes como, por exemplo, a constitucionalidade da pena de morte, da união de pessoas do mesmo sexo, da reedição de medidas provisórias, etc. Fora isto, é pura loteria. Não se prega nada como uma inquisição ou um patrulhamento ideológico, mas a valorização do cargo pela exposição pública da pessoa e do ideário de seu ocupante".[482]

---

[481] Outras informações são disponibilizadas pelo *site* da Corte <www.cortecostituzionale.it>.

[482] Dez anos da Constituição de 1988 (Foi bom pra você também?). Disponível em <www.uerj.gov.br>. Acesso em 20.12.2005.

No mesmo texto, Luis Roberto Barroso admite que o "desempenho da jurisdição constitucional, ao longo dos dez anos de vigência da Constituição, foi marcado por altos e baixos. Salienta que foram mantidos, sem debate político, todos os ministros que haviam sido investidos no Tribunal a crédito do regime militar. Talvez essa circunstância explique, ao menos parcialmente, o fato da Corte ter reeditado 'burocraticamente parte da jurisprudência anterior', bem como alimentado 'inequívoca má-vontade para com algumas inovações'".[483]

De toda sorte, a Corte vem, ao longo dos anos, se afirmando, mercê do talento de seus membros e das interessantes correntes jurisprudenciais formadas em prol da supremacia da Constituição.

Julgamentos significativos que atraíram a atenção da sociedade civil se repetem a toda semana, com a efetiva publicidade através da transmissão ao vivo pela TV Justiça (art. 93, IX, CF). No ano de 2005, os olhos do povo se dirigiram ao Supremo no julgamento da proibição à antecipação terapêutica do parto do feto anencéfalo (ADPF nº 54), ao início do julgamento da "privatização dos Correios", etc. Ao longo do ano de 2015, ocupou destaque a pronúncia de constitucionalidade da publicação dos nomes e vencimentos dos servidores públicos nos sites da Administração (ARE 652777), a definição do rito de impechament do Presidente da República (ADPF 378), a proibição do financiamento privado de campanhas eleitorais (ADI 4650), dentre outras questões relevantes.

6.2. A supremacia da Constituição e o recurso extraordinário

Como sabido, o controle da constitucionalidade de normas e atos dos Poderes historicamente apresenta dois sistemas. De um lado, a experiência norte-americana, com a preferência por um modelo difuso, no qual todos os membros do Poder Judiciário são instados a analisar, em cada caso concreto, a constitucionalidade das normas aplicadas. De outro, a doutrina derivada da Áustria, com a ideia da criação de uma Corte com a precípua competência de apreciar a legitimidade constitucional dos provimentos estatais.

Características históricas favoreceram a criação desses dois grandes modelos de fiscalização da constitucionalidade de normas. Enquanto nos Estados Unidos a autorização dada ao Judiciário para analisar os atos e as leis editadas pelos demais poderes foi decisiva para a admissão do controle difuso, na Áustria a aspiração de um Estado Federativo capaz de harmonizar os interesses dos diversos reinos influenciou a concepção de Hans Kelsen. Este professor, aliás, tido pela história constitucional como o mentor da Consti-

[483] A doutrina critica a interpretação retrospectiva visualizada em determinados julgados. Consoante José Carlos Barbosa Moreira: "é um tipo de interpretação em que o olhar do intérprete dirige-se antes ao passado que ao presente, e a imagem que ele capta é menos a representação da realidade que uma sombra fantasmagórica". Citação obtida no texto de Luís Roberto Barroso, referido na nota anterior.

tuição Austríaca de 1920, tendo ocupado a cátedra tanto na Universidade de Viena, quanto nas americanas de Berkeley e de Harvard.

Em texto publicado em 1942, elencou as características básicas dos sistemas desses dois países, justificando a sua preferência pelo controle concentrado nesses termos: "de acordo com a Constituição dos Estados Unidos, a revisão judicial da legislação só é possível dentro de um processo cujo objetivo principal não seja estabelecer se uma lei é ou não constitucional. Essa questão pode surgir apenas incidentalmente, quando uma das partes sustenta que a aplicação de uma lei num caso concreto viola de modo ilegal os seus interesses porque a lei é inconstitucional. Assim, em princípio, apenas a violação de um interesse de uma parte pode colocar em movimento o procedimento de revisão judicial da legislação. O interesse na constitucionalidade da legislação, contudo, é um interesse público que não necessariamente coincide com o interesse privado do das partes envolvidas; trata-se de um interesse público que merece ser protegido por um processo correspondente à sua condição especial".[484]

O Brasil, conquanto se note uma tendência pelo recrudescimento do sistema abstrato e concentrado, consagra um modelo complexo (misto), no qual é admitida tanto a ideia do controle difuso, por todos os membros do Poder Judiciário, como a via concentrada, exercida pelo Pretório Excelso (normas estaduais e federais) e pelos Tribunais Estaduais (normas municipais). Em geral, podemos considerar que o Supremo Tribunal Federal está apto para resolver qualquer debate constitucional a partir das ações objetivas, uma vez que se consagrou a arguição de descumprimento de preceito fundamental como uma ação irmã da ação direta de inconstitucionalidade e da ação declaratória de constitucionalidade, porém com a característica da "subsidiariedade", isto é, onde aquelas descabem, esta entra em cena para viabilizar a atuação do Supremo (controle de normas pré-constitucionais, municipais frente à Constituição Federal, etc.).

Se no plano incidental todos os órgãos de jurisdição estão legitimados ao controle da constitucionalidade de normas (deixando de aplicar normas que tenham por inconstitucionais), ao Supremo Tribunal Federal cabe o conhecimento de demandas diretas com o fim de proteger a supremacia da Constituição. Portanto, nenhum juiz, no Direito brasileiro, tem o dever de aplicar norma que considere inconstitucional, pois eles realizam o controle difuso.[485] Todavia, de regra, os efeitos de sua declaração ficam restritos ao caso concreto, não atingindo, portanto, o sistema jurídico em si. As decisões do Supremo, de seu turno, quando tomadas em análise abstrata pela via direta, produzem efeitos contra todos.

---

[484] O Controle judicial da constitucionalidade, In *A Jurisdição Constitucional*. São Paulo: Martins Fontes, 2003, p. 311.

[485] Não pretendendo aprofundar nesta obra o tema, registramos uma diretriz que já era para estar consagrada no Foro: é fundamental que todos os juízes se empenhem na análise da constitucionalidade das leis que aplicam diuturnamente e deixem de aplicar aqueles que não ultrapassem o filtro constitucional! É insuportável para o cidadão a renitência dos magistrados em apreciar a constitucionalidade das leis antes de mecanicamente aplicá-las.

Somente dentro desse contexto o recurso extraordinário pode ser entendido. É através dele que o sistema conseguirá realizar a importante missão de viabilizar o controle difuso de cada juiz da federação. A garantia de que, ao fim e ao cabo, o Supremo definirá uma questão constitucional depende da possibilidade do pretenso prejudicado instar a atuação da Corte, através do recurso extraordinário.

Nesse panorama é que se há de compreender a lição pela qual apenas mediatamente o interesse da parte é tutelável pela via do Extraordinário. Ora, não se duvida que o litigante sempre queira sagrar-se vitorioso na causa. Todavia, para que consiga êxito em seu desiderato, na via do Extraordinário, deverá convencer a Corte Suprema de que houve alguma afronta à Constituição em face da solução adotada por determinado órgão estatal. E justamente sobre este tema é que a atuação do Pretório se justificará. Caso seja detectado tal vício, a solução, ao mesmo passo que purificará o sistema jurídico, como decorrência, reconfortará a parte recorrente. Natural considerar, portanto, a parte recorrente como a maior interessada no provimento de seu recurso, ainda que aos olhos dos julgadores tal interesse não seja o mais relevante.[486]

6.3. Cabimento do Recurso Extraordinário

A Emenda Constitucional nº 45/2004 renovou a redação do art. 102 da Constituição Federal, ampliando o cabimento do recurso extraordinário. Competirá ao Supremo Tribunal Federal, precipuamente, a guarda da Constituição, cabendo-lhe, conforme o inciso III, "julgar, mediante recurso extraordinário, as causas decididas em única ou última instância, quando a decisão recorrida: (a) contrariar dispositivo desta Constituição; (b) declarar a inconstitucionalidade de tratado ou lei federal; (c) julgar válida lei ou ato de governo local contestado em face desta Constituição (d) julgar válida lei local contestada em face de lei federal".

A fundamentação do extraordinário, portanto, não é livre, mas vinculada a uma das hipóteses acima previstas, a ponto do Supremo Tribunal Federal negar conhecimento, em razão de fundamentação deficiente, quando o recorrente não indica de forma expressa, a alínea que embasa sua inconformidade.[487] Em face de suas peculiaridades, analisam-se separadamente.

---

[486] Correto o magistério de Barbosa Moreira: "no seu âmbito, contudo, parece excessivo negar que sirva de instrumento à tutela de direitos subjetivos das partes ou de terceiros prejudicados. Quando interposto pelo Ministério Público, na qualidade de custos legis, então, sim, visará de modo precípuo ao resguardo da ordem jurídica positiva, do direito objetivo; mas essa não é uma peculiaridade do recurso extraordinário, pois o Ministério Público, no exercício daquela função, se legitima à interposição de qualquer recurso". In *Comentários ao CPC*, 12. ed., p. 582.

[487] Exigindo expressa menção à alínea que embasa o Extraordinário, ver AI 630471 AgR/SP, rel. Min. Eros Grau, 5.6.2007.

6.3.1. *Contrariedade a dispositivo da Constituição*

A primeira situação que legitima a interposição do recurso extraordinário diz respeito à alegação de contrariedade a dispositivo da Constituição. Com efeito, ao deliberar sobre a solução do caso concreto, pode a Corte local, certamente sem intenção, contrariar a orientação do texto constitucional prezada pelo Supremo, que é, no nosso sistema, o seu legítimo guardião.

Em linha de princípio, qualquer dispositivo da Constituição violado em desfavor do recorrente justifica o extraordinário. E mesmo previsões de Tratados Internacionais que envolvam direitos humanos, desde que tenham sido recepcionados na forma do § 3º do art. 5º, da Constituição: "os tratados e convenções internacionais sobre direitos humanos que forem aprovados, em cada Casa do Congresso Nacional, em dois turnos, por três quintos dos votos dos respectivos membros, serão equivalentes às emendas constitucionais".

O trabalho do recorrente irá variar de acordo com a nitidez da contrariedade alegada. Nesse sentido, o estilo das normas ocupa papel fundamental. Normas mais precisas podem reduzir o trabalho do exegeta, limitando o papel criativo da Corte. De outra banda, normas mais abertas, com o conteúdo semântico vago, exigirão do recorrente maior esforço de fundamentação.

Exemplo desse fenômeno é a conhecida orientação da Corte, no sentido de que "em regra, as alegações de desrespeito aos postulados da legalidade, do devido processo legal, da motivação dos atos decisórios, do contraditório, dos limites da coisa julgada e da prestação jurisdicional podem configurar, quando muito, situações de ofensa meramente reflexa ao texto da Constituição, circunstância essa que impede a utilização do recurso extraordinário".[488] Nessa mesma linha, o enunciado n. 636, da Súmula: "não cabe recurso extraordinário por contrariedade ao princípio constitucional da legalidade, quando a sua verificação pressuponha rever a interpretação dada a normas infraconstitucionais pela decisão recorrida". Já se consagrou, inclusive, o entendimento quando da apreciação e rejeição do tema 660, da Repercussão Geral, no sentido de que "violação dos princípios do contraditório e da ampla defesa quando o julgamento da causa depender de prévia análise da adequada aplicação das normas infraconstitucionais. Extensão do entendimento ao princípio do devido processo legal e aos limites da coisa julgada. Rejeição da Repercussão geral".

Quanto ao enfoque a ser dado ao interesse individual, interessante precedente encontra-se no RE 158.543/RS, no qual um cidadão recorrera alegando que o entendimento do Tribunal local, no sentido da desnecessidade de prévio procedimento administrativo antes do Estado desconstituir os seus próprios atos violava a norma constitucional garantidora do contraditório e da ampla defesa (art. 5º, inc. LV).[489] Logo ao despachar liminarmente, o

---

488 AI 543.955, Rel. Min. Gilmar Mendes, DJ 03.06.2005.

489 Ementa: "Ato administrativo. Repercussões. Presunção de legitimidade. Situação constituída. Interesses contrapostos. Anulação. Contraditório. Tratando-se da anulação de ato administrativo cuja formalização haja repercutido no campo de interesses individuais, a anulação não prescinde da

relator, Min. Marco Aurélio, considerou que "não se pode atribuir ao legislador, especialmente ao constitucional, a inserção de vocábulos inúteis, sem o significado vernacular que lhe é próprio, exsurge, ao menos ao primeiro exame, que a garantia do contraditório e da ampla defesa não mais está limitada, nos processos administrativos e judiciais, aos acusados, alcançando nos três campos – administrativo, civil e penal – litigantes em geral". Para dirimir a controvérsia, o Min. Marco Aurélio necessitou interpretar o vocábulo "litigante", concluindo que este "há de ser compreendido em sentido lato, ou seja, a envolver interesses contrapostos. Destarte, não tem o sentido processual de parte, a pressupor uma demanda. Este enfoque decorre da circunstância de estar ligado também aos processos administrativos". Ou seja, aproveitando a oportunidade oferecida pelo cidadão, no recurso extraordinário, a Corte garantiu a supremacia da Constituição, delimitando o alcance de um de seus dispositivos. E é justamente isso o que ocorre normalmente, quando admissível o recurso extraordinário calcado na alínea *a*.

Cabe ao recorrente, portanto, convencer o Supremo acerca da contrariedade, no caso concreto, o dispositivo constitucional, a fim de que, com sua atuação, seja oferecido o devido direito constitucional à parte.

6.3.2. Declaração de inconstitucionalidade de tratado ou lei federal

Consoante a tradicional alínea 'b', terá cabimento o recurso extraordinário quando o acórdão recorrido "declarar a inconstitucionalidade de tratado ou lei federal". Como didaticamente ensina o Min. Carlos Velloso, "o pressuposto constitucional do recurso extraordinário inscrito no art. 102, III, *b*, da CF é que tenha a decisão recorrida declarado a inconstitucionalidade de tratado ou lei federal. Se isto não ocorreu, segue-se a impossibilidade de o recurso interposto com fundamento na citada alínea *b* ser admitido".[490]

Como é sabido, na linha do art. 97 da Constituição Federal, os Tribunais podem reconhecer a inconstitucionalidade de lei ou ato normativo do Poder Público, desde que o façam pelo voto da maioria absoluta de seus membros.[491] Na prática, especialmente nos Tribunais dos Estados mais populosos da Federação, a pronúncia é realizada pela "Corte Especial". Portanto, exige-se a pronúncia formal de inconstitucionalidade de tratado ou lei federal pelo plenário ou órgão especial do Tribunal, ausente no caso concreto.[492]

---

observância do contraditório, ou seja, da instauração de processo administrativo que enseje a audição daqueles que terão modificada situação já alcançada. Presunção de legitimidade do ato administrativo praticado, que não pode ser afastada unilateralmente, porque e comum a Administração e ao particular". RE 158.543/RS, j. 30.08.1997, 2ª T., DJ: 06.10.1995, p. 33135.

490 ED no RE 464707/RJ, 2ª T., Rel. Min. Carlos Velloso, j. 25.10.2005, DJ: 25.11.2005, p. 33.

491 Conforme o art. 97: "Somente pelo voto da maioria absoluta de seus membros ou dos membros do respectivo órgão especial poderão os tribunais declarar a inconstitucionalidade de lei ou ato normativo do Poder Público".

492 Nesse sentido: "AGRAVO REGIMENTAL NO AGRAVO DE INSTRUMENTO. INTERPOSIÇÃO DO RECURSO EXTRAORDINÁRIO PELA ALÍNEA "B". CABIMENTO. PREQUESTIONAMENTO. INEXISTÊNCIA. SÚMULAS NS. 282 E 356 DO SUPREMO TRIBUNAL FEDERAL. AGRAVO

Nesses casos, como bem pondera Aderbal Amorim, será necessário juntar dois acórdãos: o primeiro referente à declaração de inconstitucionalidade, ao passo que o segundo acerca do julgamento do litígio em apreço, cuja análise foi suspensa a fim de aguardar a resolução do incidente: Se oriunda de tribunal de a declaração (incidental) de inconstitucionalidade, tal pronunciamento há de ser do plenário ou do órgão especial (Constituição, art. 93, inciso XI). É a regra do *full bench* (Carta da República, art. 97). Todavia, pode que o incidente haja ocorrido em órgão fracionário. Recebido neste, porém, e atendido o comando legal, subirão os autos, necessariamente, ao plenário do respectivo tribunal, ou ao órgão especial, que deliberará (CPC arts. 480 a 482). Acolhida arguição, dois acórdãos irão ao Supremo Tribunal Federal, a saber, o do órgão fracionário que julgou a causa e o do pleno ou órgão especial que decidiu pela inconstitucionalidade".[493] Assinala a jurisprudência, quanto ao ponto, o entendimento no sentido de que "a admissibilidade do recurso extraordinário, fundado no art. 102, III, *b*, da Carta Magna, contra acórdão de Turma Recursal, não dispensa a juntada de cópia integral do precedente que, tendo declarado a inconstitucionalidade de norma, serviu de fundamento para o acórdão recorrido".[494]

Portanto, em algumas oportunidades, os Tribunais da Federação, mediante acórdão fundamentado, que aplica orientação firmada no incidente de declaração de inconstitucionalidade, deixam de aplicar um tratado ou uma lei, sob o fundamento de sua inconstitucionalidade. Nesses casos, é importante que o debate alcance o Supremo, para que a Corte referende ou não a

---

NÃO PROVIDO. 2. Recurso interposto com base na alínea 'b' do inciso III do artigo 102 da Constituição do Brasil, hipótese em que se revela imprescindível, para sua admissão, a existência de declaração formal de inconstitucionalidade de tratado ou lei federal pelo plenário ou órgão especial do Tribunal, ausente no caso concreto. 3. O Tribunal a quo não se manifestou explicitamente sobre os temas constitucionais tidos por violados. Incidência dos óbices das Súmulas ns. 282 e 356 do Supremo Tribunal Federal. Agravo regimental a que se nega provimento". (AI 694480 AgR, 2. T., Rel. Min. Eros Grau, j. 01/04/2008. DJe-074 DIVULG 24-04-2008 PUBLIC 25-04-2008 EMENT VOL-02316-12 PP-02595). No mesmo sentido: AI 627610 – AgRg, 2ª T., Rel. Min. Ayres Britto, j. 13/03/2012, acórdão eletrônico, DJE 063, DIVULG 27-03-2012 PUBLIC 28-03-2012.

[493] *O Novo Recurso Extraordinário*: hipótese de interposição, repercussão geral, amicus curiae, processamento, jurisprudência, súmulas aplicáveis, Porto Alegre: Livraria do Advogado, 2010, p. 92.

[494] "AGRAVO REGIMENTAL NO RECURSO EXTRAORDINÁRIO. CONSTITUCIONAL E PROCESSUAL CIVIL. INOCORRÊNCIA DE PREQUESTIONAMENTO. SÚMULAS 282 E 356 DO STF. RECURSO INTERPOSTO, COM BASE NO ART. 102, III, B, DA LEI MAIOR, CONTRA ACÓRDÃO DE TURMA RECURSAL. INCONSTITUCIONALIDADE DO § 1º DO ART. 31 DA MP 2.215/2001. AUSÊNCIA DE JUNTADA DE CÓPIA DA DECISÃO QUE DECLAROU A INCONSTITUCIONALIDADE. NÃO IMPUGNAÇÃO DE TODOS OS FUNDAMENTOS DO ACÓRDÃO RECORRIDO. SÚMULA 283 DO STF. AGRAVO IMPROVIDO. I – O Tribunal a quo não se manifestou sobre as questões constitucionais tidas por violadas. Incidência das Súmulas 282 e 356 do STF. II – Esta Corte possui entendimento no sentido de que a admissibilidade do recurso extraordinário, fundado no art. 102, III, b, da Carta Magna, contra acórdão de Turma Recursal, não dispensa a juntada de cópia integral do precedente que, tendo declarado a inconstitucionalidade de norma, serviu de fundamento para o acórdão recorrido. Precedentes. III – Incumbe ao recorrente, nos termos da Súmula 283 do STF, impugnar todos os fundamentos suficientes da decisão recorrida. IV – Agravo regimental improvido". (RE 574580, 1ª T. AgR, Rel. Ricardo Lewandowski, j. 23.03.2011. DJe-068 DIVULG 08-04-2011 PUBLIC 11-04-2011 EMENT VOL-02500-02 PP-00343).

orientação adotada. Também aqui observa-se a preocupação com a isonomia, na medida em que as respostas oferecidas aos cidadãos sofreria variação na medida em que cada Tribunal reputasse constitucional ou não determinada lei federal.

Outrossim, tampouco será admissível o emprego do extraordinário, fundado na alínea *b*, quando a decisão recorrida tiver declarado a constitucionalidade de determinado tratado ou lei federal. Poderá, eventualmente, o recorrente se valer da alínea *a*, mas não da *b*, uma vez que esta se presta aos casos de declaração de inconstitucionalidade, e não de aplicação de tratados ou leis tidas pela decisão recorrida como constitucionais.

A atuação do Supremo, portanto, objetivará concluir se o Tribunal local agiu bem, ao exercer seu prudente controle difuso de constitucionalidade, dando pela inconstitucionalidade de determinada lei ou tratado. Se a Corte Constitucional detectar uma real discrepância entre a interpretação constitucionalmente mais adequada e a decisão recorrida, dará provimento ao recurso. Todavia, convencendo-se do acerto do trabalho da Corte anterior, poderá até conhecer do recurso, mas no mérito lhe negará provimento, mantendo no cenário jurídico a decisão objeto de recurso.

6.3.3. Declaração de validade de lei ou ato de governo local contestado em face da Constituição

A alínea *c* autoriza o recurso extraordinário sempre que a decisão recorrida "julgar válida lei ou ato de governo local contestado em face da Constituição Federal". De plano, observa-se o ônus do recorrente em apontar: (1) existência de declaração de validade de lei ou ato de governo local e (2) lei federal amparando a tese recursal, sob pena de não conhecimento do recurso pela alínea *c* do permissivo constitucional.[495]

À luz de tal dicção, indaga-se se poderá ser admitido o extraordinário quando a decisão declara a invalidade de ato ou lei de governo local? A resposta vai em sentido negativo, pela constatação de que, se a decisão concluiu pela invalidade do ato ou lei do governo local contestado em face da Constituição, justamente, no plano hipotético, teria ocorrido o prestígio das normas constitucionais, razão pela qual não haveria valia na atuação do Supremo, sob o enfoque da alínea *c*.

---

[495] Por ilustração: "RECURSO EXTRAORDINÁRIO – ARTIGO 102, III, ALÍNEA 'C', DA CONSTITUIÇÃO FEDERAL. Ausente o enquadramento do extraordinário no permissivo constitucional evocado, ante a inexistência de declaração de validade de lei ou ato de governo local, impõe-se a negativa de seguimento, evitando-se a sobrecarga da máquina judiciária. RECURSO EXTRAORDINÁRIO – MATÉRIA FÁTICA E LEGAL. O recurso extraordinário não é meio próprio ao revolvimento da prova, também não servindo à interpretação de normas estritamente legais". (RE 870577 AgR, 1. T., Rel. Min. Marco Aurelio, j. 15.09.2015, ACÓRDÃO ELETRÔNICO DJe-194 DIVULG 28-09-2015 PUBLIC 29-09-2015). No mesmo sentido: "o Tribunal de origem não julgou válida lei ou ato de governo local contestado em face da Constituição, tampouco julgou válida lei local contestada em face de lei federal. Impossibilidade do exame de recurso extraordinário manejado com fundamento no art. 102, III, 'c' e 'd', da Constituição Federal". ARE 869285 AgR, 1ª T., Rel. Min. Roas Weber, j. 30/06/2015, PROCESSO ELETRÔNICO DJe-157 DIVULG 10-08-2015 PUBLIC 12-08-2015.

Em nosso sentir, este raciocínio também fundamenta-se na literalidade do texto constitucional, pois a Constituição, no que toca a terceira alínea, apenas admitiu o manejo do extraordinário quando "declarada a validade de lei ou ato de governo local contestado em face da Constituição", logo não haveria espaço para interpretação extensiva.

Entretanto, não há garantia alguma de que, neste seu agir, tenha o Tribunal alcançado o resultado constitucionalmente esperado, privando, assim, o Governo Local de uma lei ou ato constitucional. Daí a conveniência de se autorizar, nessas hipóteses, até por medida de isonomia, o conhecimento do extraordinário pela alínea *a*, pois efetivamente há o risco de que a Corte inferior, ao considerar inválida lei ou ato de governo local, tenha incorrido em erro hermenêutico-constitucional.

Tanto ao regrar o extraordinário, quanto o especial, a Constituição preocupou-se em oferecer meios aos jurisdicionados controlarem os atos e leis dos governos locais. Observou-se o cabimento do extraordinário quando entender a parte que a chancela dos atos ou leis locais viola a Constituição. Mas também pode acontecer que o prestígio de atos ou leis locais se dê em detrimento de normas federais. Para tratar dessa segunda classe de pronunciamentos, a Constituição, em sua redação original, admitiu a interposição de recurso especial (alínea *b*, do art. 105, III.).

Tendo em vista que a preocupação era a mesma, qual seja, livrar o cidadão de atos ou leis ilegais, de todo conveniente que a interpretação dos dispositivos de admissão do extraordinário e do especial, no tópico, fosse realizada sistematicamente, como bem pondera o Rodolfo Camargo de Mancuso: "as hipóteses sob alíneas *b*, do art. 105, III (recurso especial), e *c*, do art. 102, III, (recurso extraordinário), podem e devem ser tratadas conjuntamente, porque nelas o núcleo é comum: a decisão recorrida privilegiou a lei ou ato locais; a diferença específica, que irá determinar se ela desafiará recurso especial ou extraordinário, está no contraste que o órgão *a quo* tenha feito: se foi uma lei federal que restou afastada, o caso será de recurso especial; se o confronto resultou em desfavor de permissivo constitucional, o caso será de extraordinário".[496]

A preocupação da alínea, portanto, é controlar o Estado, quando, na elaboração de atos, ou no exercício de seu poder legiferante, ultrapasse os limites impostos pela Constituição Federal.

6.3.4. Declaração de validade de lei local contestada em face de lei federal

Foi anotado que, na concepção original da Constituição de 1988, a competência para analisar validade de atos e leis locais em face de lei federal era do Superior Tribunal de Justiça (art. 105, III, alínea *b*). A ideia era restringir o trabalho do Supremo apenas às discussões constitucionais, livrando-lhe da análise da legalidade, que competiria ao Superior.

---

[496] *Recurso Extraordinário e Recurso Especial*. São Paulo: RT, p. 205.

Na prática, contudo, observou-se que o tema de divisão de competências frequentemente era pautado pela análise da Constituição, razão pela qual, embora o Superior Tribunal de Justiça reiteradamente apreciasse a legalidade de atos ou leis locais frente à legislação infraconstitucional, ao fim a discussão prosseguia no Supremo, diante das implicações constitucionais.

A Emenda Constitucional nº 45/2004 tentou resolver esse problema, ampliando a competência do Supremo para conhecer de alegações de extraordinários com o objetivo de discutir leis locais tidas como válidas, mas contestadas em face de lei federal. Já se observa, de plano, que o aumento de competência não abrangeu os "atos de governo local", cuja discussão persiste em âmbito do recurso especial.

Recupera-se, assim, a alma da competência do Supremo instituída pela Constituição de 1891, quando em seu art. 59, 3, *b*, dispunha competir ao Supremo "rever os processos findos quando se contestar a validade de leis ou de atos dos governos dos Estados em face da Constituição, ou das leis federais, e a decisão do tribunal do Estado considerar válidos esses atos, ou essas leis impugnadas". A nova redação alivia um problema enfrentado na prática, pois determina que o Supremo defina, em casos concretos, os limites da competência legislativa de União, Estados e Município, livrando o Superior Tribunal de Justiça do pesado encargo de resolver tais concorrências legislativas que nitidamente dizem respeito à força normativa da Constituição e aos ideais do Estado Federativo. Aplicou-se o tradicional provérbio peninsular: "torniamo allantico, sarà un progresso".

Aplaudiu, com razão, a modificação introduzida pela Emenda, André Ramos Tavares: "a mudança foi indiscutivelmente positiva, pois a hipótese que doravante fica expressamente contemplada como ensejadora do RE envolve problema de divisões de competência, logo, questão constitucional. Não havia, pois, como se negar, mesmo sob o regime anterior, a questão constitucional, porque quando a decisão judicial delibera sobre prevalência de lei local, quando divergente de lei federal, implicitamente está apontando de qual entidade federativa é competência legislativa sobre a referida matéria objeto de disciplina diversa entre as leis. Por isso, o sistema anterior (direcionando ao STJ) podia ser considerado irracional e em nada contribuía para o abrandamento do volume de processos no STF".[497]

Com razão, saber se a legitimação para a disciplina legislativa de determinada matéria é do Município, do Estado ou da União, exige atenção aos princípios federativos instituídos na Constituição. Como bem ponderou Hans Kelsen, não é a lei federal que deve prevalecer sobre a estadual ou municipal, "mas sim a lei constitucional sobre a inconstitucional, não interessando se a lei é federal ou estadual".[498] E o desate da questão passa pela valorização das normas constitucionais que disciplinam a competência dos entes federativos. Matéria afeta ao Supremo, portanto.

---

[497] *Reforma do Judiciário no Brasil pós 88* (Desestruturando a Justiça), São Paulo: Saraiva, 2005, p. 93.

[498] *A jurisdição constitucional e administrativa a serviço do Estado federativo segundo a nova Constituição Austríaca de 1º de outubro de 1920*, p. 22.

Desta forma, atualmente, a alegação de ofensa a normas federais, pela elaboração de leis locais, deve ser enfrentada pelo Supremo (preservação do juiz natural e normas de competência constitucionalmente previstas), enquanto ao Superior caberá o conhecimento de discussões quanto aos atos de governos locais cotejados com legislação infraconstitucional.

6.4. Da demonstração de repercussão geral da questão constitucional (art. 102, § 3º, CF)

A Emenda Constitucional nº 45/2004 trouxe importante inovação quanto aos pressupostos de admissibilidade do recurso extraordinário. Trata-se da "repercussão geral da questão constitucional do caso", cuja comprovação deve ser feita pelo recorrente, à luz do art. 102, § 3º. Prescreve o dispositivo: "no recurso extraordinário o recorrente deverá demonstrar a repercussão geral das questões constitucionais discutidas no caso, nos termos da lei, a fim de que o Tribunal examine a admissão do recurso, somente podendo recusá-lo pela manifestação de dois terços de seus membros". Trata-se de um *quorum* de segurança, em face da relevância da medida. Daí a doutrina acertadamente considerar sempre presumida a repercussão geral, dado que somente poderá ser recusada pelo *quorum* mencionado.[499]

Com tal instituto, preserva-se a competência e a atuação do Supremo Tribunal Federal para a análise dos casos que efetivamente transcendam o interesse subjetivo dos litigantes, consagrando assim o perfil objetivo do recurso extraordinário. Com tal filtro, objetivava-se concentar na pauta de julgamentos da Corte os temas mais relevantes, pois os demais seriam inadmitidos pela ausência de repercussão geral. Nesses casos, considerados pelo Pretório Excelso, sem repercussão geral a última palavra passou a ser dada pela instância ordinária, colaborando com a efetividade do processo.[500] Em razão deste último efeito, nas edições anteriores, sublinhamos o fortalecimento do controle difuso, pois, ao menos nos casos sem a dita transcendência, a fiscalização de constitucionalidade ocorre pela atuação dos Tribunais inferiores. Esse novo panorama determina, portanto, a reavaliação do papel dos juízos de primeiro grau, bem como dos de apelação frente ao complexo sistema de aferição de constitucionalidade de normas. A timidez com que, por vezes, o controle difuso é tratado na experiência brasileira deverá dar lugar a um novo tipo do trabalho judicial, que denominamos "ativismo constitucional": o dever de cada magistrado debater e se posicionar frente à constitucionalidade das leis.

---

[499] Sobre o tema, há monografia pioneira de Guilherme Beux Nassif Azem. *Repercussão Geral do Recurso Extraordinário*. Porto Alegre: Livraria do Advogado, 2007. Igualmente importante é o trabalho de Daniel Mitidiero e Luiz Guilherme Marinoni. *A Repercussão Geral no Recurso Extraordinário*. São Paulo: RT, 2007. Nelas, o leitor poderá encontrar ampla abordagem da projeção do instituto.

[500] Bem anota André Ramos Tavares: "uma ampla abertura para provocar e exigir a manifestação de mérito de um Tribunal Constitucional deve ser evitada, sob pena de prejuízo sério no desenvolvimento, a contento, por esse tribunal, das questões cruciais". Op. cit., p. 98.

Na linha dessa nova premissa da fiscalização difusa da constitucionalidade de normas, o recorrente, além de convencer a Corte acerca do preenchimento de alguma das alíneas do art. 102, III, CF, deve ainda justificar o benefício social gerado pela atuação do Supremo, demonstrando a "repercussão geral da questão constitucional" debatida.

Em face desse regramento, caso o Supremo entenda que a discussão proposta no extraordinário não transcende o interesse individual das partes, deixará de conhecê-lo. Afirmou-se, assim, uma ideia mais objetiva de recurso extraordinário, bem compreendida pela pena de Gilmar Ferreira Mendes, no voto proferido no Recurso Extraordinário nº 556.664/RS: "esse novo modelo legal traduz, sem dúvida, um avanço na concepção vetusta que caracteriza o recurso extraordinário entre nós. Esse instrumento deixa de ter caráter marcadamente subjetivo ou de defesa de interesse das partes, para assumir, de forma decisiva, a função de defesa da ordem constitucional objetiva. Trata-se de orientação que os modernos sistemas de Corte Constitucional vêm conferindo ao recurso de amparo e ao recurso constitucional (*Verfassungsbeschwerde*). Nesse sentido, destaca-se a observação de Häberle segundo a qual *'a função da Constituição na proteção dos direitos individuais (subjectivos) é apenas uma faceta do recurso de amparo'*, dotado de uma *'dupla função'*, subjetiva e objetiva, *'consistindo esta última em assegurar o Direito Constitucional objetivo'* (Peter Häberle, O recurso de amparo no sistema germânico, *Sub Judice* 20/21, 2001, p. 33 (49). Essa orientação há muito mostra-se dominante também no direito americano. Já no primeiro quartel do século passado, afirmava Triepel que os processos de controle de normas deveriam ser concebidos como *processos objetivos*. Assim, sustentava ele, no conhecido *Referat* sobre *'a natureza e desenvolvimento da jurisdição constitucional'*, que, quanto mais políticas fossem as questões submetidas à jurisdição constitucional, tanto mais adequada pareceria a adoção de um processo judicial totalmente diferenciado dos processos ordinários. *'Quanto menos se cogitar, nesse processo, de ação (...), de condenação, de cassação de atos estatais* – dizia Triepel – *mais facilmente poderão ser resolvidas, sob a forma judicial, as questões políticas, que são, igualmente, questões jurídicas'*. (Triepel, Heinrich, Wesen und Entwicklung der Staatsgerichtsbarkeit, VVDStRL, Vol. 5 (1929), p. 26). Triepel acrescentava, então, que *os americanos haviam desenvolvido o mais objetivo dos processos que se poderia imaginar (Die Amerikaner haben für Verfassungsstreitigkeiten das objektivste Verfahren eingeführt, das sich denken lässt)* (Triepel, op. cit., p. 26). Portanto, há muito resta evidente que a Corte Suprema americana não se ocupa da correção de eventuais interpretações divergentes das Cortes ordinárias. Em verdade, com o *Judiciary Act* de 1925 a Corte passou a exercer um pleno domínio sobre as matérias que deve ou não apreciar (Cf., a propósito, Griffin. Stephen M., The Age of Marbury, Theories of Judicial Review vs. Theories of Constitutional Interpretation, 1962-2002, Paper apresentado na reunião anual da 'American Political Science Association', 2002, p. 34). Ou, nas palavras do *Chief Justice* Vinson, para permanecer efetiva, a Suprema Corte deve continuar a decidir apenas os casos que contenham questões cuja resolução haverá de ter importância imediata para além das situações particulares e das partes envolvidas'

(*To remain effective, the Supreme Court must continue to decide only those cases which present questions whose resolutions will have immediate importance far beyond the particular facts and parties involved*) (Griffin, op. cit., p. 34)".

Realmente, a comprovação da repercussão geral inaugura um novo momento de aproximação do Supremo da própria sociedade, ultrapassando o vácuo deixado pela arguição de relevância, cujo matiz antidemocrático era inegável. Dita "arguição de relevância" vingara no regime militar a partir da Reforma do Poder Judiciário de 1977, a qual introduziu na Constituição de 1967 nova redação ao art. 119.[501] Em interessante estudo, José Levi do Amaral Junior ressalta o teor do Regimento Interno do STF, na época, relembrando o texto do § 1° do art. 327: "entende-se relevante a questão federal que, pelos reflexos na ordem jurídica, e considerados os aspectos morais, econômicos, políticos ou sociais da causa, exigir a apreciação do recurso extraordinário pelo Tribunal". Na visão do autor, a redação serviria como parâmetro para a efetivação da repercussão geral da questão constitucional.

Acertadamente, José Levi do Amaral Junior assinala o acerto na introdução da repercussão geral: "tem-se, aí, norma coerente com o papel de uma Suprema Corte que exercita jurisdição constitucional. Competindo ao STF, precipuamente, a guarda da Constituição (*caput* do artigo 102 da Constituição de 1988), é correto permitir-lhe decidir as causas que vai ou não julgar. É assim na Suprema Corte dos Estados Unidos e em boa parte dos Tribunais Constitucionais europeus. Diga-se mais: trata-se, sim, de permitir ao STF decidir politicamente as causas que vai ou não julgar. Ora, sendo o STF o guarda da Constituição e sendo a Constituição um texto marcadamente político, é natural que as decisões do STF tenham, também, caráter político (o que não significa decisões ideológicas ou partidárias, mas, sim, decisões que concretizam os valores e os fins da Constituição)".[502]

O Novo Código de Processo Civil permanece no caminho iniciado no Código anterior (art. 543-A e B, CPC/73) e delimita o instituto a partir da existência, ou não, de questões relevantes do ponto de vista econômico, político, social ou jurídico que ultrapassem os interesses subjetivos da causa.[503] Os contornos do instituto estão previstos no *caput* e nos onze parágrafos do art. 1.035, cujas principais peculiaridades destacamos abaixo.

---

[501] Art. 119 (...) "§ 1° As causas a que se refere o item III, alíneas *a* e *d*, deste artigo [recurso extraordinário – nota nossa], serão indicadas pelo Supremo Tribunal Federal no regimento interno, que atenderá à sua natureza, espécie, valor pecuniário e relevância da questão federal. § 3° O regimento interno estabelecerá: c) o processo e o julgamento dos feitos de sua competência originária ou recursal e da argüição de relevância da questão federal".

[502] Interessante a conclusão a que chega o articulista: "aspecto mais curioso da atual argüição de relevância é que ela foi concebida do avesso. Com efeito, trata-se de uma argüição de 'irrelevância'. Em princípio, parece, presume-se a relevância. A irrelevância somente será reconhecida se neste sentido se manifestarem dois terços dos Ministros (são necessários, no mínimo, oito votos para a configuração da irrelevância)".

[503] Art. 1.035, § 1°: "Para efeito de repercussão geral, será considerada a existência ou não de questões relevantes do ponto de vista econômico, político, social ou jurídico que ultrapassem os interesses subjetivos do processo".

Consoante o § 2º, "o recorrente deverá demonstrar a existência de repercussão geral para apreciação exclusiva pelo Supremo Tribunal Federal". A lei, ao contrário do diploma anterior, nada refere acerca da "preliminar fundamentada", a qual embora conveniente na redação dos recursos extraordinárias, *data venia*, desaparece enquanto requisito de admissibilidade.

Outrossim, a lei arrola hipóteses de presunção de repercussão geral em seu § 3º, instando o conhecimento dos recursos que impugnem acórdãos contrários à súmula ou jurisprudência dominante do Supremo Tribunal Federal, que tenham sido proferidos em julgamento de casos repetitivos e que tenham reconhecido a inconstitucionalidade de tratado ou de lei federal, nos termos do art. 97 da Constituição Federal.

Uma vez reconhecida a repercussão geral, o relator no Supremo Tribunal Federal determinará a suspensão do processamento de todos os processos pendentes, individuais ou coletivos, que versem sobre a questão e tramitem no território nacional, consoante o § 5º. É uma medida de racionalização do procedimento, que se justifica sociologicamente, na medida em que grande parte das discussões jurídicas decorrem de relações massificadas, como bem pondera o professor Luiz Alberto Reichelt.[504]

O NCPC assinala, no § 6º, que o interessado pode requerer, ao presidente ou ao vice-presidente do tribunal de origem, que exclua da decisão de sobrestamento e inadmita o recurso extraordinário que tenha sido interposto intempestivamente, tendo o recorrente o prazo de 5 (cinco) dias para manifestar-se sobre esse requerimento, o qual, se indeferido, admite agravo (§ 7º).

Considerando que milhares de recursos e de processos serão suspensos, para aguardar posição do Pretório Excelso quanto ao tema, prevê o § 9º que o paradigma seja julgado no prazo de 1 (um) ano. Caso a Suprema Corte não reconheça a repercussão geral, competirá ao Tribunal de Origem negar seguimento aos recursos extraordinários sobrestados (§ 8º).

Quando a repercussão geral for admitida, será necessário ainda aguardar o julgamento de mérito do tema, para se conhecer a jurisprudência do STF, que deverá ser reiterada nos milhares de casos sobrestados.

---

504 "Na visão do Estado de Direito e do devido processo legal, a repercussão geral do recurso extraordinário deve ser vista como uma nova tecnologia a serviço da adequação da prestação jurisdicional em face das peculiares exigências dos nossos tempos. Sob o manto da solidariedade social, impõe-se aos sujeitos do processo o dever de aceitar que o seu caso, em uma sociedade pautada por relações jurídicas massificadas, deve ser visto como um dentre diversos outros que apresentam o mesmo perfil. Combinados tais valores, tem-se que a decisão proferida no âmbito dos recursos extraordinários dotados de repercussão geral passa a ser vista como uma solução tão aceitável quanto a oferta de uma decisão individualizada para o caso que eles trouxeram a juízo". REICHELT, Luiz Alberto. A repercussão geral do recurso extraordinário e a construção do processo civil na era da solidariedade social. Revista de Processo, vol. 189, p. 92. São Paulo: RT, 2010.

7. Recurso Especial

7.1. A criação do "Tribunal da Cidadania"

O Superior Tribunal de Justiça originou-se da Constituição de 1988, a partir da necessidade de se resolver a propalada "crise do Supremo".[505] Entendia-se que a excessiva competência do Supremo Tribunal Federal, aliada ao volume de trabalho que havia décadas crescia em proporção geométrica, poderia comprometer o funcionamento da mais alta Corte, razão pela qual era impositiva a criação de outro Tribunal Federal, com a missão de zelar pela uniformização do direito infraconstitucional.

Instalada em 7 de abril de 1989, a Corte tem sua competência disciplinada no art. 105 da Constituição Federal. O rol é extenso e abrange, dentre tantos outros procedimentos, ações de *habeas corpus*, mandados de segurança, rescisórias, cautelares, reclamação, além de ampla sorte de recursos. Em decorrência desse regramento, não nos parece haver exagero algum em afirmar que a crise que se encontra ainda no Supremo se espalhará (ou já alcançou) ao Superior, a despeito de todo o esforço dos Ministros e servidores. Não houve a resolução da "crise do Supremo", mesmo porque não existe solução "abracadabra" no Direito. Houve decerto uma suavização, afinal o Pretório Excelso já não aprecia ofensas às normas infraconstitucionais. Em consequência, logo será necessário alterar novamente a legislação para se preservar a magnífica função do Superior Tribunal de Justiça, livrando-o da apreciação de casos de imperceptível relevância, quiçá nos moldes da repercussão geral da questão debatida experimentada no Supremo.

Esta realidade é em parte comprovada pelo balanço divulgado em dezembro de 2005, dando conta do número de julgamentos efetuados pelo Superior. A 1ª Turma julgou 39 mil processos, enquanto a 3ª apreciou 49 mil. Na 4ª Turma, houve um acréscimo superior a 13% no número de processos julgados frente a 2004. Transcorridos dez anos, a situação tornou-se mais grave. Conforme o site oficial da Corte, em 2015, apenas as Turmas julgaram quase 400.000 recursos (Primeira Tuma: 66.418 julgados; Segunda Turma: 86.589

---

[505] Tal "crise" fora vaticinada pela genialidade de Carlos Maximiliano, quando, já em 1918, nos seus Comentários à Constituição de 1891, p. 551, alertava: "a semelhança do que ocorreu com os Estados Unidos e a República Argentina, acha-se o Brasil em face de um problema cuja solução se impõe – aliviar a Corte Suprema do excesso de trabalho, de que não dá conta".

julgados; Terceira Turma: 60.071 julgados; Quarta Turma: 66.160 julgados; Quinta Turma: 56.460 julgados e a Sexta Turma: 44.593 julgados).[506] Além desses números, restam os pronunciamentos das Seções, da Corte Especial e da Presidência.

Basta dividir os números divulgados pelos integrantes de cada Turma para se chegar ao alarmante resultado de 15 mil processos relatados por ministro. Isto que o julgamento da Instância Superior deveria ser predominantemente colegiado, cercado de meditação e debate sobre os efeitos do pronunciamento. É claro que não se olvida o fato de a grande maioria dos recursos não ser conhecida, face aos óbices de admissibilidade. Contudo, mesmo assim, é preocupante tal realidade, que, em última análise, atinge o cidadão de bem e beneficia o litigante que conta ilegitimamente com o fator tempo.

Quanto à estrutura, a Constituição determina que a Corte seja composta por, no mínimo, 33 ministros, escolhidos entre brasileiros com mais de trinta e cinco e menos de sessenta e cinco anos, com notável saber jurídico e ilibada reputação.

Todas as carreiras jurídicas são contempladas, garantindo assim a oxigenação do pensamento do Tribunal. Enquanto dois terços dos membros são provenientes da própria magistratura, os demais, alternadamente, são escolhidos dentre os advogados e o Ministério Público. A própria classe encarrega-se de apresentar uma lista sêxtupla, que é apreciada pelo Superior. Os três mais votados, então, concorrem à nomeação realizada pelo Presidente da República, após a aprovação do nome pelo Senado Federal.

No portal de seu *site*, a Corte recebe a gentil expressão de "Tribunal da Cidadania". Tendo em vista estar incumbida de responder, em última instância, pela aplicação e interpretação de todo o direito infraconstitucional, é natural que para o cidadão comum (filho, contratante, possuidor, proprietário, vizinho, cônjuge, etc.) os pronunciamentos da Corte estejam bastante próximos de sua realidade. Com efeito, basta acessar a pauta semanal de julgamentos para se encontrarem situações conflituosas que repercutem na maioria da população brasileira (interpretação de contratos bancários, fiança, liberdade de imprensa, relações familiares, reparação civil, licitações, condutas criminosas, etc.).

O recurso especial será o remédio para o cidadão instar o pronunciamento da Corte sempre que considerar que a decisão definitiva de uma causa afetou ilegitimamente a ordem jurídica infraconstitucional. O Superior, contudo, possuindo papel de destaque no plano federativo, ao analisar os recursos desta índole, não apenas estará preocupado com a sorte do litigante *a* ou *x*, mas sim em verificar o apreço dispensado pelos Tribunais locais ao direito

---

[506] Notícia publicada em 21/12/2015 – 15h27 . Disponível em <http://www.stj.jus.br/sites/STJ/default/pt_BR/noticias/noticias/Balan%C3%A7o:-confira-em-n%C3%BAmeros-o-trabalho-do-STJ>. Acesso em 26.01.2016.

federal. A atuação se dá em prol do Direito, embora os resultados dessa atuação beneficiem as partes (em detrimento do interesse de outras).

Dentro desse contexto, é compreendida a lição pela qual "o recurso especial não tem como objetivo proporcionar novo julgamento da causa, como pretende a recorrente, mas tão somente a finalidade precípua de estabelecer a uniformidade de interpretação da lei federal".[507] Tal ilação, encontrada em inúmeros pronunciamentos da Corte, de modo algum quer significar o desapreço pela sorte do litigante, mas diz respeito à precípua função de uniformização do direito infraconstitucional.

7.2. Recurso de fundamentação vinculada. Hipóteses de cabimento

Na linha do art. 105, III, da Constituição Federal, compete ao Superior Tribunal de Justiça julgar, em recurso especial, as causas decididas, em única ou última instância, pelos Tribunais Regionais Federais ou pelos tribunais dos Estados, do Distrito Federal e Territórios, quando a decisão recorrida: "(a) contrariar tratado ou lei federal, ou negar-lhes vigência; (b) julgar válido ato de governo local contestado em face de lei federal e (c) der à lei federal interpretação divergente da que lhe haja atribuído outro tribunal". Há julgados do Superior Tribunal de Justiça considerando que o recorrente deve indicar expressamente nas suas razões a alínea autorizadora, sob pena de não conhecimento do recurso.[508] Em nosso entendimento, dentro de uma perspectiva finalística, tal determinação, conquanto útil, não deveria inviabilizar o conhecimento do recurso, se das suas razões se pudesse concluir a alínea que o suporta.

Tal como o Supremo Tribunal Federal, o Superior possui uma função magna dentro do direito brasileiro, que é a harmonização da interpretação de normas federais. Ao final do processo, caso o litigante tenha condições de aportar à Corte sua irresignação, caberá ao Superior a última palavra sobre a melhor hermenêutica da norma federal.

É paradoxal a situação brasileira. Todos conhecem o complexo regramento dos recursos extraordinários, daí por que não surpreende que, na vasta maioria das vezes, apenas o litigante com melhores condições técnicas e financeiras consiga ascender até Brasília (isto é: os litigantes habituais). Os demais, litigantes esporádicos, suportam os efeitos das decisões proferidas pelos Tribunais de Apelação. Por isso, em nosso sentir, a pretensa liberdade dos magistrados deliberarem em sentido contrário ao preconizado pelos Tribunais Superiores traz dois efeitos claros: (a) se a decisão é proferida contra

---

[507] V. g. REsp 51.240/SP, Rel. Min. Cid Flaquer Scartezzini. DJ: 06.02.1995, p. 1366.

[508] Nesse sentido: "impossibilidade de se conhecer do recurso se a parte não indica a alínea do permissivo constitucional na qual se embasa a irresignação. Aplicação da Súmula 284-STF". (REsp. 241394, Rel. Min. Felix Fischer, DJU de 26.06.2000)

o litigante esporádico, ela tende a ser definitiva; (b) se a decisão contraria o interesse do litigante habitual, dado seu *know how*, dificilmente deixará que ela sobreviva e recorrerá ao Superior postulando a revisão da decisão contrária à súmula de sua jurisprudência. Portanto, há muito tempo existe a súmula vinculante no direito brasileiro, só que essa "súmula vinculante" é bitolada, pois somente um tipo de litigante tem acesso a ela.

Luiz Guilherme Marinoni oferece interessantes argumentos em prol do acatamento das decisões dos Tribunais Superiores, indicando que "contra essa ideia se levantaria a alegação de que estaria sendo ferido o princípio da livre convicção judicial e a prerrogativa do juiz de dizer o direito conforme a sua consciência. O argumento, porém, não é procedente. Isto porque a força vinculante somente incide sobre a interpretação do direito e não sobre a apreciação dos fatos concretos. Objetiva-se apenas dar força vinculante à análise jurídica feita por tais tribunais, sem retirar do juiz a prerrogativa de examinar o caso concreto, dando-lhe a solução adequada. Ademais, afirmar que o juiz tem o direito de julgar de forma diferente aos tribunais superiores constitui gritante equívoco. Se é o Superior Tribunal de Justiça quem dá a última palavra em relação à interpretação da lei federal, qual é a racionalidade de se dar ao juiz o poder de proferir uma decisão que lhe seja contrária? Basta perguntar quem tem razão, diante do sistema judicial, ante uma súmula do Superior Tribunal de Justiça: é claro que aquele que tem o seu direito reconhecido na súmula. Portanto, decidir de forma contrária à súmula apenas obriga a interposição de recurso, consumindo mais tempo e despesas, seja da administração da justiça, seja do próprio cidadão".[509]

O recurso especial tem seu cabimento limitado às hipóteses previstas na Constituição Federal (art. 105, III, alíneas *a*, *b* e *c*), abaixo estudadas.

7.2.1. Negativa de vigência ou contrariedade a tratado ou lei federal

A primeira hipótese de cabimento do recurso especial diz respeito à negativa de vigência ou contrariedade a lei federal ou a tratado celebrado e incorporado ao direito brasileiro.[510] O manejo do recurso é autorizado na situação extrema do Tribunal de Origem ter negado vigência a lei federal, bem

---

[509] E prossegue: "sendo assim, a afirmação da prerrogativa de o juiz decidir de 'forma diferente' do entendimento fixado pelos tribunais superiores, longe de ser algo que tenha a ver com a consciência do magistrado, constitui um ato de falta de compromisso com o Poder Judiciário, que deve estar preocupado, dentro do seu sistema de produção de decisões, com a efetividade e a tempestividade da distribuição da justiça. E não só um ato de falta de compromisso com o Judiciário, mas também um ato que atenta contra a cidadania, pois desconsidera o direito constitucional à razoável duração do processo". Julgamento Liminar das Ações Repetitivas e a Súmula Impeditiva de Recurso. Disponível no site www.marinoni.com.br. Acesso em 25.07.2006.

[510] Sobre a discussão acerca da força normativa dos tratados e da polêmica acerca de seu status constitucional, na jurisprudência destaca-se a ADIn n. 1.480/DF, julgada pelo Pleno do STF, tendo como relator o Min. Celso de Mello, que de certa forma demonstra o posicionamento da Corte contrário à equiparação. Na doutrina, favoravelmente, Flávia Piovesan. *Direitos Humanos e o Direito Constitucional Internacional*. 7. ed. São Paulo: Saraiva, 2006.

assim quando pela solução aplicada ao caso tenha se constatado malferimento a dispositivo federal.

Quanto ao tema dos tratados, deve ser pontuada uma particularidade oriunda da Emenda Constitucional nº 45. Foi introduzido o § 3º no art. 5º com a seguinte redação: "os tratados e convenções internacionais sobre direitos humanos que forem aprovados, em cada Casa do Congresso Nacional, em dois turnos, por três quintos dos votos dos respectivos membros, serão equivalentes às emendas constitucionais". Esta norma deve ser interpretada em sintonia com o § 2º do mesmo dispositivo, que consagra "expressamente a abertura material dos direitos fundamentais no direito constitucional nacional, agasalhando norma geral inclusiva".[511]

O tema da recepção dos tratados é realmente complexo no direito brasileiro, especialmente no tópico dos direitos humanos. É certo que a jurisprudência do Supremo Tribunal Federal impõe a chancela das casas legislativas para a recepção plena dos tratados que versam sobre direitos humanos. Contudo, a crítica de Fábio Konder Comparato mostra-se oportuna.[512] Como poderia o Congresso Nacional, valendo-se do dito "poder constituinte derivado", voltar atrás e decidir que a integração constitucional determinada pelo § 2º do art. 5º já não seria feita de pleno direito? Ou seja, de acordo com a Constituição, o rol de direitos humanos constantes em Tratados Internacionais de que o Brasil é parte complementa os direitos e garantias previstos na Constituição, na linha do § 2º. Entretanto, agora surge o § 3º, com a Emenda Constitucional nº 45/2004, e impõe a chancela de três quintos dos membros do Parlamento.

Por decorrência, tratados que versem sobre direitos humanos (e que tenham sido aprovados pelo *quorum* preconizado na Emenda Constitucional, a ser admitida sua constitucionalidade), quando malferidos, induzem recurso extraordinário ao STF, e não recurso especial ao STJ, que reserva sua competência para a análise geral dos tratados e convenções. Há, no ponto, uma notável exceção à regra, cuja moldura será determinada pelo entendimento de cada época acerca da extensão dos "direitos humanos" recepcionados em Tratados e pelo ânimo do Estado em celebrar saudáveis convenções multilaterais. Deve ser referido que, caso vingue o entendimento de que qualquer outro tratado (p. ex. decretos legislativos aprovados por maioria simples do Congresso) está ora equiparado a emendas constitucionais, também suas violações serão apreciadas no Supremo Tribunal Federal, e não no Superior Tribunal de Justiça.[513]

---

511 Cf. Ingo Wolfgang Sarlet. A Reforma do Judiciário e os Tratados Internacionais de Direitos Humanos: observações sobre o § 3º do art. 5º da Constituição. In *Interesse Público*, v. 37, p. 49. No texto, são destacados relevantes aspectos da incorporação dos tratados ao sistema constitucional brasileiro.

512 Redescobrindo o Espírito Republicano. In *Ajuris*, v. 100, p. 107.

513 O tema é debatido em doutrina. Em prol da equiparação, Flávia Piovesan em Reforma do Judiciário e Direitos Humanos. Em sentido contrário, também com sólidos argumentos, Ingo Sarlet no ensaio referido na nota anterior.

De toda sorte, logo na primeira alínea observa-se a preocupação em aliviar o trabalho da Suprema Corte, a qual, historicamente, apreciava alegações de ofensa à legislação infraconstitucional. Basta recordar a dicção constitucional de 1891, que previa a competência do Supremo para "rever os processos findos quando se questionar sobre a validade ou a aplicação de tratados e leis federais, e a decisão do tribunal do Estado for contra ela" (art. 59, 3, *a*). Com a criação do Superior Tribunal de Justiça, a competência lhe foi transferida.

Quanto ao conceito da expressão "lei federal", a jurisprudência é restritiva, não admitindo sua equiparação a portarias, resoluções, instruções normativas, convênios, circulares, etc. Tais "atos normativos internos" não se enquadram no conceito de lei federal a que se refere a alínea *a* do permissivo constitucional.[514]

A interposição do recurso fulcrado na alínea *a* impõe a afirmação de que o acórdão tenha violado lei ou tratado federal. Tal alegação deve ser suficiente para determinar a admissibilidade do recurso. Se a alegação for confirmada, quando do julgamento, então haverá, além do conhecimento, seu provimento. Contudo, pode ocorrer que o recorrente tenha bem discorrido sobre pretenso malferimento, mas que, na visão dos Ministros, o Tribunal de origem tenha agido com correção. Nesta situação, embora conhecido, o recurso será desprovido.[515]

Caso corriqueiro de não conhecimento do recurso pela alínea *a* acontece quando o "recorrente restringe-se a afirmar que o acórdão teria violado lei federal, sem indicar, especificamente, qual o artigo da lei federal tido como violado".[516] Identificada tal falha na fundamentação do recurso, seu trânsito deve ser barrado, pois inviável o prosseguimento do debate, na medida em que o próprio recorrente descumpriu seu ônus de bem inaugurar o procedimento recursal com a adequada motivação. Incidirá, no tópico, o enunciado nº 284 da Súmula do Supremo, pelo qual "é inadmissível o recurso extraordinário, quando a deficiência na sua fundamentação não permitir a exata compreensão da controvérsia".

7.2.2. Prevalência da lei federal frente a ato de governo local

Tal qual na alínea anterior, exige-se do recorrente competente fundamentação para pautar o debate no procedimento recursal. Como decidiu o Min. Gilson Dipp, "a mera alusão ao malferimento de legislação federal, sem particularizar o gravame ou descompasso na sua aplicação, não enseja a abertura da via especial, devendo a recorrente demonstrar os motivos de sua insurgência".[517] Nesta alínea, é fundamental discorrer sobre o confronto que

---

[514] REsp 790.530/RS, 1ª T., Rel. Min. Teori Zavascki, DJ: 19.12.2005; REsp 548.045/PE, 5ª T., Min. Felix Fischer, DJ: 13.10.2003; REsp 436.176/RS, 4ª T., Min. Aldir Passarinho Júnior, DJ: 17.02.2003.

[515] Barbosa Moreira registra valiosos ensaios sobre o tema, em especial "O quê significa não conhecer de um recurso?".

[516] 6ª T., Rel. Min. Hamilton Carvalhido, EDcl no AgRg no Ag 493375/RS; DJ: 21.11.2005, p. 315.

[517] EDcl no AgRg 690135/DF, 5ª T., Rel. Min. Gilson Dipp, DJ: 01.02.2006, p. 593.

se estabelece entre ato de governo local e a legislação federal. O ato deve ser inquinado de ilegal, à luz de normas identificadas pelo recorrente.

A Constituição apenas permite o manejo do especial, nesta alínea, quando a decisão recorrida tenha julgado válido o ato do governo local. *A contrario sensu*, não será admissível, dentro dos limites impostos pela alínea *b*, interposição do especial quando caracterizado que o tribunal local entendeu por invalidar o ato de governo local, pelo prestígio de norma federal. Esta última hipótese deverá ser veiculada à luz de outra alínea, que não a segunda.

Até a Emenda Constitucional nº 45/2004, além de apreciar atos de governos locais, confrontados com lei federal, o Superior também julgava leis locais discutidas em face de leis federais. Agora, esta segunda tarefa foi determinada ao Supremo, a fim de que este preserve a divisão constitucional de competências.

7.2.3. Divergência jurisprudencial

Por fim, é admitido o recurso especial sempre que a decisão final de Tribunal local, ao interpretar norma federal, confira-lhe interpretação distinta da que lhe haja dado outro Tribunal da Federação.[518] A preocupação da alínea é justificada novamente pelo ideal da Federação de que o mesmo Direito una todos os brasileiros. Portanto, não é tolerável que jurisdicionados de determinado Estado recebam tratamento distinto daqueles domiciliados em outros, quando, devido à posição ocupada no plano da vida, sejam merecedores da incidência da mesma norma federal.

Já advertia Epitácio Pessoa em 1907 acerca da inconveniência de autorizar todos os Tribunais inferiores a livremente interpretar a legislação federal: "conferir ás justiças independentes de 21 Estados autônomos o direito de julgar sem recurso da validade ou aplicabilidade dos actos do Poder Legislativo da Nação, seria lançar a maior confusão e obscuridade na legislação, enfraquecer as garantias que ella proporciona as liberdades individuaes, perturbar as relações que ella regula e por ultimo quebrar a unidade nacional, que encontra na unidade do direito um dos seus mais solidos esteios".[519] Com este norte, a atuação do Superior Tribunal de Justiça, na alínea 'c', garantirá a isonomia de tratamento aos brasileiros por parte do Estado.

---

[518] Por tal razão, a jurisprudência exige do recorrente a indicação da norma federal que animou a fundamentação do acórdão: "PROCESSUAL. ADMINISTRATIVO. AUSÊNCIA DE INDICAÇÃO DOS DISPOSITIVOS DE LEI SUPOSTAMENTE VIOLADOS. DEFICIÊNCIA DE FUNDAMENTAÇÃO. SÚMULA 284/STF. 1. Não se apontaram, nas razões do especial, os dispositivos de lei federal tidos como contrariados. Incidência da Súmula 284/STF. 2. A função precípua do STJ, por meio do recurso especial, é homogeneizar a interpretação dada à norma federal pelo ordenamento jurídico pátrio. Consequentemente, o conhecimento do recurso, seja interposto pela alínea *a*, seja pela *c* do permissivo constitucional, exige necessariamente a indicação do dispositivo de lei federal que se entende por violado. 3.Agravo regimental não provido". (AgRg no AREsp 135969/SP, 2. T., Rel. Min. Castro Meira, j. 09.10.2012. DJe 18.10.2012)

[519] Citação extraída do excelente texto de Guilherme Nassif Azem: A Instrumentalidade Objetiva do Recurso Extraordinário. In *Revista de Informação Legislativa*, v. 48, n. 190, p. 205-210, abr./jun. 2011.

Como o Superior Tribunal de Justiça exerce uma importante função federativa, sua preocupação não é voltada para a superação de divergências interpretativas no seio de qualquer dos demais tribunais da federação. Nesses casos, competirá ao próprio Tribunal Regional ajustar o tema. O problema torna-se federativo quando a divergência ocorre a partir da aplicação das leis por Tribunais distintos, que estejam sujeitos à sua jurisdição. Nesse caso, sim, o debate ganha projeção nacional.

Com efeito, não é admitida a atuação do Superior Tribunal de Justiça quando caracterizada uma divergência entre órgãos fracionários de um certo Tribunal da Federação (p. ex. TJCE ou TJSC). Nesses casos, compete a própria Corte local resolver o dissídio, através de outros mecanismos previstos no Código, tal como o incidente de uniformização de jurisprudência. No tópico, a Corte inclusive editou súmula, salientando que "a divergência entre julgados do mesmo Tribunal não enseja recurso especial" (Enunciado nº 13).

Ainda acerca da escolha do paradigma, são imprestáveis acórdãos proferidos por justiças especializadas, tal como os órgãos da Justiça Trabalhista, por ilustração.[520] É que em relação a estas Cortes, o Superior Tribunal de Justiça não possui autorização constitucional para censurar os pronunciamentos. Logo, haveria uma invasão de competência, caso, a pretexto de alcançar isonomia aos brasileiros, o STJ passasse a revisar as orientações de órgãos judiciais com competências próprias e distintas. Enfim, o acórdão paradigma deve ser oriundo de algum órgão jurisdicional que se submeta a jurisdição do Superior Tribunal de Justiça.

Para adimplir o ônus de apresentar um acórdão paradigma, exige o parágrafo único do art. 541, CPC, que o recurso especial seja acompanhado de prova da divergência, através de certidão, cópia autenticada ou pela citação do repositório de jurisprudência, oficial ou credenciado em que tiver sido publicada a decisão divergente, devendo ser sempre mencionadas "as circunstâncias que identifiquem ou assemelhem os casos confrontados". Para facilitar o trabalho do operador, e adequar o sistema aos avanços tecnológicos, a Lei 11.341, de 7 de agosto de 2006, dando a nova redação ao dispositivo citado, permitiu expressamente a "reprodução de julgado disponível na internet, com indicação da respectiva fonte", no que colabora com a consagração do efetivo acesso à justiça dos cidadãos.

Com tal diretriz, o Código exige do recorrente detido trabalho de exame dos acórdãos paradigmas e paragonado, com o fito de convencer o julgador da semelhança dos contextos analisados em um e outro. Não é suficiente a mera transcrição das ementas ou trechos esparsos dos votos proferidos. Deve existir a comparação, a análise dos fundamentos de um e de outro, permitindo ao leitor concluir com segurança acerca dos diferentes caminhos hermenêuticos percorridos a partir de fatos comuns.

---

520 AgRg no REsp 1344635/SP, 4. T., Rel. Min. Maria Isabel Gallotti, j. 20.11.2012. DJe 28.11.2012; AgRg no Ag 240.492/MG, 3ª T., Rel. Min. Antonio de Pádua Ribeiro, j. 06.06.2000. DJ: 01.08.2000.

Interpretando a exigência, o Ministro Hamilton Carvalhido, proferindo voto no Agravo de Instrumento nº 282.037/BA (DJ 09.03.2000), refere que "o conhecimento do recurso especial, fundado na alínea *c* do permissivo constitucional, requisita não apenas a apresentação dos trechos dos acórdãos que configurem o dissídio alegado, mas também a demonstração das circunstâncias que identifiquem ou assemelhem os casos confrontados, de modo a demonstrar analiticamente a divergência jurisprudencial".[521]

Justamente em face dessas premissas que a Corte não admite o cotejo analítico com uma súmula, a qual, como pondera o Min. Aldir Passarinho, "representa o entendimento pacificado no Tribunal acerca de uma determinada matéria, e como texto geral e abstrato, deve ser interpretado para incidir sobre inúmeras situações jurídicas. Impossível, pois, perquirir sobre a similitude fática do caso *sub examen* e àqueles que deram origem à Súmula (...)".[522] Com efeito, a fim de viabilizar o acesso pela alínea *a*, devem ser apresentados e debatidos os casos que deram origem à súmula, a fim de comprovar a semelhança no suporte fático. Ultrapassado este momento é que o enunciado poderá auxiliar o recorrente na demonstração de que a Corte de Origem não seguiu a linha interpretativa do Superior Tribunal de Justiça.

Também o Regimento Interno do Superior Tribunal de Justiça ocupa-se do cotejo analítico, quando em seu art. 255, § 2º, dispõe: "em qualquer caso, o recorrente deverá transcrever os trechos dos acórdãos que configurem o dissídio, mencionando as circunstâncias que identifiquem ou assemelhem os casos confrontados". Importante ressaltar inovação trazida pela Emenda Regimental nº 6, que permite ao advogado comprovar a divergência por declaração de autenticidade dos acórdãos apontados, sob sua responsabilidade pessoal.

Contudo, tais rigores vêm sendo atenuados pelo próprio Superior Tribunal de Justiça em casos nos quais a divergência jurisprudencial é notória ou quando ementas minuciosas permitem o perfeito conhecimento da controvérsia. Ambas as posições podem ser justificadas à luz do princípio da finalidade. Se a função do cotejo (ou da indicação do repositório) é transmitir ao órgão judicial conhecimento pleno da discussão, demonstrando-se especialmente que ambos os casos apoiam-se em contextos fáticos semelhantes, nada mais razoável do que eliminar tal formalidade, quando, excepcionamente, não existem dúvidas quanto à existência da diferença de interpretação.[523]

---

[521] Trecho citado no acórdão do AgRg no AI nº 452.036, cuja ementa segue: "Agravo Regimental em Agravo de Instrumento. Recurso Especial não admitido. Ausência de Indicação do(s) dispositivo(s) violado(s) e de cotejo analítico entre os acórdãos paradigmas. 1. A admissibilidade do recurso especial, fulcrado nas alíneas a e c do permissivo constitucional subordina-se ao preenchimento de seus requisitos, não sendo viável a admissibilidade de apelo, no que tange à divergência jurisprudencial quando não preenchidos, na íntegra, os requisitos previstos no parágrafo único do artigo 541 do Código de Processo Civil e no artigo 255 do Regimento Interno deste Sodalício. 2. Manutenção da decisão agravada. 3. Agravo regimental não provido".

[522] REsp 786.114, 4ª Turma, Rel. Min. Aldir Passarinho, j. 06.03.2007.

[523] Nesse sentido: "Processo Civil. Embargos de Declaração no Agravo Regimental. PIS. Semestralidade. Omissão. Dissídio notório. Formalidades. 1. Acolhe-se embargos de declaração apenas para

O fenômeno é corretamente explicado pelo Min. Jorge Scartezzini, em voto proferido no julgamento do recurso especial nº 726.435/MG: "quanto ao dissídio jurisprudencial (alínea *c*), excepcionalmente, em se cuidando de divergência notória, evidenciada, estreme de dúvidas, por meio da exposição das ementas do *decisum* hostilizado e do paradigma colacionado, esta Corte orienta-se no sentido de dispensar a parte da comprovação do dissenso mediante o cotejo analítico, é dizer, por meio da contraposição de trechos dos acórdãos sob análise. Em outros termos, sendo possível aferir da leitura das ementas dos acórdãos em confronto a dissonância interpretativa notória, manifestamente conhecida neste Tribunal, prescinde-se da reiteração de sua demonstração por meio da estruturação analítica".[524] Tal exceção é explicada, no plano processual, pelo princípio da finalidade.

suprir omissão, esclarecendo que o STJ, em hipótese de notória divergência interpretativa, costuma mitigar as exigências de natureza formal, tais como cotejo analítico, indicação de repositório oficial e individualização de dispositivo legal. 2. Hipótese que refoge à excepcionalidade, pois os dispositivos legais indicados como violados não foram examinados pelo Tribunal *a quo* e o acórdão paradigma não analisou a tese da semestralidade. 3. Embargos de declaração acolhidos, sem efeito modificativo". EDAgRg no REsp 423.514/RS, 2ª Turma, unânime, DJ de 06.10.2003. Ainda: AgRg no REsp 734.792/MG, Rel. Min. Eliana Calmon.

[524] Na mesma linha: AgRg no REsp nºs 435.562/RJ, 335.331/RS; EDcl no REsp nº 297.823/SP; AgRg no Ag nº 430.237/SP; EREsp nºs 222.525/MA e 539.096/SP.

8. Agravo aos Tribunais Superiores (art. 1.042, NCPC)

8.1. Definição do agravo aos Tribunais Superiores (introito)

Um dos assuntos mais polêmicos no ano em que ocorreu a *vacatio legis* do Novo Código de Processo Civil foi justamente o papel do Agravo em Recurso Especial e em Recurso Extraordinário, previsto no art. 1.042. Na versão sancionada pela Presidente da República em março de 2015, o seu papel era reduzido, na medida em que os recursos (especial e extraordinário) deveriam ascender até Brasília "independentemente" de juízo de admissibilidade. Entretanto, antes mesmo da entrada em vigor do Código, por força da mobilização das Cortes Superiores, houve a revisão do sistema de aferição de admissibilidade dos recursos excepcionais e, por decorrência, do papel deste agravo de admissão.

O tema é delicado, desde a vigência do CPC/73, no qual, grosso modo, contemplou distintas e históricas previsões. Em especial, entre a Constituição Cidadão e o ano de 2010, vigeu na maior parte do tempo o modelo do "agravo de instrumento" contra as decisões de inadmissibilidade do recurso especial e extraordinário proferidas pelos Tribunais de Origem. A partir de 2011, o sistema recursal foi alterado e foi consagrado um "agravo de admissão", com a flexibilização dos requisitos de admissibilidade do anterior "agravo de instrumento".

A lembrança deste percurso histórico pode ser útil para a compreensão do "novo" agravo previsto no art. 1.042, NCPC.

8.2. O agravo de instrumento no sistema processual do final do século XX

A formatação do agravo de instrumento aos Tribunais Superiores, que vigia no início de século XXI, nada mais era do que a extensão da ideologia do recurso do final do século passado. À luz do antigo art. 544, CPC/73, incumbia ao agravante, quando não satisfeito com a decisão que inadmitia o seu recurso especial ou o extraordinário, zelar pela correta formação do instrumento, extraindo as cópias que iriam propiciar ao juízo *ad quem* o conhecimento da controvérsia.

Partia-se do pressuposto (equivocado) de que será mais democrático o sistema, na medida em que fosse oferecido a todos os cidadãos amplo acesso aos Tribunais Superiores. Logo, em linha de princípio, qualquer processo poderia (e na prática ainda pode) motivar a interposição dos recursos extraordinário e/ou especial. A vontade do litigante era o que determina o cabimento de um recurso, ainda que, teoricamente, esta afirmação não encontrasse perfeito respaldo científico.[525]

Dentro desta ideologia "do direito de todo e qualquer jurisdicionado levar a sua causa para o conhecimento dos Tribunais Superiores" e que espelharia, na visão de alguns autores, um dos reflexos de nossa "Carta Cidadã de 1988", seria um símbolo da democracia o fato do Supremo Tribunal Federal apreciar mais de 100.000 recursos/ano ou o Superior Tribunal de Justiça julgar mais de 300.000 recursos/ano. Tanto maior o número, quanto mais eficiente seria a Corte.[526]

Entretanto, em paralelo, exigia-se do recorrente a superação de complexos requisitos de admissibilidade, os quais filtravam a imensa maioria das insurgências. Nesse panorama, era lugar comum afirmar que o ônus pela formação do agravo de instrumento, deduzido contra a decisão que inadmitia o extraordinário ou o especial era de integral responsabilidade do agravante. Não lhe era tolerado complementar a documentação, a qual deveria estar perfeita no momento de interposição de seu recurso, como decorrência do princípio da consumação. Essa conclusão – relativamente pacífica – era corroborada pelo extremo rigor com o qual os Tribunais Superiores aferiam a formação do instrumento.

Eram exemplos desta orientação jurisprudencial os seguintes precedentes: "estando ilegível o protocolo do Tribunal a quo, caberia à parte, em tempo hábil, apresentar certidão que atestasse a data de interposição do recurso, sob pena de seu não conhecimento, não se admitindo nesta instância especial a realização de diligências para suprir eventuais falhas, bem como a juntada tardia de peças para complementar a sua formação". (RCDESP no

---

[525] Absolutamente correta é a ponderação de Guilherme Nassif Azem, analisando a realidade do recurso extraordinário brasileiro, antes da introdução da repercussão geral: "a despeito de sua classificação e características, aparentemente refratárias à utilização em larga escala do expediente forense, a configuração dada pelo constituinte originário ao recurso extraordinário ofertou-lhe generoso campo de incidência, admitindo, em tese, que toda controvérsia envolvendo matéria constitucional aportasse ao Supremo Tribunal Federal". *Repercussão Geral da Questão Constitucional no Recurso Extraordinário*, Porto Alegre: Livraria do Advogado, 2009, p. 21.

[526] Observe-se a seguinte notícia, veiculada no *site* oficial do STJ, no dia 27.12.2010: "STJ fecha 2010 com superávit de julgados: em quase 22 anos de existência, o STJ já ultrapassou a marca dos 2,8 milhões de processos julgados. São mais de 3 milhões de processos distribuídos a seus integrantes desde sua instalação em 1989. A cada ano, seus magistrados vêm mantendo um ritmo crescente de julgados, fazendo o tribunal merecer, cada vez mais, a sua denominação de Tribunal da Cidadania".

Ag 1328264/RJ. DJe: 27/10/2010);[527] "a Quarta Turma, ao julgar o REsp 805.114/SC (Rel. Min. Aldir Passarinho Junior, DJ de 14.5.2007, p. 318), enfrentou situação análoga à dos presentes autos, ocasião em que manteve o não conhecimento do agravo de instrumento a que se refere o art. 525, I, do Código de Processo Civil, por não ter sido juntada cópia do verso de uma das peças processuais obrigatórias". (AgRg no Ag 884.649/SC. DJ: 29/11/2007, p. 208); "a jurisprudência desta Corte é pacífica no sentido de que a ausência das peças obrigatórias de que trata o art. 525, I, do CPC (dentre as quais se inclui a cópia da cadeia de substabelecimentos) importa em não conhecimento do recurso". (EREsp 1056295/RJ. DJe: 25/08/2010)

Malgrado as injustiças ocasionadas pela dita "jurisprudência defensiva" eram raros os acórdãos que discrepavam dessa linha. Veja-se, a propósito, precedente da 4ª Turma, pelo qual "constitui-se excesso de rigor formal não conhecer de agravo de instrumento na hipótese em que as demais cópias trasladadas são suficientes para vislumbrar-se a admissibilidade do recurso especial".[528]

Em face dessas orientações pouco compreensíveis e que ocasionavam extrema dificuldade para o operador, não eram raros os doutrinadores que defendiam inclusive a extinção do agravo. Luiz Alberto Simões Pires Filho, ilustrativamente, assim se pronunciava: "pode-se pensar, então, ser extremamente plausível a apresentação, triagem e distribuição do Recurso Especial diretamente no Superior Tribunal de Justiça, eliminando-se consequentemente o Agravo de Instrumento de que trata o Artigo 544 do Código de Processo Civil".[529]

Idêntica questão, e outras igualmente interessantes, eram colocadas por Lucas Pereira Baggio: "pergunta-se: não seria mais adequada a interposição dos recursos especial e extraordinário diretamente perante os tribunais superiores, tal como ocorreria com o agravo de instrumento em segunda instância? O recorrente seria obrigado a juntar a petição dos recursos no tribunal *a quo* e em primeiro grau (à semelhança do art. 526, CPC), para facilitar o contraditório, evitando que o recorrido fosse obrigado a diligenciar juntos aos tribunais superiores para buscar cópia do recurso. Sua instrução poderia obedecer às mesmas exigências estabelecidas para o agravo de instrumento (CPC, art. 525). A medida de urgência poderia ser pleiteada diretamente na petição recursal, cabendo já ao Ministro Relator apreciar o pedido, deferindo ou não a atribuição de efeito suspensivo ao recurso. (...) Desse modo, restaria superado o problema da competência para o julgamento do pedido de urgência, reduzindo consideravelmente o tempo do processo, com a retirada do procedimento de ato processual inútil, liberando os respectivos julgadores

[527] Outros precedentes sobre o tema são encontrados no estudo específico de Sérgio Biava Junior. Carimbo de protocolo ilegível ou Inexistente na jurisprudência do Superior Tribunal de Justiça. Repro 165/255.

[528] STJ, AI. 1322327, Rel. Min. João Otávio de Noronha.

[529] Os Limites do Tribunal *a quo* no juízo desdobrado de admissibilidade do recurso especial. Disponível em <www.abdpc.org.br>. Acesso em 10.01.2011.

para a prática de outros, mais importantes, em nome do princípio da eficiência da administração pública".[530]

Bem observava Carlos Alberto Alvaro de Oliveira que o formalismo é necessário ao direito, pois representa uma garantia de liberdade frente ao arbítrio. Entretanto, quando levado ao extremo, pode comprometer justamente o direito que iria albergar, mostrando-se pernicioso para o cidadão.[531] A grande missão do jurista, neste aspecto, seria identificar as hipóteses em que o formalismo é bem-vindo (visto que justificado, à luz das exigências constitucionais) e aquelas outras em que ele mais representa uma forma de violar as legítimas expectativas do jurisdicionado.

A insatisfação dos doutrinadores residia justamente no excesso de formalismo que cerca o agravo. Esperava-se que, no século XXI, esse pano de fundo fosse diverso. Com efeito, cada ato processual possui uma finalidade e o ato processual deveria ser considerado válido quando, a despeito da preterição de alguma formalidade, tivessem sido respeitadas as garantias de ambas as partes, pela incidência do devido processo constitucional, do *pas de nullité sans grief*, etc. Não era isso, contudo, que se observava na jurisprudência da virada do século.

Esta era a realidade sobre a qual foi edificada a Lei 13.322/2010.

8.3. O "agravo de admissão", a partir da Lei 12.322/2010

A Lei nº 12.322 "transforma o agravo de instrumento interposto contra decisão que não admite recurso extraordinário ou especial em agravo nos próprios autos, alterando dispositivos da Lei nº 5.869, de 11 de janeiro de 1973 – Código de Processo Civil".

Em síntese, foram "alterados" quatro artigos do Código de Processo Civil: 475-O (execução provisória), 544 e 545 (agravo) e 736 (instrução de embargos à execução). De substancial, a reforma atingiu o art. 544, pois, nas demais hipóteses, o legislador consolida as mudanças, atualizando suas referências.

Segundo o art. 544, o agravo passou a ser interposto nos próprios autos. Eliminou-se, assim, a figura do instrumento (e, esperava-se, todas aquelas polêmicas relativas à correção de sua formação). O prazo de 10 dias fora mantido. Tal como antes, competia à parte deduzir um agravo para cada recurso não admitido (§ 1º). Após a intimação do agravado, para a apresentação de resposta, sobiam os autos ao Tribunal Superior. A atuação do juízo *a quo*, nesses casos, limitava-se à instrução do recurso, uma vez que, ao contrário do especial e do extraordinário, não ocorria exame bipartido de admissibilidade no agravo. Como regra geral, todos os agravos de admissão subiam até Brasília e lá eram apreciados.

---

[530] *Tutela jurisdicional de urgência e as exigências do direito material*. Rio de Janeiro: Forense, 2010. p. 219.

[531] *Do Formalismo no Processo Civil*. São Paulo: Saraiva, 2004.

O seu roteiro de julgamento englobava uma decisão monocrática proferida pelo Relator, no Tribunal Superior, a qual embora idealizada para ser excepcional, tornava-se regra. Era autorizada a atuação do relator tanto na análise da admissibilidade, quanto no exame do mérito do agravo e do recurso denegado. Ou seja, através do Agravo era possível julgar a matéria do recurso especial.[532] O mais comum, entretanto, a era a aplicação do § 4º, I, do art. 544, que autoriza o relator a "não conhecer do agravo manifestamente inadmissível ou que não tenha atacado especificamente os fundamentos da decisão agravada".

A complementação do arcabouço era dada pelo inciso II, o qual autoriza o conhecimento do agravo para: "a) negar-lhe provimento, se correta a decisão que não admitiu o recurso; b) negar seguimento ao recurso manifestamente inadmissível, prejudicado ou em confronto com súmula ou jurisprudência dominante no tribunal; c) dar provimento ao recurso, se o acórdão recorrido estiver em confronto com súmula ou jurisprudência dominante no tribunal". Essas alternativas já aconteciam sob a lei anterior. E geravam consequências práticas importantes, como dúvidas quanto ao cabimento de embargos de divergência também contra as decisões em agravo ou a inibição da sustentação oral do advogado, quando a tese fosse enfrentada no agravo, ao invés do extraordinário ou especial. Não por acaso, portanto, o NCPC se pronunciou sobre estes dois temas, ao tratar de sustentação oral e de embargos de divergência.

Por fim, na linha do paradigma recursal do século passado, que partia do princípio de que o sistema deveria sempre municiar a parte com um recurso frente a uma possível decisão equivocada, o vetusto art. 545 contemplava ainda o "agravo regimental". Ou seja, no prazo de 5 dias, competia à parte sucumbente deduzir novo recurso contra a decisão unipessoal, que era apreciado pelo Colegiado (Turma), cujo procedimento era unilateral já que não se autorizavam as contrarrazões, o que não deixava de ser estranho frente a ideia constitucional de contraditório e a principiologia recursal, pois, embora raramente, a reforma do julgado ocorria.

---

532 Por ilustração: "nos termos do art. 544, § 4º, II, 'c', do CPC, é permitido ao relator conhecer do agravo para dar provimento ao recurso especial, se o acórdão recorrido estiver em confronto com súmula ou jurisprudência dominante no tribunal, como ocorreu no presente caso, sendo facultado à parte contrária a interposição de agravo, no prazo de 5 dias, ao órgão competente, nos termos do art. 545 do CPC. Precedentes. 2. O direito constitucional ao contraditório em sede de recurso especial ou de agravo que objetiva conferir-lhe trânsito (CPC, art. 544) é exercido após a interposição desses recursos mediante a abertura de prazo para que o recorrido apresente contrarrazões ou contraminuta, à luz do disposto nos arts. 542, *caput*, e 544, § 2º, do CPC. Na espécie, observa-se que os ora agravantes já haviam se pronunciado nos autos após a interposição de agravo nos próprios autos pela companhia em face da decisão do Tribunal a quo que negou seguimento ao recurso especial, mediante a apresentação de contraminuta, sendo certo que não suscitaram qualquer irregularidade na intimação para apresentarem contrarrazões ao recurso especial, não havendo, pois, em se falar de ofensa ao contraditório". AgRg nos EDcl nos EDcl no AREsp 660.109/RJ, 4. T., Rel. Min. Luis Felipe Salomão, j. 24.11.2015. DJe 01.12.2015.

8.4. O Agravo no NCPC sancionado em março de 2015

Em março de 2015, foi sancionado o NCPC. Na redação de então, preconizava-se a subida do recurso especial e do extraordinário independentemente de exame de admissibilidade pelo Tribunal de Origem, conforme a redação do art. 1.030 de então: "Recebida a petição do recurso pela secretaria do tribunal, o recorrido será intimado para apresentar contrarrazões no prazo de 15 (quinze) dias, findo o qual os autos serão remetidos ao respectivo tribunal superior. Parágrafo único. A remessa de que trata o caput dar-se-á independentemente de juízo de admissibilidade".

A interpretação literal se mostrava equivocada, pois em verdade outros dispositivos do Código, como o art. 1.035, autoriza ao Tribunal de Origem detectar a intempestividade dos recursos, a qual é uma questão de admissibilidade. Outrossim, a grande missão dos Tribunais Inferiores era aferir se os temas discutidos nos recursos já haviam sido enfrentados pelos Tribunais Superiores ou se se encontravam pendentes de apreciação, hipóteses em que os recursos deveriam viabilizar retratação ou eram sobrestados.

Nesse contexto, compreende-se a redação do art. 1.042, na forma como sancionado em março de 2015, pela Presidenta Dilma Roussef:

> Art. 1.042. Cabe agravo contra decisão de presidente ou de vice-presidente do tribunal que:
>
> I – indeferir pedido formulado com base no art. 1.035, § 6º, ou no art. 1.036, § 2º, de inadmissão de recurso especial ou extraordinário intempestivo;
>
> II – inadmitir, com base no art. 1.040, inciso I, recurso especial ou extraordinário sob o fundamento de que o acórdão recorrido coincide com a orientação do tribunal superior;
>
> III – inadmitir recurso extraordinário, com base no art. 1.035, § 8º, ou no art. 1.039, parágrafo único, sob o fundamento de que o Supremo Tribunal Federal reconheceu a inexistência de repercussão geral da questão constitucional discutida.
>
> § 1º Sob pena de não conhecimento do agravo, incumbirá ao agravante demonstrar, de forma expressa:
>
> I – a intempestividade do recurso especial ou extraordinário sobrestado, quando o recurso fundar-se na hipótese do inciso I do caput deste artigo;
>
> II – a existência de distinção entre o caso em análise e o precedente invocado, quando a inadmissão do recurso:
>
> a) especial ou extraordinário fundar-se em entendimento firmado em julgamento de recurso repetitivo por tribunal superior;
>
> b) extraordinário fundar-se em decisão anterior do Supremo Tribunal Federal de inexistência de repercussão geral da questão constitucional discutida.

§ 2º A petição de agravo será dirigida ao presidente ou vice-presidente do tribunal de origem e independe do pagamento de custas e despesas postais.

§ 3º O agravado será intimado, de imediato, para oferecer resposta no prazo de 15 (quinze) dias.

§ 4º Após o prazo de resposta, não havendo retratação, o agravo será remetido ao tribunal superior competente.

§ 5º O agravo poderá ser julgado, conforme o caso, conjuntamente com o recurso especial ou extraordinário, assegurada, neste caso, sustentação oral, observando-se, ainda, o disposto no regimento interno do tribunal respectivo.

§ 6º Na hipótese de interposição conjunta de recursos extraordinário e especial, o agravante deverá interpor um agravo para cada recurso não admitido.

§ 7º Havendo apenas um agravo, o recurso será remetido ao tribunal competente, e, havendo interposição conjunta, os autos serão remetidos ao Superior Tribunal de Justiça.

§ 8º Concluído o julgamento do agravo pelo Superior Tribunal de Justiça e, se for o caso, do recurso especial, independentemente de pedido, os autos serão remetidos ao Supremo Tribunal Federal para apreciação do agravo a ele dirigido, salvo se estiver prejudicado.

Neste cenário, a principal preocupação do agravante era demonstrar a distinção entre o seu caso concreto e o precedente invocado do Tribunal Superior. A este respeito, a lição de Guilherme Rizzo Amaral: "já em se tratando de agravo contra inadmissão de recurso especial ou extraordinário, seja em face da vinculação de decisão em recurso repetitivo, seja em face da vinculação da decisão do STF que reconhece a inexistência de repercussão geral, para fugir à aplicação do precedente é indispensável que o agravante realize o *distinguishing*, ou seja, a *distinção* entre o caso concreto e o caso que deu base ao precedente. A distinção partirá da identificação da *ratio decidendi* – ou seja, dos fundamentos determinantes – do precedente, que, por sua vez, difere-se de meros *obter dicta*. Identificada a *ratio decidendi*, parte-se para contrapô-la ao caso sob julgamento. Da mesma forma que não poderá o agravante eximir-se de demonstrar cabalmente a distinção, não poderá o tribunal eximir-se de analisá-la, refutando-a ou acatando-a (art. 489, V e VI)".[533]

Contudo, durante a *vacatio legis* do Novo Código, estudos realizados pelos Tribunais Superiores concluíram que o volume de recursos destinados a Brasília tenderia a crescer exponencialmente, caso entrasse em vigência este modelo acima. Acreditava-se que haveria um incremento de aproximadamente 50% no número de recursos distribuídos no Superior Tribunal de Justiça, o que, na visão dos próprios Tribunais Superiores, ameaçava o seu adequado funcionamento.

---

[533] *Comentários às alterações do Novo CPC*, São Paulo: RT, 2015, p. 1.071.

Daí a iniciativa, cuja tramitação teve sucesso no Congresso Nacional, da Lei 13.256, oriunda do Projeto de Lei 168, aprovado pelo Senado Federal em dezembro de 2015, abaixo analisada.

8.5. Da feição "definitiva" do Agravo no NCPC (Lei 13.256/2016)

Conforme a Lei 13.256/2016 que veio a dar os contornos do Agravo de Admissão, quando da entrada em vigor do "Novo CPC", o art. 1.042 passou a ter a seguinte redação:

> Art. 1.042. Cabe agravo contra decisão do presidente ou do vice-presidente do tribunal recorrido que inadmitir recurso extraordinário ou recurso especial, salvo quando fundada na aplicação de entendimento firmado em regime de repercussão geral ou em julgamento de recursos repetitivos.
>
> I – (Revogado);
>
> II – (Revogado);
>
> III – (Revogado).
>
> § 1º (Revogado):
>
> I – (Revogado);
>
> II – (Revogado):
>
> a) (Revogada);
>
> b) (Revogada).
>
> § 2º A petição de agravo será dirigida ao presidente ou ao vice – presidente do tribunal de origem e independe do pagamento de custas e despesas postais, aplicando se a ela o regime de repercussão geral e de recursos repetitivos, inclusive quanto à possibilidade de sobrestamento e do juízo de retratação.

A aprovação foi comemorada pelos Ministros do Superior Tribunal de Justiça. Declarou o Min. Paulo de Tarso Sanseverino que "em 2014, nós recebemos em torno de 310 mil recursos. Se fosse mantido o texto original do novo CPC, nós receberíamos, em 2016, mais de 500 mil recursos. Isso especialmente para os ministros da área civil. Em média, passaríamos de 10 mil recursos por ministro para mais de 20 mil recursos. Isso, praticamente, inviabilizaria o tribunal". Agregou o Min. Sérgio Kukina que foi restaurada a própria operacionalidade da Corte: "não que o STJ se recuse a trabalhar, mas não contamos com uma estrutura adequada e presente para fazer frente ao modelo proposto no novo CPC".[534]

---

[534] Notícia publicada no site da Corte, sob o título "Lei que altera novo CPC e restabelece juízo de admissibilidade é sancionada". Disponível em <http://www.stj.jus.br/sites/STJ/default/pt_BR/noticias/noticias/Lei-que-altera-novo-CPC-e-restabelece-ju%C3%ADzo-de-admissibilidade-%C3%A9-sancionada>. Acesso em 10.02.2016.

Aparentemente, foi resgatado o modelo antigo, que estava em vigor ao final da vigência do CPC/73. Houve uma polêmica mudança, com o restabelecimento do exame de admissibilidade do recurso especial e do extraordinário, pelo Tribunal de Origem, com amparo no art. 1.030.

A aprovação do Projeto foi cercada de polêmicas. Por ilustração, a posição de Dierle Nunes: no entanto, o indicado PLC 168, sob o véu de fumaça da mudança do juízo de admissibilidade dos recursos extraordinários, promoveu alterações preocupantes no sistema altamente dialógico de formação e aplicação de precedentes que estava estruturado, ao macular duas das técnicas mais essenciais de um sistema de precedentes, a distinção (*distinguishing*) e superação (*overruling*); suprimir o dever de congruência dos tribunais superiores; e tentar mitigar os deveres de fundamentação dos referidos tribunais. Então vejamos: 1. De imediato percebemos que a supressão matreira do § 2º do artigo 1.029, que estabelece que quando o recurso especial "estiver fundado em dissídio jurisprudencial, é vedado ao tribunal inadmiti-lo com base em fundamento genérico de que as circunstâncias fáticas são diferentes, sem demonstrar a existência da distinção", demonstra que parcela dos ministros dos tribunais superiores (autores do PLC) não desejam adotar a grande premissa de se levar a sério o dever cooperativo de distinguir casos, de modo a se manter o sistema atual onde julgados são aplicados mediante emprego de ementas de modo mecânico, tanto em casos idênticos, quanto em relação a casos aproximados (que possuem fatos operativos diversos). O estrago só não é maior em face da mantença incólume das normas fundamentais do CPC-2015 que, mesmo com a referida supressão, não eximem os magistrados de seus deveres normativos de preservação do contraditório e da fundamentação. Entretanto, resta claramente demonstrada a dificuldade de alguns em compreender o que seja um sistema legítimo de precedentes".[535]

Na forma como ora estruturado o Código, compreende-se o papel do Agravo de Admissão justamente em face do papel a ser desempenhado pelo Tribunal de Origem no controle de admissibilidade do recurso especial e do recurso extraordinário. Ou seja, tendo em vista que o Tribunal de Origem deverá negar seguimento aos recursos excepcionais, nas hipóteses do art. 1.030, I, competirá ao recorrente deduzir o agravo com a fundamentação suficiente para convencer o Tribunal Superior do equívoco realizado pelo Tribunal Inferior, quando da primeira análise de admissibilidade.

O desafio desse modelo reside na identificação de uma forma de viabilizar a oxigenação da jurisprudência, pois conforme o art. 1042 não caberá agravo de admissão contra decisões que apliquem "entendimento firmado em regime de repercussão geral ou em julgamento de recursos repetitivos". Nesses casos, será necessário criar outro meio hábil para permitir que, de tempos em tempos, os Tribunais de Brasília conheçam de novos argumentos e possam, eventualmente, rever as suas orientações, atualizando a sua jurisprudência.

---

535 Disponível em <http://genjuridico.com.br/2016/01/21/proposta-de-reforma-do-novo-codigo-de-processo-civil-apresenta-riscos>. Acesso em 25.01.2016.

9. Embargos de Divergência

9.1. Finalidade dos embargos de divergência

No direito brasileiro, há um grande apreço pelo emprego do termo "embargo". Basta uma rápida leitura dos principais diplomas para se verificar a quantidade de situações nas quais é dado ao jurisdicionado "embargar" determinada situação (embargos do devedor, embargos de declaração, embargos de terceiro, embargos por benfeitorias, embargos à arrematação, embargos de divergência, etc.).

Nesse sentido, é correta a observação de Athos Gusmão Carneiro ao qualificar de "polissêmico" os embargos previstos no ordenamento nacional, pois traduzem institutos distintos. Em que pese a diferença de finalidade de uns e outros embargos, o professor identifica um traço comum, qual seja, "a de oposição de obstáculo, de empecilho a alguma pretensão da parte adversária", salientando que o termo deriva do latim *imbarricare*.[536]

O Novo CPC segue esta tradição. Na redação sancionada pela Presidente Dilma Roussef, em março de 2015, o termo embargos aparecia em pelo menos 78 oportunidades, ao longo dos artigos, com os mais diversos contornos...

No que toca aos embargos de divergência, previstos no direito recursal, observa-se que a sua finalidade é justamente uniformizar a jurisprudência interna das Cortes Superiores (STF e STJ).

Com efeito, causaria enorme perplexidade a constatação de que cada órgão fracionário dos Tribunais Superiores adotasse posicionamento distinto quanto a teses jurídicas aplicáveis a idêntico grupo de casos. Como poderia o Supremo ou o Superior realizar sua missão de uniformizar a aplicação do direito em território nacional, se, em seu próprio seio, pairasse a divergência? Um cidadão, situado no mesmo plano do direito material que outro, receberia resposta jurisdicional distinta, caso o seu recurso fosse apreciado pela 1ª ou pela 2ª Turma, em nítida violação à promessa constitucional de isonomia e impessoalidade.

Tal preocupação já era sentida por Carlos Maximiliano, quando, com apoio na Constituição de 1891, duvidava da conveniência de se dividir a composição do Supremo Tribunal Federal, mediante a seguinte justificava:

[536] *Recurso Especial, Agravos e Agravo Interno*, 4. ed. Rio de Janeiro: Forense, 2005, p. 127.

"a divisão do Supremo Tribunal em duas Câmaras, além de arranhar a Constituição, acarretaria o inconveniente, previsto pelos norte-americanos, de comprometer a unidade da jurisprudência, elemento capital da certeza do direito".[537]

Por critérios de conveniência, ao longo de sua história, o Supremo optou pela especialização de seus magistrados, agrupando-os em duas Turmas. Mas a preocupação com a unidade de pensamento da Corte não desapareceu; ao contrário, foi corroborada pela introdução dos embargos de divergência.

Como dito, em ambas as Cortes, os embargos de divergência perseguem idêntico objetivo, qual seja, a uniformização interna de sua jurisprudência, afinal ambos os Tribunais são encarregados pela Constituição de dar a última palavra em matéria constitucional e infra.[538] Justifica-se, assim, a previsão do recurso, uma vez que, ao sistema jurídico seria por demais inconveniente que qualquer dessas Cortes vacilasse na aplicação do Direito, gerando, através de provimentos discrepantes, insegurança para os jurisdicionados.

Dentro desse contexto, através dos embargos, os membros das Cortes Superiores têm a oportunidade de meditar acerca da melhor interpretação do direito em determinado momento histórico, livrando o cidadão do risco de obter pronunciamentos heterogêneos quanto à idêntica matéria fática. Como resultado desse trabalho, harmoniza-se o pensamento de cada uma das Corte.

9.2. Previsão legal (a ampliação das hipóteses de cabimento no NCPC)

Da leitura conjunta dos artigos 546, CPC/73, e 1.043, CPC/2015, já se observa uma ampliação nas hipóteses de cabimento dos embargos de divergência.

Assim era a redação no art. 546, do CPC/73: "é embargável a decisão da turma que: I – em recurso especial, divergir do julgamento de outra turma, da seção ou do órgão especial; II – em recurso extraordinário, divergir do julgamento da outra turma ou do plenário. Parágrafo único. Observar-se-á, no recurso de embargos, o procedimento estabelecido no regimento interno".

Pela letra da lei anterior, eram embargáveis apenas as decisões das Turmas do Supremo Tribunal Federal e do Superior Tribunal de Justiça, quando, em julgamento de recurso extraordinário ou de especial, divergissem da orientação firmada por outro órgão colegiado da mesma Corte. Tendo em vista a composição destas Cortes, eram admissíveis os Embargos: no Supre-

---

537 Op. cit., p. 555.

538 Anota José Carlos Barbosa Moreira que os Embargos de Divergência possuem "finalidade análoga à do recurso de revista do direito anterior: propiciar a uniformização da jurisprudência interna do tribunal quanto à interpretação do direito em tese". In *Comentários ao CPC*, 12. ed., p. 624.

mo Tribunal Federal, se houvesse divergência de uma Turma com a outra ou com o Plenário. No Superior Tribunal de Justiça, quando, em recurso especial, a orientação adotada por uma Turma divergisse da orientação de outra Turma, de uma Seção ou do Órgão Especial. Considerando, igualmente, a possibilidade de uma Seção divergir de outra – ou da orientação consagrada pela Corte Especial – considerávamos nas edições anteriores desta obra que deveriam ser igualmente embargáveis os seus acórdãos, em face da finalidade do recurso. A lei anterior, contudo, apenas se referia a acórdãos de turmas, tornando a matéria complexa.

No NCPC, o art. 1.043 admite o cabimento dos recursos em termos mais amplos, a começar pelo *caput,* que se refere a "órgão fracionário", e não apenas a Turmas, superando, portanto, a discussão do parágrafo acima. Terá cabimento contra os seguintes acórdãos: (I) em recurso extraordinário ou em recurso especial, divergir do julgamento de qualquer outro órgão do mesmo tribunal, sendo os acórdãos, embargado e paradigma, de mérito; (II) em recurso extraordinário ou em recurso especial, divergir do julgamento de qualquer outro órgão do mesmo tribunal, sendo os acórdãos, embargado e paradigma, relativos ao juízo de admissibilidade;[539] (III) em recurso extraordinário ou em recurso especial, divergir do julgamento de qualquer outro órgão do mesmo tribunal, sendo um acórdão de mérito e outro que não tenha conhecido do recurso, embora tenha apreciado a controvérsia; (IV) nos processos de competência originária, divergir do julgamento de qualquer outro órgão do mesmo tribunal.

Ou seja, a primeira hipótese reproduz o Código anterior. Entretanto, as demais ampliam a sua admissibilidade. O NCPC foi expresso ao autorizar que questões relativas ao "juízo de admissibilidade" também sejam enfrentadas pelos embargos de divergência, a fim de padronizar o controle da recepção dos recursos extraordinário e especial. Ainda mais inovadora é a previsão do quarto inciso, admitindo que acórdãos proferidos em ações de competência originária sejam atacados com os embargos de divergência.

Agregam, ainda, os parágrafos do artigo que: "poderão ser confrontadas teses jurídicas contidas em julgamentos de recursos e de ações de competência originária" (§ 1º); "a divergência que autoriza a interposição de embargos de divergência pode verificar-se na aplicação do direito material ou do direito processual" (§ 2º); "cabem embargos de divergência quando o acórdão paradigma for da mesma turma que proferiu a decisão embargada, desde que sua composição tenha sofrido alteração em mais da metade de seus membros" (§ 3º).

---

[539] Observa Pedro Miranda de Oliveira que "o CPC em vigor determina que a divergência que autoriza sua interposição pode ser verificada na aplicação do direito material ou do direito processual. Em outras palavras, o mérito dos embargos de divergência compreenderá, em última análise, a extirpação da controvérsia entre acórdãos dos órgãos fracionários a respeito do direito debatido, seja qual for sua natureza.A regra leva em consideração a finalidade maior dos embargos de divergência, qual seja, dar a última palavra sobre a aplicação do direito federal. Por outro lado, permite o arejamento da jurisprudência nos Tribunais Superiores". Recursos Excepcionais. In *Comentários ao novo Código de Processo Civil,* coord. CABRAL, Antônio do Passo *et ali,* Rio de Janeiro, Forense: 2015, p. 1.545.

Evidencia-se, a partir da ampliação das hipóteses de cabimento, a preocupação com a efetiva uniformização da jurisprudência, em sintonia com os vetores do Novo CPC. Decorre da nova redação, a conveniência de se cancelar a Súmula 315/STJ.[540]

Nesse sentido, o Novo CPC oferece um "poderoso instrumento" de uniformização jurisprudencial, como destacado na "Exposição de Motivos": "as hipóteses de cabimento dos embargos de divergência agora se baseiam exclusivamente na existência de *teses contrapostas*, não importando o veículo que as tenha levado ao Supremo Tribunal Federal ou ao Superior Tribunal de Justiça. Assim, são possíveis de confronto teses contidas em recursos e ações, sejam as decisões de mérito ou relativas ao juízo de admissibilidade. Está-se, aqui, diante de poderoso instrumento, agora tornado ainda mais eficiente, cuja finalidade é a de uniformizar a jurisprudência dos Tribunais superiores, *interna corporis*. Sem que a jurisprudência desses Tribunais esteja internamente uniformizada, é posto abaixo o edifício cuja base é o respeito aos precedentes dos Tribunais superiores".

Espera-se amplo aproveitamento desta inovação, pelos Tribunais Superiores.

9.3. Pressupostos de admissibilidade

Quanto à admissibilidade deste recurso, por imperativo de lógica, é necessário que ambos os acórdãos divergentes tenham se apoiado sobre premissas fáticas semelhantes. Não há como se comparar a incidência da norma em realidades fáticas distintas, pois há um consenso de que a mudança na realidade fática gera reflexos relevantes no melhor direito aplicável.[541]

Por decorrência, como bem salienta o Min. José Delgado, "no cotejo analítico dos acórdãos, em se verificando cuidarem de hipóteses distintas, cujas situações processuais não se alinham, não têm cabimento os embargos de divergência, uma vez que não albergam reapreciação do recurso especial, pois se prestam a dirimir contradição entre arestos que deram soluções jurí-

[540] Reza a súmula 315: "Não cabem embargos de divergência no âmbito do agravo de instrumento que não admite recurso especial".

[541] "PROCESSUAL CIVIL. AGRAVO REGIMENTAL. EMBARGOS DE DIVERGÊNCIA. PRESSUPOSTOS DE ADMISSIBILIDADE. AUSÊNCIA DE SIMILITUDE ENTRE OS JULGADOS CONFRONTADOS. DIVERGÊNCIA NÃO CONFIGURADA. 1. Caracteriza-se a divergência jurisprudencial, quando da realização do cotejo analítico entre os acórdãos paradigma e recorrido, verifica-se a adoção de soluções diversas à litígios semelhantes. 2. In casu, inviável a referida averiguação uma vez que o acórdão embargado encontra-se fundado na negativa de seguimento do recurso especial interposto, ante a aplicação da Súmula nº 126/STJ, e o adotado como paradigma encontra-se assentado na aplicabilidade da Súmula n. 276/STJ. 3. Ausência de motivos suficientes para a modificação do julgado, ante a inexistência de similitude fática entre os acórdãos confrontados. 4. Agravo regimental desprovido". AgRg nos EREsp 512188/RS, 1ª S., Rel. Ministro Luiz Fux, j. 08/03/2006, DJ: 20.03.2006, p. 182

dicas diferentes a casos similares ou idênticos, uniformizando a jurisprudência interna nos Tribunais Superiores".[542] Com razão, não haveria sentido em se aplicar determinado raciocínio jurídico para grupos de casos que não se assemelham.

Portanto, a identidade fática é um pressuposto inarredável para a utilização do recurso.

A atividade do embargante, portanto, principia com a identificação de um precedente, formado sobre semelhante realidade fática, com a adoção de tese em sentido contrário à decisão embargada. É sobre essa divergência que a argumentação do recorrente se apoia. Por tal razão, a qualidade das razões do embargante não raro depende do mérito do paradigma encontrado, uma vez que o recorrente é dele refém. O acórdão paradigma deve ter enfrentado o *thema juris* de forma expressa, sob pena de ser frustrado o escopo do sistema.[543]

Não se tolera, após a apresentação do recurso, a inovação consistente no aproveitamento de outras decisões, para fins de admissibilidade, pela incidência do princípio da consumação.[544] Nada impede, entretanto, que o embargante some outros argumentos aos que foram trabalhados no precedente, desde que conectados com o tema que será alvo de análise. Quando o recorrente assim procede, coletando doutrina e jurisprudência aplicáveis ao caso, não deixa de facilitar o trabalho do magistrado, com a sua própria pesquisa.

Em tese, qualquer precedente do mesmo Tribunal (Supremo ou Superior) pode ser utilizado para fins de admissibilidade recursal, exceto aqueles oriundos do mesmo órgão fracionário que prolatou a decisão recorrida.[545] Nessas hipóteses, presume-se que a jurisprudência avançou e o dito dissídio em realidade jamais existiu, pois o importante é a harmonia jurisprudencial em um determinado período histórico.[546] Ademais, se os membros de um ór-

[542] AgRg nos EREsp 502206/RS, 1ª S., DJ: 05.12.2005, p. 209.

[543] Anota a jurisprudência que "os embargos de divergência se prestam à uniformização da jurisprudência do Tribunal, o que pressupõe a existência de teses jurídicas divergentes entre órgãos fracionários, as quais devem ter sido abordadas explicitamente" (AgRg nos EREsp 107.426/RS, CE, Rel. Min. Francisco Peçanha Martins, j. 26.9.2002. DJ: 16/12/2002).

[544] Nesse sentido: "EMBARGOS DE DECLARAÇÃO. INEXISTÊNCIA DE OMISSÃO, OBSCURIDADE OU CONTRADIÇÃO. INDEFERIMENTO LIMINAR DO EMBARGOS DE DIVERGÊNCIA, POR INSUFICIÊNCIA DE INSTRUÇÃO. EMBARGOS REJEITADOS. I – Os embargos de declaração devem atender aos seus requisitos, quais sejam, suprir omissão, contradição ou obscuridade. Não havendo qualquer um desses pressupostos, rejeita-se o recurso integrativo. II – Consoante entendimento desta Corte, considerando-se que os pressupostos de admissibilidade devem ser analisados no momento da interposição do recurso, a juntada, a posteriori, em petição apartada, dos acórdãos apontados como paradigmas, não supre a deficiência da inicial dos embargos de divergência, em razão da preclusão consumativa. III – Embargos rejeitados". (EDcl nos EAREsp 37.466/PR, CE, Rel. Min. Gilson Dipp, j. 15.05.2013. DJe 28.05.2013)

[545] Por ilustração: "A divergência entre acórdãos proferidos pela mesma Turma julgadora não permite a oposição dos Embargos de Divergência". (AgRg nos EREsp 1105904/DF, CE, Rel. Min. Herman Benjamin, j. 15/05/2013. DJe 13/06/2013.

[546] Nesse sentido: "Agravo regimental. Embargos de divergência em embargos de declaração em agravo regimental em agravo de instrumento. Art. 546, II, do CPC. Dissenso jurisprudencial orgâ-

gão colegiado não entram em consenso, presume-se que, por maioria, conseguirão firmar alguma orientação, julgando de maneira semelhante os casos que se apresentarem no futuro.

Vale registrar que esta regra histórica sofreu uma limitação com o Novo CPC. Conforme o § 3º do art. 1.043, tornaram-se admissíveis os embargos quando "o acórdão paradigma for da mesma turma que proferiu a decisão embargada, desde que a sua composição tenha sofrido alteração em mais da metade de seus membros". Ou seja, autorizou o Código o confronto entre uma tese superada pelo órgão fracionário em razão de mudança em sua composição. Na linha do Código, outro órgão (uma Seção ou a Corte Especial) deverá, então, referendar este novo posicionamento.

De seu turno, a comprovação da divergência ocorre de maneira semelhante ao Recurso Especial.[547] O tema é regulado pelo art. 266, do Regimento Interno, o qual remete ao art. 255, que determina a comprovação mediante "certidões ou cópias autenticadas dos acórdãos apontados divergentes, permitida a declaração de autenticidade do próprio advogado, sob sua responsabilidade pessoal"; "pela citação de repositório oficial, autorizado ou credenciado, em que os mesmos se achem publicados".[548]

Quanto ao ponto, o NCPC, no art. 1.043, § 4º, autoriza que o recorrente faça prova da divergência com "certidão, cópia ou citação de repositório oficial ou credenciado de jurisprudência, inclusive em mídia eletrônica, onde foi publicado o acórdão divergente, ou com a reprodução de julgado disponível na rede mundial de computadores, indicando a respectiva fonte, e mencionará as circunstâncias que identificam ou assemelham os casos confrontados".

---

nico. Paradigma oriundo da mesma turma. Inservível. Pressuposto de admissibilidade não preenchido. 1. Na inequívoca dicção do art. 546, II, do CPC, desafia embargos de divergência a decisão de Turma do Supremo Tribunal Federal que, ao julgamento de recurso extraordinário, diverge do julgamento da outra Turma ou do Plenário. A eventual existência de divergência entre julgados oriundos da mesma Turma, quando muito, reflete apenas entendimento já superado no âmbito do Colegiado fracionário. 2. À ausência de respaldo legal, e porque insuscetível de evidenciar a existência de dissenso jurisprudencial orgânico, a indicação de julgado proferido pela Turma prolatora do acórdão embargado desserve ao fim de viabilizar a admissibilidade de embargos de divergência no Supremo Tribunal Federal. Precedentes. Agravo regimental conhecido e não provido". (STF -AI 822184 AgR-ED-EDv-AgR, Rel. Min. Rosa Weber, Tribunal Pleno, j.05.03.2015, DJe 25.03.2015)

547 Exemplificativamente: "é requisito essencial ao conhecimento dos embargos de divergência a obrigatória juntada de cópia do acórdão apontado divergente ou a citação do repositório oficial, autorizado ou credenciado". EDcl no AgRg nos EAREsp 81791/PR, CE, Rel. Min. Gilson Dipp, j. 05.06.2013. DJe: 12/06/2013.

548 RISTJ, art. 266: "Das decisões da Turma, em recurso especial, poderão, em quinze dias, ser interpostos embargos de divergência, que serão julgados pela Seção competente, quando as Turmas divergirem entre si ou de decisão da mesma Seção. Se a divergência for entre Turmas de Seções diversas, ou entre Turma e outra Seção ou com a Corte Especial, competirá a esta o julgamento dos embargos. § 1º A divergência indicada deverá ser comprovada na forma do disposto no Art. 255, parágrafos 1º e 2º, deste Regimento. § 2º Os embargos serão juntados aos autos independentemente de despacho e não terão efeito suspensivo. § 3º Sorteado o relator, este poderá indeferi-los, liminarmente, quando intempestivos, ou quando contrariarem Súmula do Tribunal, ou não se comprovar ou não se configurar a divergência jurisprudencial. § 4º Se for caso de ouvir o Ministério Público, este terá vista dos autos por vinte dias".

Por fim, porém não menos importante, é a elaboração do cotejo analítico, ou seja, a comparação e a transcrição dos trechos dos acórdãos, para se demonstrar o dissídio, com a comprovação das circunstâncias que identifiquem ou assemelhem os casos confrontados. Caso não atendida essa diretriz, o recurso não será conhecido pela deficiência na fundamentação.

9.4. A identificação de acórdãos paradigmas

Um tema de importância capital diz respeito à identificação do acórdão paradigma. No regime revogado (art. 546, CPC/73) apenas acórdãos que apreciavam Recurso Especial ou Extraordinário poderiam ser admitidos.

Todavia, a comunidade acadêmica sempre criticou dita orientação, afinal o tema de fundo do recurso especial e do extraordinário muitas vezes era enfrentado em outros recursos, como o agravo de admissão e o agravo regimental, de sorte que se mostrava inconveniente a interpretação literal do vetusto art. 546, CPC/73.

Até a década de 2000, havia divergência entre os Tribunais Superiores. A jurisprudência majoritária do STJ admitia o raciocínio da Ministra Denise Arruda, pelo qual "o Regimento Interno deste Tribunal (art. 266) e o Código de Processo Civil (art. 546) não disciplinam a hipótese de cabimento de embargos de divergência manifestados em relação a acórdão proferido em agravo interno, tampouco em sede de agravo de instrumento. O Código de Processo Civil tão somente considera embargável a decisão da Turma que, em recurso especial, divergir do julgamento de outra Turma, da Seção ou do órgão especial. Outro, aliás, não é o entendimento consolidado no enunciado da Súmula 599/STF, assim redigido: 'são incabíveis embargos de divergência de decisão de Turma em agravo regimental'. Esse entendimento, após a edição da Lei 9.756/98, passou a ser interpretado com ressalvas, uma vez autorizado o relator a decidir o próprio mérito do recurso, monocraticamente, não sendo razoável, em consequência, vedar os embargos de divergência em tal circunstância".[549]

Tal orientação jurisprudencial floresceu de precedente da Corte Especial relatado pelo Min. Sálvio de Figueiredo Teixeira. Em face da clareza e da correção de seu entendimento, vale transcrever a lição: "após a edição da Lei 9.756, de 17.12.98, deve ser interpretado *modus in rebus* o Enunciado 599 da súmula/STF, uma vez autorizado o relator a decidir monocraticamente o próprio mérito, não sendo razoável, em consequência, inadmitir *tout court* os embargos de divergência somente por tratar-se de decisão proferida em agravo regimental. II – Se a decisão colegiada proferida no âmbito do agravo interno veio substituir, por um hábil mecanismo legal de agilização de processos nas instâncias extraordinária e especial, a decisão colegiada do recurso

---

[549] ArRg na Pet 3759/SC, 1ª Seção, DJ: 21.11.2005, p. 112.

especial, e se é do escopo do recurso especial a uniformização interpretativa do direito federal infraconstitucional, a pressupor que tal uniformização comece por se dar no próprio Tribunal que por força de norma constitucional dela se incumbe, razoável a todas as luzes ensejar-se a possibilidade dessa uniformização na hipótese, quer em face do interesse da parte, quer em face do superior interesse público".[550] Desde a primeira edição desta obra, subscrevemos esta posição.[551] Atualmente, a matéria, no seio do Superior, foi sumulada pelos verbetes 315 e 316.[552]

Entretanto, o Supremo Tribunal Federal adotava posição diversa, prestigiando o verbete nº 599 de sua Súmula de Jurisprudência Predominante: "são incabíveis embargos de divergência de decisão de Turma em agravo regimental". Registre-se que o Regimento Interno da Corte, em seu art. 330, previa o cabimento do recurso tanto em sede de extraordinário, quanto de agravo de instrumento.[553] A partir das ponderações do Min. Marco Aurélio, em 2007, o enunciado foi cancelado, e a jurisprudência do STF evoluiu no ponto.[554]

Desde então, passou a prevalecer a argumentação do Ministro Cesar Peluso: "os embargos constituem, acima de tudo, uma oportunidade deferida

[550] EREsp 258.616/PR, Corte Especial, Rel. Min. Sálvio de Figueiredo Teixeira, DJ de 12.11.2001.

[551] Efetivamente, se, através de um agravo de instrumento, é permitido aos Tribunais Superiores o julgamento monocrático dos recursos extraordinários travados pelos Tribunais locais, e desta decisão cabe agravo interno para a Turma confirmar o posicionamento do relator, deve ser admitido o "embargo" desses últimos julgamentos, quando evidenciada a divergência jurisprudencial. Entendimento contrário privaria ditos "embargos" de sua valia prática, na medida em que muitas orientações que ordinariamente seriam tomadas em recurso especial deixariam de ser confrontadas com decisões discrepantes pelo simples fato de serem enfrentadas em sede de agravo. Ora, se as discussões são as mesmas e se presente o interesse público na pacificação dos julgados das Cortes, há de se admitir, nessas hipóteses excepcionais, o manejo dos embargos, quando enfrentados os pontos do recurso especial em sede de agravo.

[552] Respectivamente: "não cabem embargos de divergência no âmbito do agravo de instrumento que não admite recurso especial" e "cabem embargos de divergência contra acórdão que, em agravo regimental, decide recurso especial".

[553] O art. 330, do Regimento Interno do STF, dispõe: "cabem embargos de divergência à decisão de Turma que, em recurso extraordinário ou em agravo de instrumento, divergir de julgado de outra Turma ou do Plenário na interpretação do direito federal".

[554] O Min. Marco Aurélio destacava a finalidade dos embargos de divergência dentro do sistema jurídico brasileiro: "os embargos de divergência têm como objetivo maior afastar o dissenso, a desinteligência de julgados, considerados os pronunciamentos de Turmas ou de Turma e do Plenário; visam a preservar a própria unidade do Direito no que ele é nacional; visam, acima de tudo, a evitar tenha a distribuição de um sabor lotérico e que, sendo distribuído um processo a membro de certa Turma, venha a controvérsia a merecer desfecho diverso dado à mesma matéria, aos mesmos fatos sob o mesmo ângulo constitucional, pelo integrante de outra Turma. Já se disse que a divergência que maior descrédito ocasiosa é a intestina. A ideia, em si, de Supremo Tribunal Federal direciona a órgão único, mas, na verdade, a rigor e na prática, temos, em Brasília, três Supremos Tribunais Federais, caso não possamos admitir, com uma flexibilidade maior, buscando até mesmo a finalidade do preceito que contempla esse recurso, os embargos de divergência. Para mim, não há distinção entre julgar-se uma preliminar do recurso extraordinário, tendo-se na bancada o próprio recurso, ou julgar a preliminar via instrumento, via autos, bifurcação do processo, e chegar-se como penso – pelo menos é a premissa a que se chegou – a um enfoque discrepante do dado anteriormente pela outra Turma ou pelo Plenário".

ao Supremo para extirpar dissonâncias decisórias internas, mediante pronúncia definitiva deste Plenário"; "Tal meio de impugnação de acórdão das Turmas permite à Corte, remediando as dúvidas objetivas, oriundas de decisões fracionárias discrepantes; fixar as teses jurídicas que convêm as questões suscitadas, uniformizando a jurisprudência constitucional em razão da unidade do direito, da segurança das relações jurídicas e da sua própria autonomidade, como guarda da Constituição"; "Não descubro, pois, razões capazes de fundamentar a sobrevivência da Súmula 599 no vigente sistema de competência em processo de julgamento dos extraordinários, perante o qual, aplicá-la importa não só aleijar o âmbito de eficácia dos embargos de divergência, mas sobretudo, fazê-lo em nome de uma distinção formal, carente de qualquer valor jurídico".[555]

Coroando esta marcha histórica, o NCPC admite a utilização de acórdãos paradigmas oriundos do julgamento de "recursos" e de "ações de competência originária", com o intuito de alcançar a finalidade do recurso. [556] Desimporta se o tema jurídico foi enfrentado em um recurso especial, em um agravo, em um habeas corpus, etc. O fundamental é que tenha ocorrido um dissidio, que deve ser extirpado quando do julgamento dos embargos de divergência.

Contudo, há correta resistência quanto ao aproveitamento de paradigmas unipessoais. Com efeito, na medida em que esta decisão monocrática é atacada por Agravo, não nos parece lógico admitir-se o manejo de Embargos de Divergência, sob pena de suprimir uma instância recursal. A jurisprudência do Superior Tribunal de Justiça vai nessa linha e não admite que o paradigma seja uma decisão monocrática,[557] a qual espelharia a posição de um Ministro, e não de um órgão fracionário.

---

[555] RE 285093, RE 283240 e RE 356069.

[556] No Código anterior, não era tolerada a utilização de acórdãos proferidos em ações de competência originária. Por ilustração: "AGRAVO REGIMENTAL NOS EMBARGOS DE DIVERGÊNCIA EM RECURSO ESPECIAL. ACÓRDÃO PROFERIDO EM HABEAS CORPUS INDICADO COMO PARADIGMA. IMPOSSIBILIDADE. PRECEDENTES DESTA CORTE. DECISÃO AGRAVADA MANTIDA POR SEUS PRÓPRIOS FUNDAMENTOS. 1. Na linha da jurisprudência pacífica desta Corte, o acórdão proferido em *habeas corpus* não serve como paradigma para fins de comprovação do dissídio jurisprudencial, a fim de viabilizar o cabimento dos embargos de divergência, haja vista que este recurso se presta à pacificação da interpretação da legislação federal acerca do tema tratado, enquanto o remédio constitucional destina-se à tutela da liberdade de locomoção. Precedentes. 2. Agravo regimental a que se nega provimento". (AgRg nos EREsp 1165914/ES, 3ª S., Rel. Min. Marco Aurélio Mellizze, j. 13.03.2013. DJe 19/03/2013); "ADMINISTRATIVO E PROCESSUAL CIVIL. EMBARGOS DE DIVERGÊNCIA. SERVIDOR PÚBLICO. ACÓRDÃO PARADIGMA PROFERIDO EM SEDE DE RECURSO ORDINÁRIO EM MANDADO DE SEGURANÇA. INADMISSIBILIDADE. 1. A Corte Especial deste Tribunal Superior já consolidou o seu entendimento no sentido de que os acórdãos proferidos em sede de recurso ordinário em mandado de segurança, devido às especificidades recursais, não podem ser usados como paradigmas, devendo os precedentes divergentes provir de julgamento em recurso especial ou em agravo, no qual se examina o mérito do apelo nobre. 2. Nada obstante os argumentos trazidos pela parte agravante, a decisão agravada deve ser mantida por seus próprios e jurídicos fundamentos, porquanto alinhada com a jurisprudência pacífica do STJ. 3. Agravo regimental improvido". (AgRg nos EREsp 726.316/AP, 3ª S. Rel. Min. Campos Marques, j. 24/04/2013, DJe 30/04/2013).

[557] Nesse sentido: "não se admitem decisões monocráticas como paradigmas de confirmação de dissídio jurisprudencial em Embargos de Divergência" (AgRg nos EAREsp 231.270/PB, CE, Rel. Min. Herman Benjamin, j. 15/05/2013, DJe 13/06/2013). Na mesma linha: AgRg nos EREsp 1.126.442/

Ainda em relação à admissibilidade, merecem lembrança dois enunciados da Súmula do STJ, quais sejam 158,[558] que impede o aproveitamento de acórdãos proferidos por Turmas que já não tenham a competência para a matéria neles versada, e 168,[559] que inviabiliza utilização de acórdãos antigos quando a divergência já se mostra superada pela Corte. Este raciocínio também é adotado pelo STF.[560]

De toda sorte, concluímos que a admissibilidade dos Embargos de Divergência deve ser garantida sempre que o seu julgamento cumpra a função deste recurso, qual seja pacificar a jurisprudência *intra muros*. Por decorrência, quando a tese jurídica tiver sido enfrentada em paradigma colegiado (seja em agravo, outro recurso ou ação de competência originária), é conveniente que o Tribunal conheça dos embargos para conseguir uniformizar a sua própria jurisprudência, sob pena de comprometer o seu próprio papel dentro do sistema.

9.5. Procedimento

Em relação ao procedimento, um ponto inicial é a definição da competência para o seu julgamento. A matéria, no seio do Superior Tribunal de Justiça, é disciplinada pelo art. 266 de seu Regimento Interno: atua a Seção (quando as turmas que a compõem divergirem entre si ou de decisão da mesma Seção[561]) ou a Corte Especial ("se a divergência for entre Turmas de Seções diversas, ou entre Turma e outra Seção ou com a Corte Especial").

MG, Rel. Ministro João Otávio de Noronha, Corte Especial, DJe 18.5.2012; AgRg nos EREsp 1.227.840/MG, Rel. Ministro Cesar Asfor Rocha, Corte Especial, DJe 9.5.2012.

[558] Reza a Súmula 158: "Não se presta a justificar embargos de divergência o dissídio com acórdão de turma ou seção que não mais tenha competência para a matéria neles versada".

[559] Dispõe a Súmula 168: "Não cabem embargos de divergência, quando a jurisprudência do tribunal se firmou no mesmo sentido do acórdão embargado".

[560] "Agravo regimental nos embargos de divergência no agravo regimental no recurso extraordinário com agravo. Processo civil. Admissibilidade de recurso. Competência de corte diversa. Inexistência de repercussão geral da matéria. Ofensa ao art. 93, IX, da constituição federal. configurada ofensa reflexa à constituição. Ausência de impugnação específica. súmula STF 287. entendimento alinhado ao posicionamento sedimentado pelo plenário desta suprema corte. Agravo regimental a que se nega provimento. 1. A impugnação específica da decisão agravada, quando ausente, conduz ao desprovimento do agravo regimental. Súmula 287 do STF. Precedentes: RCL 5.684/PE-AgR, Tribunal Pleno, Rel. Min. Ricardo Lewandowski, DJe-152 de 15/8/08; ARE 665.255-AgR/PR, Rel. Min. Ricardo Lewandowski, Segunda Turma, Dje 22/5/2013; e AI 763.915-AgR/RJ, Rel. Min. Dias Toffoli, Primeira Turma, DJe 7/5/2013. 2. A controvérsia suscitada nos presentes embargos de divergência encontra respaldo na decisão do Plenário do STF submetido à sistemática da repercussão geral (RE 598.365). 3. Inadmissíveis os embargos de divergência quando a decisão embargada estiver alinhada ao posicionamento do Plenário desta Suprema Corte. 4. In casu, o recurso extraordinário versava sobre os pressupostos intrínsecos de admissibilidade do recurso de revista, previstos no art. 896 da Consolidação das Leis Trabalhistas. 5. Agravo regimental a que se nega provimento". STF, ARE 756969 AgR-EDv-AgR, Rel. Min. Luiz Fux, Tribunal Pleno, j.28.05.2015, DJe- 16.06.2015, public. 17-06-2015.

[561] Nessa linha: "EMBARGOS DECLARATÓRIOS. PROCESSUAL CIVIL. EMBARGOS DE DIVERGÊNCIA. OMISSÃO. INOCORRÊNCIA. I – Os embargos de declaração, em regra, devem acarretar

Distribuído o recurso ao relator sorteado, o Regimento impõe, em observância ao art. 93, IX, da CF, que o despacho positivo ou negativo de admissão dos embargos seja fundamentado. Vale ressaltar que o art. 266 do Regimento Interno expressamente prevê a possibilidade de indeferimento liminar dos embargos, "quando intempestivos, ou quando contrariarem súmula do Tribunal, ou não se comprovar ou não se configurar a divergência jurisprudencial". Da decisão que indefere os Embargos vem sendo admitido o uso de agravo regimental, julgado pelo órgão competente para a apreciação dos embargos.

A seguir, estando preenchidos os requisitos de admissibilidade, mediante publicação do Diário da Justiça do termo de vista, o embargado é intimado para "apresentar impugnação nos quinze dias subsequentes", efetiva-se o devido debate (art. 5º, LV, CF). Se for o caso de ouvir o Ministério Público, este terá vista dos autos por vinte dias (RI, art. 266, § 4º). Com tais providências, lícita será a inclusão do feito na pauta de julgamento. Esta, em outros termos, a dicção do art. 267 do Regimento Interno.[562]

Não visualizamos grandes diferenças no processamento dos embargos de divergência perante o Supremo Tribunal Federal. Seu Regimento Interno também prevê a propositura em 15 dias (art. 334). Ato contínuo, é realizado o controle de admissibilidade (art. 335). Caso admitido, abre-se vista ao embargado para a impugnação, a qual por medida de isonomia deve ocorrer em 15 dias, conforme o NCPC. Entretanto, o § 3º do art. 335, de seu Regimento Interno preconiza 10 dias, de sorte que é conveniente a sua modificação.

A Súmula do Supremo Tribunal Federal registra ainda outro enunciado dedicado ao tema. Trata-se do verbete nº 598, que reza "nos embargos de divergência não servem como padrão de discordância os mesmos paradigmas invocados para demonstrá-la mas repelidos como não dissidentes no julgamento do recurso extraordinário".

O recurso, convém registrar, é destituído de efeito suspensivo, conforme a previsão do art. 266, § 2º, do Regimento Interno do Superior Tribunal de Justiça.[563] Todavia, em situações excepcionais, a suspensão da eficácia poderá ser buscada, pela via de antecipação da tutela recursal, mediante pedido formulado ao Relator. No Código anterior, era comum o emprego da medida cautelar. De acordo com o espírito de NCPC, de eliminar formalismo

---

tão-somente um esclarecimento acerca do acórdão embargado. Noutro trajeto, caracterizado o vício (v.g., omissão, obscuridade, etc.), podem, excepcionalmente, ensejar efeito modificativo. II – *In casu*, a decisão foi expressa ao afastar a competência da Corte Especial para a apreciação de eventual divergência existente entre julgados da 3ª e 4ª Turmas, determinando a redistribuição dos autos a um dos Ministros integrantes da e. 2ª Seção. Embargos rejeitados". EDcl no AgRg nos EREsp 247353/MG, Rel. Min. Felix Fischer, Corte Especial. DJ: 28.08.2006, p. 200.

[562] Art. 267 do Regimento: "Admitidos os embargos em despacho fundamentado, promover-se-á a publicação, no Diário da Justiça, do termo de 'vista' ao embargado para apresentar impugnação nos quinze dias subseqüentes. Parágrafo único – Impugnados ou não os embargos, serão os autos conclusos ao relator, que pedirá a inclusão do feito na pauta de julgamento".

[563] EDcl no AgRg na PET no REsp 1141745/BA, 3. T., Rel. Min. Sidnei Beneti, j. 01.03.2012. DJe: 17.04.2012.

inócuos, acreditamos que a jurisprudência dispensará a cautelar, embora seja correto exigir a presença dos requisitos tradicionais da medida. Vale ilustrar o tema com os seguintes arestos: "o efeito suspensivo a recurso que, por sua natureza, não o tem é concedido, em juízo precário, quando, além de demonstrado o risco na demora do julgamento – *periculum in mora* –, exsurge a plausibilidade do direito arguido – *fumus boni iuris*. Essa suspensividade se defere, por isso, até o julgamento do recurso em questão".[564]

Ainda em relação ao procedimento, consoante o § 2° do art. 1.044, estará dispensada a exigência de ratificação do recurso interposto antes do julgamento dos embargos de declaração opostos pela parte contrária, desde que não ocorra alteração substancial do resultado. Dispõe o parágrafo invocado: "se os embargos de divergência forem desprovidos ou não alterarem a conclusão do julgamento anterior, o recurso extraordinário interposto pela outra parte antes da publicação do julgamento dos embargos de divergência será processado e julgado independentemente de ratificação".

Por fim, preconiza o § 1° do art. 1.044 que "a interposição de embargos de divergência no Superior Tribunal de Justiça interrompe o prazo para interposição de recurso extraordinário por qualquer das partes".

[564] AgRg nos EDcl na MC 16.558/PR, Corte Especial, Rel. Min. Laurita Vaz. DJe: 11.11.2010.

10. Recurso Ordinário

10.1. Papel do recurso ordinário no sistema

Dentre as características do direito processual brasileiro encontra-se a previsão da competência originária dos Tribunais para uma série de situações. Tanto os Tribunais locais, quanto os Superiores, são acionados pelos jurisdicionados para atuar de forma originária, diante de previsões legais expressas que se encontram, especialmente, na Constituição Federal e nas Constituições dos Estados.

Entretanto, a realização de um procedimento e de um julgamento diretamente nos Tribunais oferece, ao lado de supostas vantagens, alguns inconvenientes que merecem atenção. Por ilustração, quando tramite uma demanda de um cidadão comum em face de determinada empresa, qualquer que seja a sentença do juízo de primeiro grau, ela poderá ser impugnada através de apelação, a qual será apreciada pelo Tribunal competente. A situação muda quando ocorre o exercício da competência originária, hipótese em que é necessário idealizar uma forma dc viabilizar o duplo grau de jurisdição, o qual, embora não expresso no texto constitucional ou no Novo CPC, é valorizado pela comunidade e no regramento do recurso ordinário.

Para então viabilizar que as Cortes Superiores conheçam desses casos e controlem ao menos parcela dos feitos que são julgados pela competência originária dos Tribunais, admite a Constituição Federal (e o Novo CPC) a utilização do recurso ordinário.

A nomenclatura é polêmica, afinal na tradição brasileira consta uma classificação quanto aos recursos cíveis a partir do interesse primordialmente tutelado, se o da parte ou o do próprio Direito. A este respeito, Adermal Torres de Amorin chega a afirmar que "a expressão recurso ordinário carrega, a um só tempo, a aflição da ambiguidade e o desconforto do esquecimento", em face do termo "ordinário" significar um gênero e ao mesmo tempo uma espécie, ao menos para aqueles que admitem a valia dessa classificação, como o gaúcho, acrescentaríamos.[565] Prossegue o mestre, salientando a "inadequada denominação vem de mais de setenta anos. Devorado pela ansiedade de

[565] Op. cit., p. 193-194.

distingui-lo do recurso extraordinário então previsto, o tecnicismo terminou por adotar expressão de perturbadora vaguidade".

Em que pesem esses defeitos apontados, o "recurso ordinário constitucional" goza de prestígio no direito brasileiro, servindo para instrumentalizar o duplo grau de jurisdição naquelas importantes situações nas quais os tribunais atuam mediante competência originária. Nessa linha, ensina o professor Artur Torres que "o recurso ordinário, bem compreendida a afirmativa, cumpre, em relação às hipóteses constitucionalmente previstas, a função da apelação. Serve, pois, à operacionalização do *duplo grau de jurisdição*, nos casos de competência originária dos tribunais. Assim, a despeito de pertencer a competência dos tribunais superiores, trata-se, na linha da classificação por nós adotada, de *recurso de jurisdição ordinária*".[566]

De outra banda, o termo "ordinário" auxilia a compreensão do âmbito de devolutividade do recurso. Funciona, em linhas gerais, como a apelação, dada a amplitude que o recorrente pode emprestar ao efeito devolutivo. É correta, nesse sentido, a opinião de Eduardo Sprada Annunziato: "admite-se a aplicação do princípio da fungibilidade recursal ao recurso ordinário erroneamente denominado de Apelação. Contudo, não se admite a fungibilidade quando identificado o Recurso Ordinário como Recurso Extraordinário ou Especial".[567]

Em seu julgamento, funcionam as Cortes Superiores como legítimos Tribunais de Apelação, permitindo-se o amplo debate dos fatos e do direito. Não incidem no ponto as diversas restrições próprias dos recursos de estrito direito, tal como a vedação da revaloração da prova e o requisito do prequestionamento.

Justamente em face dessa sua maior devolutividade torna-se um remédio mais eficiente ao cidadão do que o recurso especial e o recurso extraordinário. Desta forma, contra os acórdãos denegatórios proferidos em única instância, nos casos elencados na Constituição Federal, não será admissível interpor (isoladamente ou em conjunto) recurso especial ou extraordinário. O principal argumento para a rejeição desses dois recursos estritos é o não esgotamento da instância, na medida em que possível a reversão do julgado pelo provimento do recurso ordinário.[568]

---

[566] Iniciação aos Recursos Cíveis. Disponível na *web*. Acesso em 10.02.2016.

[567] Recurso Ordinário em Mandado de Segurança. Disponível em <http://www.ambito-juridico.com.br/site/index.php?n_link=revista_artigos_leitura&artigo_id=10735>. Acesso em 10.02.2016.

[568] Nessa linha: "PROCESSUAL CIVIL. DECISÃO DENEGATÓRIA DE MANDADO DE SEGURANÇA EM ÚNICA INSTÂNCIA. INTERPOSIÇÃO DE RECURSO ESPECIAL. ERRO GROSSEIRO. INAPLICABILIDADE DO PRINCÍPIO DA FUNGIBILIDADE RECURSAL. 1. Cumpre asseverar que, apesar de constar do acórdão recorrido que a segurança foi concedida, está eivada de erro material, pois, ao não conceder a multa do art. 461, § 4º, do CPC, deveria a segurança ter sido apenas parcialmente concedida, e nesta parte, caberia recurso ordinário, e não recurso especial, como interpôs o recorrente. 2. A jurisprudência desta Corte é firme no sentido de que contra decisão denegatória de mandado de segurança decidido em única instância por Corte Estadual, como no caso dos autos, é cabível o recurso ordinário, conforme art. 105, II, 'b', da Constituição Federal. 3. A interposição de recurso especial quando cabível o ordinário contra decisão denegatória de mandado de segurança

10.2. Hipóteses de cabimento diante da Constituição Federal

A Constituição Federal, regulamentando a competência do Supremo Tribunal Federal e do Superior Tribunal de Justiça, determinou que perante essas Cortes se realize o julgamento do "recurso ordinário". Trata-se de uma previsão para viabilizar o duplo grau de jurisdição diante de alguns dos procedimentos de competência originária dos Tribunais.

O Supremo Tribunal Federal admite o ordinário, quando interposto contra decisões de improcedência em única instância dos Tribunais Superiores, nas ações de *habeas corpus*, mandado de segurança, *habeas data* e mandado de injunção (CF, art. 102, II, *a*). A Constituição ainda prevê a competência do Supremo para julgar, em recurso ordinário, crimes políticos (alínea *b* de idêntico dispositivo).

A base legal de seu cabimento encontra-se no art. 102, II, da Constituição Federal:

> Art. 102. Compete ao Supremo Tribunal Federal, precipuamente, a guarda da Constituição, cabendo-lhe:
>
> II – julgar, em recurso ordinário:
>
> a) o *habeas corpus*, o mandado de segurança, o *habeas data* e o mandado de injunção decididos em única instância pelos Tribunais Superiores, se denegatória a decisão;
>
> b) o crime político.

Já no Superior Tribunal de Justiça a base legal encontra-se no art. 105, II, da Constituição Federal, quando assinala que compete ao Superior Tribunal de Justiça julgar, em recurso ordinário: "a) os *habeas corpus* decididos em única ou última instância pelos Tribunais Regionais Federais ou pelos tribunais dos Estados, do Distrito Federal e Territórios, quando a decisão for denegatória"; b) "os mandados de segurança decididos em única instância pelos Tribunais Regionais Federais ou pelos tribunais dos Estados, do Distrito Federal e Territórios, quando denegatória a decisão"; c) "as causas em que forem partes Estado estrangeiro ou organismo internacional, de um lado, e, do outro, Município ou pessoa residente ou domiciliada no País".

Da análise de suas hipóteses de cabimento, destacam-se alguns aspectos. Assinala o texto constitucional que ele terá cabimento quando denegatória a decisão proferida nas ações constitucionais. O Supremo Tribunal Federal conhecerá do recurso ordinário diante de decisões denegatórias de *habeas corpus*, de mandado de segurança, de *habeas data* e de mandado de

---

configura erro grosseiro; logo, impossível aplicar o princípio da fungibilidade recursal. 4. É pacífico nesta Corte o entendimento de que o recurso cabível em caso de concessão parcial do mandado de segurança é o recurso ordinário. precedentes. RMS 30.781/RJ, Rel. Min. Raul Araújo, Quarta Turma; RMS 31.848/AC, Rel. Min. Mauro Campbell Marques, Segunda Turma; RMS 32.007/SC, Rel. Min. Eliana Calmon, Segunda Turma. Agravo regimental improvido". (AgRg no AREsp 461.835/GO, 2. T., Rel. Min. Humberto Martins, j. 25.03.2014. DJe 31.03.2014). No mesmo sentido: REsp 1273680/RS, 2ª T., Rel. Min. Herman Benjamin, j. 04/09/2012. DJe 11/09/2012.

injunção, proferidas em única instância pelos Tribunais Superiores. O Superior Tribunal de Justiça, de seu turno, conhecerá do recurso ordinário se interposto contra as decisões dos Tribunais, quando denegatórias de *habeas corpus* e mandado de segurança.

Não existe previsão constitucional admitindo o recurso ordinário diante da concessão dos pedidos formulados nessas ações constitucionais. Assinala a jurisprudência, nesse sentido, que, se a ordem for concedida, inadmissível será o recurso ordinário.[569]

Outra particularidade reside a interpretação da locução "decisão denegatória" dos remédios constitucionais heroicos. Seria admitida por analogia a sua interposição contra sentenças terminativas? Acreditamos que sim. Se o objetivo da norma é permitir que o cidadão obtenha nova análise de seu caso quando apreciado em competência originária, não haveria razão para excluir o seu cabimento diante das sentenças que deixam de apreciar o mérito. Como referido em histórico precedente do Supremo Tribunal Federal "o sentido da expressão constitucional 'decisão denegatoria', comum tanto as ações de mandado de segurança quanto as ações de habeas corpus, reveste-se de conteudo amplo, abrangendo, em seu domínio conceitual, os pronunciamentos jurisdicionais que apreciem o fundo da controversia jurídica suscitada ou que, sem julgamento do mérito, impliquem a extinção do processo".[570]

Outrossim, à luz da Constituição Federal, não há previsão para o seu manejo em todas as ações constitucionais julgadas originariamente pelos Tribunais. No caso do Superior Tribunal de Justiça, como acima transcrito, ele terá cabimento diante do mandado de segurança e do *habeas corpus*. Não admite a jurisprudência da Corte o seu cabimento diante de mandados de injunção, por exemplo.[571]

---

[569] Por ilustração: "PROCESSUAL CIVIL. AGRAVO REGIMENTAL. RECURSO ORDINÁRIO EM MANDADO DE SEGURANÇA. SEGURANÇA CONCEDIDA. NÃO CABIMENTO DE RECURSO ORDINÁRIO. ERRO GROSSEIRO. 1. O artigo 105, II, 'b', da Constituição Federal, atribui a esta Corte a competência para apreciar recurso ordinário interposto contra decisão que denega a segurança. *In casu*, a ordem foi concedida, razão pela qual mostra-se incabível o recurso aviado. Inaplicável o princípio da fungibilidade recursal, por tratar-se de erro grosseiro. 2. Agravo regimental não provido". (AgRg no RMS 46.517/AP, 2ª T., Rel. Min. Mauro Campbell Marques, j. 01/12/2015, DJe 09/12/2015)

[570] AI 145395 AgR, 1ª T., Rel. Min. Celso de Mello, j. 29.03.1994. DJ 25-11-1994, p. 32304, ement. v. 01768-02, pp.00408.

[571] Nessa linha: "PROCESSUAL CIVIL. AGRAVO REGIMENTAL NO AGRAVO DE INSTRUMENTO. MANDADO DE INJUNÇÃO. ACÓRDÃO DENEGATÓRIO PROFERIDO POR TRIBUNAL ESTADUAL. RECURSO ORDINÁRIO INTERPOSTO PERANTE ESTA CORTE. NÃO CABIMENTO. AUSÊNCIA DE PREVISÃO NORMATIVA. 1. Entre as hipóteses de cabimento do recurso ordinário dirigido ao Superior Tribunal de Justiça, estabelecidas pelo art. 105, II, da Constituição Federal, não se insere o mandado de injunção. 2. Ademais, a invocação da Lei n. 8.038/90 não aproveita ao agravante. O disposto no art. 24 da referida lei trata de determinados feitos originários nos Tribunais, isto é, da ação rescisória, dos conflitos de competência, de jurisdição e de atribuições, da revisão criminal, do mandado de segurança, do mandado de injunção e do habeas data. De outra parte, o art. 33 do aludido normativo cuida do recurso ordinário, sem qualquer referência ao mandado de injunção. 3. Sendo assim, a utilização do recurso ordinário constitui, na espécie, erro grosseiro, a afastar a

Tampouco é admitida a ampliação de seu cabimento para todas as hipóteses envolvendo Estados estrageiros ou organismos internacionais. Segundo se afere do art. 105, II, CF/88, é necessário que o Município ou uma pessoa residente e domiciliada no país figure no polo contrário. Afasta-se assim do controle pelo recurso ordinário, por ilustração, as execuções fiscais promovidas pela União contra Consulados.[572]

Igualmente em face do texto constitucional reluta o Superior Tribunal de Justiça a admiti-lo em face de acórdãos proferidos pelas Turmas Recursais.[573] Consideramos esta última orientação discutível, porém coerente com a jurisprudência deste momento histórico. No futuro, com a maior democratização e utilização do Juizado Especial, talvez mereça revisão, para aproximar ainda mais o jurisdicionado do procedimento da Lei 9.099/95. Quanto ao Supremo Tribunal Federal, não há sentido para se admitir o recurso ordinário nessas hipóteses de atuação do Juizado Especial.[574]

---

aplicação da fungibilidade recursal. 4. Agravo regimental a que se nega provimento". (AgRg no Ag 1433245/SE, 2ª T., Rel. Min. Og Fernandes, j. 20/08/2015. DJe 04/09/2015)

[572] Íntegra da Ementa: "TRIBUTÁRIO. PROCESSUAL CIVIL. RECURSO ORDINÁRIO CONSTITUCIONAL. EXECUÇÃO FISCAL AJUIZADA PELA FAZENDA NACIONAL (UNIÃO) CONTRA CONSULADO (ORGANISMO INTERNACIONAL). EXCEÇÃO DE PRÉ-EXECUTIVIDADE REJEITADA. AGRAVO DE INSTRUMENTO DO ART. 539, II, B, PARÁGRAFO ÚNICO, DO CPC. NÃO CABIMENTO. 1. O STJ é competente para julgar recurso ordinário nas 'causas em que forem partes Estado estrangeiro ou organismo internacional, de um lado, e, do outro, Município ou pessoa residente ou domiciliada no País' (art. 105, II, c, da CF), bem como o agravo de instrumento das decisões interlocutórias proferidas nessas mesmas causas (art. 539, II, b, parágrafo único, do CPC). 2. Na espécie, o caso não se amolda à hipótese descrita na letra constitucional nem tampouco no código processual civil, haja vista que, apesar da presença de organismo internacional no polo passivo da execução, a parte adversa não se cuida de 'Município ou pessoa domiciliada ou residente no país', mas sim da União (Fazenda Nacional). 3. Agravo regimental a que se nega provimento". (AgRg no Ag 1433146/RJ, Rel. Ministro SÉRGIO KUKINA, 1ª T., julgado em 21/05/2015, DJe 01/06/2015)

[573] Por exemplo: "TRIBUTÁRIO. PROCESSUAL CIVIL. EMBARGOS DE DECLARAÇÃO NO RECURSO ORDINÁRIO EM MANDADO DE SEGURANÇA RECEBIDOS COMO AGRAVO REGIMENTAL. APLICAÇÃO DO PRINCÍPIO DA FUNGIBILIDADE RECURSAL. INTERPOSIÇÃO CONTRA ACÓRDÃO DE TURMA RECURSAL. NÃO CABIMENTO. AGRAVO NÃO PROVIDO. 1. Embargos de declaração admitidos como agravo regimental, em razão de seu manifesto caráter infringente. Aplicação do princípio da fungibilidade recursal. 2. 'O STJ não tem competência para julgar recurso ordinário interposto contra decisão proferida por Turma Recursal de Juizado Especial, em sede de mandado de segurança, ante a ratio essendi do art. 105, II, 'b', da Constituição Federal' (RMS 19.957/SC, Rel. Min. LUIZ FUX, Primeira Turma, DJe 17/12/08). 3. Embargos de declaração recebidos como agravo regimental, ao qual se nega provimento". (EDcl no RMS 29.562/RJ, 1ª T., Rel. Min. Arnaldo Esteves Lima, j. 18/06/2013, DJe 02/08/2013)

[574] "MANDADO DE SEGURANÇA – DECISÃO DENEGATÓRIA – TURMA RECURSAL VINCULADA AO SISTEMA DOS JUIZADOS ESPECIAIS – RECURSO ORDINÁRIO INTERPOSTO PARA O SUPREMO TRIBUNAL FEDERAL – 'AGRAVO REGIMENTAL' DEDUZIDO APÓS O TRÂNSITO EM JULGADO DA DECISÃO – INTEMPESTIVIDADE – PETIÇÃO RECURSAL TRANSMITIDA MEDIANTE FAX – LEI Nº 9.800/99 – ORIGINAIS APRESENTADOS FORA DO PRAZO LEGAL – EXTEMPORANEIDADE – RECURSO NÃO CONHECIDO. – O Supremo Tribunal Federal, tendo em vista a norma constitucional inscrita no art. 102, II, 'a', da Constituição da República, não dispõe de competência para processar e julgar recursos ordinários contra decisões denegatórias de mandado de segurança proferidas por Turmas Recursais vinculadas ao sistema dos Juizados Especiais, pois tais órgãos judiciários não se qualificam nem se subsumem ao conceito de 'Tribunais Superiores'. Precedentes. – A interposição do recurso de agravo em data posterior àquela em que

10.3. Abordagem do recurso ordinário no Novo CPC

O Novo CPC dedicou dois artigos para disciplinar o recurso ordinário. Inicialmente, em seu art. 1.027, praticamente foi repetida a redação do texto constitucional, dando conta das hipóteses de cabimento:

> Art. 1.027. Serão julgados em recurso ordinário:
>
> I – pelo Supremo Tribunal Federal, os mandados de segurança, os *habeas data* e os mandados de injunção decididos em única instância pelos tribunais superiores, quando denegatória a decisão;
>
> II – pelo Superior Tribunal de Justiça:
>
> a) os mandados de segurança decididos em única instância pelos tribunais regionais federais ou pelos tribunais de justiça dos Estados e do Distrito Federal e Territórios, quando denegatória a decisão;
>
> b) os processos em que forem partes, de um lado, Estado estrangeiro ou organismo internacional e, de outro, Município ou pessoa residente ou domiciliada no País.
>
> § 1º Nos processos referidos no inciso II, alínea "b", contra as decisões interlocutórias caberá agravo de instrumento dirigido ao Superior Tribunal de Justiça, nas hipóteses do art. 1.015.
>
> § 2º Aplica-se ao recurso ordinário o disposto nos arts. 1.013, § 3º, e 1.029, § 5º.

A relativa inovação é observada no § 1º, do texto acima, o qual, de forma expressa, admite o agravo de instrumento dirigido ao Superior Tribunal de Justiça contras as interlocutórias proferidas nos processos referidos no inciso II, alínea "b", do art. 1.027, a saber os processos em que forem partes, de um lado, Estado estrangeiro ou organismo internacional e, de outro, Município ou pessoa residente ou domiciliada no País.

De seu turno, o art. 1.028 estipula que devem ser aplicadas por analogia, em relação aos requisitos de admissibilidade e de procedimento do recurso ordinário, as regras da apelação e do Regimento Interno do STJ:

> Art. 1.028. Ao recurso mencionado no art. 1.027, inciso II, alínea "b", aplicam-se, quanto aos requisitos de admissibilidade e ao procedimento, as disposições relativas à apelação e o Regimento Interno do Superior Tribunal de Justiça.

---

se consumou o trânsito em julgado do acórdão recorrido revela a intempestividade do mencionado recurso, o que o torna processualmente insuscetível de conhecimento. – A utilização de fac-símile, para a veiculação de petições recursais, não exonera a parte recorrente do dever de apresentar, dentro do prazo adicional a que alude a Lei nº 9.800/99 (art. 2º, *caput*), os originais que se referem às peças transmitidas por meio desse sistema, sob pena de não-conhecimento, por intempestividade, do recurso interposto mediante fax. Precedentes. – Os prazos recursais são peremptórios e preclusivos (RT 473/200 – RT 504/217 – RT 611/155 – RT 698/209 – RF 251/244). Com o decurso, *in albis*, do prazo legal, extingue-se, de pleno direito, quanto à parte sucumbente, a faculdade processual de interpor, em tempo legalmente oportuno, o recurso pertinente". (RMS 26259 AgR, Relator(a): Min. CELSO DE MELLO, 2ª T., julgado em 16/10/2007, DJe-047 DIVULG 13-03-2008 PUBLIC 14-03-2008 EMENT VOL-02311-02 PP-00207)

§ 1º Na hipótese do art. 1.027, § 1º, aplicam-se as disposições relativas ao agravo de instrumento e o Regimento Interno do Superior Tribunal de Justiça.

§ 2º O recurso previsto no art. 1.027, incisos I e II, alínea "a", deve ser interposto perante o tribunal de origem, cabendo ao seu presidente ou vice-presidente determinar a intimação do recorrido para, em 15 (quinze) dias, apresentar as contrarrazões.

§ 3º Findo o prazo referido no § 2º, os autos serão remetidos ao respectivo tribunal superior, independentemente de juízo de admissibilidade".

A doutrina admite que o recurso seja recebido no efeito suspensivo, embora considerando a "escassa relevância" do efeito, na medida em que a natureza da decisão recorrida é meramente declaratória.[575] Há julgados do Superior Tribunal de Justiça, admitindo a medida cautelar, nos termos do art. 288 do seu Regimento Interno, para se atribuir efeito suspensivo a recurso desprovido de tal eficácia.[576]

Contudo, existem casos em que a concessão da antecipação da tutela recursal será importantíssima para preservar o direito das partes. Como prudentemente ponderado pelo Min. Gilmar Mendes, a "eventual subsistência dos efeitos de decisão liminar em relação à decisão de mérito da ação principal deve ser analisada de acordo com o caso concreto".[577]

Por tal razão, entendemos que deve ser aplicado por analogia o regramento da apelação, admitindo-se que o Relator possa antecipar, a título provisório e diante do preenchimento dos requisitos legais, parcela dos efeitos que seriam apenas observados quando do eventual e futuro provimento do recurso ordinário.

---

[575] José Carlos Barbosa Moreira, p. 575.

[576] Nesse sentido, AgRg na MC 9198/RJ, 2ª T., Rel. Min. João Otávio de Noronha, DJ: 18.04.2005, p. 241.

[577] Ementa: "Recurso ordinário em mandado de segurança. 2. Acórdão da Seção Especializada em Dissídios Coletivos do Tribunal Superior do Trabalho. 3. Decisão que negou provimento a agravo regimental contra despacho que, em medida cautelar incidental, extinguiu o processo sem julgamento do mérito. 4. Decisão que cassou liminar que conferia efeito suspensivo a recurso ordinário em ação declaratória. 5. Alegação de que a extinção do processo acessório ou cautelar depende do trânsito em julgado da decisão definitiva do processo principal. 6. Eventual subsistência dos efeitos de decisão liminar em relação à decisão de mérito da ação principal deve ser analisada de acordo com o caso concreto. 7. Não há falar, indistintamente, que a liminar sempre subsiste até o trânsito em julgado da sentença, pois ao juiz cabe conceder ou negar, manter ou revogar a liminar, segundo as peculiaridades do caso ajuizado. Natureza precária do provimento cautelar. 8. Recurso a que se nega provimento". (RMS 23147, Relator(a): Min. GILMAR MENDES, 2ª T., julgado em 25/02/2003, DJ 22-08-2003 PP-00050 EMENT VOL-02120-35 PP-07149)

11. Recurso Adesivo

11.1. A sucumbência recíproca e a adesão recursal

Ordinariamente, no sistema brasileiro, cada parte deve interpor o seu recurso, de forma autônoma, contra a decisão que lhe oferecer qualquer sucumbência. Quando a ação é julgada procedente, interpõe a apelação o réu, ao passo que, se desacolhido o pedido do autor, o recurso é interposto pelo demandante.

Contudo, essa regra geral é muito mais observada na teoria do que na prática. Registra o dia a dia forense uma quantidade enorme de ações parcialmente procedentes, as quais, portanto, oferecem sucumbência para ambos os litigantes. Isto sem contar com a procedência ou a improcedência integral e posterior recurso por parte do vencedor, com o fito de, por exemplo, rediscutir a verba honorária. Essas e tantas outras situações demonstram que o fenômeno da sucumbência não é tão singelo, quanto pode parecer a uma primeira.

Com efejto, uma mesma decisão pode gerar prejuízo a ambos os litigantes, hipótese na qual qualquer das partes poderá recorrer, para tentar melhorar a sua situação. A sucumbência recíproca está muito presente na prática. Embora abstratamente a "vitória parcial" seja um sinônimo de "derrota parcial", no plano concreto, a valoração de uma sentença como parcialmente favorável ou prejudicial depende de uma série de fatores, a começar pela personalidade do litigante. Para uma pessoa, se deparar com o arbitramento de uma indenização no valor de R$ 40.000,00 (quarenta mil reais) pode ser satisfatório, para outro sujeito dita quantia se mostra irrisória. Haveria sucumbência nesses casos?

Com efeito, a prática demonstra que muitas vezes o litigante se satisfaz com uma decisão que lhe dá ganho parcial. Todavia, diante do risco de provável insurgência alheia, a qual determinaria o prolongamento da definição do litígio, esta pessoa que se considera satisfeira acaba por apresentar um recurso autônomo, uma vez que terá de aguardar pelo julgamento da insurgência de seu adversário. Multiplicam-se, assim, recursos de cautela que poderiam ser evitados, caso os litigantes conhecessem de antemão o comportamento a ser adotado pelo oponente.

A fim de contornar esse percalço, o NCPC, na linha do diploma anterior,[578] admite o recurso adesivo. Ou seja, o sistema processual autoriza que o litigante parcialmente satisfeito com uma decisão tome primeiro ciência do comportamento do oponente para, após, concluir acerca da conveniência de deduzir recurso próprio.

O fenômeno está previsto no art. 997, do NCPC, nos seguintes termos:

> Cada parte interporá o recurso independentemente, no prazo e com observância das exigências legais.
>
> § 1º Sendo vencidos autor e réu, ao recurso interposto por qualquer deles poderá aderir o outro.
>
> § 2º O recurso adesivo fica subordinado ao recurso independente, sendo-lhe aplicáveis as mesmas regras deste quanto aos requisitos de admissibilidade e julgamento no tribunal, salvo disposição legal diversa, observado, ainda, o seguinte:
>
> I – será dirigido ao órgão perante o qual o recurso independente fora interposto, no prazo de que a parte dispõe para responder;
>
> II – será admissível na apelação, no recurso extraordinário e no recurso especial;
>
> III – não será conhecido, se houver desistência do recurso principal ou se for ele considerado inadmissível.

Portanto, pode a parte escolher entre apresentar o seu recurso independente ou aderir ao recurso interposto pelo adversário. Não há, porém, como se valer de um e outro, em face da preclusão consumativa e do princípio da unirrecorribilidade.[579] Não serve, portanto, o adesivo para corrigir erros da parte (apresentação do recurso fora do prazo, com inadequada fundamentação, sem preparo, etc.),[580] mas sim, para tranquilizá-la de que poderá avaliar a

---

[578] No CPC/73, o recurso adesivo estava previsto no art. 500: "Cada parte interporá o recurso, independentemente, no prazo e observadas as exigências legais. Sendo, porém, vencidos autor e réu, ao recurso interposto por qualquer deles poderá aderir a outra parte. O recurso adesivo fica subordinado ao recurso principal e se rege pelas disposições seguintes: I – será interposto perante a autoridade competente para admitir o recurso principal, no prazo de que a parte dispõe para responder; II – será admissível na apelação, nos embargos infringentes, no recurso extraordinário e no recurso especial; III – não será conhecido, se houver desistência do recurso principal, ou se for ele declarado inadmissível ou deserto. Parágrafo único. Ao recurso adesivo se aplicam as mesmas regras do recurso independente, quanto às condições de admissibilidade, preparo e julgamento no tribunal superior".

[579] AgRg no Ag 487381/SC, 2ª Turma, Rel. Min. João Otávio de Noronha, DJ: 15.09.2003, p. 297.

[580] Por ilustração: "AGRAVO REGIMENTAL NO AGRAVO EM RECURSO ESPECIAL. PROCESSUAL CIVIL. VIOLAÇÃO DO ART. 535 DO CPC. NÃO OCORRÊNCIA. APELAÇÃO INTEMPESTIVA. RECURSO ADESIVO. PRINCÍPIO DA FUNGIBILIDADE RECURSAL. ERRO GROSSEIRO. IMPOSSIBILIDADE. 1. Afasta-se a alegada violação do art. 535 do CPC quando o acórdão recorrido, integrado pelo julgado proferido nos embargos de declaração, dirime, de forma expressa, congruente e motivada, as questões suscitadas nas razões recursais. 2. Não é possível o afastamento da intempestividade do recurso principal para recebê-lo como adesivo sem que haja ao menos a indicação do art. 500 do CPC na peça recursal, por constituir erro grosseiro, impossibilitando a aplicação do princípio da fungibilidade recursal. 3. Agravo regimental desprovido". (AgRg no AREsp 652.771/SP, 3. T. Rel. Min. João Otávio de Noronha, j. 03.09.2015. DJe 11.09.2015)

conveniência de impugnar a decisão consoante o comportamento dos demais litigantes.[581]

Presente a sucumbência parcial, qualquer dos litigantes pode optar por aguardar a definição do comportamento do adversário. Se esse permanece inerte, a decisão transita em julgado. Contudo, se há interposição de recurso, fica ainda em aberto a possibilidade de adesão.

Esse regramento particular oferece ao recorrente a oportunidade de melhor meditar sobre a conveniência e os próprios argumentos que serão lançados na fundamentação recursal. Em contrapartida, assume o risco de que, caso o adversário não recorra, também ficará privado de rediscutir a decisão. Esses pontos são destacados pelo Min. Ruy Rosado de Aguiar Junior, ao aduzir que "é possível alegar-se que assim o recorrente adesivo tem maior prazo para o seu recurso, uma vez que dispõe de tempo a partir de sua intimação para contra-arrazoar o recurso principal. Mas tal comportamento traz consigo o risco de não poder recorrer, caso não haja a interposição do principal, e de não ser conhecido, não o sendo o principal, ainda que por desistência do seu autor, isto é, o recorrente adesivo fica sujeito à vontade do autor do recurso principal, situação que razoavelmente não é procurada pela parte apenas para beneficiar-se com alguns dias a mais de prazo".[582]

No direito comparado, os exemplos se multiplicam. Ilustrativamente, o propósito de desestimular o uso de impugnações *ad cautelam* é bem conhecido na Itália, onde se admite a "impugnazione incidentale tardiva", cuja missão dentro do sistema é de todo semelhante ao adesivo brasileiro. Naquele país, como informa Andrea Proto Pisani, o legislador efetuou uma escolha com o objetivo de favorecer a estabilização da sentença: se a parte parcialmente sucumbente não tem a segurança de poder impugnar a decisão após a outra ter deduzido seu recurso, ela é praticamente constrangida a apresentar um recurso autônomo. Contudo, a certeza de conservar o direito impugnativo, mesmo após a insurgência do adversário, estimula o acertamento da sentença. Assim, a exigência de evitar o incentivo recursal encontra, como contrapartida necessária, a previsão da "impugnazione incidentale tardiva", a qual, "a differenza di quella tempestiva, si presenta come impugnazione

---

[581] No mesmo sentido: "APELAÇÕES CÍVEIS. SEGUROS. DPVAT. INDENIZAÇÃO CORRESPONDENTE A VALOR CERTO E DETERMINADO – TARIFADO EM LEI PARA OS CASOS DE INVALIDEZ PERMANENTE. MEDIDA PROVISÓRIA 340/2006. PAGAMENTO PARCIAL. COMPLEMENTAÇÃO DO VALOR DEVIDO. RECURSO ADESIVO NÃO CONHECIDO. PRELIMINAR SUSCITADA REJEITADA. Do não conhecimento do recurso adesivo com base nos princípios da unirrecorribilidade e da eventualidade 1.A parte recorrente manejou dois recursos contra a mesma decisão judicial. 2.O recurso adesivo não merece ser conhecido, pois operada a preclusão consumativa, na medida em que a parte deveria expor toda matéria que lhe fosse útil no primeiro momento processual que lhe foi oportunizado para tanto, em consonância com o princípio da eventualidade, bem como apresentar sua contrariedade num único recurso, de acordo com o princípio da unirrecorribilidade. 3.Assim, restou desatendido requisito formal para admissibilidade de tal recurso, que não se conhece, devendo ser admitido apenas a apelação utilizada pela parte recorrente, pois inadmissível em nosso ordenamento processual a dupla interposição de recurso contra um único ato judicial (...)". AC 70036221026, 5. C.C., TJRS, Rel. Des. Jorge Luiz Lopes do Canto, j. 30.06.2010.

[582] REsp 235.156/RS, Rel. Min. Ruy Rosado de Aguiar, DJU 14.02.2002.

non autonoma, ma condizionata alla ammissibilità della impugnazione principale".[583]

Além de colaborar com a efetividade, na medida em que permite a parte melhor exercer juízo de conveniência recursal, o adesivo ultrapassa a vedação da *reformatio in pejus*, pois poderá ser conhecido e provido, piorando a situação do primeiro recorrente. Em face dessa realidade, pode-se afirmar que o recurso adesivo possui algum poder de pressão, visto que o adversário estará ciente que o seu eventual provimento agravará a sua situação.[584] Com eventual pedido de desistência, desaparecerá este risco.

É de ser observado que, na análise da sucumbência recíproca, para o efeito de cabimento do recurso adesivo, é suficiente a consideração de que o recorrente adesivo poderia ter obtido qualquer benefício sonegado pela decisão. Isto é, demonstrado que o provimento do adesivo pode alterar, por menor que seja, parcela do julgado para melhorar a sua posição no processo, ele deve ser conhecido e analisado, ainda que, abstratamente, sua demanda tenha sido "integralmente procedente". Sobre o tema, o Superior Tribunal de Justiça teve a oportunidade de apreciar, sob o rito dos recursos especiais repetitivos discussão relativa ao interesse recursal, diante do acolhimento de pedido de arbitramento de indenização por dano moral. Decidiu a Corte que é admissível o recurso adesivo, "uma vez configurado o interesse recursal do demandante em ver majorada a condenação, hipótese caracterizadora de sucumbência material".[585] A jurisprudência também já considerou admissível o adesivo diante de extinção do processo por ausência de condição da ação, quando presente a reconvenção.[586]

---

[583] Lezione di Diritto Processuale Civile, p. 458.

[584] Também destaca o componente psicológico José Carlos Barbosa Moreira: "nem sequer o recorrente adesivo pode dizer-se prejudicado pela desistência do recorrente principal: na verdade, aquele só terá impugnado a decisão porque este o fizera; se quisesse obter novo julgamento sob quaisquer circunstâncias, caber-lhe-ia o ônus de interpor, no prazo normal, recurso independente. Não raro, aliás, a parte que recorre adesivamente, na prática, menos pretenderá de conseguir na verdade o *plus* que pleiteia ao órgão ad quem do que simplesmente exercer sobre o adversário pressão psicológica no sentido de que desista do recurso principal: essa é que será, no fundo, a real finalidade colimada pela adesão, de sorte que tal desistência se apresenta aos olhos do recorrente adesivo como resultado plenamente satisfatório". *Comentários*, 12. ed., p. 333.

[585] Conforme explicativo trecho da ementa: "1. Para fins do artigo 543-C do CPC: O recurso adesivo pode ser interposto pelo autor da demanda indenizatória, julgada procedente, quando arbitrado, a título de danos morais, valor inferior ao que era almejado, uma vez configurado o interesse recursal do demandante em ver majorada a condenação, hipótese caracterizadora de sucumbência material."(REsp 1102479/RJ, CE. Rel. Min. Marco Buzzi, j. 04/03/2015, DJe 25/05/2015).

[586] "Processual Civil. Recurso Especial. Omissão. Inexistência. Extinção da ação e da Reconvenção, ao fundamento de ausência de condição de ação. Sucumbência. Recíproca. Interposição, pelo autor ou lpelo reconvinte, re recurso adesivo ao de apelação. Possibilidade. 1. A previsão do manejo de recurso adesivo no sistema processual brasileiro visa a atender política legislativa e judiciária de solução mais célere dos litígios, por isso que, do ponto de vista teleológico, não se deve interpretar o art. 500 do Código de Processo Civil de forma substancialmente mais restritiva do que se faria com os artigos alusivos à apelação, aos embargos infringentes e aos recursos extraordinários, mesmo porque "ao recurso adesivo se aplicam as mesmas regras do recurso independente, quanto às condições de admissibilidade, preparo e julgamento no tribunal superior" (parágrafo único, art. 500 do

Outro tema interessante reside na cumulação de ações dentro de um mesmo processo, especialmente diante do litisconsórcio. Supondo-se o recurso por parte de apenas alguns dos litisconsortes, poderia a parte contrária deduzir um recurso adesivo para atingir os litisconsortes que deixaram de oferecer impugnação? A jurisprudência levanta fundados argumentos para se inadmitir o adesivo nesses casos.[587] Selecionou o Relator, Min. Ricardo Villas Boas Cueva, dois relevantes excertos de doutrina: Manuel Caetano Ferreira Filho: "quanto à legitimação dos litisconsortes, é preciso destacar que somente pode haver recurso adesivo quando ficar caracterizada a sucumbência recíproca. Isto é, interposto o recurso por um dos litisconsortes o recorrido somente poderá aderir ao recurso em relação a este litisconsorte que recorreu, e não em relação aos demais. Suponha-se que em ação proposta contra dois réus, a sentença reconheça a ilegitimidade passiva de um deles e, quanto ao outro, julgue parcialmente procedente o pedido. Se o autor não interpuser recurso autônomo, não poderá aderir ao recurso que for interposto pelo réu parcialmente condenado, com o objetivo de obter a reforma da sentença na parte em que excluiu o outro litisconsorte. Para esta finalidade, deverá recorrer autonomamente, pois entre ele e o réu excluído não houve sucumbência recíproca: este réu venceu totalmente a causa".[588] José Carlos Barbosa Moreira: "A legitimação ativa compete à parte que, no grau inferior de jurisdição, se contrapunha ao primeiro recorrente; se havia litisconsórcio, e óbvio, a qualquer dos litisconsortes cujo adversário comum interpôs o primeiro recurso. Ressalvada a hipótese de unitariedade do litisconsórcio, caso o recurso principal, interposto pela parte adversa, se enderece a um único (ou a alguns) dos co-autores ou co-réus parcialmente vencidos, só esse(s) co-autor(es) ou co-réu(s) se legitima(m) à adesão, que poderá visar apenas à matéria pertinente à situação do(s) recorrido(s) na impugnação principal. Analogamente,

---

CPC). 2. Julgadas extintas a ação e a reconvenção, por ausência de condição da ação, não descaracteriza a sucumbência recíproca apta a propiciar o manejo do recurso adesivo, pois '[a] 'sucumbência recíproca' há de caracterizar-se à luz do teor do julgamento considerado em seu conjunto; não exclui a incidência do art. 500 o fato de haver cada uma das partes obtido vitória total neste ou naquele capítulo'. 3. Recurso especial parcialmente provido para que o Tribunal de origem prossiga no julgamento do recurso adesivo, dando por superado o invocado óbice ao seu conhecimento". (STJ. REsp 1109249/RJ, 4ª T., Rel. Min. Luis Felipe Salomãoj. 07.03.2013, DJe 19.03.2013)

[587] "RECURSO ESPECIAL. AÇÃO RESCISÓRIA. VIOLAÇÃO DE LITERAL DISPOSIÇÃO DE LEI. ART. 485, INCISO V, DO CPC. PROCEDÊNCIA. ART. 500, CAPUT, DO CPC. RECURSO ADESIVO. LITISCONSÓRCIO FACULTATIVO. SUCUMBÊNCIA RECÍPROCA. NÃO CARACTERIZAÇÃO. 1. Cinge-se a controvérsia a definir se, havendo litisconsórcio passivo facultativo, o autor pode interpor recurso adesivo insurgindo-se quanto à exclusão de réu que não apelou. 2. Havendo litisconsórcio facultativo, apenas se admite o recurso adesivo quando estiver caracterizada a sucumbência recíproca entre a parte que apelou e aquela que recorreu adesivamente. Precedentes e doutrina. 3. O cabimento da ação rescisória por violação de lei (art. 485, inciso V, do Código de Processo Civil) pressupõe ofensa direta ao conteúdo normativo do dispositivo legal. 4. No caso em apreço, o acórdão rescindendo ignorou a ausência de pressuposto essencial de admissibilidade do recurso adesivo (reciprocidade de sucumbência entre autor e réu recorrentes), exigência não só disposta na própria redação do artigo 500, *caput*, do Código de Processo Civil, como também alardeada pela doutrina de escol e pela jurisprudência mais vetusta. 5. Recurso especial provido". (REsp 1202275/MA, 3ª T., Rel. Min. Ricardo Villas Bôas Cueva, j. 03.11.2015. DJe 16.11.2015)

[588] *Comentários ao Código de Processo Civil*, v. 7, São Paulo: RT, 2001, p. 51.

se um único dos litisconsortes foi derrotado, enquanto os outros obtiveram total vitória, não pode a parte contrária aderir ao recurso daquele para pleitear a reforma da sentença no tocante aos demais".[589]

Em nossa visão, o raciocínio amolda-se aos casos que envolvem litisconsórcio simples, no qual é plenamente viável fracionar o julgamento e contemplar litisconsortes com distintas sentenças. Entretanto, nas hipóteses de litisconsórcio unitário, a regra poderá ser excepcionada.

11.2. Limites do cabimento do adesivo no NCPC

Atualmente, a adesão é facultada em sede de apelação, recurso extraordinário e recurso especial. A jurisprudência reluta em admiti-lo fora das hipóteses taxativamente enumeradas. É o caso do recurso ordinário. Em interessante precedente, que bem registra a posição majoritária de nossas Cortes, o Min. Humberto Gomes de Barros não conheceu de adesivo interposto em recurso ordinário em mandado de segurança, pela razão de que, em nosso sistema, o ordinário é "um apelo *secundum eventus litis*. Vale dizer: somente é possível interpor recurso ordinário, se a decisão for denegatória da segurança. Decisão concessiva pode ser conduzida ao reexame do STJ por meio de recurso especial – jamais de recurso ordinário. O recurso, por isso, apenas é acessível ao impetrante. Seu adversário, seja ele a autoridade coatora, seja outro litisconsorte passivo, jamais poderá interpor recurso ordinário. Não poderá, em consequência, aderir a tal recurso".[590]

Correta a posição, na medida em que, a ser admitido o adesivo no ordinário, estar-se-á brindando uma parte com um recurso que, de forma autônoma, ela não dispõe.

11.3. A não exigência de identidade temática

Outrora foi discutido, em sede acadêmica e na jurisprudência, quanto à possibilidade de se versar no adesivo matéria distinta daquela devolvida ao Tribunal por força do recurso principal. A questão poderia ser colocada no seguinte exemplo hipotético: quando a sentença julga procedente alguns dos pedidos e apela o réu, poderia o autor postular, na via do adesivo, estritamente a majoração dos honorários de sucumbência ou outra questão não invocada pelo recorrente?

---

[589] *Comentários ao Código de Processo Civil*, v. 5, Rio de Janeiro: Forense, 2004, p. 317-318.

[590] REsp 10.962/PR, DJ 05.11.2001, p. 79. No mesmo sentido: RMS 18.515/SE, 5. T., Rel. Min. Laurita Vaz, j. 03.11.2009. DJe 30.11.2009.

Atualmente, o tema na jurisprudência encontra-se pacificado. A histórica posição do Min. Franciulli Neto vem preponderando: "as exigências do art. 500 do CPC para a interposição de recurso adesivo são: sucumbência recíproca; interposição do recurso principal; atendimento do prazo para oferecer as razões; bem como conhecimento do recurso especial como condição para seu exame. Em momento algum faz referência em haver subordinação temática ao tema impugnado no recurso principal".[591]

Efetivamente, a matéria abrangida pelo adesivo pode ser distinta daquela enfrentada no recurso principal, assim como pode haver correlação entre ambas. Poderiam ser arrolados os seguintes argumentos em favor da tese hoje majoritária: "o artigo 500 do CPC não impõe deva o adesivo contrapor-se unicamente ao tema impugnado no recurso principal, pois a lei faz referência apenas à sucumbência recíproca, à interposição do recurso principal, ao atendimento do prazo para oferecer as razões e ao conhecimento do recurso principal como condição para o exame do adesivo"; "a subordinação do recurso adesivo prevista no art. 500, III, da Lei Instrumental Civil, é a de existência e de juízo de admissibilidade positivo do recurso principal. Descabida a exigência de vinculação de mérito entre os recursos adesivo e principal"; "a lei não exige que a matéria objeto do recurso adesivo esteja relacionada com a do apelo principal".[592]

O raciocínio do Min. Mauro Campbel Marques é correto: "ao meu sentir, a lei não exige que a matéria veiculada no recurso adesivo esteja relacionada com a do recurso principal. O art. 500 do CPC permitiu ao interessado, que não tenha recorrido imediatamente, que o faça de forma adesiva, sem que isso venha a lhe causar qualquer prejuízo. Note que a intenção do legislador não foi a de privilegiar uma ou outra parte, mas sim, equipará-las, dando-lhes um tratamento igualitário, conferindo-lhes o mesmo direito. E que utilidade teria o recurso adesivo se a sua matéria ficasse adstrita tão somente àquela do recurso principal interposto pela parte contrária? Subordinar e limitar a matéria do recurso adesivo à matéria ventilada no recurso independente equivale a negar vigência ao art. 500 do CPC, uma vez que o dispositivo legal não fez qualquer restrição acerca da matéria objeto do recurso adesivo. Não é demais

---

591 E prossegue o Ministro, citando escólio de J. C. Barbosa Moreira: "Não é requisito de admissibilidade do recurso adesivo a existência de vínculo substancial entre a matéria nele discutida e a suscitada no recurso principal. Pouco importa que se trate, num e noutro, de capítulos perfeitamente distintos da sentença: por exemplo, do relativo ao pedido originário e do atinente à reconvenção. A 'sucumbência recíproca' há de caracterizar-se à luz do teor do julgamento considerado em seu conjunto; não exclui a incidência do art. 500 o fato de haver cada uma das partes obtido vitória total neste ou naquele capítulo. Interpretação diversa contraria o ratio legis e reduz a eficácia prática do mecanismo legal". *Comentários ao Código de Processo Civil*. v. 5., 7. ed., p. 314/315. REsp 591.391/BA.

592 Trechos dos votos colhidos nos seguintes julgados: REsp 203.874/SC, Rel. Min. Waldemar Zveiter, 3ª Turma, j. 16.02.2001, DJ 09.04.2001 p. 353; REsp 324.032/RJ, Rel. Min. Barros Monteiro, 4ª T., j. 24.09.2002, DJ: 09.12.2002, p. 347; REsp 332.826/MG, Rel. Min. Aldir Passarinho Junior, 4ª T., j. 07.02.2002, DJ: 08.04.2002, p. 223.

lembrar que onde a lei não restringiu, não cabe ao intérprete fazê-lo, quanto mais em detrimento da própria natureza do recurso sob exame".[593]

Com efeito, a exigência de identidade temática entre o recurso principal e o adesivo ofuscaria o papel do adesivo dentro do sistema recursal e, ao invés de colaborar para o desafogo dos Tribunais, iria ocasionar a necessidade de interposição de recursos autônomos. Portanto, a exigência de identidade temática ofenderá o sentido normativo do art. 997, NCPC.[594]

11.4. O preparo autônomo do recurso adesivo

Tendo em vista que o art. 997, NCPC, afirma que se aplicam ao recurso adesivo as "mesmas regras" do recurso independente, "quanto aos requisitos de admissibilidade e de julgamento no Tribunal, salvo disposição legal diversa", parcela da jurisprudência entendia que, uma vez dispensado do preparo o recorrente principal, este benefício também se estenderia ao litigante que optasse pela adesão.[595]

Essa interpretação estimulava, ainda que de forma discreta, a postura da parte de aguardar o comportamento recursal do adversário. Oferecia-lhe, além da possibilidade de conhecer o teor da insurgência alheia, um outro benefício, qual seja a isenção de custas, que ordinariamente são exigidas ao recurso autônomo.[596]

Entretanto, a jurisprudência do Superior Tribunal de Justiça, especialmente pela atuação das Turmas de Direito Público, revisou esta orientação. E, ao longo da década de 2000, consagrou entendimento distinto, pelo qual "a exigibilidade do preparo do recurso adesivo não está vinculada à obrigação

---

[593] Texto do voto colhido no julgamento do REsp 858.666/SC, 2ª T. Rel. Min. Mauro Campbell Marques. DJe: 15/10/2010

[594] Nesse sentido: "PROCESSUAL CIVIL. AGRAVO REGIMENTAL EM AGRAVO EM RECURSO ESPECIAL. ART. 500 DO CPC. RECURSO ADESIVO. CORRELAÇÃO COM A MATÉRIA OBJETO DO RECURSO PRINCIPAL. DESNECESSIDADE. SÚMULA 83/STJ. 1. O Tribunal a quo exarou entendimento consonante com a jurisprudência desta Corte, no sentido de que o artigo 500 do Diploma Processual Civil não exige que a matéria objeto do recurso adesivo esteja relacionada com a do recurso principal. Súmula 83/STJ. 2. Agravo regimental não provido". (AgRg no AREsp 806.327/SP, 2ª T., Rel. Min. Mauro Campbell Marques, j. 24/11/2015, DJe 02/12/2015)

[595] Dentre farta jurisprudência: "O preparo do recurso adesivo só será devido quando também o for para o apelo principal". REsp 40.220. DJ: 21.10.1996; "Se não há exigência de preparo para o recurso principal, tampouco haverá para o adesivo". REsp n. 123.153/SP. DJ: 29.3.1999; "Se o apelo principal não está condicionado a preparo, o recurso adesivo também não o estará (CPC, art. 500, III)". (REsp n. 182.159/MG).

[596] Ainda do STJ: "PROCESSUAL CIVIL. RECURSO ADESIVO. PORTE DE REMESSA E RETORNO. INEXIGIBILIDADE. ARTS. 500, 511, 512 E 515 DO CPC. 1. O preparo do recurso adesivo só será devido quando também o for para o apelo principal (REsp 40.220/SP). Precedentes. 2. Recurso especial provido". REsp 511162/DF, 2ª T., Rel. Min. Eliana Calmon. DJ: 13/12/2004, p. 289.

de recolhimento desse tributo no recurso principal".[597] Idêntica posição passou a ser adotada nas Turmas de Direito Privado.[598]

Nesta mudança, foi fundamental a distinção operada entre dois conceitos legais: "recurso independente" e "recurso principal", como explicado pelo Min. Teori Zavascki: "na interpretação do art. 500 do CPC, são diferentes e inconfundíveis os conceitos de recurso 'independente' e recurso 'principal'. 'Independente' é o recurso que, teoricamente, pode ser interposto por qualquer das partes, independentemente da interposição ou não de outro recurso. É o recurso a que se refere o caput do art. 500, na sua primeira parte. Denomina-se recurso 'principal' o recurso independente efetivamente interposto, que ensejou a interposição de recurso 'adesivo' pela parte contrária. É o recurso aludido na segunda parte do caput daquele artigo. O parágrafo único do art. 500 faz referência a recurso 'independente' e não a 'principal'. Não fosse assim, chegar-se-ia a resultados incompatíveis com o sistema, especialmente no que se refere ao preparo. Com efeito, a se afirmar que recurso independente, para efeito de preparo, é o recurso principal, concluir-se-ia que, sendo dispensado de preparo o recurso principal, a dispensa se estenderia ao adesivo; todavia, pelas mesmas razões, se deveria concluir também que, sendo devido o preparo no recurso principal, seria igualmente devido no recurso adesivo, mesmo quando a parte recorrente estivesse beneficiada com isenção".[599] A interpretação teleológica da norma, pela pena do Min. Luiz Fux, indicaria que "o recurso independente a que se refere o parágrafo único do artigo 500 é aquele que a própria parte interporia não fosse a adesão eleita. Raciocínio diverso estenderia, sem respeito à legalidade, benefício fazendário *pro populo* às pessoas aptas ao preparo do recurso".[600]

Em tempos de discussão de novo Código, uma alternativa bem-vinda seria positivar a antiga orientação, pois, como referido, traduzia-se em um benefício – ainda que discreto – para a utilização do adesivo.

11.5. Procedimento do adesivo

O recurso adesivo é interposto perante o juízo *a quo*. No prazo que a parte dispõe para contrarrazoar, deve apresentar, em peça apartada, as razões de

---

597 EREsp 989.494/SP, 1ª S., Rel. Min. Benedito Gonçalves. DJe: 06/11/2009)

598 Ementa: "Processual Civil. Recurso Especial Adesivo. Recurso Especial principal amparado pela assistência judiciária gratuita. Benefício que não se estende ao apelo adesivo. Precedente.I. A assistência judiciária de que goza a parte que interpõe o recurso principal não se estende à parte contrária, que dela não frui, pelo que imprescindível o recolhimento do preparo do adesivo, sob pena de deserção. II. Recurso especial não conhecido". STJ. REsp 912.336/SC, 4ª T., Rel. Min. Aldir Passarinho Júnior, j. 02.12.2010, DJe 15.12.2010.

599 REsp 1067750/RS, 1ª T., Rel. Min. Teori Albino Zavascki. DJe 11/05/2009.

600 REsp 799010/SP, 1ª T., Rel. Min. Luiz Fux. DJ: 04/06/2007, p. 311.

seu recurso adesivo. Com a instrução de ambos os recursos (o principal e o adesivo), o processo é remetido para o juízo *ad quem*.

Quanto à legitimidade, entende-se que apenas as partes dele se possam valer. Obviamente, nesse conceito de parte, estão englobados os terceiros que intervem no processo, tornando-se, por isso, parte. Os terceiros alheios à relação processual e o Ministério Público, de seu turno, não ostentam legitimidade para aderir.

Ao recurso, como refere o § 2º do art. 997, NCPC, aplicam-se as mesmas regras do recurso independente, quanto às condições de admissibilidade, preparo e julgamento no tribunal superior.

É importante assinalar que o conhecimento do adesivo depende do conhecimento do recurso principal. Desta forma, se faltar qualquer condição de admissibilidade deste, o adesivo não será conhecido. A subordinação do adesivo à sorte do principal é o principal custo a ser sopesado na eleição do adesivo.[601] Em nosso sentir, melhor teria sido se o legislador não vinculasse o conhecimento do adesivo ao do principal, e tivesse vetado o seu conhecimento apenas diante da desistência.[602] Todavia, não é este o regramento histórico

---

[601] Como apontam Luiz Guilherme Marinoni e Sérgio Cruz Arenhart: "o grande problema do recurso adesivo está em que seu destino fica na dependência da sorte do recurso principal (subordinante). Assim, se este, por qualquer motivo, não for conhecido, esta circunstância impedirá também o conhecimento do recurso adesivo". *Manual do Processo de Conhecimento*, p. 568.

[602] Polêmico aresto do STJ indeferiu a desistência de recurso principal, diante de antecipação de tutela recursal concedida no adesivo: "Recurso Especial. Ação de indenização em decorrência de acidente de trânsito. Pedido julgado procedente apenas quanto aos danos morais. 1. Interposição de apelação pelo réu e Recurso Adesivo da vítima. Concessão de antecipação de tutela recursal determinando o pagamento de pensão mensal à autora. Formulação de pedido de desistência do Recurso principal pelo réu. Indeferimento pelo Relator no Tribunal de origem. Aplicação dos arts. 500, III, e 501 do CPC. Mitigação . Recurso Desprovido 1. Como regra, o recurso adesivo fica subordinado à sorte do principal e não será conhecido se houver desistência quanto ao primeiro ou se for ele declarado inadmissível ou deserto (CPC, art. 500, III), dispondo ainda a lei processual que 'o recorrente poderá, a qualquer tempo, sem a anuência do recorrido ou dos litisconsortes, desistir do recurso' (CPC, art. 501). A justificativa para a desistência do recurso como direito subjetivo individual da parte, o qual pode ser exercido a partir da data de sua interposição, até o momento imediatamente anterior ao seu julgamento, decorre do fato de que, sendo ato de disposição de direito processual, em nada afeta o direito material posto em juízo. Ocorre que, na hipótese, a apresentação da petição de desistência logo após a concessão dos efeitos da tutela recursal, reconhecendo à autora o direito de receber 2/3 de um salário mínimo a título de pensão mensal, teve a nítida intenção de esvaziar o cumprimento da determinação judicial, no momento em que o réu anteviu que o julgamento final da apelação lhe seria desfavorável, sendo a pretensão, portanto, incompatível com o princípio da boa-fé processual e com a própria regra que lhe faculta não prosseguir com o recurso, a qual não deve ser utilizada como forma de obstaculizar a efetiva proteção ao direito lesionado. Embora, tecnicamente, não se possa afirmar que a concessão da antecipação da tutela tenha representado o início do julgamento da apelação, é iniludível que a decisão proferida pelo relator, ao satisfazer o direito material reclamado, destinado a prover os meios de subsistência da autora, passou a produzir efeitos de imediato na esfera jurídica das partes, evidenciada a presença dos seus requisitos (prova inequívoca e verosimilhança da alegação), a qual veio a ser confirmada no julgamento final do recurso pelo Tribunal estadual. Releva considerar que os arts. 500, III, e 501 do CPC, que permitem a desistência do recurso sem a anuência da parte contrária, foram inseridos no Código de 1973, razão pela qual, em caso como o dos autos, a sua interpretação não pode prescindir de uma análise conjunta com o referido art. 273, que introduziu a antecipação da tutela no ordenamento jurídico pátrio por meio da Lei n. 8.952, apenas no ano de 1994, como forma de propiciar uma prestação jurisdicional mais célere e justa, bem como com o princípio da boa-fé processual, que

e atual do direito brasileiro. Reza o inciso III, do art. 997, NCPC: "não será conhecido se houver desistência do recurso principal ou se for ele considerado inadmissível".[603]

11.6. Recurso adesivo condicionado

Com a genialidade que lhe é peculiar, José Carlos Barbosa Moreira coloca o problema do recurso adesivo condicionado.[604] Isto é, como proceder nas situações em que o julgamento do adesivo pode prejudicar o próprio recorrente?

Com razão, em determinadas hipóteses, a decisão judicial, embora não atendendo integralmente a parte, lhe é favorável em alguma medida. Contudo, diante do risco do adversário revertê-la, apenas por cautela o cidadão interpõe o adesivo, postulando, na hipótese de ser dado provimento ao recurso do adversário, a análise de seu adesivo, para ser decretada, p. ex., a inadmissibilidade da tutela jurisdicional, o direito à produção de uma prova, etc.

Figure-se o exemplo no qual ocorre uma condenação em 50, quando fora pedido 100. Ambas as partes possuem interesse em impugnar a decisão. Uma, contudo, prefere aguardar o comportamento da outra, que vem a recorrer postulando a improcedência da ação. Para aquela que se socorre do adesivo, pode ser interessante que o Tribunal venha a invalidar a sentença, permitindo-lhe a produção de provas indeferidas, em vez de dar provimento ao recurso do oponente.

Nessas situações, o interesse recursal no adesivo depende justamente do sucesso do recurso principal. Se a Corte não der provimento ao recurso autônomo, a parte que se valhe do adesivo não possui interesse em sua apre-

---

deve nortear o comportamento das partes em juízo, de que são exemplos, entre outros, os arts. 14, II, e 600 do CPC, introduzidos, respectivamente, pelas Leis n. 10.358/2001 e 11.382/2006 2. Recurso especial a que se nega provimento". STJ. REsp 1285405/SP, 3ª T., Rel. Min. Marco Aurélio Bellizze, j.16.12.2014, DJe 19.12.2014.

603 Nesse sentido: "PROCESSUAL CIVIL. AGRAVO REGIMENTAL NO AGRAVO EM RECURSO ESPECIAL. RECURSO ESPECIAL NÃO CONHECIDO. RECURSO ADESIVO PREJUDICADO. ART. 500 DO CPC. AGRAVO REGIMENTAL NÃO PROVIDO. 1. O não conhecimento do apelo principal obsta que se conheça do recurso adesivo, nos termos do art. 500 do CPC. Precedentes. 2. Agravo regimental não provido". (AgRg no AREsp 593.172/SP, 3. T, Rel. Min. Moura Ribeiro, j. 25/08/2015, DJe 02/09/2015); "PROCESSUAL CIVIL. AGRAVO REGIMENTAL NO RECURSO ESPECIAL. RECURSO PRINCIPAL. NEGATIVA DE SEGUIMENTO. . RECURSO ADESIVO. PREJUDICIALIDADE. ARTIGO 500, INCISO III, CPC. PRECEDENTES DO STJ. 1. 'O recurso adesivo está subordinado ao recurso principal, assim, negado seguimento ao recurso especial principal, decisão da qual não se recorreu, inadmissível a pretensão de se determinar o prosseguimento do recurso especial adesivo independentemente do recurso especial principal.' (AgRg no Ag 1367835/SP, Rel. Min. Nancy Andrighi, 3. T., j. 12/04/2011. DJe: 18.04.2011) 2. Agravo regimental a que se nega provimento". (AgRg no REsp 1523699/RS, 1ª T., Rel. Min. Sergio Kukina, j. 02.06.2015. DJe 15.06.2015)

604 *Comentários ao CPC*, 12. ed. Rio e Janeiro: Forense, 2005, p. 330.

ciação. Daí a qualificada doutrina de José Carlos Barbosa Moreira admitir, em solo brasileiro, a ideia do recurso adesivo "condicionado" justamente ao provimento do recurso do adversário.

Nesses casos, uma técnica salutar de julgamento seria inverter a ordem de apreciação dos recursos, julgando-se primeiro o adesivo, caso – em um juízo hipotético – admita-se o conhecimento e o provimento do principal. Contudo, se constatado que o principal não será conhecido ou provido, então a Corte não se ocupará do julgamento do adesivo condicionado, interposto partindo-se do pressuposto que aquele vingaria.

Como referido, trata-se de juízo hipotético quanto ao sucesso do recurso principal, cuja motivação, pela ausência de interesse jurídico relevante, nem mesmo deve constar no acórdão. O raciocínio do professor fluminense aplica-se especialmente ao recurso adesivo que discute questões atinentes à validade da sentença.

11.7. Admissibilidade do recurso adesivo no Juizado Especial Cível

Tema debatido diz respeito à admissibilidade do recurso adesivo no procedimento do Juizado Especial Cível (JEC). À luz da ausência de base legal explícita e dos princípios que regem o procedimento do JEC, vacila a jurisprudência a admiti-lo. Um passeio pelos julgados dos tribunais brasileiros demonstra o seu descabimento na prática.[605] Inclusive o Fórum Nacional de Juizados Especiais (FONAJE) editou enunciado contrário a admissão do adesivo por falta de amparo legal: "não cabe recurso adesivo em sede de Juizado Especial por falta de expressa previsão legal".

Desde as edições anteriores, postulamos a revisão desta orientação. Em nosso sentir, o "espírito" do recurso adesivo é de todo coerente com o "espírito" do Juizado Especial. O adesivo colabora com a informalização e a celeridade do processo, vetores de interpretação das normas no Juizado Especial. Nesse sistema, qualquer das partes, diante da sucumbência parcial, possui o recurso inominado. Não há razão, portanto, para privá-la dos benefícios da adesão recursal: fator de pressão para o adversário, redução do número de recursos autônomos pela segurança do adesivo, etc. Com a admissão do adesivo, inúmeros litigantes, parcialmente vitoriosos, sentir-se-ão tranquilos

[605] Dentre farta jurisprudência: TJSC: RI 2009.200141-0, de Blumenau – Juizado Especial Cível; Rel. Jaber Farah Filho. RI 2006.72.95.015329-9, 1ª T., Recursal de SC, Rel. Antonio Fernando Schenkel do Amaral e Silva, julgado em 17/04/2007; Turma Recursal Federal do Estado do Piauí, súmula 9: "Não cabe recurso adesivo no âmbito dos Juizados Especiais Federais"; TJDF: AC 20090710188920, Rel. Fernando Tavernad Lima, 2ª T., Recursal dos Juizados Especiais Cíveis e Criminais. DJ: 03.11.2010, p. 316; AC 20090910136892, Rel. Giselle Rocha Raposo, 1ª T., Recursal dos Juizados Especiais Cíveis e Criminais.DJ: 06/07/2010, p. 230; TJRS: Recurso Cível nº 71005559216, Primeira Turma Recursal Cível, Turmas Recursais, Relator: Fabiana Zilles, j. 28.07.2015; TJRS, Recurso Cível nº 71005650312, 2ª T., Recursal Cível, Rel. Vivian Cristina Angonese Spengler, j. 16.12.2015.

em aguardar o comportamento recursal do adversário, o que gerará possivelmente um decréscimo na quantidade de recursos interpostos.

Em texto específico, o autor Luiz Ramon Alvares arrola seis argumentos para a admissibilidade do adesivo no Juizado Especial Cível: "1° Motivo: O recurso previsto no art. 41 da Lei nº 9.099/95, a toda evidência, é o recurso de apelação em sua essência; 2° Motivo: O CPC – Código de Processo Civil aplica-se subsidiariamente à Lei nº 9.009/95; 3° Motivo: O CPC prevê o recurso adesivo (art. 500, § 4°); 4° Motivo: A parte não pode ser prejudicada por prestigiar o princípio da economia processual (a parte não pretendia recorrer da sentença, só o fazendo, na forma adesiva, porque há recurso da parte contrária); 5° Motivo: Se não fosse possível a interposição de recurso adesivo, as partes vencedoras no Juizado sempre acabariam ingressando com recurso para melhorar a sua posição, independentemente do fato de que poderiam conformar-se, de plano, com a sentença prolatada, pois sempre haveria o risco de que a parte contrária pudesse recorrer, o que inviabilizaria a celeridade na tramitação dos processos, conforme propõe a norma do art. 5°, LXXVIII, da Constituição da República Federativa do Brasil; 6° Motivo: Ambas as partes sempre iriam recorrer diante do risco de que a outra parte também pudesse recorrer, e tal fato incentivaria a litigiosidade, critério diverso do adotado nos Juizados Especiais, que orientam-se pela economia processual e celeridade, buscando, sempre que possível a conciliação ou a transação (art. 2° da Lei nº 9.099/95)". [606]

Contudo, a posição aqui defendida não é aplicada pela vasta maioria dos Tribunais, razão pela qual o operador deve ter muita cautela em sua utilização.

[606] Recurso adesivo e seu cabimento no Juizado Especial Cível. Disponível em <http://www.2registro.com.br/boletim/boletim28.html>. Acesso 12.01.2016.

Referências bibliográficas

AGUIAR JUNIOR, Ruy Rosado de. *O Sistema recursal nos Juizados Especiais Federais*. Disponível no *site* do Superior Tribunal de Justiça (www.stj.gov.br). Acesso em 07.09.2005.

ALMEIDA, Felipe Cunha de. Honorários advocatícios e novo Código de processo civil: primeiras impressões. *Revista jurídica*, Porto Alegre, v. 63, n. 451, p. 73-84, maio 2015.

ALMEIDA BAPTISTA, Sonia Márcia de. *Dos Embargos de Declaração*. São Paulo: RT, 1991.

ALVARES, Luiz Ramon. Recurso adesivo e seu cabimento no Juizado Especial Cível. Disponível em <http://www.2registro.com.br/boletim/boletim28.html>. Acesso 12.01.2016.

ALVARO DE OLIVEIRA, Carlos Alberto (org.). *Do Formalismo no Processo Civil*. São Paulo: Saraiva, 1997.

——. Garantia do Contraditório. *In Garantias Constitucionais do Processo Civil* (coord. José Rogério Cruz e Tucci). São Paulo: RT, 1999.

——. MITIDIERO, Daniel. *Curso de Processo Civil*: volume 2: processo do conhecimento. São Paulo: Atlas, 2012.

ALVIM, Eduardo Arruda; GRANADO, Daniel. Prequestionamento no recurso especial e matérias de ordem pública. In: *O papel da jurisprudência no STJ*. São Paulo : RT, 2014, p. 613-630.

AMARAL, Guilherme Rizzo. *As Astreintes e o Processo Civil Brasileiro*. Porto Alegre: Livraria do Advogado, 2004.

AMORIM, Aderbal Torres. *Recursos Cíveis Ordinários*. Porto Alegre: Livraria do Advogado, 2005.

ANNUNZIATO, Eduardo Sprada. Recurso Ordinário em Mandado de Segurança. Disponível em <http://www.ambito-Juridico.com.br/site/index.php?n_link=revista_artigos_leitura&artigo_id=10735>. Acesso em 10.02.2016.

ARAGÃO, Moniz de, Egas. *Sentença e Coisa Julgada*. Rio de Janeiro: Aide, 1992, p.199.

ARAGÃO, Paulo Cezar. *Recurso Adesivo*. São Paulo: Saraiva, 1974.

ARAÚJO, José Henrique Mouta; SALGADO, Gustavo Vaz. *Recursos Cíveis*. Curitiba: Juruá, 2005.

ARENHART, Sérgio Cruz. A nova postura do relator no julgamento dos recursos. *RePro*, n. 103/37.

ARRUDA ALVIM, Eduardo. Anotações sobre o novo § 3º do art. 515 do Código de Processo Civil. *In Linhas Mestras do Processo Civil*. Coords. Hélio Ribeiro Costa *et alli*. São Paulo: Atlas, 2004.

——; ARRUDA ALVIM, Angélica. As Reformas e o Sistema Recursal. *Revista Jurídica*, v. 357, p. 11-30.

ARRUDA ALVIM, José Manuel. *A Argüição de Relevância no Recurso Extraordinário*. São Paulo: RT, 1988.

ASSIS, Araken de. *Manual dos Recursos Cíveis*. 3. ed. São Paulo: RT, 2011.

——. *Doutrina e prática do processo civil contemporâneo*. São Paulo: RT, 2001.

——. Admissibilidade dos embargos infringentes em reexame necessário. In *Aspectos Polêmicos dos Recursos Cíveis*, v. 4. São Paulo: RT, 2004.

——. *Notas sobre o direito transitório na Lei 10.352/01*. Disponível no *site* do Tribunal de Justiça do Estado do Rio Grande do Sul (www.tj.rs.gov.br). Acesso em 14.09.2005.

——. Reflexões sobre a eficácia preclusiva da coisa julgada. In *Saneamento do Processo; estudos em homenagem ao Prof. Galeno Lacerda*. Porto Alegre: Safe, 1989.

——. *Regime Vigente do Agravo Retido*. RJ, 352/13.

——. *Manual dos Recursos*, 6. ed. São Paulo: RT, 2014.

AUGUSTO, Horácio Acácio. *Temas Polêmicos sobre a Responsabilidade Civil dos Advogados*. Monografia de especialização. Porto Alegre: Centro Universitário Ritter dos Reis, 2009.

AZEM, Guilherme Beux Nassif. *A Repercussão Geral da questão constitucional no Recurso Extraordinário*. Porto Alegre: Livraria do Advogado, 2009.

——. A Instrumentalidade Objetiva no Recurso Extraordinário. *Revista Jurídica*, n. 411, janeiro/2012.

——. A Súmula 126 do STJ e o instituto da repercussão geral. *Revista Jurídica*, n. 358, agosto/2007.

——. A nova disciplina do agravo – Lei nº 11.187/05. In *Revista da AGU*, n. 8, p. 73.

——. Mandado de segurança contra ato judicial. In *Aspectos polêmicos e atuais dos recursos cíveis*. Coords. Nelson Nery Junior e Teresa Arruda Alvim Wambier. São Paulo: RT, 2011.

BAGGIO, Lucas Pereira. Tutela *jurisdicional de urgência e as exigências do direito material*. Rio de Janeiro: Forense, 2010.

BAPTISTA DA SILVA, Ovídio. *A Função dos tribunais superiores*. 4. ed. Rio de Janeiro: Forense, 2003.

——. *Decisões interlocutórias e sentenças liminares*. Da Sentença Liminar à nulidade da sentença. Rio de Janeiro: Forense, 2002.

——. Os Recursos – Viés Autoritário da Jurisdição. In *Processo e Ideologia. O Paradigma Racionalista*. 4. ed. Rio de Janeiro: Forense, 2004.

BARBOSA, Rui. *Oração aos moços*. São Paulo: Martin Claret, 2004.

BARROSO, Luiz Roberto. Recurso extraordinário. Violação indireta da Constituição. Ilegitimidade de alteração pontual e casuística da jurisprudência do Supremo Tribunal Federal. In *Temas de Direito Constitucional*, tomo III. Rio de Janeiro: Renovar, 2005.

——. O Controle judicial da constitucionalidade, In *A Jurisdição Constitucional*. São Paulo: Martins Fontes, 2003.

BELMONTE DEABREU, Rafael Sirangelo. *Igualdade e processo: posições processuais equilibradas e unidade do direito*. São Paulo: RT, 2015.

BERNI, Duílio Landell de Moura. O Duplo Grau de Jurisdição como Garantia Constitucional. *In As Garantias do Cidadão no Processo Civil*. Coord. Sérgio Gilberto Porto. Porto Alegre: Livraria do Advogado, 2003.

BEZERRA LEITE, Carlos Henrique. *Curso de Direito Processual do Trabalho*. 3. ed. 4 tir. São Paulo: LTr, 2005.

BIAVA JUNIOR, Sérgio. Carimbo de protocolo ilegível ou Inexistente na jurisprudência do Superior Tribunal de Justiça. *Repro* 165/255.

BINENBOJM, Gustavo. *A Nova Jurisdição Constitucional Brasileira: legitimidade democrática e instrumentos de realização*. 2. ed. Rio de Janeiro: Renovar, 2004.

BRUM VAZ, Paulo Afonso. O Reexame necessário no novo processo civil. In *Revista Gênesis de Direito Processual Civil*, n. 34, outubro/dezembro de 2004.

BRUSCHI, Gilberto e MAIDAME, Márcio Manuel, O efeito suspensivo e o recurso de apelação – do CPC/1973 ao Novo CPC, p. 536-537. In *Novo CPC doutrina selecionada, v. 6: processos nos tribunais e meios de impugnação às decisões judiciais*. (Coord. Fredie Didier Jr.; Org. Lucas Buril de Macêdo *et alli*), Salvador: Juspodvm, 2015.

BUENO, Cássio Scarpinella. Prequestionamento: reflexões sobre a súmula 211 do STJ. In *Aspectos Polêmicos e Atuais dos Recursos Cíveis*. Eduardo Pellegrini de Arruda Alvim *et alli*. São Paulo: RT, 2000.

——. Uma segunda reflexão sobre o novo § 3º do art. 542 do CPC. In *Aspectos Polêmicos e Atuais dos Recursos Cíveis*. Eduardo Pellegrini de Arruda Alvim *et alli*. São Paulo: RT, 2000.

——. Súmulas 288, 282 e 356 do STF: uma visão crítica de sua (re) interpretação mais recente pelos tribunais superiores. In *Aspectos Polêmicos e Atuais dos Recursos Cíveis e de outras formas de impugnação das decisões judiciais*. Eduardo Pellegrini de Arruda Alvim *et alli*. São Paulo: RT, 2001.

BUZAID, Alfredo. Uniformização de jurisprudência. *Revista da Ajuris*, 34.

CALAMANDREI, Piero. *A Função da Jurisprudência no momento atual*. Trad. Isolde Favaretto. Porto Alegre: 2013.

CALMON, Eliana. A figura do juiz revisor. In *Linhas Mestras do Processo Civil*. Coords. Hélio Ribeiro Costa *et alli*. São Paulo: Atlas, 2004.

——. Recurso Especial interposto pela alínea *b* face à competência do Supremo Tribunal Federal. Disponível no *site* do Superior Tribunal de Justiça <www.stj.gov.br>. Acesso em 13.09.2005.

——. *A Superposição de competência recursal*. Disponível no *site* do Superior Tribunal de Justiça <www.stj.gov.br>. Acesso em 13.09.2005.

——. *O Superior Tribunal de Justiça na Constituição*. Disponível no *site* do Superior Tribunal de Justiça <www.stj.gov.br>. Acesso em 13.09.2005.

CALMON DE PASSOS, José Joaquim. *Comentários ao CPC*, v. III. 9. ed. Rio de Janeiro: Forense, 2004.

——. Da argüição de relevância no recurso extraordinário. *RF* 159/11.

CÂMARA, Alexandre Freitas, *Do agravo de instrumento no novo Código de Processo Civil, p. 13. In Desvendando o Novo CPC*. (Org. Darci Guimarães Ribeiro, Marco Félix Jobim *et alli*), Porto Alegre: Livraria do Advogado, 2015.

CANIBAL, Roberto. *Da presunção de infringência, da divergência e sua prevenção ou composição*. Disponível no *site* do Tribunal de Justiça do Estado do Rio Grande do Sul <www.tj.rs.gov.br>. Acesso em 14.11.2007.

CAPONI, Remo. *L'Efficacia del Giudicato Civile nel Tempo*. Milão: Giuffrè, 1991

CARNEIRO, Athos Gusmão. *Recurso Especial, Agravos e Agravo Interno*. 4. ed. Rio de Janeiro: Forense, 2005.

——. *Cumprimento da sentença civil*. Rio de Janeiro: Forense, 2007.

——. Observações sobre o recurso adesivo. *Ajuris*, v. 19, p.67-71.

——. Do recurso especial e seus pressupostos de admissibilidade. In *O novo recurso de Agravo e outros estudos*. 3. ed. Rio de Janeiro: Forense, 1998.

——. *Dos Embargos de Declaração e seu Inerente Efeito Interruptivo do Prazo Recursal*. Disponível no *site* da Academia Brasileira de Direito Processual Civil. Disponível em <www.abdpc.org.br>. Acesso em 25.10.2005.

CARNEIRO DA CUNHA, Leonardo; DIDIER JUNIOR, Fredie , Apelação contra decisão interlocutória não agravável: a apelação do vencido e a apelação subordinada do vencedor: duas novidades do CPC/2015, p. 519. In *Novo CPC: doutrina selecionada, v. 6: processos nos tribunais e meios de impugnação às decisões judiciais* (Org. Lucas Buril de Macedo *et alli*), Salvador: Juspodivm, 2015.

CARPES, Arthur Thompsen. *Ônus dinâmico da prova*. Porto Alegre: Livraria do Advogado, 2010.

——. A nova redação do caput do art. 522 do CPC e o recurso cabível da decisão acerca da dinamização dos ônus probatórios. *Revista de Processo*, v. 35, n. 179, p. 89-107, jan. 2010.

CARPENA, Márcio Louzada. Da Execução das decisões de pagar quantia pela técnica diferenciada. *RePro* 140/115.

CARVALHO, Fabiano. A função do relatório no julgamento colegiado: manifestação do princípio do contraditório. In *Revista de processo*, v. 36, n. 198, p. 445-454, ago. 2011.

CARVALHO, Fabrício de Farias; JOBIM, Marco Felix. A disciplina dos agravos no Novo Código de Processo Civil, p. 638. In *Novo CPC doutrina selecionada*, v. 6: processos nos tribunais e meios de impugnação às decisões judiciais. (Coord. Fredie Didier Jr.; Org. Lucas Buril de Macêdo, Ravi Peixoto, Alexandre Freire *et alli*), Salvador: Juspodvm, 2015.

CASTANHEIRA NEVES, A. A distinção entre a questão de fato e a questão de direito e a competência do Supremo Tribunal de Justiça como Tribunal de Revista. In *Digesta Escritos acerca do Direito, do pensamento jurídico da sua metodologia e outros*, v. 1. Coimbra: Coimbra Editora, 1995.

CASTRO MENDES, Aluísio Gonçalves de. A nova etapa de reforma do CPC no âmbito dos recursos: síntese e comentários. In *Linhas Mestras do Processo Civil*. Coords. Hélio Ribeiro Costa *et alli*. São Paulo: Atlas, 2004.

CHARTIER, Yves. *La Cour de Cassation*. 2. ed. Paris: Dalloz, 2001.

CHEIM JORGE, Flávio. *Teoria Geral dos Recursos Cíveis*. 2. ed. Rio de Janeiro: Forense, 2004.

——. *A Nova Reforma Processual*. 2. ed. São Paulo: Saraiva, 2003.

CHIOVENDA, Giuseppe. *Instituições de Direito Processual Civil*, v. 3. 2. ed. Campinas: Bookseller, 2000.

COMOGLIO, Luigi Paolo. *Valori etici e ideologie del giusto processo* (modelli a confronto).

——. Il doppio grado di giudizio nelle prospettive di revisione costituzionale. *Rivista di Diritto Processuale*, p. 317-334, 1999, n. 1.

COMPARATO, Fábio Konder. Redescobrindo o Espírito Republicano. In *Ajuris*, 100/99.

CORDEIRO, Antonio Menezes. *Tratado de Direito Civil Português*, II, Direito das Obrigações, t. 1. Coimbra: Almedina, 2009.

CORDEIRO DE FARIA, Juliana e THEODORO JUNIOR, Humberto. A coisa julgada inconstitucional e os instrumentos processuais para seu controle. *Revista Íbero-Americana de Direito Público – RIADP*, Vol. III, ano 3, 1° trimestre de 2001.

COUTURE, Eduardo J. *Fundamentos del derecho procesal civil*. 3. ed. Buenos Aires: 1997.

——. *Procedimiento*. Primer Curso, v. III – Juicio Ordinario. 2. versión taquigrafica de Marcos Medina Vidal. Montevideo: Organizacion Medina.

CUNHA, Marcelo Garcia da. *Código de Processo Civil Anotado* – Anotações aos artigos. 1.022 1.026, p. 804 e 805. Porto Alegre: OAB/RS, 2015.

DALL'AGNOL JUNIOR, Antonio Janyr. *O Prequestionamento da questão federal nos recursos extraordinários*. Disponível em <http://www.tj.ro.gov.br/emeron/sapem/2001/outubro/1910/artigos/ A13.htm>.

——. Embargos de Declaração. *RePro*, 102/89.

——. Sobre o conceito de sentença no Código de Processo Civil de 1973. In *Processo e Constituição:* Estudos em homenagem ao José Carlos Barbosa Moreira. São Paulo: RT, 2006.

——. Embargos infringentes: recentes modificações. *Revista Jurídica*, v. 50, n. 298, p. 7-20.

——. Vicissitudes do art. 526 do CPC. *Jornal Síntese*, v. 7, n. 73, p. 1-2.

——. Ação rescisória. Poderes do relator quanto à admissibilidade da inicial. Extensão e profundidade do efeito devolutivo no recurso especial. Compreensão do conceito dos obter dicta em nosso direito. *Revista jurídica*, Porto Alegre, v. 60, n. 412, p. 81-114, fev. 2012.

——. Medida cautelar dirigida ao STJ, por cessionário fiduciante, para obtenção de efeito suspensivo à decisão prejudicial e de imediato impacto, em mandado de segurança de inicial indeferida, pendente solução do agravo interposto cessão fiduciária de crédito: não sujeição aos efeitos do processo de recuperação judicial do devedor: presença da situação excepcional e dos pressupostos próprios da cautela. *Revista jurídica*, Porto Alegre, v. 61, n. 425, p. 71-109, março 2013.

DALL'ALBA, Felipe Camilo. O art. 285-A do CPC: redução inconstitucional do diálogo ou (re)afirmação do princípio da efetividade? *Revista da Ajuris*, v. 34, n. 105, p. 189-205, mar., 2007.

——. A questão da inconstitucionalidade do art. 285-A do CPC: rejeição liminar, sem necessidade de citação do réu nas ações que veiculem casos repetitivos que ensejam sentença de improcedência. *Genesis*, v. 11, n. 39, p. 59-76, jan./jun., 2010.

——. Sentenças Parciais de Mérito. *Revista da Ajuris*, n. 99, p. 353-370, set. 2005.

DAVID, René. *Las Grandes Système de Doit Comparé*, 11ed. Paris : Dalloz, 2002

DELGADO, José Augusto. Aspectos gerais dos embargos de divergência: origem, conceito, pressupostos e controvérsias. In: FÉRES, Marcelo Andrade; CARVALHO, Paulo Gustavo (Coord.). *Processo nos Tribunais Superiores*: de acordo com a emenda constitucional n. 45/2004. São Paulo: Saraiva, 2006. p. 797-833.

DIAS, Handel Martins. O tempo e o processo. *Revista da Ajuris*, v. 34, n. 108, p. 227-245, dez., 2007.

DIDIER JUNIOR, Fredie. Transformações do Recurso Extraordinário. In *Processo e Constituição: Estudos em homenagem ao José Carlos Barbosa Moreira*. São Paulo: RT, 2006.

——. Inovações na antecipação dos efeitos da tutela e resolução parcial do mérito. In *Gênesis*, 26/716.

——; CARNEIRO DA CUNHA, Leonardo José. *Curso de Direito Processual Civil*, v. 3. 8. ed. Salvador: Podium, 2010.

——; CARNEIRO DA CUNHA, Leonardo. Apelação contra decisão interlocutória não agravável: a apelação do vencido e a apelação subordinada do vencedor: duas novidades do CPC/2015. In *Novo CPC*: doutrina selecionada, v. 6: processos nos tribunais e meios de impugnação às decisões judiciais (Org. Lucas Buril de Macedo *et alli*), Salvador: Juspodivm, 2015.

DINAMARCO, Cândido Rangel. *Capítulos de sentença*. São Paulo: Malheiros, 2002.

——. *A Reforma da Reforma*. 6. ed. São Paulo: Malheiros, 2003.

——. O efeito devolutivo da apelação e de outros recursos. In *A nova era do processo civil brasileiro*. São Paulo: Malheiros, 2003.

——. *Tempestividade dos recursos*. Disponível em <www.migalhas.com.br>. Acesso em 30.08.2005.

——. Os embargos de declaração como recurso. In *A nova era do processo civil brasileiro*. São Paulo: Malheiros, 2003.

——. A reclamação no processo civil brasileiro. In *A nova era do processo civil brasileiro*. São Paulo: Malheiros, 2003.

——. Os efeitos dos recursos. In *A nova era do processo civil brasileiro*. São Paulo: Malheiros, 2003.

——. Relativizar a coisa julgada material. In *A nova era do processo civil brasileiro*. São Paulo: Malheiros, 2003.

——. Superior Tribunal de Justiça e acesso à ordem jurídica justa. In Teixeira, Sálvio de Figueiredo (coord.). *Recursos no Superior Tribunal de Justiça*. São Paulo: Saraiva, 1991.

——. *A função das cortes supremas na América Latina*. RF 342.

DONADEL, Adriane. A Reclamação no STF e no STJ. In *Juris Síntese* nº 32, nov/dez de 2001.

ESTEVEZ, André Fernandes; RUAS, Celiana Diehl. Sentença Falimentar e Recursos Cabíveis. *Revista Jurídica Empresarial* (RJE), v.14, p. 163-180, mai.-jun. 2010.

ESTEVEZ, Diego Fernandes. *Relativização da coisa julgada*. In MOLINARO, Carlos Alberto *et al*. (Coord.). *Constituição, jurisdição e processo*: estudos em homenagem aos 55 anos da Revista Jurídica. Sapucaia do Sul: Notadez, 2007.

FABRÍCIO, Adroaldo Furtado. Tutela antecipada: denegação no primeiro grau e concessão pelo relator do agravo. In *Ensaios de Direito Processual*. Rio de Janeiro: Forense, 2003.

——. As novas necessidades do processo civil e os poderes do juiz. *In Ensaios de Direito Processual*. Rio de Janeiro: Forense, 2003.

FAGUNDES, Seabra. Dos Embargos de Declaração. *Revista Forense* nº 117.

FARIA, Márcio Carvalho. *Embargos de divergência em agravo interno: (in)aplicabilidade da Súmula nº 599 do STF*. Jus Navigandi, Teresina, a. 9, n. 611, 11 mar. 2005. Disponível em: <http://jus2.uol.com.br/doutrina/texto.asp?id=6419>. Acesso em: 24 jan. 2006.

FELIPPI, Roberta. *Da Tempestividade do Recurso Prematuro e a jurisprudência dos Tribunais Superiores. Monografia de especialização*. Porto Alegre: Centro Universitário Ritter dos Reis, 2009.

FERRAJOLI, Luigi. *Diritto e Ragione*. 8. ed. Roma: La Terza, 2004.

FERRAZ, Thaís Schilling. A abstração da questão constitucional de repercussão geral frente ao recurso extraordinário. *Revista Jurídica,* ano 62, nº 439, maio 2014.

FERREIRA, Fernando Amâncio. *Manual dos Recursos em Processo Civil*. 6. ed. Coimbra: Almedina, 2005.

FERREIRA FILHO, Manoel Caetano. *Comentários ao CPC*, v. 7. São Paulo: RT, 2000.

FIGUEIREDO TEIXEIRA, Sálvio. *A Súmula e sua evolução no Brasil*. Disponível na *web*. Acesso em 10.02.2007.

FLACH, Daisson. *A Verossimilhança no Processo Civil e Sua Aplicação Prática*. São Paulo: RT, 2010.

FORNACIARI JUNIOR, Clito. O Renascer do mandado de segurança contra ato jurisdicional. *In Revista Jurídica*, v. 344, p. 55-66.

FRANCO, Adriana Pereira. *Recurso interposto antes da publicação da decisão recorrida é intempestivo?* Disponível <www.jusnavigandi.com.br>. Acesso em 08.06.2005.

FRANZÉ, Luis Henrique Barbante. *Agravo – Frente aos Pronunciamentos de Primeiro Grau no Processo Civil*. 6. ed. Curitiba: Jurúa, 2009.

FUX, Luiz. *A Reforma do Processo Civil*. Rio de Janeiro: Impetus, 2006.

——. *Curso de Processo Civil*. Rio de Janeiro: Forense, 2007.

——. A tutela antecipada nos tribunais superiores. In: FERES, Marcelo Andrade.; CARVALHO, Paulo Gustavo M. (Coord.). *Processos nos tribunais superiores*: de acordo com a Emenda Constitucional n. 45/2004. Belo Horizonte: Saraiva, 2006. p. 223-229.

GARCIA, Nei Comis. *Algumas opiniões acerca dos artigos 285-A e 527 do CPC*. Disponível em tex.com.br. Acesso em 26.06.2006.

GIORGIS, José Carlos Teixeira. *Notas sobre o Agravo*. Livraria do Advogado: Porto Alegre, 1996.

——. O uso do fax. *ADV Advocacia dinâmica*: boletim informativo semanal, v. 26, n. 28, p. 463, 16 jul. 2006.

GIANNAKOS, Angelo Maraninchi. *Assistência judiciária no direito brasileiro*. Porto Alegre: Livraria do Advogado, 2008.

GOMES CANOTILHO, J. J. *Direito Constitucional e Teoria da Constituição*. 4. ed. Coimbra: Almedina.

GOMES FILHO, Antônio Magalhães. *A motivação das decisões penais*, p. 188. São Paulo: RT, 2001.

GRINOVER, Ada Pellegrini. *Da Coisa Julgada no Código de Defesa do Consumidor*. In RJ nº 162/5.

——. Efeito devolutivo do recurso especial. *Revista Brasileira de Ciências Criminais*, v. 34.

HERMES, Carolina Dreher. *O artigo 285-A do Código de Processo Civil sob o enfoque de sua (in)constitucionalidade.* 2009. 61 f. Trabalho de conclusão (Especialização). Porto Alegre: Faculdade IDC, 2009.

HILL, Flávia Pereira. Breves comentários às principais inovações quanto aos meios de impugnação das decisões judiciais no Novo CPC, p. 359. In *Novo CPC doutrina selecionada*, v. 6: processos nos tribunais e meios de impugnação às decisões judiciais. (Coord. Fredie Didier Jr.; Org. Lucas Buril de Macêdo, Ravi Peixoto, Alexandre Freire *et alli*), Salvador: Juspodvm, 2015.

JAUERNIG, Othmar. *Zivilprozessrecht*. 26. Auflage. München: C.H.Beck, 2000.

——. *Direito Processual Civil*. Tradução de F. Silveira Ramos. 25 ed. Coimbra: Almedina, 2002.

JOBIM, Marco Felix. *Medidas estruturantes da Suprema Corte estadunidense ao Supremo Tribunal Federal*. Porto Alegre: Livraria do Advogado, 2013.

——. *Direito à Duração Razoável do Processo*. Florianópolis: Conceito, 2011.

——. A sentença em Ovídio Baptista da Silva. *Revista jurídica*, n. 417, p. 57-67, jul. 2012.

___. *Cultura, escolas e fases metodológicas do processo*. 3. ed. Porto Alegre: Livraria do Advogado, 2015.

JOLOWICZ, John Anthony. *Modelos adversarial e inquisitorial de processo civil*. RF, 372/135.

KELSEN, Hans. *Jurisdição Constitucional*. Trad. Alexandre Klug e outros. São Paulo: Martins Fontes, 2003.

KNIJNIK, Danilo. *O Recurso Especial e a Revisão da Questão de Fato pelo Superior Tribunal de Justiça*. Rio de Janeiro: Forense, 2005.

KOZIKOSKI, Sandro Marcelo. *Manual dos Recursos Cíveis* – Teoria Geral e Recursos em Espécie. Curitiba: Juruá, 2007.

——. *Embargos de Declaração*. São Paulo: RT, 2004.

KRIEGER DE VALLE, Carla Maria. Divergência entre o STF e o STJ no que tange à tempestividade dos recursos interpostos anteriormente à publicação do acórdão recorrido. *RePro* 158/255

LACERDA, Galeno. *O Novo Direito Processual e os Feitos Pendentes*. 2. ed. Forense, 2006.

——. Ação rescisória e suspensão cautelar da execução do julgado rescindendo. *Revista do Processo* nº 29. jan/mar/83, p. 40.

——. Ação rescisória e homologação de transação. *Revista da AJURIS*, n. 14, nov/78.

——. Críticas ao prequestionamento. *RT* nº 738.

LAMACHIA, Cláudio Pacheco Prates. *O Novo CPC, As conquistas da advocacia*, (coords. Marcus Vinícius Furtado Coêlho *et alli*). Brasília: OAB, Conselho Federal, 2015.

LARENZ, Karl. *Metodologia da Ciência do Direito*. 4. ed. Trad. José Lamego. Lisboa: Fundação Calouste Gulbenkian, 2005.

LASPRO, Oreste Nestor de Souza. Garantia do duplo grau de jurisdição. I*n As Garantias Constitucionais do Processo Civil*. Coord. José Rogério Cruz e Tucci. São Paulo: RT, 2000.

LEMOS, Rafael. *A teoria da causa madura e o artigo 515, § 3º do Código de Processo Civil de 1973*. São Paulo/SP- Ed. Ixtlan, 2014.

LEMOS, Vinicius Silva. Agravo em recurso especial ou extraordinário: uma nova hipótese recursal inserida pelo novo Código de processo civil. In: *Revista dialética de direito processual*, n. 150, p. 122-133, set. 2015.

LEITE, Carlos Henrique Bezerra. *Curso de Direito Processual do Trabalho*, 3. ed. São Paulo: LTr, 2005.

LEITE DE CASTRO, Fábio. Aspectos filosóficos da motivação judicial. In *Revista de Estudos Criminais*, n. 13, 2004.

LIEBMAN, Enrico Tullio. *Manuale di diritto processuale civil*, v. II. 4. ed. Milano: Giuffrè, 1984.

——. *Eficácia e Autoridade da Sentença e outros escritos sobre a coisa julgada*. Trad. Alfredo Buzaid e Benvindo Aires. Atualização da Dra. Ada Pellegrini Grinover. 4. ed. Rio de Janeiro: Forense, 2006.

LONGO, Luis Antônio. O princípio do juiz natural e seu conteúdo substancial. In *As Garantias do Cidadão no Processo Civil*. Coord. Sérgio Gilberto Porto. Porto Alegre: Livraria do Advogado, 2003.

LUISO, Francesco P. Diritto Processuale Civile: *Il processo di Cognizione*. 3. ed. Milano: Giuffrè, 2000.

LUCON, Paulo Henrique dos Santos. Recurso Especial: ordem pública e prequestionamento. In *Linhas Mestras do Processo Civil*. Coords. Hélio Ribeiro Costa *et alli*. São Paulo: Atlas, 2004.

LUPOI, Maurizio. La nozione di "dishonesty" nelle ultime conquiste dell'equity, *Rivista di Diritto Civile*, n. 6, novembre-dicembre 2007, p. 871-877.

MACEDO, Elaine Harzheim. O formalismo excessivo na admissibilidade recursal: mecanismo de combate à massificação? *Revista da Ajuris*, v. 39, n. 128, p. 143-169, dez. 2012.

——. O novo agravo: Lei nº 11.187/05. In *Cadernos do Centro de Estudos do Tribunal de Justiça do Rio Grande do Sul*, v. 1.

——; Scalzilli, Roberta. Prequestionamento no recurso especial sob a ótica da função do STJ no sistema processual civil: uma análise perante o novo Código de processo civil. In: *Revista de processo*, v. 40, n. 246, p. 287-313, ago. 2015.

MACHADO, Hugo de Brito. Extemporaneidade de Recurso Prematuro. In: *Revista Dialética de Direito Processual*, v. 8, nov. 2003, p.58-66.

MANCUSO, Rodolfo de Camargo. *Recurso Especial e Recurso Extraordinário*. 7. ed. São Paulo: RT, 2001. e 9. ed. São Paulo: RT, 2006.

——. *Ação Civil Pública*. 9. ed. São Paulo: RT, 2004.

——. A realidade judiciária brasileira e os Tribunais da Federação – STF e STJ: inevitabilidade de elementos de contenção dos recursos a eles dirigidos. In *Processo e Constituição: Estudos em homenagem ao José Carlos Barbosa Moreira*. São Paulo: RT, 2006.

MARDER, Alexandre Salgado. *Das invalidades no direito processual civil*. São Paulo: Malheiros, 2010.

MARINONI, Luiz Guilherme; ARENHART, Sérgio Cruz. *Manual do Processo de Conhecimento*. 4. ed. São Paulo: RT, 2005.

——. *Comentários ao CPC*, v. 5, tomo II. São Paulo: RT, 2000.

——. Reexame da prova diante dos recursos especial e extraordinário. In *Revista Gênesis de Direito Processual Civil*, n. 35, janeiro/março de 2005.

——. *O julgamento liminar das ações repetitivas e a súmula impeditiva de recurso (Leis 11.276 e 11.277, de 8.2.06)*. Disponível em <http://www.marinoni.com.br/admin/ users/33.pdf>. Acesso em 15.07.2006.

——; MITIDIERO, Daniel. *Repercussão Geral no Recurso Extraordinário*. São Paulo: RT, 2007.

MAXIMILIANO, Carlos. *Comentários à Constituição de 1891*. Brasília: Senado Federal, 2005.

MAZZEI, Rodrigo Reis. Embargos de declaração. Evolução legislativa em 30 anos de CPC. Horizontes de uma (nova) reforma. In *Linhas Mestras do Processo Civil*. Coords. Hélio Ribeiro Costa *et alli*. São Paulo: Atlas, 2004.

——; GONÇALVES, Tiago Figueiredo. A disciplina do prazo em dobro para litisconsortes com diferentes procuradores: noções gerais e o regramento adotado CPC/2015. *Revista jurídica*, Porto Alegre, v. 63, n. 449, p. 9-18, mar. 2015.

MEDINA, José Miguel Garcia. *O Prequestionamento nos Recursos Extraordinário e Especial*. 2. ed. São Paulo: RT, 1999.

——. Variações recentes sobre os recursos extraordinário e especial – breves considerações. In *Processo e Constituição*: Estudos em homenagem ao José Carlos Barbosa Moreira. São Paulo: RT, 2006.

——. *Direito Processual Civil Moderno*, São Paulo: RT, 2015.

MENDES, Gilmar Ferreira. *Jurisdição Constitucional*. 4. ed. São Paulo: Saraiva, 2004.

——. *Contrariedade à Constituição e recurso extraordinário: aspectos inexplorados*. RDA nº 195.

——; MARTINS, Ives Gandra da Silva. *Controle Concentrado de Constitucionalidade*. 2. ed. São Paulo: Saraiva.

MENEZES CORDEIRO, Antonio. *Tratado de Direito Civil Português*, II, Direito das Obrigações, t. 1. Coimbra: Almedina, 2009.

MILHORANZA, Mariângela Guerreiro; TESHEINER, José Maria Rosa. Agravos no Processo Civil. *Revista Brasileira de Direito Processual*, v. 62, p. 127-134, 2008.

——; MACEDO, Fernanda dos Santos. Novas observações sobre o princípio da irrecorribilidade das decisões interlocutórias na justiça do trabalho. *Justiça do Trabalho*, v. 27, n. 321, p. 40-47, set., 2010.

MILMAN, Fábio. *Improbidade Processual*. Rio de Janeiro: Forense, 2007.

MIRANDA, Francisco Cavalcanti Pontes de. *Comentários ao Código de Processo Civil*, t. VII, p. 112. Rio de Janeiro: Forense, 1975.

MITIDIERO, Daniel Francisco. *Colaboração no Processo Civil*. São Paulo: RT, 2009.

——. Precedentes, jurisprudência e súmulas no novo Código de processo civil brasileiro. In *Revista de processo*, v. 40, n. 245, p. 333-349, jul. 2015.

____. Sentenças parciais de mérito e resolução definitiva-fracionada da causa. In *Revista Gênesis de Direito Processual Civil*, n. 31, janeiro/março de 2004.

——. *Novo curso de processo civil*: tutela dos direitos mediante procedimento comum. v. 2, pp. 514-515. São Paulo: RT, 2015.

——. *A Multifuncionalidade do Direito Fundamental ao Contraditório: Resposta à Crítica de Tesheiner*. Disponível em <www.tex.pro.br>. Acesso em 05.07.2006.

——. Direito Fundamental ao Julgamento Definitivo da Parcela Incontroversa: uma proposta de compreensão do art. 273, § 6º, do CPC, na perspectiva do direito fundamental a um processo sem dilações indevidas (art. 5º, LXXVIII, da CF/1988). *RePro* 149/105

——; MARINONI, Luiz Guilherme. *Repercussão Geral no Recurso Extraordinário*. São Paulo: RT, 2007.

——. *O Projeto do CPC*: críticas e propostas. São Paulo: RT, 2010.

——. MITIDIERO, Daniel. Antecipação da Tutela. *Da tutela cautelar à técnica antecipatória*. São Paulo: Revista dos Tribunais, 2013.

MONIZ DE ARAGÃO, Egas Dirceu. *Comentários ao CPC*, v. II. 10. ed. Rio de Janeiro: Forense, 2004.

——. *Sentença e Coisa Julgada*. Rio de Janeiro: Aide, 1992.

MORAES, Alexandre de. *Jurisdição Constitucional e Tribunais Constitucionais*. 2. ed. São Paulo: Altas, 2003.

MOREIRA, José Carlos Barbosa. *A nova Definição da Sentença (Lei 11.232)*. Revista Dialética de Direito Processual, v.39, junho 2006.

——. *Comentários ao CPC*, v. 2, p. 37-38. 10. ed. Rio de Janeiro: Forense, 2004.

——. *Comentários ao Código de Processo Civil*, v. V. 12. ed. Rio de Janeiro: Forense, 2005.

——. *Novo processo civil brasileiro*. 22. ed. Rio de Janeiro: Forense, 2002.

——. A nova definição de sentença (Lei 11.232). *Revista Dialética de Direito Processual*, 39/78.

——. Juízo de admissibilidade e juízo de mérito no julgamento do recurso especial. In *Temas de Direito Processual*, quinta série. Saraiva: São Paulo: 1994.

——. Restrições ilegítimas ao conhecimento dos recursos. In *RENM*, n. 1, p. 38.

——. Julgamento colegiado: modificação de voto após a proclamação do resultado? In *Aspectos Polêmicos e Atuais dos Recursos Cíveis*. Eduardo Pellegrini de Arruda Alvim *et alli*. São Paulo: RT, 2000.

——. Em Defesa da revisão obrigatória das sentenças contrárias à Fazenda Pública. *RDCPC*, nov.- dez. 2004, p. 5-15.

——. O princípio da segurança dos atos jurisdicionais (a questão da relativização da coisa julgada material). In *Revista Jurídica* n. 317, mar/2004, p. 14-33.

——. Lei 9.756: uma inconstitucionalidade flagrante e uma decisão infeliz. In *Temas de Direito Processual*, 7ª série. São Paulo: Saraiva.

——. Julgamento do recurso especial ex art. 105, III, *a*, da Constituição da República: sinais de uma evolução auspiciosa. *RF* 349.

——. O problema da duração dos processos: premissas para uma discussão séria. In *Magister*, v. 2, p. 27-36, maio/jun. 2006.

——. A atribuição de eficácia vinculativa às proposições já incluídas na "súmula da jurisprudência dominante" do Supremo Tribunal Federal. In *Jornal Síntese*, maio de 2005, p. 21-23.

MUSIELAK, Hans-Joachim. *Grundkurs ZPO*. 6. Auflage. München: Beck, 2002.

NANCY ANDRIGHI, Fátima. *A Reforma Processual*. Disponível em <www.stj.gov.br>. Acesso em 20.08.2005.

——. LEI 11.276/06 – *Inadmissibilidade da Apelação contra Sentença que se Conforma com Súmula do STJ ou STF*. Disponível em <http://bdjur.stj.gov.br/dspace/handle/2011/2299>. Acesso em 10.02.2007.

NERY JUNIOR, Nelson. *Teoria Geral dos Recursos*. 6. ed. São Paulo: RT, 2005.

——. *Princípios do Processo Civil na Constituição Federal*, 8. ed. São Paulo: RT, 2004.

NUNES, Dierle. Breves *Comentários ao Novo Código de Processo Civil*. (Coord. Teresa Arruda Alvim Wambier *et alli*). São Paulo: RT, 2015.

——. Proposta de reforma do novo Código de Processo Civil apresenta riscos. Disponível em <http://genjuridico.com.br/2016/01/21/proposta-de-reforma-do-novo-codigo-de-processo-civil-apresenta-riscos>. Acesso em 25.01.2016.

OLIVEIRA, Pedro Miranda de. Recursos Excepcionais. In *Comentários ao novo Código de Processo Civil*, coord. CABRAL, Antônio do Passo *et alli*, p. 1.545. Rio de Janeiro, Forense: 2015.

PAULSEN, Leandro. *Repercussão geral e sobrestamento de processos múltiplos*. Disponível em <www.leandropaulsen.com>. Acesso em 28.02.2011.

——. *Revolução no Processo*. Disponível em <www.leandropaulsen.com>. Acesso em 28.02.2011.

PEÇANHA MARTINS, Francisco. Exame do artigo 557 do Código de Processo Civil. *RePro* 102/153.

PEÑA, Eduardo Chemale Selistre. *O Recurso de Agravo como meio de impugnação das decisões interlocutórias em primeiro grau*. Porto Alegre: Livraria do Advogado, 2009

——. *Curso e Julgamento dos Processos nos Tribunais*. Porto Alegre: Livraria do Advogado, 2010.

PEREIRA, Caio Mário da Silva. *Instituições de Direito Civil*, v. VI, 17. ed. Rio de Janeiro: Forense, 2010.

PEREIRA, Milton Luiz. Embargos de divergência contra decisão lavrada por relator. In *Revista Síntese de Direito Civil e Processual Civil*, n. 05, p. 5.

PINHO, Américo Andrade. O Cabimento de Embargos Infringentes contra acórdão proferido com base no art. 515, § 3°, do CPC, visto pelos Tribunais. *RePro* 167/325.

PINTO, Nelson Luiz. *Manual dos Recursos Cíveis*. São Paulo: Malheiros.

PINTO RIBEIRO, Cristina Zugno. *Apelação no Novo CPC: efeitos devolutivos e suspensivo*. Porto Alegre: Livraria do Advogado, 2016.

PIOVESAN, Flávia. *Direitos Humanos e o Direito Constitucional Internacional*. 7ª ed. São Paulo: Saraiva, 2006.

PISANI, Andrea Proto. *Diritto Processuale Civile*. 4. ed. Napoli: Jovene, 2002.

PIZZORUSSO, Alessandro. Sul principio del doppio grado di giurisdizione. *Rivista di Diritto Processuale*, p. 32-58, ano XXII, 1978, n. 1.

PIZZOL, Patrícia Miranda. *Processo Civil – Recursos*. São Paulo: Atlas, 2000.

POITTEVIN, Ana Laura González. *Recorribilidade das decisões interlocutórias*. Curitiba: Juruá, 2008.

——. Recorribilidade das decisões interlocutórias no direito uruguaio. *Revista de Processo*, v. 32, n. 150, p. 81-96, ago., 2007.

PORTO, Ederson Garin. *Manual da Execução Fiscal*. Porto Alegre: Livraria do Advogado, 2005.

——. Coisa julgada inconstitucional nas ações de investigação de paternidade. *Tendências Constitucionais no Direito de Família*: estudos em homenagem ao Prof. José Carlos Teixeira Giorgis. Porto Alegre: Livraria do Advogado, 2003.

——. *Aspectos doutrinários e práticos sobre a separaçao judicial por mútuo consentimento*. Disponível em <www.jusnavigandi.com.br>. Acesso em 31.05.2013.

——. A polêmica tese do recurso prematuro : (fundamentos teóricos para uma crítica à jurisprudência das cortes superiores). *Revista Jurídica*, Porto Alegre, v. 61, n. 433, p. 9-41, nov. 2013.

PORTO, Guilherme Athayde; PORTO, Sérgio Gilberto. *Lições sobre Teorias do Processo*. Porto Alegre: Livraria do Advogado, 2013.

——. *Formação da coisa julgada e prova produzida, p. 87*. Porto Alegre: Livraria do Advogado, 2015.

PORTO, Sérgio Gilberto. *Ação Rescisória Atípica*. São Paulo: Revista dos Tribunais, 2009.

——. Recursos: reforma e ideologia. In José Carlos Teixeira Giorgis. (Org.). *Inovações do Código de Processo Civil*. Porto Alegre: Livraria do Advogado, 1997, v., p. 101-110.

——. Do Agravo de Instrumento. *Revista de Estudos Jurídicos da Unisinos*, São Leopoldo, n. 39, 1984.

——. A crise de eficiência do processo A necessária adequação processual à natureza do direito posto em causa, como pressuposto de efetividade. In: Luiz Fux; Nelson Nery Junior; Teresa Celina Arruda Alvim Wambier. (Org.). *Processo e Constituição*. São Paulo: Revista dos Tribunais, 2006, v., p. 179-194.

——. *Cidadania Processual – Processo Constitucional e o Novo Processo Civil*. Porto Alegre: Livraria do Advogado, 2015. p.96-97.

——; PORTO, Éderson Garin. A concordância prática entre os princípios da proteção ambiental, precaução e desenvolvimento sustentável. *Revista Jurídica Empresarial*, v. 4, p. 213-236, 2008.

——; MATTE, Maurício. *Ne bis in idem*. *Revista brasileira de direito processual*, v. 19, n. 75, p. 169-194, jul./set. 2011.

POZZA, Pedro Luiz. *Novas Regras dos Recursos no Processo Civil*. Rio de Janeiro: Forense, 2003.

PRATES, Marília Zanella. *A coisa julgada no direito comparado*: Brasil Estados Unidos. São Paulo: Juspodivm, 2013.

RAMOS, Saulo. *Código da Vida*. São Paulo: Planeta do Brasil, 2007.

REALE, Miguel. *Lições Preliminares de Direito*. 24. ed. 2. Tiragem. Saraiva: São Paulo: 1999.

——. A Motivação, requisito essencial da sentença. In *Questões de Direito Público*, p. 153. São Paulo: Saraiva, 1997.

REICHELT, Luiz Alberto. A repercussão geral do recurso extraordinário e a construção do processo civil na era da solidariedade social. *Revista de Processo*, vol. 189. São Paulo: Revista dos Tribunais, 2010.

——. Sistemática recursal, direito ao processo justo e o novo Código de processo civil: os desafios deixados pelo legislador ao intérprete. In *Revista de processo*, v. 40, n. 244, p. 15-30, jun. 2015.

RIBEIRO, Cristiana Pinto. *Apelação no Novo CPC*: efeitos devolutivo e suspensivo, Porto Alegre: Livraria do Advogado, 2016.

RICCI, Edoardo. Il doppio grado di giurisdizione nel processo civile. Sul principio del doppio grado di giurisdizione. *Rivista di Diritto Processuale*, p. 59-85, ano XXII, 1978, n. 1.

ROENICK, Hermann Homem de Carvalho. *Recursos*. 4. ed. Rio de Janeiro: Aide, 2003.

ROLIN, Cristiane Flores Soares. A Garantia da igualdade das partes frente ao interesse público. *In As Garantias do Cidadão no Processo Civil*. Coord. Sérgio Gilberto Porto. Porto Alegre: Livraria do Advogado, 2003.

ROSA MARTINEZ, Maria Cristina da. Prequestionamento e Embargos de Declaração. *RJ* 347/65.

ROSINHA, Martha Novo de Oliveira. *Efeitos dos recursos: soluções efetivas com menor prejuízo à segurança jurídica*. Porto Alegre: Livraria do Advogado, 2011.

——. "Amicus curiae" – A legitimação do procedimento – repercussão geral e súmula vinculante. In: *Âmbito Jurídico*, Rio Grande, 47, 30/11/2007.

RUBIN, Fernando. *A preclusão na dinâmica do processo civil*. Porto Alegre: Livraria do Advogado, 2010.

——. Efetividade *versus* Segurança Jurídica: Cenários de Concretização de Dois Macroprincípios Processuais do Novo CPC. R*evista Jurídica*: órgão nacional de doutrina, jurisprudência, legislação e crítica judiciária. São Paulo, Ano 63, nº452, p. 67-68. Junho de 2015.

——. Cabimento do agravo de instrumento em matéria probatória: crítica ao texto final do Novo CPC (Lei nº 13.015/2015, art. 1.015), p. 623. In *Novo CPC doutrina selecionada*, v. 6: processos nos tribunais e meios de impugnação às decisões judiciais. (Coord. Fredie Didier Jr.; Org. Lucas Buril de Macêdo, Ravi Peixoto *et alli*), Salvador: Juspodvm, 2015.

——. As matérias não sujeitas à preclusão para o Estado-juiz. *Revista dialética de direito processual*, maio 2013.

——. A preclusão entre o CPC/1973 e o projeto de novo CPC. *Revista jurídica*, n. 422, dez. 2012.

——. Preclusões de atos para o Estado-juiz no âmbito recursal preclusão de instância, preclusão hierárquica e preclusão de questões atingindo o juízo superior. *Revista dialética de direito processual*, n. 114, p. 9-20, set. 2012.

——. A extemporaneidade de recurso protocolado antes da publicação oficial de decisão judicial. *Justiça do Trabalho*, v. 28, n. 329, p. 77-85, maio 2011.

SALGADO, Gustavo Vaz; ARAÚJO, José Henrique Mouta. *Recursos Cíveis*. Curitiba: Juruá, 2005.

SARLET, Ingo Wolfgang. A Reforma do Judiciário e os Tratados Internacionais de Direitos Humanos: observações sobre o § 3º do art. 5º da Constituição. In *Interesse Público*, v. 37, p. 49.

SCALZILLI, Roberta. Código de Processo Civil Anotado – *Anotações aos artigos. 1.021*, p. 796. Porto Alegre: OAB/RS, 2015.

SCHÜTZ, Vanessa Casarin. *Coisa julgada: inconstitucionalidade e meios processuais cabíveis*. In: MOLINARO, Carlos Alberto *et al*. (Coord.). Constituição, jurisdição e processo: estudos em homenagem aos 55 anos da Revista Jurídica. Sapucaia do Sul: Notadez, 2007.

SEADI, Humberto Acacio Trez. Dos embargos de divergência no âmbito do Supremo Tribunal Federal e do Superior Tribunal de Justiça. In *Jus Navigandi*, Teresina, a. 8, n. 184, 6 jan. 2004. Disponível em: http://jus2.uol.com.br/doutrina/texto.asp?id=4701. Acesso em: 24 jan. 2006.

SEHNEM, Felix. Embargos declaratórios. In *Jus Navigandi*, Teresina, a. 7, n. 61, jan. 2003. Disponível em: http://jus2.uol.com.br/doutrina/texto.asp?id=3681. Acesso em: 08 jun. 2005.

SEVERO, Álvaro Paranhos. A coisa julgada no processo coletivo. In *Direito & justiça*, v. 39, n. 2, p. 253-262, jul./dez. Porto Alegre, 2013.

——. O papel do juiz na criação do direito. In: *Direito & justiça* [recurso eletrônico], v. 39, n. 2, p. 204-213, jul./dez. 2013.

SHIMURA, Sérgio. Reanálise do duplo grau de jurisdição obrigatório diante das garantias constitucionais. In *Processo e Constituição: Estudos em homenagem ao José Carlos Barbosa Moreira*. São Paulo: RT, 2006.

SICA, Heitor Vitor de. O agravo e o "mito de Prometeu" - Considerações sobre a Lei 11.187/2005. *Aspectos polêmicos e atuais dos recursos cíveis*, coordenação de Nelson Nery Júnior e Tereza Arruda Alvim Wambier, série 9. São Paulo: RT, 2005.

——. *Preclusão Processual Civil*. 2. ed. São Paulo: Atlas, 2008.

SILVA, Antonio Carlos. *Embargos de Declaração no Processo Civil*. Rio de Janeiro: Lumen Juris, 2000.

SILVA, Ovídio Baptista da. *Limites Objetivos da Coisa Julgada no atual direito brasileiro*, p. 136. *In. Sentença e Coisa Julgada*, 4ed. Rio de Janeiro: Forense, 2003.

——. *Decisões interlocutórias e sentenças liminares. Da sentença Liminar à Nulidade da Sentença*. Rio de Janeiro: Forense, 2001.

SLAIBI FILHO, Nagib. Notas sobre o art. 557 do CPC. Competência do relator de prover e de negar seguimento a recurso. *In Jus Navigandi*, Teresina, a. 7, n. 62, fev. 2003. Disponível em <http://jus2.uol.com.br/doutrina/texto.asp?id=3792>. Acesso em: 08 jun. 2005.

SOARES, Leonardo Oliveira. Uma Questão de Ordem Conceitual. *Primeiros Escritos de Direito Processual: faz escuro mas eu canto.pág. 53*. Belo Horizonte: Del Rey, 2013.

——. Recorribilidade das Decisões Interlocutórias: Onda Restritiva. *Primeiros Escritos de Direito Processual: faz escuro mas eu canto.pág. 67*. Belo Horizonte: Del Rey, 2013.

——. Ampliação da Onda Restritiva à Recorribilidade: Renascer do Mandado de Segurança Contra Ato Judicial. *Primeiros Escritos de Direito Processual: faz escuro mas eu canto*. Belo Horizonte: Del Rey, 2013.

SOUZA, Bernardo Pimentel. *Introdução aos recursos cíveis e à ação rescisória*. 7. ed. São Paulo: Saraiva, 2010.

SOUZA, Valternei Melo de. A multa do artigo 475-J: algumas questões. In: TESHEINER, José Maria Rosa *et al.* (coord.). *Instrumentos de coerção e outro temas de direito processual civil*: estudos em homenagem aos 25 anos de docência do Prof. Dr. Araken de Assis. Rio de Janeiro: Forense, 2007

SPAGNOLO, Juliano. A garantia do juiz natural e a nova redação do art. 253 do Código de Processo Civil. In *As Garantias do Cidadão no Processo Civil*. Coord. Sérgio Gilberto Porto. Porto Alegre: Livraria do Advogado, 2003.

STIPANICIC, Emma. *Codigo General del Proceso*. Montevideo: Del Foro, 2003.

STORME, Marcel. Rumbos del proceso civil en la Europa unificada. *RePro*, 93/244.

STRECK, Lenio Luiz. *Jurisdição Constitucional e Hermenêutica – Uma nova crítica do Direito*. 2. ed. Rio de Janeiro: Forense, 2004.

——. Súmulas vinculantes: em busca de algumas projeções hermenêuticas. In *Jurisdição e Direitos Fundamentais*, volume I, tomo I. (coord.) Ingo Wolfgang Sarlet. Porto Alegre: Livraria do Advogado, 2005.

TARUFFO, Michele. La motivazione della sentenza. In *Revista Gênesis de Direito Processual Civil*, n. 31, janeiro/março de 2004.

——. CARPI, Federico; Colesanti, Vittorio. *Commentario breve al Codice di Procedura Civile*. 3. ed. Padova: CEDAM, 1994.

TARZIA, Giuseppe. *Lineamenti del nuovo processo di cognizione*. Milano: Giuffrè, 1996.

——. L'art. 111 Cost. e le garanzie europee del processo civile. *RePro*, 103/156.

TAVARES, André Ramos. Recurso Extraordinário: modificações, perspectivas e propostas. *In Linhas Mestras do Processo Civil*. Coords. Hélio Ribeiro Costa *et alli*. São Paulo: Atlas, 2004.

——. *Reforma do Judiciário no Brasil pós 88* (Desestruturando a Justiça), São Paulo: Saraiva, 2005

TEIXEIRA, Anderson Vichinkeski; CICCONETTI, Stefano Maria. *Jurisdição Constitucional Comparada*: Florianópolis, Conceito Editorial, 2010.

TEIXEIRA,Wendel de Brito Lemos, *Inibições Processuais: abstenção, impedimento e suspeição no processo civil, processo administrativo e arbitragem*. Belo Horizonte: Del Rey, 2011.

TESHEINER, José Maria Rosa. Relativização da Coisa Julgada. *Revista Nacional de Direito e Jurisprudência*, v.2, n.23, p.11-17, nov. 2001.

——. Mandado de Segurança contra Ato do Relator em Agravo de Instrumento. *RJ*, 352/95.

——. *Eficácia da Senteça e Coisa Julgada no Processo Civil*. São Paulo: RT, 2001, p. 162 e ss.

THEODORO JUNIOR, Humberto. *As novas reformas do CPC*. Rio de Janeiro: Forense, 2006.

——. *Curso de Direito Processual Civil*, v. 1, 43. ed. Rio de Janeiro: Forense, 2005.

——. *Curso de Direito Processual Civil*, v. 1. 40. ed. Rio de Janeiro: Forense, 2003.

——. *Sentença. Impugnação e Aperfeiçoamento*. Disponível no *site* do Tribunal de Justiça do Estado de Rondônia <www.tj.ro.gov.br>. Acesso em 20.09.2005.

——. *A Irregularidade da petição recursal não assinada*. Disponível no *site* da Academia Brasileira de Direito Processual Civil <www.abdpc.org.br>. Acesso em 25.10.2005.

——. O Princípio da Fungibilidade Recursal. *In Informativo Incijur*, v. 57.

——. Redução da área de cabimento dos embargos infringentes e da ampliação do efeito devolutivo da apelação. *RDCPC*, n. 31.

——. Recurso Especial: prequestionamento. In *Síntese*, v. 6, n. 34, p. 131-139, mar./abr. 2005.

——; NUNES, Dierle; BAHIA, Alexandre Melo Franco; PEDRON, Flávio Quinaud. *Novo CPC – Fundamentos e sistematização*. 2. ed. rev., atual. e ampl. Rio de Janeiro: Forense, 2015.

TONIOLO, Ernesto José. *A prescrição intercorrente na execução fiscal*. 2. ed. Rio de Janeiro: Lumen Juris, 2010.

TORRES, Artur. *Iniciação aos Recursos Cíveis*. Disponível em <www.arturtorres.com.br>. Acesso em 10.02.2016.

——. *Fundamentos de um Direito Processual Civil Contemporâneo*, Parte I, Editora Arana, Porto Alegre: 2016.

TUCCI, Rogério Lauria. Problemas processuais decorrentes da abolição da denominada apelação *ex officio*. *Revista Forense* nº 254.

USTÁRROZ, Daniel. A experiência do amicus curiae no direito brasileiro. *In Anuario de Derecho Constitucional Latinoamericano*. Montevideo: Fundación Konrad Adenauer, 2009.

____. A demonstração do preparo no sistema recursal à luz do acesso à justiça: (opinião legal). *Revista jurídica*, Porto Alegre, v. 62, n. 440, p. 53-62, jun. 2014.

——. Anotações quanto ao efeito devolutivo dos recursos excepcionais. In *Direito & Justiça*, v. 39, n. 2, p. 264-271, jul./dez. 2013.

VESCOVI, Enrique. Hacia un proceso civil universal. *RePro*, 93/179.

VOGEL, Oscar. *Grundriss des Zivilprozessrechts und des internationalen Zivilprozessrechts der Schweiz*. 5. Auflage. Bern: Stämfli Verlag AG, 1997.

WAMBIER, Luiz Rodrigues; WAMBIER, Teresa Arruda Alvim; Medina, José Miguel Garcia. *Breves Comentários à nova sistemática processual civil*. 3. ed. São Paulo: RT, 2005.

WAMBIER, Teresa Arruda Alvim. *Os Agravos no CPC Brasileiro*. 3. ed. São Paulo: RT, 2000.

——. Efeito suspensivo dos embargos de declaração. In *Linhas Mestras do Processo Civil*. Coords. Hélio Ribeiro Costa *et alli*. São Paulo: Atlas, 2004.

——. O novo recurso de agravo, na perspectiva do amplo acesso à Justiça, garantido pela Constituição Federal. In *Processo e Constituição: Estudos em homenagem ao José Carlos Barbosa Moreira*. São Paulo: RT, 2006.

WELSCH, Gisele Mazzoni. *O reexame necessário e a efetividade da tutela jurisdicional*. Porto Alegre: Livraria do Advogado, 2010.

XAVIER, José Tadeu Neves. Julgamento de Improcedência Prima Facie em Ações Repetitivas na Sistemática Processual Civil Atual e no Contexto do Projeto de Novo Código de Processo Civil. In *Revista Jurídica*, v. 404, 2011.

——. Código de Processo Civil Anotado – *Anotações aos artigos. 1.029 1.034.* Porto Alegre: OAB RS, 2015

ANGEL, Latorre. *Introducción al Derecho*, 16. ed. Barcelona: Ariel, 2000.

ZAVASCKI, Teori. *Eficácia das sentenças na jurisdição constitucional*. São Paulo: RT, 2004.

——. Não se pode transformar os recursos em corriqueiros instrumentos de revisão das decisões dos tribunais estaduais e regionais. Entrevista. *Justiça & Cidadania*, n. 150, fev. 2013.

——. Jurisdição Constitucional do Superior Tribunal de Justiça. *Revista de processo*, v. 37, n. 212, p. 13-23, out. 2012.

ANEXO I
Principais Enunciados da Súmula de Jurisprudência dominante do STF e do STJ

Neste anexo, são transcritos os principais enunciados da Súmula de jurisprudência dos Tribunais Superiores acerca do direito recursal, a fim de facilitar o trabalho de pesquisa dos operadores.

1. Enunciados da Súmula do Supremo Tribunal Federal (STF)

Súmula 735: "Não cabe recurso extraordinário contra acórdão que defere medida liminar".

Súmula 734: "Não cabe reclamação quando já houver transitado em julgado o ato judicial que se alega tenha desrespeitado decisão do Supremo Tribunal Federal".

Súmula 733: "Não cabe recurso extraordinário contra decisão proferida no processamento de precatórios".

Súmula 728: 'É de três dias o prazo para a interposição de recurso extraordinário contra decisão do Tribunal Superior Eleitoral, contado, quando for o caso, a partir da publicação do acórdão, na própria sessão de julgamento, nos termos do art. 12 da Lei 6.055/1974, que não foi revogado pela Lei 8.950/1994".

Súmula 727: "Não pode o magistrado deixar de encaminhar ao Supremo Tribunal Federal o agravo de instrumento interposto da decisão que não admite recurso extraordinário, ainda que referente a causa instaurada no âmbito dos Juizados Especiais".

Súmula 705: "A renúncia do réu ao direito de apelação, manifestada sem a assistência do defensor, não impede o conhecimento da apelação por este interposta".

Súmula 641: "Não se conta em dobro o prazo para recorrer, quando só um dos litisconsortes haja sucumbido".

Súmula 640: "é cabível recurso extraordinário contra decisão proferida por juiz de primeiro grau nas causas de alçada, ou por turma recursal de juizado especial cível e criminal".

Súmula 639: "Aplica-se a súmula 288 quando não constarem do traslado do agravo de instrumento as cópias das peças necessárias à verificação da tempestividade do recurso extraordinário não admitido pela decisão agravada".

Súmula 638: "A controvérsia sobre a incidência, ou não, de correção monetária em operações de crédito rural é de natureza infraconstitucional, não viabilizando recurso extraordinário".

Súmula 637: "Não cabe recurso extraordinário contra acórdão de Tribunal de Justiça que defere pedido de intervenção estadual em município".

Súmula 636: "Não cabe recurso extraordinário por contrariedade ao princípio constitucional da legalidade, quando a sua verificação pressuponha rever a interpretação dada a normas infraconstitucionais pela decisão recorrida".

Súmula 635: "Cabe ao Presidente do Tribunal de origem decidir o pedido de medida cautelar em recurso extraordinário ainda pendente do seu juízo de admissibilidade".

Súmula 634: "Não compete ao Supremo Tribunal Federal conceder medida cautelar para dar efeito suspensivo a recurso extraordinário que ainda não foi objeto de juízo de admissibilidade na origem".

Súmula 622: "Não cabe agravo regimental contra decisão do relator que concede ou indefere liminar em mandado de segurança".

Súmula 598: "Nos embargos de divergência não servem como padrão de discordância os mesmos paradigmas invocados para demonstrá-la mas repelidos como não dissidentes no julgamento do recurso extraordinário".

Súmula 597: "Não cabem embargos infringentes se manifestar, não limitará a apreciação de todas pelo Supremo Tribunal Federal, independentemente de interposição de agravo de instrumento".

Súmula 528: "Se a decisão contiver partes autônomas, a admissão parcial, pelo presidente do tribunal *a quo*, de Recurso Extraordinário que, sobre qualquer delas Recursos".

Súmula 518: "A intervenção da união, em feito já julgado pela segunda instância e pendente de embargos, não desloca o processo para o Tribunal Federal de de acórdão que, em mandado de segurança decidiu, por maioria de votos, a apelação".

Súmula 515: "A competência para a ação rescisória não é do Supremo Tribunal Federal, quando a questão federal, apreciada no recurso extraordinário ou no agravo de instrumento, seja diversa da que foi suscitada no pedido rescisório".

Súmula 514: "Admite-se ação rescisória contra sentença transitada em julgado, ainda que contra ela não se tenha esgotado todos os recursos".

Súmula 513: "A decisão que enseja a interposição de recurso ordinário ou extraordinário, não é a do plenário que resolve o incidente de inconstitucionalidade, mas a do órgão (câmaras, grupos ou turmas) que completa o julgamento do feito".

Súmula 506: "O agravo a que se refere o art. 4º da Lei 4348, de 26/6/1964, cabe, somente, do despacho do presidente do Supremo Tribunal Federal que defere a suspensão da liminar, em mandado de segurança; não do que a "denega"".

Súmula 456: "O Supremo Tribunal Federal, conhecendo do recurso extraordinário, julgará a causa, aplicando o direito à espécie".

Súmula 455: "Da decisão que se seguir ao julgamento de constitucionalidade pelo tribunal pleno, são inadmissíveis embargos infringentes quanto à matéria constitucional".

Súmula 454: "A simples interpretação de cláusulas contratuais não dá lugar a recurso extraordinário".

Súmula 429: "A existência de recurso administrativo com efeito suspensivo não impede o uso do mandado de segurança contra omissão da autoridade".

Súmula 428: "Não fica prejudicada a apelação entregue em cartório no prazo legal, embora despachada tardiamente".

Súmula 427: "A falta de petição de interposição não prejudica o agravo no auto do processo tomado por termo".

Súmula 426: "A falta do termo específico não prejudica o agravo no auto do processo, quando oportuna a interposição por petição ou no termo da audiência".

Súmula 425: "O agravo despachado no prazo legal não fica prejudicado pela demora da juntada, por culpa do cartório; nem o agravo entregue em cartório no prazo legal, embora despachado tardiamente".

Súmula 424: "Transita em julgado o despacho saneador de que não houve recurso, excluídas as questões deixadas, explícita ou implicitamente, para a sentença".

Súmula 405: "Denegado o mandado de segurança pela sentença, ou no julgamento do agravo, dela interposto, fica sem efeito a liminar concedida, retroagindo os efeitos da decisão contrária".

Súmula 399: "Não cabe recurso extraordinário, por violação de lei federal, quando a ofensa alegada for a regimento de tribunal".

Súmula 392: "O prazo para recorrer de acórdão concessivo de segurança conta-se da publicação oficial de suas conclusões, e não da anterior ciência à autoridade para cumprimento da decisão".

Súmula 369 : "Julgados do mesmo tribunal não servem para fundamentar o recurso extraordinário por divergência jurisprudencial".

Súmula 368: "Não há embargos infringentes no processo de reclamação".

Súmula 356: "O ponto omisso da decisão, sobre o qual não foram opostos embargos declaratórios, não pode ser objeto de recurso extraordinário, por faltar o requisito do prequestionamento".

Súmula 353: "São incabíveis os embargos da Lei 623, de 19/2/1949, com fundamento em divergência entre decisões da mesma turma do Supremo Tribunal Federal".

Súmula 322: "Não terá seguimento pedido ou recurso dirigido ao Supremo Tribunal Federal, quando manifestamente incabível, ou apresentado fora do prazo, ou quando for evidente a incompetência do tribunal".

Súmula 320: "A apelação despachada pelo juiz no prazo legal não fica prejudicada pela demora da juntada, por culpa do cartório".

Súmula 317: "São improcedentes os embargos declaratórios, quando não pedida a declaração do julgado anterior, em que se verificou a omissão".

Súmula 300: "São incabíveis os embargos da Lei 623, de 19/2/1949, contra provimento de agravo para subida de Recurso Extraordinário".

Súmula 299: "O recurso ordinário e o extraordinário interpostos no mesmo processo de mandado de segurança, ou de 'habeas corpus', serão julgados conjuntamente pelo tribunal pleno".

Súmula 296: "São inadmissíveis embargos infringentes sobre matéria não ventilada, pela turma, no julgamento do recurso extraordinário".

Súmula 295: "São inadmissíveis embargos infringentes contra decisão unânime do Supremo Tribunal Federal em ação rescisória".

Súmula 294: "São inadmissíveis embargos infringentes contra decisão do Supremo Tribunal Federal em mandado de segurança".

Súmula 293: "São inadmissíveis embargos infringentes contra decisão em matéria constitucional submetida ao plenário dos tribunais".

Súmula 292: "Interposto o Recurso Extraordinário por mais de um dos fundamentos indicados no art. 101, III, da Constituição, a admissão apenas por um deles não prejudica o seu conhecimento por qualquer dos outros".

Súmula 291: "No Recurso Extraordinário pela letra *d* do art. 101, III, da Constituição, a prova do dissídio jurisprudencial far-se-á por certidão, ou mediante indicação do 'diário da justiça' ou de repertório de jurisprudência autorizado, com a transcrição do trecho que configure a divergência, mencionadas as circunstâncias que identifiquem ou assemelhem os casos confrontados".

Súmula 290: "Nos embargos da Lei 623, de 19/2/1949, a prova de divergência far-se-á por certidão, ou mediante indicação do 'diário da justiça' ou de repertório de jurisprudência autorizado, que a tenha publicado, com a transcrição do trecho que configure a divergência, mencionadas as circunstâncias que identifiquem ou assemelhem os casos confrontados".

Súmula 289: "O provimento do agravo por uma das turmas do supremo tribunal federal ainda que sem ressalva, não prejudica a questão do cabimento do recurso extraordinário".

Súmula 288: "Nega-se provimento a agravo para subida de recurso extraordinário, quando faltar no traslado o despacho agravado, a decisão recorrida, a petição de recurso extraordinário ou qualquer peça essencial à compreensão da controvérsia".

Súmula 287: "Nega-se provimento ao agravo, quando a deficiência na sua fundamentação, ou na do recurso extraordinário, não permitir a exata compreensão da controvérsia".

Súmula 286: "Não se conhece do recurso extraordinário fundado em divergência jurisprudencial, quando a orientação do plenário do Supremo Tribunal Federal já se firmou no mesmo sentido da decisão recorrida".

Súmula 285: "Não sendo razoável a arguição de inconstitucionalidade, não se conhece do recurso extraordinário fundado na letra *c* do art. 101, III, da Constituição Federal".

Súmula 284: "É inadmissível o recurso extraordinário, quando a deficiência na sua fundamentação não permitir a exata compreensão da controvérsia".

Súmula 283: "É inadmissível o recurso extraordinário, quando a decisão recorrida assenta em mais de um fundamento suficiente e o recurso não abrange todos eles".

Súmula 282: "É inadmissível o recurso extraordinário, quando não ventilada, na decisão recorrida, a questão federal suscitada".

Súmula 281: "É inadmissível o recurso extraordinário, quando couber na justiça de origem, recurso ordinário da decisão impugnada".

Súmula 280: "Por ofensa a direito local não cabe recurso extraordinário".

Súmula 279: "Para simples reexame de prova não cabe recurso extraordinário".

Súmula 278: "São cabíveis embargos em ação executiva fiscal contra decisão reformatória da de primeira instância, ainda que unânime".

Súmula 277: "São cabíveis embargos, em favor da Fazenda Pública, em ação executiva fiscal, não sendo unânime a decisão".

Súmula 273: "Nos embargos da Lei 623, de 19/2/1949, a divergência sobre questão prejudicial ou preliminar, suscitada após a interposição do recurso extraordinário, ou do agravo, somente será acolhida se o acórdão-padrão for anterior à decisão embargada".

Súmula 272: "Não se admite como ordinário recurso extraordinário de decisão denegatória de mandado de segurança".

Súmula 253: "Nos embargos da Lei 623, de 19/2/1949, no Supremo Tribunal Federal, a divergência somente será acolhida, se tiver sido indicada na petição de recurso extraordinário".

Súmula 249: "É competente o Supremo Tribunal Federal para a ação rescisória, quando, embora não tendo conhecido do recurso extraordinário, ou havendo negado provimento ao agravo, tiver apreciado a questão federal controvertida".

Súmula 247: "O relator não admitirá os embargos da Lei 623, de 19/2/1949, nem deles conhecerá o Supremo Tribunal Federal, quando houver jurisprudência firme do plenário no mesmo sentido da decisão embargada".

Súmula 233: "Salvo em caso de divergência qualificada (Lei 623/1949), não cabe recurso de embargos contra decisão que nega provimento a agravo ou não conhece de recurso extraordinário, ainda que por maioria de votos".

Súmula 228: "Não é provisória a execução na pendência de recurso extraordinário, ou de agravo destinado a fazê-lo admitir".

2. Enunciados da Súmula do Superior Tribunal de Justiça (STJ)

Súmula 519: "Na hipótese de rejeição da impugnação ao cumprimento de sentença, não são cabíveis honorários advocatícios".

Súmula 518: "Para fins do art. 105, III, a, da Constituição Federal, não é cabível recurso especial fundado em alegada violação de enunciado de súmula".

Súmula 517: "São devidos honorários advocatícios no cumprimento de sentença, haja ou não impugnação, depois de escoado o prazo para pagamento voluntário, que se inicia após a intimação do advogado da parte executada".

Súmula 490: "A dispensa de reexame necessário, quando o valor da condenação ou do direito controvertido for inferior a sessenta salários mínimos, não se aplica a sentenças ilíquidas".

Súmula 487: "O parágrafo único do art. 741 do CPC não se aplica às sentenças transitadas em julgado em data anterior à da sua vigência".

Súmula 484: "Admite-se que o preparo seja efetuado no primeiro dia útil subsequente, quando a interposição do recurso ocorrer após o encerramento do expediente bancário".

Súmula: 453: "Os honorários sucumbenciais, quando omitidos em decisão transitada em julgado, não podem ser cobrados em execução ou em ação própria".

Súmula: 420: "Incabível, em embargos de divergência, discutir o valor de indenização por danos morais".

Súmula: 418: "É inadmissível o recurso especial interposto antes da publicação do acórdão dos embargos de declaração, sem posterior ratificação".

Súmula: 390: "Nas decisões por maioria, em reexame necessário, não se admitem embargos infringentes".

Súmula: 331: "A apelação interposta contra sentença que julga embargos à arrematação tem efeito meramente devolutivo".

Súmula: 325: "A remessa oficial devolve ao Tribunal o reexame de todas as parcelas da condenação suportadas pela Fazenda Pública, inclusive dos honorários de advogado".

Súmula: 320: "A questão federal somente ventilada no voto vencido não atende ao requisito do prequestionamento".

Súmula: 316: "Cabem embargos de divergência contra acórdão que, em agravo regimental, decide recurso especial".

Súmula: 315: "Não cabem embargos de divergência no âmbito do agravo de instrumento que não admite recurso especial".

Súmula 264: "É irrecorrível o ato judicial que apenas manda processar a concordata preventiva".

Súmula 255: "Cabem embargos infringentes contra acórdão, proferido por maioria, em agravo retido, quando se tratar de matéria de mérito".

Súmula 253: "O art. 557 do CPC, que autoriza o relator a decidir o recurso, alcança o reexame necessário".

Súmula 225: "Compete ao Tribunal Regional do Trabalho apreciar recurso contra sentença proferida por órgão de primeiro grau da justiça trabalhista, ainda que para declarar-lhe a nulidade em virtude de incompetência".

Súmula 223: "A certidão de intimação do acórdão recorrido constitui peça obrigatória do instrumento de agravo".

Súmula 216: "A tempestividade de recurso interposto no Superior Tribunal de Justiça é aferida pelo registro no protocolo da secretaria e não pela data da entrega na agência do correio".

Súmula 211: "Inadmissível Recurso Especial quanto à questão que, a despeito da oposição de embargos declaratórios, não foi apreciada pelo tribunal *a quo*.

Súmula 207: "É inadmissível recurso especial quando cabíveis embargos infringentes contra o acórdão proferido no tribunal de origem".

Súmula 203: "Não cabe recurso especial contra decisão proferida por órgão de segundo grau dos juizados especiais".

Súmula 202: "A impetração de segurança por terceiro, contra ato judicial, não se condiciona a interposição de recurso".

Súmula 195: "Em embargos de terceiro não se anula ato jurídico, por fraude contra credores".

Súmula 187: "É deserto o recurso interposto para o Superior Tribunal de Justiça, quando o recorrente não recolhe, na origem, a importância das despesas de remessa e retorno dos autos".

Súmula 182: "É inviável o Agravo do art. 545 do CPC que deixa de atacar especificamente os fundamentos da decisão agravada".

Súmula 169: "São inadmissíveis embargos infringentes no processo de mandado de segurança".

Súmula 168: "Não cabem embargos de divergência, quando a jurisprudência do tribunal se firmou no mesmo sentido do acórdão embargado".

Súmula 158: "Não se presta a justificar embargos de divergência o dissídio com acórdão de turma ou seção que não mais tenha competência para a matéria neles versada"

Súmula 126: "É inadmissível recurso especial, quando o acórdão recorrido assenta em fundamentos constitucional e infraconstitucional, qualquer deles suficiente, por si só, para mantê-lo, e a parte vencida não manifesta recurso extraordinário".

Súmula 123: "A decisão que admite, ou não, o recurso especial deve ser fundamentada, com o exame dos seus pressupostos gerais e constitucionais".

Súmula 118: "O agravo de instrumento é o recurso cabível da decisão que homologa a atualização do calculo da liquidação".

Súmula 116: "A Fazenda Publica e o Ministério Público tem prazo em dobro para interpor agravo regimental no Superior Tribunal de Justiça".

Súmula 115: "Na instancia especial é inexistente recurso interposto por advogado sem procuração nos autos".

Súmula 99: "O Ministério Público tem legitimidade para recorrer no processo em que oficiou como fiscal da lei, ainda que não haja recurso da parte".

Súmula 98: "Embargos de declaração manifestados com notório propósito de prequestionamento não tem caráter protelatório".

Súmula 86: "Cabe recurso especial contra acórdão proferido no julgamento de agravo de instrumento".

Súmula 83: "Não se conhece do recurso especial pela divergência, quando a orientação do tribunal se firmou no mesmo sentido da decisão recorrida".

Súmula 55: "Tribunal Regional Federal não é competente para julgar recurso de decisão proferida por juiz estadual não investido de jurisdição federal".

Súmula 45: "No reexame necessário, é defeso, ao tribunal, agravar a condenação imposta a fazenda publica".

Súmula 13: "A divergência entre julgados do mesmo tribunal não enseja recurso especial".

Súmula 7: "A pretensão de simples reexame de prova não enseja recurso especial".

ANEXO II
Artigos do novo CPC referentes aos recursos cíveis

(atualizado com a Lei nº 13.256 de 4 de fevereiro de 2016)

TÍTULO II
DOS RECURSOS

CAPÍTULO I
DAS DISPOSIÇÕES GERAIS

Art. 994. São cabíveis os seguintes recursos:

I - apelação;

II - agravo de instrumento;

III - agravo interno;

IV - embargos de declaração;

V - recurso ordinário;

VI - recurso especial;

VII - recurso extraordinário;

VIII - agravo em recurso especial ou extraordinário;

IX - embargos de divergência.

Art. 995. Os recursos não impedem a eficácia da decisão, salvo disposição legal ou decisão judicial em sentido diverso.

Parágrafo único. A eficácia da decisão recorrida poderá ser suspensa por decisão do relator, se da imediata produção de seus efeitos houver risco de dano grave, de difícil ou impossível reparação, e ficar demonstrada a probabilidade de provimento do recurso.

Art. 996. O recurso pode ser interposto pela parte vencida, pelo terceiro prejudicado e pelo Ministério Público, como parte ou como fiscal da ordem jurídica.

Parágrafo único. Cumpre ao terceiro demonstrar a possibilidade de a decisão sobre a relação jurídica submetida à apreciação judicial atingir direito de que se afirme titular ou que possa discutir em juízo como substituto processual.

Art. 997. Cada parte interporá o recurso independentemente, no prazo e com observância das exigências legais.

§ 1º Sendo vencidos autor e réu, ao recurso interposto por qualquer deles poderá aderir o outro.

§ 2º O recurso adesivo fica subordinado ao recurso independente, sendo-lhe aplicáveis as mesmas regras deste quanto aos requisitos de admissibilidade e julgamento no tribunal, salvo disposição legal diversa, observado, ainda, o seguinte:

I - será dirigido ao órgão perante o qual o recurso independente fora interposto, no prazo de que a parte dispõe para responder;

II - será admissível na apelação, no recurso extraordinário e no recurso especial;

III - não será conhecido, se houver desistência do recurso principal ou se for ele considerado inadmissível.

Art. 998. O recorrente poderá, a qualquer tempo, sem a anuência do recorrido ou dos litisconsortes, desistir do recurso.

Parágrafo único. A desistência do recurso não impede a análise de questão cuja repercussão geral já tenha sido reconhecida e daquela objeto de julgamento de recursos extraordinários ou especiais repetitivos.

Art. 999. A renúncia ao direito de recorrer independe da aceitação da outra parte.

Art. 1.000. A parte que aceitar expressa ou tacitamente a decisão não poderá recorrer.

Parágrafo único. Considera-se aceitação tácita a prática, sem nenhuma reserva, de ato incompatível com a vontade de recorrer.

Art. 1.001. Dos despachos não cabe recurso.

Art. 1.002. A decisão pode ser impugnada no todo ou em parte.

Art. 1.003. O prazo para interposição de recurso conta-se da data em que os advogados, a sociedade de advogados, a Advocacia Pública, a Defensoria Pública ou o Ministério Público são intimados da decisão.

§ 1º Os sujeitos previstos no *caput* considerar-se-ão intimados em audiência quando nesta for proferida a decisão.

§ 2º Aplica-se o disposto no art. 231, incisos I a VI, ao prazo de interposição de recurso pelo réu contra decisão proferida anteriormente à citação.

§ 3º No prazo para interposição de recurso, a petição será protocolada em cartório ou conforme as normas de organização judiciária, ressalvado o disposto em regra especial.

§ 4º Para aferição da tempestividade do recurso remetido pelo correio, será considerada como data de interposição a data de postagem.

§ 5º Excetuados os embargos de declaração, o prazo para interpor os recursos e para responder-lhes é de 15 (quinze) dias.

§ 6º O recorrente comprovará a ocorrência de feriado local no ato de interposição do recurso.

Art. 1.004. Se, durante o prazo para a interposição do recurso, sobrevier o falecimento da parte ou de seu advogado ou ocorrer motivo de força maior que suspenda o curso do processo, será tal prazo restituído em proveito da parte, do herdeiro ou do sucessor, contra quem começará a correr novamente depois da intimação.

Art. 1.005. O recurso interposto por um dos litisconsortes a todos aproveita, salvo se distintos ou opostos os seus interesses.

Parágrafo único. Havendo solidariedade passiva, o recurso interposto por um devedor aproveitará aos outros quando as defesas opostas ao credor lhes forem comuns.

Art. 1.006. Certificado o trânsito em julgado, com menção expressa da data de sua ocorrência, o escrivão ou o chefe de secretaria, independentemente de despacho, providenciará a baixa dos autos ao juízo de origem, no prazo de 5 (cinco) dias.

Art. 1.007. No ato de interposição do recurso, o recorrente comprovará, quando exigido pela legislação pertinente, o respectivo preparo, inclusive porte de remessa e de retorno, sob pena de deserção.

§ 1º São dispensados de preparo, inclusive porte de remessa e de retorno, os recursos interpostos pelo Ministério Público, pela União, pelo Distrito Federal, pelos Estados, pelos Municípios, e respectivas autarquias, e pelos que gozam de isenção legal.

§ 2º A insuficiência no valor do preparo, inclusive porte de remessa e de retorno, implicará deserção se o recorrente, intimado na pessoa de seu advogado, não vier a supri-lo no prazo de 5 (cinco) dias.

§ 3º É dispensado o recolhimento do porte de remessa e de retorno no processo em autos eletrônicos.

§ 4º O recorrente que não comprovar, no ato de interposição do recurso, o recolhimento do preparo, inclusive porte de remessa e de retorno, será intimado, na pessoa de seu advogado, para realizar o recolhimento em dobro, sob pena de deserção.

§ 5º É vedada a complementação se houver insuficiência parcial do preparo, inclusive porte de remessa e de retorno, no recolhimento realizado na forma do § 4º.

§ 6º Provando o recorrente justo impedimento, o relator relevará a pena de deserção, por decisão irrecorrível, fixando-lhe prazo de 5 (cinco) dias para efetuar o preparo.

§ 7º O equívoco no preenchimento da guia de custas não implicará a aplicação da pena de deserção, cabendo ao relator, na hipótese de dúvida quanto ao recolhimento, intimar o recorrente para sanar o vício no prazo de 5 (cinco) dias.

Art. 1.008. O julgamento proferido pelo tribunal substituirá a decisão impugnada no que tiver sido objeto de recurso.

CAPÍTULO II
DA APELAÇÃO

Art. 1.009. Da sentença cabe apelação.

§ 1º As questões resolvidas na fase de conhecimento, se a decisão a seu respeito não comportar agravo de instrumento, não são cobertas pela preclusão e devem ser suscitadas em preliminar de apelação, eventualmente interposta contra a decisão final, ou nas contrarrazões.

§ 2º Se as questões referidas no § 1º forem suscitadas em contrarrazões, o recorrente será intimado para, em 15 (quinze) dias, manifestar-se a respeito delas.

§ 3º O disposto no *caput* deste artigo aplica-se mesmo quando as questões mencionadas no art. 1.015 integrarem capítulo da sentença.

Art. 1.010. A apelação, interposta por petição dirigida ao juízo de primeiro grau, conterá:

I – os nomes e a qualificação das partes;

II – a exposição do fato e do direito;

III – as razões do pedido de reforma ou de decretação de nulidade;

IV – o pedido de nova decisão.

§ 1º O apelado será intimado para apresentar contrarrazões no prazo de 15 (quinze) dias.

§ 2º Se o apelado interpuser apelação adesiva, o juiz intimará o apelante para apresentar contrarrazões.

§ 3º Após as formalidades previstas nos §§ 1º e 2º, os autos serão remetidos ao tribunal pelo juiz, independentemente de juízo de admissibilidade.

Art. 1.011. Recebido o recurso de apelação no tribunal e distribuído imediatamente, o relator:

I – decidi-lo-á monocraticamente apenas nas hipóteses do art. 932, incisos III a V;

II – se não for o caso de decisão monocrática, elaborará seu voto para julgamento do recurso pelo órgão colegiado.

Art. 1.012. A apelação terá efeito suspensivo.

§ 1º Além de outras hipóteses previstas em lei, começa a produzir efeitos imediatamente após a sua publicação a sentença que:

I – homologa divisão ou demarcação de terras;

II – condena a pagar alimentos;

III – extingue sem resolução do mérito ou julga improcedentes os embargos do executado;

IV – julga procedente o pedido de instituição de arbitragem;

V – confirma, concede ou revoga tutela provisória;

VI – decreta a interdição.

§ 2º Nos casos do § 1º, o apelado poderá promover o pedido de cumprimento provisório depois de publicada a sentença.

§ 3º O pedido de concessão de efeito suspensivo nas hipóteses do § 1º poderá ser formulado por requerimento dirigido ao:

I – tribunal, no período compreendido entre a interposição da apelação e sua distribuição, ficando o relator designado para seu exame prevento para julgá-la;

II – relator, se já distribuída a apelação.

§ 4º Nas hipóteses do § 1º, a eficácia da sentença poderá ser suspensa pelo relator se o apelante demonstrar a probabilidade de provimento do recurso ou se, sendo relevante a fundamentação, houver risco de dano grave ou de difícil reparação.

Art. 1.013. A apelação devolverá ao tribunal o conhecimento da matéria impugnada.

§ 1º Serão, porém, objeto de apreciação e julgamento pelo tribunal todas as questões suscitadas e discutidas no processo, ainda que não tenham sido solucionadas, desde que relativas ao capítulo impugnado.

§ 2º Quando o pedido ou a defesa tiver mais de um fundamento e o juiz acolher apenas um deles, a apelação devolverá ao tribunal o conhecimento dos demais.

§ 3º Se o processo estiver em condições de imediato julgamento, o tribunal deve decidir desde logo o mérito quando:

I – reformar sentença fundada no art. 485;

II – decretar a nulidade da sentença por não ser ela congruente com os limites do pedido ou da causa de pedir;

III – constatar a omissão no exame de um dos pedidos, hipótese em que poderá julgá-lo;

IV – decretar a nulidade de sentença por falta de fundamentação.

§ 4º Quando reformar sentença que reconheça a decadência ou a prescrição, o tribunal, se possível, julgará o mérito, examinando as demais questões, sem determinar o retorno do processo ao juízo de primeiro grau.

§ 5º O capítulo da sentença que confirma, concede ou revoga a tutela provisória é impugnável na apelação.

Art. 1.014. As questões de fato não propostas no juízo inferior poderão ser suscitadas na apelação, se a parte provar que deixou de fazê-lo por motivo de força maior.

CAPÍTULO III
DO AGRAVO DE INSTRUMENTO

Art. 1.015. Cabe agravo de instrumento contra as decisões interlocutórias que versarem sobre:

I – tutelas provisórias;

II – mérito do processo;

III – rejeição da alegação de convenção de arbitragem;

IV – incidente de desconsideração da personalidade jurídica;

V – rejeição do pedido de gratuidade da justiça ou acolhimento do pedido de sua revogação;

VI – exibição ou posse de documento ou coisa;

VII – exclusão de litisconsorte;

VIII – rejeição do pedido de limitação do litisconsórcio;

IX – admissão ou inadmissão de intervenção de terceiros;

X – concessão, modificação ou revogação do efeito suspensivo aos embargos à execução;

XI – redistribuição do ônus da prova nos termos do art. 373, § 1º;

XII – (VETADO);
XIII – outros casos expressamente referidos em lei.
Parágrafo único. Também caberá agravo de instrumento contra decisões interlocutórias proferidas na fase de liquidação de sentença ou de cumprimento de sentença, no processo de execução e no processo de inventário.
Art. 1.016. O agravo de instrumento será dirigido diretamente ao tribunal competente, por meio de petição com os seguintes requisitos:
I – os nomes das partes;
II – a exposição do fato e do direito;
III – as razões do pedido de reforma ou de invalidação da decisão e o próprio pedido;
IV – o nome e o endereço completo dos advogados constantes do processo.
Art. 1.017. A petição de agravo de instrumento será instruída:
I – obrigatoriamente, com cópias da petição inicial, da contestação, da petição que ensejou a decisão agravada, da própria decisão agravada, da certidão da respectiva intimação ou outro documento oficial que comprove a tempestividade e das procurações outorgadas aos advogados do agravante e do agravado;
II – com declaração de inexistência de qualquer dos documentos referidos no inciso I, feita pelo advogado do agravante, sob pena de sua responsabilidade pessoal;
III – facultativamente, com outras peças que o agravante reputar úteis.
§ 1º Acompanhará a petição o comprovante do pagamento das respectivas custas e do porte de retorno, quando devidos, conforme tabela publicada pelos tribunais.
§ 2º No prazo do recurso, o agravo será interposto por:
I – protocolo realizado diretamente no tribunal competente para julgá-lo;
II – protocolo realizado na própria comarca, seção ou subseção judiciárias;
III – postagem, sob registro, com aviso de recebimento;
IV – transmissão de dados tipo fac-símile, nos termos da lei;
V – outra forma prevista em lei.
§ 3º Na falta da cópia de qualquer peça ou no caso de algum outro vício que comprometa a admissibilidade do agravo de instrumento, deve o relator aplicar o disposto no art. 932, parágrafo único.
§ 4º Se o recurso for interposto por sistema de transmissão de dados tipo fac-símile ou similar, as peças devem ser juntadas no momento de protocolo da petição original.
§ 5º Sendo eletrônicos os autos do processo, dispensam-se as peças referidas nos incisos I e II do *caput*, facultando-se ao agravante anexar outros documentos que entender úteis para a compreensão da controvérsia.
Art. 1.018. O agravante poderá requerer a juntada, aos autos do processo, de cópia da petição do agravo de instrumento, do comprovante de sua interposição e da relação dos documentos que instruíram o recurso.
§ 1º Se o juiz comunicar que reformou inteiramente a decisão, o relator considerará prejudicado o agravo de instrumento.
§ 2º Não sendo eletrônicos os autos, o agravante tomará a providência prevista no *caput*, no prazo de 3 (três) dias a contar da interposição do agravo de instrumento.
§ 3º O descumprimento da exigência de que trata o § 2º, desde que arguido e provado pelo agravado, importa inadmissibilidade do agravo de instrumento.
Art. 1.019. Recebido o agravo de instrumento no tribunal e distribuído imediatamente, se não for o caso de aplicação do art. 932, incisos III e IV, o relator, no prazo de 5 (cinco) dias:
I – poderá atribuir efeito suspensivo ao recurso ou deferir, em antecipação de tutela, total ou parcialmente, a pretensão recursal, comunicando ao juiz sua decisão;
II – ordenará a intimação do agravado pessoalmente, por carta com aviso de recebimento, quando não tiver procurador constituído, ou pelo Diário da Justiça ou por carta com aviso de recebimento dirigida ao seu advogado, para que responda no prazo de 15 (quinze) dias, facultando-lhe juntar a documentação que entender necessária ao julgamento do recurso;
III – determinará a intimação do Ministério Público, preferencialmente por meio eletrônico, quando for o caso de sua intervenção, para que se manifeste no prazo de 15 (quinze) dias.
Art. 1.020. O relator solicitará dia para julgamento em prazo não superior a 1 (um) mês da intimação do agravado.

CAPÍTULO IV
DO AGRAVO INTERNO

Art. 1.021. Contra decisão proferida pelo relator caberá agravo interno para o respectivo órgão colegiado, observadas, quanto ao processamento, as regras do regimento interno do tribunal.

§ 1º Na petição de agravo interno, o recorrente impugnará especificadamente os fundamentos da decisão agravada.

§ 2º O agravo será dirigido ao relator, que intimará o agravado para manifestar-se sobre o recurso no prazo de 15 (quinze) dias, ao final do qual, não havendo retratação, o relator levá-lo-á a julgamento pelo órgão colegiado, com inclusão em pauta.

§ 3º É vedado ao relator limitar-se à reprodução dos fundamentos da decisão agravada para julgar improcedente o agravo interno.

§ 4º Quando o agravo interno for declarado manifestamente inadmissível ou improcedente em votação unânime, o órgão colegiado, em decisão fundamentada, condenará o agravante a pagar ao agravado multa fixada entre um e cinco por cento do valor atualizado da causa.

§ 5º A interposição de qualquer outro recurso está condicionada ao depósito prévio do valor da multa prevista no § 4º, à exceção da Fazenda Pública e do beneficiário de gratuidade da justiça, que farão o pagamento ao final.

CAPÍTULO V
DOS EMBARGOS DE DECLARAÇÃO

Art. 1.022. Cabem embargos de declaração contra qualquer decisão judicial para:

I – esclarecer obscuridade ou eliminar contradição;

II – suprir omissão de ponto ou questão sobre o qual devia se pronunciar o juiz de ofício ou a requerimento;

III – corrigir erro material.

Parágrafo único. Considera-se omissa a decisão que:

I – deixe de se manifestar sobre tese firmada em julgamento de casos repetitivos ou em incidente de assunção de competência aplicável ao caso sob julgamento;

II – incorra em qualquer das condutas descritas no art. 489, § 1º.

Art. 1.023. Os embargos serão opostos, no prazo de 5 (cinco) dias, em petição dirigida ao juiz, com indicação do erro, obscuridade, contradição ou omissão, e não se sujeitam a preparo.

§ 1º Aplica-se aos embargos de declaração o art. 229.

§ 2º O juiz intimará o embargado para, querendo, manifestar-se, no prazo de 5 (cinco) dias, sobre os embargos opostos, caso seu eventual acolhimento implique a modificação da decisão embargada.

Art. 1.024. O juiz julgará os embargos em 5 (cinco) dias.

§ 1º Nos tribunais, o relator apresentará os embargos em mesa na sessão subsequente, proferindo voto, e, não havendo julgamento nessa sessão, será o recurso incluído em pauta automaticamente.

§ 2º Quando os embargos de declaração forem opostos contra decisão de relator ou outra decisão unipessoal proferida em tribunal, o órgão prolator da decisão embargada decidi-los-á monocraticamente.

§ 3º O órgão julgador conhecerá dos embargos de declaração como agravo interno se entender ser este o recurso cabível, desde que determine previamente a intimação do recorrente para, no prazo de 5 (cinco) dias, complementar as razões recursais, de modo a ajustá-las às exigências do art. 1.021, § 1º.

§ 4º Caso o acolhimento dos embargos de declaração implique modificação da decisão embargada, o embargado que já tiver interposto outro recurso contra a decisão originária tem o direito de complementar ou alterar suas razões, nos exatos limites da modificação, no prazo de 15 (quinze) dias, contado da intimação da decisão dos embargos de declaração.

§ 5º Se os embargos de declaração forem rejeitados ou não alterarem a conclusão do julgamento anterior, o recurso interposto pela outra parte antes da publicação do julgamento dos embargos de declaração será processado e julgado independentemente de ratificação.

Art. 1.025. Consideram-se incluídos no acórdão os elementos que o embargante suscitou, para fins de pré-questionamento, ainda que os embargos de declaração sejam inadmitidos ou rejeitados, caso o tribunal superior considere existentes erro, omissão, contradição ou obscuridade.

Art. 1.026. Os embargos de declaração não possuem efeito suspensivo e interrompem o prazo para a interposição de recurso.

§ 1º A eficácia da decisão monocrática ou colegiada poderá ser suspensa pelo respectivo juiz ou relator se demonstrada a probabilidade de provimento do recurso ou, sendo relevante a fundamentação, se houver risco de dano grave ou de difícil reparação.

§ 2º Quando manifestamente protelatórios os embargos de declaração, o juiz ou o tribunal, em decisão fundamentada, condenará o embargante a pagar ao embargado multa não excedente a dois por cento sobre o valor atualizado da causa.

§ 3º Na reiteração de embargos de declaração manifestamente protelatórios, a multa será elevada a até dez por cento sobre o valor atualizado da causa, e a interposição de qualquer recurso ficará condicionada ao depósito prévio do valor da multa, à exceção da Fazenda Pública e do beneficiário de gratuidade da justiça, que a recolherão ao final.

§ 4º Não serão admitidos novos embargos de declaração se os 2 (dois) anteriores houverem sido considerados protelatórios.

CAPÍTULO VI
DOS RECURSOS PARA O SUPREMO TRIBUNAL FEDERAL E PARA O SUPERIOR TRIBUNAL DE JUSTIÇA

Seção I
Do Recurso Ordinário

Art. 1.027. Serão julgados em recurso ordinário:

I – pelo Supremo Tribunal Federal, os mandados de segurança, os *habeas data* e os mandados de injunção decididos em única instância pelos tribunais superiores, quando denegatória a decisão;

II – pelo Superior Tribunal de Justiça:

a) os mandados de segurança decididos em única instância pelos tribunais regionais federais ou pelos tribunais de justiça dos Estados e do Distrito Federal e Territórios, quando denegatória a decisão;

b) os processos em que forem partes, de um lado, Estado estrangeiro ou organismo internacional e, de outro, Município ou pessoa residente ou domiciliada no País.

§ 1º Nos processos referidos no inciso II, alínea "b", contra as decisões interlocutórias caberá agravo de instrumento dirigido ao Superior Tribunal de Justiça, nas hipóteses do art. 1.015.

§ 2º Aplica-se ao recurso ordinário o disposto nos arts. 1.013, § 3º, e 1.029, § 5º.

Art. 1.028. Ao recurso mencionado no art. 1.027, inciso II, alínea "b", aplicam-se, quanto aos requisitos de admissibilidade e ao procedimento, as disposições relativas à apelação e o Regimento Interno do Superior Tribunal de Justiça.

§ 1º Na hipótese do art. 1.027, § 1º, aplicam-se as disposições relativas ao agravo de instrumento e o Regimento Interno do Superior Tribunal de Justiça.

§ 2º O recurso previsto no art. 1.027, incisos I e II, alínea "a", deve ser interposto perante o tribunal de origem, cabendo ao seu presidente ou vice-presidente determinar a intimação do recorrido para, em 15 (quinze) dias, apresentar as contrarrazões.

§ 3º Findo o prazo referido no § 2º, os autos serão remetidos ao respectivo tribunal superior, independentemente de juízo de admissibilidade.

Seção II
Do Recurso Extraordinário e do Recurso Especial

Subseção I
Disposições Gerais

Art. 1.029. O recurso extraordinário e o recurso especial, nos casos previstos na Constituição Federal, serão interpostos perante o presidente ou o vice-presidente do tribunal recorrido, em petições distintas que conterão:

I – a exposição do fato e do direito;

II – a demonstração do cabimento do recurso interposto;

III – as razões do pedido de reforma ou de invalidação da decisão recorrida.

§ 1º Quando o recurso fundar-se em dissídio jurisprudencial, o recorrente fará a prova da divergência com a certidão, cópia ou citação do repositório de jurisprudência, oficial ou credenciado, inclusive em mídia eletrônica, em que houver sido publicado o acórdão divergente, ou ainda com a reprodução de julgado disponível na rede mundial de computadores, com indicação da respectiva fonte, devendo-se, em qualquer caso, mencionar as circunstâncias que identifiquem ou assemelhem os casos confrontados.

§ 2º (REVOGADO pela Lei nº 13.256 de 4 de fevereiro de 2016)

Quando o recurso estiver fundado em dissídio jurisprudencial, é vedado ao tribunal inadmiti-lo com base em fundamento genérico de que as circunstâncias fáticas são diferentes, sem demonstrar a existência da distinção.

§ 3º O Supremo Tribunal Federal ou o Superior Tribunal de Justiça poderá desconsiderar vício formal de recurso tempestivo ou determinar sua correção, desde que não o repute grave.

§ 4º Quando, por ocasião do processamento do incidente de resolução de demandas repetitivas, o presidente do Supremo Tribunal Federal ou do Superior Tribunal de Justiça receber requerimento de suspensão de processos em que se discuta questão federal constitucional ou infraconstitucional, poderá, considerando razões de segurança jurídica ou de excepcional interesse social, estender a suspensão a todo o território nacional, até ulterior decisão do recurso extraordinário ou do recurso especial a ser interposto.

§ 5º O pedido de concessão de efeito suspensivo a recurso extraordinário ou a recurso especial poderá ser formulado por requerimento dirigido:

I – ao tribunal superior respectivo, no período compreendido entre a publicação da decisão de admissão do recurso e sua distribuição, ficando o relator designado para seu exame prevento para julgá-lo; (NR – Lei nº 13.256 de 4 de fevereiro de 2016)

II – ao relator, se já distribuído o recurso;

III – ao presidente ou ao vice-presidente do tribunal recorrido, no período compreendido entre a interposição do recurso e a publicação da decisão de admissão do recurso, assim como no caso de o recurso ter sido sobrestado, nos termos do art. 1.037. (NR – Lei nº 13.256 de 4 de fevereiro de 2016)

Art. 1.030. Recebida a petição do recurso pela secretaria do tribunal, o recorrido será intimado para apresentar contrarrazões no prazo de 15 (quinze) dias, findo o qual os autos serão conclusos ao presidente ou ao vice-presidente do tribunal recorrido, que deverá: (NR – Lei nº 13.256 de 4 de fevereiro de 2016)

I – negar seguimento: (NR – Lei nº 13.256 de 4 de fevereiro de 2016)

a) a recurso extraordinário que discuta questão constitucional à qual o Supremo Tribunal Federal não tenha reconhecido a existência de repercussão geral ou a recurso extraordinário interposto contra acórdão que esteja em conformidade com entendimento do Supremo Tribunal Federal exarado no regime de repercussão geral; (NR – Lei nº 13.256 de 4 de fevereiro de 2016)

b) a recurso extraordinário ou a recurso especial interposto contra acórdão que esteja em conformidade com entendimento do Supremo Tribunal Federal ou do Superior Tribunal de Justiça, respectivamente, exarado no regime de julgamento de recursos repetitivos; (NR – Lei nº 13.256 de 4 de fevereiro de 2016)

II – encaminhar o processo ao órgão julgador para realização do juízo de retratação, se o acórdão recorrido divergir do entendimento do Supremo Tribunal Federal ou do Superior Tribunal de Justiça exarado, conforme o caso, nos regimes de repercussão geral ou de recursos repetitivos; (NR – Lei nº 13.256 de 4 de fevereiro de 2016)

III – sobrestar o recurso que versar sobre controvérsia de caráter repetitivo ainda não decidida pelo Supremo Tribunal Federal ou pelo Superior Tribunal de Justiça, conforme se trate de matéria constitucional ou infraconstitucional; (NR – Lei nº 13.256 de 4 de fevereiro de 2016)

IV – selecionar o recurso como representativo de controvérsia constitucional ou infraconstitucional, nos termos do § 6º do art. 1.036; (NR – Lei nº 13.256 de 4 de fevereiro de 2016)

V – realizar o juízo de admissibilidade e, se positivo, remeter o feito ao Supremo Tribunal Federal ou ao Superior Tribunal de Justiça, desde que: (NR – Lei nº 13.256 de 4 de fevereiro de 2016)

a) o recurso ainda não tenha sido submetido ao regime de repercussão geral ou de julgamento de recursos repetitivos; (NR – Lei nº 13.256 de 4 de fevereiro de 2016)

b) o recurso tenha sido selecionado como representativo da controvérsia; ou (NR – Lei nº 13.256 de 4 de fevereiro de 2016)

c) o tribunal recorrido tenha refutado o juízo de retratação. (NR – Lei nº 13.256 de 4 de fevereiro de 2016)

§ 1º Da decisão de inadmissibilidade proferida com fundamento no inciso V caberá agravo ao tribunal superior, nos termos do art. 1.042. (NR – Lei nº 13.256 de 4 de fevereiro de 2016)

§ 2º Da decisão proferida com fundamento nos incisos I e III caberá agravo interno, nos termos do art. 1.021. (NR – Lei nº 13.256 de 4 de fevereiro de 2016)

Art. 1.031. Na hipótese de interposição conjunta de recurso extraordinário e recurso especial, os autos serão remetidos ao Superior Tribunal de Justiça.

§ 1º Concluído o julgamento do recurso especial, os autos serão remetidos ao Supremo Tribunal Federal para apreciação do recurso extraordinário, se este não estiver prejudicado.

§ 2º Se o relator do recurso especial considerar prejudicial o recurso extraordinário, em decisão irrecorrível, sobrestará o julgamento e remeterá os autos ao Supremo Tribunal Federal.

§ 3º Na hipótese do § 2º, se o relator do recurso extraordinário, em decisão irrecorrível, rejeitar a prejudicialidade, devolverá os autos ao Superior Tribunal de Justiça para o julgamento do recurso especial.

Art. 1.032. Se o relator, no Superior Tribunal de Justiça, entender que o recurso especial versa sobre questão constitucional, deverá conceder prazo de 15 (quinze) dias para que o recorrente demonstre a existência de repercussão geral e se manifeste sobre a questão constitucional.

Parágrafo único. Cumprida a diligência de que trata o *caput*, o relator remeterá o recurso ao Supremo Tribunal Federal, que, em juízo de admissibilidade, poderá devolvê-lo ao Superior Tribunal de Justiça.

Art. 1.033. Se o Supremo Tribunal Federal considerar como reflexa a ofensa à Constituição afirmada no recurso extraordinário, por pressupor a revisão da interpretação de lei federal ou de tratado, remetê-lo-á ao Superior Tribunal de Justiça para julgamento como recurso especial.

Art. 1.034. Admitido o recurso extraordinário ou o recurso especial, o Supremo Tribunal Federal ou o Superior Tribunal de Justiça julgará o processo, aplicando o direito.

Parágrafo único. Admitido o recurso extraordinário ou o recurso especial por um fundamento, devolve-se ao tribunal superior o conhecimento dos demais fundamentos para a solução do capítulo impugnado.

Art. 1.035. O Supremo Tribunal Federal, em decisão irrecorrível, não conhecerá do recurso extraordinário quando a questão constitucional nele versada não tiver repercussão geral, nos termos deste artigo.

§ 1º Para efeito de repercussão geral, será considerada a existência ou não de questões relevantes do ponto de vista econômico, político, social ou jurídico que ultrapassem os interesses subjetivos do processo.

§ 2º O recorrente deverá demonstrar a existência de repercussão geral para apreciação exclusiva pelo Supremo Tribunal Federal.

§ 3º Haverá repercussão geral sempre que o recurso impugnar acórdão que:

I – contrarie súmula ou jurisprudência dominante do Supremo Tribunal Federal;

II – (REVOGADO pela Lei nº 13.256 de 4 de fevereiro de 2016);

III – tenha reconhecido a inconstitucionalidade de tratado ou de lei federal, nos termos do art. 97 da Constituição Federal.

§ 4º O relator poderá admitir, na análise da repercussão geral, a manifestação de terceiros, subscrita por procurador habilitado, nos termos do Regimento Interno do Supremo Tribunal Federal.

§ 5º Reconhecida a repercussão geral, o relator no Supremo Tribunal Federal determinará a suspensão do processamento de todos os processos pendentes, individuais ou coletivos, que versem sobre a questão e tramitem no território nacional.

§ 6º O interessado pode requerer, ao presidente ou ao vice-presidente do tribunal de origem, que exclua da decisão de sobrestamento e inadmita o recurso extraordinário que tenha sido interposto intempestivamente, tendo o recorrente o prazo de 5 (cinco) dias para manifestar-se sobre esse requerimento.

§ 7º Da decisão que indeferir o requerimento referido no § 6º ou que aplicar entendimento firmado em regime de repercussão geral ou em julgamento de recursos repetitivos caberá agravo interno. (NR – Lei nº 13.256 de 4 de fevereiro de 2016)

§ 8º Negada a repercussão geral, o presidente ou o vice-presidente do tribunal de origem negará seguimento aos recursos extraordinários sobrestados na origem que versem sobre matéria idêntica.

§ 9º O recurso que tiver a repercussão geral reconhecida deverá ser julgado no prazo de 1 (um) ano e terá preferência sobre os demais feitos, ressalvados os que envolvam réu preso e os pedidos de *habeas corpus*.

§ 10. (REVOGADO pela Lei nº 13.256 de 4 de fevereiro de 2016).

§ 11. A súmula da decisão sobre a repercussão geral constará de ata, que será publicada no diário oficial e valerá como acórdão.

Subseção II

Do Julgamento dos Recursos Extraordinário e Especial Repetitivos

Art. 1.036. Sempre que houver multiplicidade de recursos extraordinários ou especiais com fundamento em idêntica questão de direito, haverá afetação para julgamento de acordo com as disposições desta Subseção, observado o disposto no Regimento Interno do Supremo Tribunal Federal e no do Superior Tribunal de Justiça.

§ 1º O presidente ou o vice-presidente de tribunal de justiça ou de tribunal regional federal selecionará 2 (dois) ou mais recursos representativos da controvérsia, que serão encaminhados ao Supremo Tribunal Federal ou ao Superior Tribunal de Justiça para fins de afetação, determinando a suspensão do trâmite de todos os processos pendentes, individuais ou coletivos, que tramitem no Estado ou na região, conforme o caso.

§ 2º O interessado pode requerer, ao presidente ou ao vice-presidente, que exclua da decisão de sobrestamento e inadmita o recurso especial ou o recurso extraordinário que tenha sido interposto intempestivamente, tendo o recorrente o prazo de 5 (cinco) dias para manifestar-se sobre esse requerimento.

§ 3º Da decisão que indeferir o requerimento referido no § 2º caberá apenas agravo interno. (NR – Lei nº 13.256 de 4 de fevereiro de 2016)

§ 4º A escolha feita pelo presidente ou vice-presidente do tribunal de justiça ou do tribunal regional federal não vinculará o relator no tribunal superior, que poderá selecionar outros recursos representativos da controvérsia.

§ 5º O relator em tribunal superior também poderá selecionar 2 (dois) ou mais recursos representativos da controvérsia para julgamento da questão de direito independentemente da iniciativa do presidente ou do vice-presidente do tribunal de origem.

§ 6º Somente podem ser selecionados recursos admissíveis que contenham abrangente argumentação e discussão a respeito da questão a ser decidida.

Art. 1.037. Selecionados os recursos, o relator, no tribunal superior, constatando a presença do pressuposto do *caput* do art. 1.036, proferirá decisão de afetação, na qual:

I – identificará com precisão a questão a ser submetida a julgamento;

II – determinará a suspensão do processamento de todos os processos pendentes, individuais ou coletivos, que versem sobre a questão e tramitem no território nacional;

III – poderá requisitar aos presidentes ou aos vice-presidentes dos tribunais de justiça ou dos tribunais regionais federais a remessa de um recurso representativo da controvérsia.

§ 1º Se, após receber os recursos selecionados pelo presidente ou pelo vice-presidente de tribunal de justiça ou de tribunal regional federal, não se proceder à afetação, o relator, no tribunal superior, comunicará o fato ao presidente ou ao vice-presidente que os houver enviado, para que seja revogada a decisão de suspensão referida no art. 1.036, § 1º.

§ 2º (REVOGADO pela Lei nº 13.256 de 4 de fevereiro de 2016).

§ 3º Havendo mais de uma afetação, será prevento o relator que primeiro tiver proferido a decisão a que se refere o inciso I do *caput*.

§ 4º Os recursos afetados deverão ser julgados no prazo de 1 (um) ano e terão preferência sobre os demais feitos, ressalvados os que envolvam réu preso e os pedidos de *habeas corpus*.

§ 5º (REVOGADO pela Lei nº 13.256 de 4 de fevereiro de 2016).

§ 6º Ocorrendo a hipótese do § 5º, é permitido a outro relator do respectivo tribunal superior afetar 2 (dois) ou mais recursos representativos da controvérsia na forma do art. 1.036.

§ 7º Quando os recursos requisitados na forma do inciso III do *caput* contiverem outras questões além daquela que é objeto da afetação, caberá ao tribunal decidir esta em primeiro lugar e depois as demais, em acórdão específico para cada processo.

§ 8º As partes deverão ser intimadas da decisão de suspensão de seu processo, a ser proferida pelo respectivo juiz ou relator quando informado da decisão a que se refere o inciso II do *caput*.

§ 9º Demonstrando distinção entre a questão a ser decidida no processo e aquela a ser julgada no recurso especial ou extraordinário afetado, a parte poderá requerer o prosseguimento do seu processo.

§ 10. O requerimento a que se refere o § 9º será dirigido:

I – ao juiz, se o processo sobrestado estiver em primeiro grau;

II – ao relator, se o processo sobrestado estiver no tribunal de origem;

III – ao relator do acórdão recorrido, se for sobrestado recurso especial ou recurso extraordinário no tribunal de origem;

IV – ao relator, no tribunal superior, de recurso especial ou de recurso extraordinário cujo processamento houver sido sobrestado.

§ 11. A outra parte deverá ser ouvida sobre o requerimento a que se refere o § 9º, no prazo de 5 (cinco) dias.

§ 12. Reconhecida a distinção no caso:

I – dos incisos I, II e IV do § 10, o próprio juiz ou relator dará prosseguimento ao processo;

II – do inciso III do § 10, o relator comunicará a decisão ao presidente ou ao vice-presidente que houver determinado o sobrestamento, para que o recurso especial ou o recurso extraordinário seja encaminhado ao respectivo tribunal superior, na forma do art. 1.030, parágrafo único.

§ 13. Da decisão que resolver o requerimento a que se refere o § 9º caberá:

I – agravo de instrumento, se o processo estiver em primeiro grau;

II – agravo interno, se a decisao for de relator.

Art. 1.038. O relator poderá:

I – solicitar ou admitir manifestação de pessoas, órgãos ou entidades com interesse na controvérsia, considerando a relevância da matéria e consoante dispuser o regimento interno;

II – fixar data para, em audiência pública, ouvir depoimentos de pessoas com experiência e conhecimento na matéria, com a finalidade de instruir o procedimento;

III – requisitar informações aos tribunais inferiores a respeito da controvérsia e, cumprida a diligência, intimará o Ministério Público para manifestar-se.

§ 1º No caso do inciso III, os prazos respectivos são de 15 (quinze) dias, e os atos serão praticados, sempre que possível, por meio eletrônico.

§ 2º Transcorrido o prazo para o Ministério Público e remetida cópia do relatório aos demais ministros, haverá inclusão em pauta, devendo ocorrer o julgamento com preferência sobre os demais feitos, ressalvados os que envolvam réu preso e os pedidos de *habeas corpus*.

§ 3º O conteúdo do acórdão abrangerá a análise dos fundamentos relevantes da tese jurídica discutida. (NR – Lei nº 13.256 de 4 de fevereiro de 2016)

Art. 1.039. Decididos os recursos afetados, os órgãos colegiados declararão prejudicados os demais recursos versando sobre idêntica controvérsia ou os decidirão aplicando a tese firmada.

Parágrafo único. Negada a existência de repercussão geral no recurso extraordinário afetado, serão considerados automaticamente inadmitidos os recursos extraordinários cujo processamento tenha sido sobrestado.

Art. 1.040. Publicado o acórdão paradigma:

I – o presidente ou o vice-presidente do tribunal de origem negará seguimento aos recursos especiais ou extraordinários sobrestados na origem, se o acórdão recorrido coincidir com a orientação do tribunal superior;

II – o órgão que proferiu o acórdão recorrido, na origem, reexaminará o processo de competência originária, a remessa necessária ou o recurso anteriormente julgado, se o acórdão recorrido contrariar a orientação do tribunal superior;

III – os processos suspensos em primeiro e segundo graus de jurisdição retomarão o curso para julgamento e aplicação da tese firmada pelo tribunal superior;

IV – se os recursos versarem sobre questão relativa a prestação de serviço público objeto de concessão, permissão ou autorização, o resultado do julgamento será comunicado ao órgão, ao ente ou à agência reguladora competente para fiscalização da efetiva aplicação, por parte dos entes sujeitos a regulação, da tese adotada.

§ 1º A parte poderá desistir da ação em curso no primeiro grau de jurisdição, antes de proferida a sentença, se a questão nela discutida for idêntica à resolvida pelo recurso representativo da controvérsia.

§ 2º Se a desistência ocorrer antes de oferecida contestação, a parte ficará isenta do pagamento de custas e de honorários de sucumbência.

§ 3º A desistência apresentada nos termos do § 1º independe de consentimento do réu, ainda que apresentada contestação.

Art. 1.041. Mantido o acórdão divergente pelo tribunal de origem, o recurso especial ou extraordinário será remetido ao respectivo tribunal superior, na forma do art. 1.036, § 1º.

§ 1º Realizado o juízo de retratação, com alteração do acórdão divergente, o tribunal de origem, se for o caso, decidirá as demais questões ainda não decididas cujo enfrentamento se tornou necessário em decorrência da alteração.

§ 2º Quando ocorrer a hipótese do inciso II do *caput* do art. 1.040 e o recurso versar sobre outras questões, caberá ao presidente ou ao vice-presidente do tribunal recorrido, depois do reexame pelo órgão de origem e independentemente de ratificação do recurso, sendo positivo o juízo de admissibilidade, determinar a remessa do recurso ao tribunal superior para julgamento das demais questões. (NR – Lei nº 13.256 de 4 de fevereiro de 2016)

Seção III

Do Agravo em Recurso Especial e em Recurso Extraordinário

Art. 1.042. Cabe agravo contra decisão do presidente ou do vice-presidente do tribunal recorrido que inadmitir recurso extraordinário ou recurso especial, salvo quando fundada na aplicação de entendimento firmado em regime de repercussão geral ou em julgamento de recursos repetitivos. (NR – Lei nº 13.256 de 4 de fevereiro de 2016)

I – (REVOGADO pela Lei nº 13.256 de 4 de fevereiro de 2016);

II – (REVOGADO pela Lei nº 13.256 de 4 de fevereiro de 2016);

III – (REVOGADO pela Lei nº 13.256 de 4 de fevereiro de 2016).

§ 1º (REVOGADO pela Lei nº 13.256 de 4 de fevereiro de 2016):

I – (REVOGADO pela Lei nº 13.256 de 4 de fevereiro de 2016);

II – (REVOGADO pela Lei nº 13.256 de 4 de fevereiro de 2016):

a) (REVOGADO pela Lei nº 13.256 de 4 de fevereiro de 2016);

b) (REVOGADO pela Lei nº 13.256 de 4 de fevereiro de 2016).

§ 2º A petição de agravo será dirigida ao presidente ou ao vice-presidente do tribunal de origem e independe do pagamento de custas e despesas postais, aplicando-se a ela o regime de repercussão geral e de recursos repetitivos, inclusive quanto à possibilidade de sobrestamento e do juízo de retratação. (NR – Lei nº 13.256 de 4 de fevereiro de 2016)

§ 3º O agravado será intimado, de imediato, para oferecer resposta no prazo de 15 (quinze) dias.

§ 4º Após o prazo de resposta, não havendo retratação, o agravo será remetido ao tribunal superior competente.

§ 5º O agravo poderá ser julgado, conforme o caso, conjuntamente com o recurso especial ou extraordinário, assegurada, neste caso, sustentação oral, observando-se, ainda, o disposto no regimento interno do tribunal respectivo.

§ 6º Na hipótese de interposição conjunta de recursos extraordinário e especial, o agravante deverá interpor um agravo para cada recurso não admitido.

§ 7º Havendo apenas um agravo, o recurso será remetido ao tribunal competente, e, havendo interposição conjunta, os autos serão remetidos ao Superior Tribunal de Justiça.

§ 8º Concluído o julgamento do agravo pelo Superior Tribunal de Justiça e, se for o caso, do recurso especial, independentemente de pedido, os autos serão remetidos ao Supremo Tribunal Federal para apreciação do agravo a ele dirigido, salvo se estiver prejudicado.

Seção IV

Dos Embargos de Divergência

Art. 1.043. É embargável o acórdão de órgão fracionário que:

I – em recurso extraordinário ou em recurso especial, divergir do julgamento de qualquer outro órgão do mesmo tribunal, sendo os acórdãos, embargado e paradigma, de mérito;

II – em recurso extraordinário ou em recurso especial, divergir do julgamento de qualquer outro órgão do mesmo tribunal, sendo os acórdãos, embargado e paradigma, relativos ao juízo de admissibilidade;

III – em recurso extraordinário ou em recurso especial, divergir do julgamento de qualquer outro órgão do mesmo tribunal, sendo um acórdão de mérito e outro que não tenha conhecido do recurso, embora tenha apreciado a controvérsia;

IV – nos processos de competência originária, divergir do julgamento de qualquer outro órgão do mesmo tribunal.

§ 1º Poderão ser confrontadas teses jurídicas contidas em julgamentos de recursos e de ações de competência originária.

§ 2º A divergência que autoriza a interposição de embargos de divergência pode verificar-se na aplicação do direito material ou do direito processual.

§ 3º Cabem embargos de divergência quando o acórdão paradigma for da mesma turma que proferiu a decisão embargada, desde que sua composição tenha sofrido alteração em mais da metade de seus membros.

§ 4º O recorrente provará a divergência com certidão, cópia ou citação de repositório oficial ou credenciado de jurisprudência, inclusive em mídia eletrônica, onde foi publicado o acórdão divergente, ou com a reprodução de julgado disponível na rede mundial de computadores, indicando a respectiva fonte, e mencionará as circunstâncias que identificam ou assemelham os casos confrontados.

§ 5º (REVOGADO pela Lei nº 13.256 de 4 de fevereiro de 2016).

Art. 1.044. No recurso de embargos de divergência, será observado o procedimento estabelecido no regimento interno do respectivo tribunal superior.

§ 1º A interposição de embargos de divergência no Superior Tribunal de Justiça interrompe o prazo para interposição de recurso extraordinário por qualquer das partes.

§ 2º Se os embargos de divergência forem desprovidos ou não alterarem a conclusão do julgamento anterior, o recurso extraordinário interposto pela outra parte antes da publicação do julgamento dos embargos de divergência será processado e julgado independentemente de ratificação.

Impressão:
Evangraf
Rua Waldomiro Schapke, 77 - POA/RS
Fone: (51) 3336.2466 - (51) 3336.0422
E-mail: evangraf.adm@terra.com.br